뉴잉글랜드
한인사

박경민

뉴잉글랜드 미주 한인이민 백주년기념사업회 회장
뉴잉글랜드 한인사편찬위원회 고문

지난 2003년은 102명의 한인 이민 선구자들이 미국 상선 겔릭 호에 몸을 싣고 사탕수수밭 노동자로 하와이 호놀루루 항구에 첫 발을 내려디던 1903년 1월 13일부터 꼭 백 년이 되는 우리 미주 한인들에게는 참으로 뜻 깊은 해였습니다. "역사에는 영광도 있고 치욕도 있으며 긍정과 부정도 있고 승리와 패배도 있으며 전진과 후퇴, 그리고 환희와 비애도 있다"는 말과 같이 강산이 열 번이나 바뀌어 한 세기가 흐른 오늘의 시점에서 되돌아보는 미주 한인사는 이민 선구자들이 흘린 눈물과 땀이 얽힌 고난과 영광의 발자취였음을 깨달을 수 있습니다. 이러한 이민 선구자들의 눈물겨운 도전과 강인한 의지의 파란만장한 역사를 조명하는 일은 이민의 후손으로서 오늘을 사는 우리의 당연한 몫이며 책임일 것입니다. 미주 한인 이민의 첫 본거지였던 하와이를 중심으로 로스앤젤레스, 샌프란시스코, 뉴욕, 시카고, 워싱턴 D.C., 애틀랜타 등을 비롯한 미국 내 한인 주요 거주 지역에서는 이민 백주년 기념 사업회를 조직하여 지난 백 년의 이민역사를 지역별로 심도 있게 연구하고 기록하기 위한 역사 편찬 작업을 대대적으로 펼치고 있습니다. 여기에 발맞춰 뉴잉글랜드 지역 한인 동포들도 2002년 3월 뉴잉글랜드 미주 이민 백주년 기념 사업회를 발족하고 여러 사업을 기획하고 추진해 왔습니다. 그 가운데서도 가장 중점 사업은 바로 뉴잉글랜드 한인사 편찬이라고 하겠습니다.

위정척사(爲政斥邪)를 내세워 쇄국 정책을 고수해 오던 한국이 1882년 미국과 한미수호조약을 체결한 이듬해인 1883년에 민영익 견미 보빙 사절단 일행이 미국 각지를 시찰할 때에 수행원이었던 서유견문의 저자 구당(矩堂) 유길준 선생이 매사추세츠 주 보스턴 근교인 바이필드(Byfield)에 위치한 거버너 더머 아카데미(Governor Dummer Academy)에 국비 미국 유학생 제 1호로 수학한 것이 백이십 년 후 오늘의 뉴잉글랜드 6개 주(메인, 뉴햄프셔, 버몬트, 매사추세츠, 로드아일랜드, 코네티컷)에 사는 우리 한인들의 시초입니다. 안타깝게도 100 년이 넘는 이주 역사를 쌓아오는 동안 우리 뉴잉글랜드 한인들의 모습과 발자취에 대한 구체적이고 체계적인 연구가 결여되어 있었던 것이 사실입니다. 이런 이민사의 황무지로부터 과거와 미래를 연결하는 실제 역사를 기록으로 남기는 일은 결코 쉬운 것은 아니었습니다. 허나 이것은 오늘을 사는 우리 이민 1세들이 반드시 이루어야 할 과제이며 책임임을 통감했기에 뉴잉글랜드 이민 백주년 기념사업회는 역사학자인 백린 선생님과 의사인 송남수 박사를 공동위원장으로 하여 홍순영, 신영각, 윤은상, 전덕영, 정정욱, 써니리, 박경민 제씨 등으로 이루어진 뉴잉글랜드 한인사 편찬위원회를 구성하고 이들로 하여금 한인사 편찬이라는 큰 일을 추진토록 위임했습니다. 보존된 기록 부재로 인한 자료 빈곤, 한인 사회의 역사의식 공감대 부족 등 어려운 여건 속에서도 오직 사명감 하나로 뉴잉글랜드 한인사가 발간되기까지 헌신의 수고를 아끼지 않은 편찬위원회 여러분들께 깊이 감사드립니다. 이번에 선보이는 뉴잉글랜드 한인사는 내용의 완벽을 기했다기보다는 우리 세대가 최선을 다했다는 점에서 그 의의가 자못 크다고 할 것입니다. 내용에 있어 자료의 부족으로 미비한 부분은 후세대들에 의해 계속 보완되고 정확한 역사의 고증도 이루어지기를 바라는 마음 간절합니다.

인류의 역사는 이민의 역사라고 그 누군가도 말한 바 있듯이, 멀리로는 인류의 발상지로 알려진 중앙아프리카에서 시작하여 세계 각처로 인구 이동이 이루어진 점, 가까이는 수만 년 전에 아시아에서 시베리아를 거쳐 베링해협을 건너 북미대륙으로 이주해 온 미국의 원주민인 아메리카 인디언들의 조상을 비롯해 근세기에 들어서는 콜럼버스의 신대륙 발견 이후 북미 신대륙에 유럽인들의 대 이주가 이루어진 점을 꼽을 수 있습니다. 우리 한민족의 해외 이주도 19세기 중엽부터 만주, 연해주, 중국 등으로 새 삶의 터전을 찾아 떠났으며 현재 미국, 중국, 일본, 러시아 등 전 세계 백사십 여개 국가에 분산된 해외동포는 그 수가 무려 6백만에 이르고 그 중에서도 2백만 여명이 미국에 거주하고 있습니다. 2000년도 미국 정부 인구조사에 의하면 뉴잉글랜드 지역에는 약 3만 명 내외의 한인이 정착하여 삶의 뿌리를 내리고 살고 있는 것으로 발표되고 있습니다.

백 년 전 하와이로부터 시작되어 미국 서부를 거쳐 우리가 살고 있는 동부에 이르기까지 배경과 목적은 변했을지라도 미국 한인 이민의 물결은 지금까지도 끊이지 않고 있습니다. 이민 백주년을 통해 우리는 왜 이렇게 수많은 한인들이 미국 땅에 와서 살아야만 했는가, 어떻게 그간 이 땅에서 자리를 잡고 살아 왔으며 그리고 앞으로 어떻게 살아가야 할 것인가에 대한 질문을 던져보고 반추해 볼 수 있는 계기를 맞은 것입니다.

미국은 이민자가 세운 나라이며 기회의 나라입니다. 세계 도처에서 각양각색의 인종과 민족들이 대서양과 태평양을 건너 기회의 나라인 미국 땅을 찾아왔으며 많은 이민자들이 종교적, 경제적, 정치적 피난처로 미국을 새로운 조국으로 선택해 살고 있습니다. '아메리칸 드림'을 통해 더 나은 삶, 더 나은 미래를 이루려는 간절한 소망을 가지고 왔음은 물론입니다. 미주 한인 이민사도 구한말 국운의 쇠퇴, 일제 식민 시대를 거쳐 해방 후 정치적 혼란, 동족상잔의 한국전쟁 등 파란만장했던 지난 백 년간의 조국 근대사와 직결되어 있음을 부인할 수 없습니다.

그러나 우리들의 이민 목적이 오직 자신과 가족들만 잘 살기 위함이라면 미주 동포사회는 큰 희망과 발전을 기대하기 어려울 것입니다. 백 년 전 초기 이민 선구자들이 온갖 고난과 역경 속에서도 교회를 세우고 자녀 교육에 힘쓰면서 조국의 광복을 위해 헌신했던 역사적인 사실은 오늘을 사는 우리들에게 겨레의 소중함을 일깨워준 교훈으로서, 이 땅에서 미래를 살아갈 우리 후손들에게 남겨줄 값진 유산이 될 것입니다. 그러므로 이들에게 미국 내 소수민족으로서 성공한 이민의 역사를 만들고자 애써온 부모 형제, 아니 더 나아가 할아버지, 할머니들인 이민 선구자들의 불굴의 투지와 피땀을 흘린 개척정신을 추앙하며 본받을 수 있는 귀중하고도 자랑스러운 선조들의 얼이 담겨진 책을 남겨주어야 할 것입니다. 현재 미국의 교육, 문화의 중심지인 뉴잉글랜드 지역에 살고 있는 한인동포들의 비중은 수는 비록 소수이나 지역 특성상 이곳을 거쳐 간 각 분야의 수많은 학생, 연구원, 교수, 의사, 엔지니어, 예술인, 실업인, 정치인, 언론인, 경제인 등이 미 주류사회에서 두각을 나타내며 훌륭한 업적을 많이 내고 있을 뿐만 아니라 한국의 정치, 경제, 과학, 의학, 언론, 문화, 예술 등 각 분야에도 기여한 바가 큰 점을 자랑하지 않을 수 없습니다. 이렇듯 미주 한인사의 큰 부분을 차지하고 있는 뉴잉글랜드 한인동포들의 활약상, 생활상, 사회상 등이 제대로 기록되지 않을 경우 그동안 쌓아온 백 년의 역사는 훗날 유실되고 왜곡될 수 있습니다. 당대의 역사는 그 시대의 체험이고 기억이지만 후세를 위한 역사는 올바른 기록이 있을 때만이 후대의 이민 역사가들에게 거짓 없는 역사적 자료를 제공해 줄 뿐만 아니라 후손들이 이 땅에서 살아가는데 지침이 되고 교훈이 되며 지혜가 될 것입니다.

우리 한인이 미국 땅에 와서 이민으로 성공하여 이 나라의 주인이 된다는 것은 사회적으로나 문화적, 인종적으로 완전히 미국화되어 미국이라는 거대한 용광로에 녹아 없어지는 것을 의미하는 것은 아닐 것입니다. 우리 1세들에게는 엄연히 우리를 낳아준 부모와 조상이 태어나고 살아온 조국이 있고 2세들에게는 그 피가 자신들의 몸에 흐르고 있음을 잊게 해서는 안될 것이며 그들이 태어나서 살고, 그들의 자손들이 살아갈 미국이라는 또 하나의 조국이 있음을 인식케 함으로서 이민으로 얻어진 두개의 조국을 위해 헌신할 수 있어야만 합니다. 2세 교육은 미주 한인 사회의 존속과 번영 그리고 발전과 직결되어 있으므로 우리 2세들의 가정, 교회, 한국학교 등에서 한국어뿐만 아니라 한국의 역사와 문화를 알리며 특히 미주 한인 사회의 형성과정을 잘 알리고 이해시켜야 할 것입니다. 우리 한인들이 미국에 온 이유와 이 미국 땅에서 무엇을 해야 할 것인가를 일찍부터 깨우치도록 해야 하며 더 나아가 한국의 얼을 간직하고 한국계 미국 시민으로서 주체성을 확립하여 이 땅에서 다른 민족들과 공존하면서 정치적으로, 경제적으로, 사회적으로, 교육적으로 성공한 미주 한인 사회를 이루는데 그들이 주역을 맡도록 해야 합니다. 바로 이 점이 글로 후세들에게 한인사를 남기려는 목적인 것입니다. 뉴잉글랜드 지역 한인 사회 역사를 집대성한 한인사를 통해 과거를 조명하고 오늘을 살아가고 있는 우리의 현실을 분석, 평가하면서 내일에 대한 비전을 정립할 수 있다면 한인사 쓰기는 일단 성공했다고 보아도 좋을 것입니다. 집필이나 편찬에 있어 성실하게 역사의 객관화를 추구하였지만 어떤 역사가도 자기의 주관적 견해를 완전 배제하고는 역사를 기록할 수 없다는 사실 또한 겸허히 받아들여야 할 것입니다. 2년여 전 뉴잉글랜드 한인사 편찬위원회가 정식으로 발족되었을 때를 생각해 보면 오늘의 성과는 오직 "하면 된다"는 불굴의 신념 하나로 얻어진 소산이라고 믿습니다.

백린, 송남수 두 공동위원장의 치밀한 계획과 추진력, 그리고 혼신의 정성과 수고를 다한 편집 및 집필위원 여러분들 모두가 한 마음 한 뜻이 되어 일사불란하게 어려운 난관들을 하나하나 극복하여 소기의 목적을 달성시킨 것은 참으로 자랑스러우며 큰 박수를 뉴잉글랜드 한인동포들과 함께 보냅니다. 특히나 이 일을 위해 자문해주시고 자료를 제공하신 모든 분들께 사의를 표합니다. 뉴잉글랜드 한인사는 한글판과 간략한 영문판 합본으로 한인 1.5세와 2세 그리고 미 주류사회와 다른 소수민족에게도 미주 한인 사회의 존재를 알리며 상호교류와 이해의 촉매 역할을 하게 되기를 바랍니다. 영어 번역을 맡아주신 모든 분들께 감사드립니다.

끝으로 이 책이 나오기까지 많은 분들의 헌신적 노력에 다시 한 번 감사드리며 특히 프로젝트 관리를 맡아주신 박대위 씨와 편집 디자인을 맡아주신 장동근 씨의 노고를 치하드립니다. 또한 백주년기념 사업회의 성공을 위해 성금을 보내주신 보스턴 총영사관을 비롯한 뉴잉글랜드 지역의 많은 교회, 단체, 동포유지, 그리고 백주년기념 사업회 회장단, 임원, 고문 여러분들께 심심한 사의를 표하며 이 책의 출판을 위해 비용의 보조금 일부를 후원해주신 해외동포재단에게도 깊은 고마움의 뜻을 전하는 바입니다. 무엇보다도 봉사정신으로 인쇄출판을 맡아주신 태화인쇄주식회사 및 정규영 사장님과 오늘이 있기까지 많은 격려를 보내주신 뉴잉글랜드 한인 사회 각계각층의 동포 여러분들과 적극적인 홍보와 협조를 아끼지 않은 언론기관에도 깊은 감사를 드립니다.

송남수
뉴잉글랜드 한인사 편찬위원장

한인 이민 백주년 기념 사업회의 박경민 회장님으로부터 '뉴잉글랜드 한인사' 편찬에 대한 청탁을 받고 열망 하나만으로 일을 시작한지 2년 여의 많은 시간이 지났습니다.

뚜렷한 역사관과 해박한 역사지식을 가지신 백린 씨와 함께 마치 광활한 지형에서 숨겨진 각종의 보화를 캐어나가는 모험심을 갖고 여정을 진행해 나갔습니다. 초기의 편찬위원회를 구성하고 목차를 정해 그 당시 써니리 씨의 헌신적인 수고를 통해 세 차례의 원고 청탁서를 각 기관에 보내며 원고 모집에 전념하는 중에 어느새 첫 해가 지났습니다. 돌이켜 보면 이 시기는 시행착오의 과정이었습니다.

그 후 방향을 바꾸어 프로젝트 매니저로써 박대위 씨를 영입 실무팀을 구성하여 원고 재청탁 및 자료 수집을 전담하게 하였고 편찬위 구성과 집필진을 재정리해서 사업을 새롭게 추진해 나갔습니다. 그러나 여전히 충실한 내용의 원고를 모으고 한인사와 관련된 방대한 양의 자료를 수집하는 데에는 어려움이 계속 되었습니다.

이러한 상황에서 홍순영씨와 신영각씨가 2003년 8월부터 편집과 집필진에 동참해 이민사 편찬 작업에 새로운 활력을 불어 넣는 전기가 되었습니다. 이후 계속되는 모임을 통해 사명감을 재확인하며 편찬의 모든 면을 계속 정립해 나가면서 집필이 완성되는 장이 나타나고 각 장의 원고가 채워지는 진전이 있게 되었습니다. 하지만 원고 수집과 내용 보충 및 수정, 자료 수집 등의 난관은 계속 되었습니다. 2003년 겨울에는 폭설이 내림에도 불구하고 강행되었던 송위원장 집에서의 장시간에 걸친 회의로 인해 박경민 회장님의 차가 눈에 파묻혀 트리플 에이(AAA)를 불러야 했던 일도 있었습니다.

이러한 상황에서 뉴잉글랜드 한인사 편찬의 꿈을 현실화하고 우리 한인들의 열망과 땀을 담고 역사의 빛을 신선히 밝혀주는 참신한 책이 나오리라는 여망을 가지고 모든 편집진과 집필진은 계속 정진해 나갔습니다. 편집진은 모임을 가질 때마다 화합의 장을 이루었으며 이제 극복의 열매를 맺게 된 것에 감사할 뿐입니다.

신대륙을 찾은 청교도들의 비전과 신념이 아직도 생동하는 자유와 신앙의 고장 뉴잉글랜드는 많은 한인들의 제 2의 고향입니다. 뉴잉글랜드에서 한민족 특유의 기개와 가치관을 가지고 삶의 터전을 이루어 나갔던 선조들의 개척의 삶과 제 1세대들의 번영의 역사를 체계화하며 후세들에게 한인의 얼이 담긴 역사의 기록으로 이 책을 겸허히 내어 놓습니다. 오늘을 살고 있는 모든 한인들의 삶 속에 가치 있는 역사성을 부여하고 활력을 주어 아낌을 받는 역사서가 되기를 기대합니다.

'책을 펴내면서' 를 써 주신 박경민 회장님께 감사드립니다. 이 책의 서문으로서 한인사의 필요성과 의미를 한인이민의 역사적 관점에서 서술하여 한인사의 주제와 목적 의식을 밝혀준 진지한 글입니다. 한인사의 계획 단계부터 출판까지 직접 참여하셔서 지도와 격려를 계속해주신 박회장님께 감사를 드립니다.

2장은 백린 공동위원장님의 땀과 정성이 담긴 깊이 있는 장으로 초기 뉴잉글랜드의 역사가 강줄기 흐르듯 면면히 서술되어 있습니다.

3장은 역시 백린 씨의 역사관이 담긴 뉴잉글랜드 한인회 한인사가 실려 있고, 또 각 주에서 보내온 한인사를 보충 편집한 장이며 그 밖의 중요 기관이 있는 장입니다. 한인사 편찬의 핵심적인 역할을 해주신 백위원장님께 감사를 표합니다.

4장은 종교에 대한 장으로서 특별히 보스턴 장로교회의 전덕영 목사님께서 목회사역으로 몹시 바쁘신 중에도 쾌히 수락하셔서 짧은 기간에 방대한 기독교 부분을 포괄적이면서도 깊이 있게 집필해 주신 장입니다. 전 목사님께 깊은 감사드립니다. 또한 보스턴 한인천주교회의 박영일 신부님과 불교부분의 도범 스님과 서광 스님께 사의를 표합니다.

5장은 여러 분야에 걸친 다양한 내용을 담고 있는데 홍순영 씨가 많은 자료 중 보충 내용을 체계화하는데 수고하셨고, 윤은상 교수님이 학계의 자료를 정리하셨습니다. 홍순영 씨는 특별히 편집위원회의 중추 역할을 하시며 헌신적인 수고를 해주셨음에 깊은 감사를 드립니다.

6장은 윤은상 교수님이 특유의 전문성과 독창성을 가지고 연구, 집필해 주신 장으로 매우 가치 있는 장이 되리라 믿습니다. 집필과 편집의 여러 분야에서 진지한 도움을 주신 윤교수님께 사의를 표합니다.

7장은 의료계에 대한 장으로서 박경민 회장님과 정정욱 씨가 많은 자료를 정리해서 집필하신 장으로 뉴잉글랜드 지역의 전체 의료현황이 여러 각도에서 체계적으로 정리된 장입니다.

8장은 뉴잉글랜드 지역 한인 사회와 관련된 여러 단체들의 활동 상황에 대한 기록을 써니리께서 편집 보충하여 구성하신 장으로 각 단체들의 전반적인 활동의 면모를 보여주고 있습니다.

9장은 백주년 사업회의 활동들을 사진과 함께 기록한 장입니다.

'감수의 말' 은 신영각 편집/감수위원께서 써주셨는데 편집위원회의 중심적인 역할로 많은 수고를 하셨음에 깊은 사의를 표합니다.

또한 자문을 해주시고 자료를 제공하신 많은 분들과 영문 번역에 참여하신 분들께 감사를 드리며 프로젝트 매니저로서 수고하신 박대위 씨와 마지막 단계인 9월부터 실무 일체와 교정 및 제작을 끝까지 헌신적으로 맡아주신 장동근 교수께 심심한 사의를 표합니다.

끝으로 하나님의 은총에 감사를 드립니다.

감수의 말

감수란 지켜본다는 말입니다. 수퍼바이즈(supervise)란 라틴 말의 뿌리가 이를 증거합니다. 보이지 않던 뉴잉글랜드 한인사가 100년이란 이민의 역사를 물고 신기루처럼 우리 눈 앞에 다가온 내력을 지켜봤다는 말입니다. 흘러간 36,500일에 알알이 맺힌 사연들, 우리 민족의 웃음과 눈물들을 추수해서 한권의 책을 엮겠다는 박경민 박사의 집념과 집착을 보았습니다. 80을 넘긴 고령에도 한결 같은 인내로 기록들의 추적에 빈틈을 허락하지 않는 백린 역사학자도 보았습니다. 치밀한 기획과 겸허한 추진력으로 어떤 장애도 불사하는 송남수 박사를 봤는가 하면 준마 같은 정력과 칼날 같은 비판력을 과시하면서도 섬세한 필력으로 원고 한 장 한 장에 정성을 쏟아붓는 홍순영 선생도 분명히 봤고, 박대위 장로같이 어렵고 힘든 고비 고비에서도 웃고 넘기며 늘 대안을 찾아내는 여유도 확실히 보았습니다. 더욱 확실히 본 것은 이 책을 편찬해 보겠다는 모든 사람들이 하나같이 '마음 눈'(eyes of heart)을 열고 한인사가 빛을 보아야 한다는 믿음에 뜻이 모아진 것을 보았습니다. 뿐만 아니라 2년여에 걸쳐 책이 늦어지자 더러는 비웃는 사람들도 보았습니다. 책임을 중도에 내려놓는 이들이 있는가 하면 겉으로는 웃으면서도 속으로는 부정적 또는 포기하는 사람들도 있었고 원고나 자료를 약속하고도 이행치 않아 애를 먹이는 사람들도 많이 보았습니다.

하지만 이 책에 올라있는 모든 이름, 이름들이 한결같이 귀하고 중한 것은 역사를 만들었거나 그 만든 역사를 표현하는 일에 함께 엉켜 한 타래의 새 기록을 창출했기 때문이란 것도 분명히 보았습니다.

올해로 우리 배달 민족은 4337년의 역사를 엮고 있으며 이 한인사는 그 중 한 백 년의 마디를 뉴잉글랜드에서 뉴코리아의 꿈을 영글게 하는 사연, 사연들을 애틋하게 수놓았습니다. 이 모두가 우리 모두의 핏줄에 얽힌 얘기, 얘기들입니다.

지혜의 왕 솔로몬의 말대로 하늘 아래 모든 일이 시절(時節; time and season)의 지배를 받습니다. 그러나 누구도 시작과 끝을 알 수 없는 것은, 때가 되면 죽어 없어지는 사람 속에 '영원을 사모하는 마음'이 심겨져 있어서랍니다. 보이는 것은 시간과 절기로 계산이 되지만 보이지 않는 것은 시절의 한계를 넘어 영원으로 밖에는 볼 수도, 계산할 수도 없습니다.

이 책을 엮은 뜻이 바로 여기에 뿌리합니다. 비록 한 세기를 담은 우리 민족의 보이는 얘기들이긴 하나 보이지 않는 기나긴 지난 날과 볼 수도 보이지도 않는 영원한 앞날을 함께 묶는 역사의 디딤돌인 것을 볼 수 있다면 더 바라볼 것이 없습니다. 이것은 이 책을 읽으시는 한 분 한 분이 꼭 '감수의 눈'을 뜨시기를 바라는 마음에서 입니다.

이 아름다운 역사의 시점에 동참할 수 있는 영광을 허락해주신 편찬위원 여러분들에게 깊이 감사 드립니다.

동포 여러분,   2004년 9월 18일

2003년은 우리 한인들이 미국으로 이주해 온 지 꼭 100년이 되는 참으로 뜻 깊은 한 해이었습니다. 미국내 다른 지역과 함께 우리 뉴잉글랜드지역에서도 100주년기념사업회를 중심으로 많은 한인단체들과 동포들이 적극적으로 참여한 가운데 다양한 기념행사들이 성공적으로 개최된 데 대해 매우 기쁘게 생각합니다.

특히, 이번에 이민100주년기념사업회에서 오랜 준비과정을 거쳐서 마침내 뉴잉글랜드지역의 한인 이민역사를 방대한 분량의 책자로 발간한 것은 매우 뜻깊은 일이고, 또 여러분과 함께 축하할 일이라고 생각합니다. 이 자리를 빌어 그동안 불철주야 수고를 아끼지 않으신 박 경민 회장님과 여러 집필위원님들 그리고 많은 동포 여러분들께 심심한 감사의 말씀을 드립니다.

돌이켜 보면, 1903년 102명의 한인들이 하와이에 처음으로 정착하여 시작된 우리 초기 한인들의 미국 이민역사는 참으로 힘겹고 험난하였다고 합니다. 그러나, 그들이 흘렸던 눈물과 땀은 오늘날 미국 각 지역에서 모범적이고 존경받는 한인사회를 만들 수 있도록 한 값진 희생이었고 소중한 밑거름이 되었습니다. 이제 우리는 다가올 100년의 한인이민역사를 더욱 자랑스러운 역사로 만들 수 있도록 다 함께 지혜와 마음을 모아 착실히 준비해야 할 때라고 생각합니다. 앞으로 한인사회를 이끌고 갈 한인 2세, 3세들은 우리의 소중한 자산이며, 미 주류사회의 여러 방면에서 이미 두각을 나타내고 있는 이들은 우리 한인의 이민역사를 더욱 훌륭하고 빛나게 만들 것으로 확신합니다.

뉴잉글랜드지역 한인이민사 책자발간에 즈음하여, 우리 동포사회가 더욱 화합하는 가운데 계속 성장과 발전을 거듭하길 바라면서 동포 여러분 가정마다 발전과 행운이 가득하시길 기원드립니다.

주보스톤 총영사

최 원 선

MITT ROMNEY
GOVERNOR

KERRY HEALEY
LIEUTENANT GOVERNOR

September 2004

Dear Friends:

On behalf of the Commonwealth of Massachusetts, it is my pleasure to congratulate you on the publishing of "New England Korean Immigration Centennial History."

For the past one hundred years, the Korean community has contributed significantly to the cultural vitality of the Commonwealth, and the people of Massachusetts have much to be proud of in your rich history and traditions. I welcome your efforts to foster an environment that recognizes and supports the religious, ethnic and cultural diversity of our great state.

Again, congratulations, and best wishes.

Sincerely,

Mitt Romney

State of New Hampshire

OFFICE OF THE GOVERNOR
107 North Main Street, State House - Rm 208
Concord, New Hampshire 03301
Telephone (603) 271-2121
www.nh.gov
benson@nh.gov

September 14, 2004

Dear Friends,

Congratulations on one hundred years of immigration to New England. While one hundred years is a mere stitch in the fabric of Korea's 4,000-year history, this is still a significant milestone.

America's first Korean immigrants were sugar plantation-workers in Hawaii. Today, they are here in New England holding prominent positions in their communities. In 2004, Korean immigrants and their descendants are doctors, lawyers, public office holders, and much more. New Hampshire has benefited from the countless contributions of the Korean people to their communities.

Please accept my sincerest congratulations on one hundred years of immigration to New England. I wish you all the best in the future.

Sincerely,

Craig R. Benson
Governor

M. JODI RELL
GOVERNOR

STATE OF CONNECTICUT
EXECUTIVE CHAMBERS
HARTFORD, CONNECTICUT
06106

September 20, 2004

Centennial Committee of Korean Immigration to the United States

Dear Friends:

On behalf of the State of Connecticut, it is my great pleasure to extend sincere greetings and congratulations to the Centennial Committee of Korean Immigration to the Untied States as you celebrate, *"New England Korean Immigration Centennial History"*, 1903 – 2003.

January 13, 1903, marks the first day of immigration for Korean's arrival in the United States that began the perseverance of the Korean-American community. The descendents of these original Koreans have provided all of America with a greater knowledge of their cultural advances. The Korean-American Society continues to assist all Koreans in the State of Connecticut by providing them with the necessary guidance in educating other Americans of their heritage.

I commend all the volunteers and workers who have worked so hard to bring together the Korean-American community to celebrate the *"New England Korean Immigration Centennial History."* This milestone is a true testament to your dedication, commitment and tireless efforts to raise the standards of excellence in the State of Connecticut.

It is a privilege to extend my words of tribute to all. Please know that you have my best wishes for continued success in all your future endeavors.

Sincerely,

M. JODI RELL
Governor

MJR/mn

차 례

제 1장 뉴잉글랜드 소개

제 2장 뉴잉글랜드 초기 한인 사회 형성

제 3장 한인 사회의 정립과 발전

제 6장 인구 동향, 경제 및 사업 활동

제 7장 뉴잉글랜드 지역의 한인 의료계

제 1장 뉴잉글랜드 소개 | 송남수

1. 뉴잉글랜드 개관

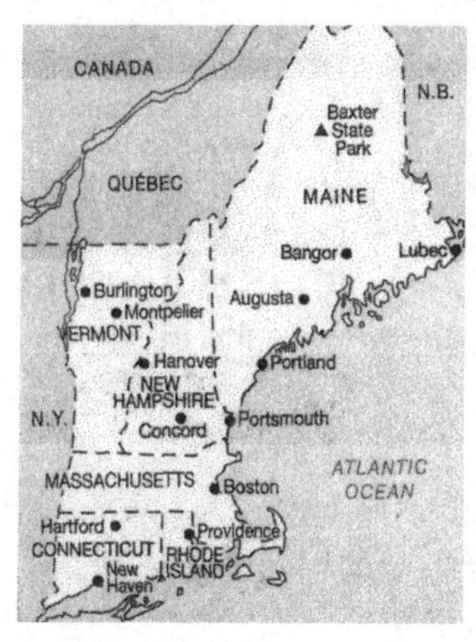

뉴잉글랜드는 미합중국의 동북부에 위치한 메인, 뉴햄프셔, 버몬트, 매사추세츠, 로드아일랜드, 코네티컷 6개 주를 포함한 지역을 말한다.

이곳 뉴잉글랜드는 북위 42-47도에 걸친 지역으로 서쪽은 부분적으로 애팔래치아 산맥이 다른 주와 경계해 가로지르고, 서북쪽은 그린 산맥과 화이트마운틴 산맥이 그 위엄을 보이고, 북쪽은 캐나다와 국경을 맞대고 있다. 동쪽으로는 대서양에 면하며, 남쪽은 코네티컷 계곡 양옆으로 평야를 이룬다.

뉴잉글랜드라는 이름은 1614년 탐험가 존 스미스(John Smith) 선장에 의해 붙여졌다. 그는 이 지역을 당시 영국 플리머스의 버지니아 식민지 회사의 위탁을 받고 탐사한 후 다시 영국으로 많은 생선과 가죽들을 가지고 돌아간 후 작성한 보고서 'A Description of New England'에서 영국의 해안과 흡사하다고 기록한 이후로 뉴잉글랜드라고 불리기 시작했다.

근세 영국의 전통과 신세계의 가치와 꿈이 혼합된 '새 영국'으로 뚜렷한 개성의 여섯개 주를 탄생시킨 뉴잉글랜드는 오랜 전통과 새 첨단의 물결이 융화되어 뉴잉글랜드 특유의 역동적이고 다양성 넘치는 문화의 요람이 되었다.

1) 뉴잉글랜드의 기후

뉴잉글랜드 일기는 예기치 못한 변동이 잦은 편이다. 이 변동 기후는 캐나다로부터 내려오는 건조하고 차가운 기류가 남동쪽에서 오는 습한 온류와 만나는 지역에 위치해 있기 때문이다. 일 년 강수량은 42인치(107cm)이고 사계절이 뚜렷이 구분된다.

2) 인구 및 인종

뉴잉글랜드 전체 인구는 천 삼백만으로써 불균등하게 분포되어 있다. 이 지역에 제일 먼저 살았던 인종은 알곤퀸족과 나라간셋족 인디언들이지만 17세기부터는 청교도의 후예들이 19세기 중엽까지 주를 이루었다. 몸에 밴 근검 검약 정신과 어떤 상황에서도 굴하지 않는 창의력(Yankee ingenuity)의 전통을 세운 이 청교도들을 'Proper Bostonian' 또는 '브라민(Brahmin)'이라고도 부른다. 1840년경까지는 인종 구성이 단순했었다. 1840년에 아일랜드의 감자 기근으로 아일랜드계 이민들이 대거 이주해 와 주로 섬유 방직공장에서 일하게 되었고, 1870년에는 이탈리아인이 다수 이민 왔으며, 19세기 말엽에는 프랑스계 캐나다인들이 이주해 왔다. 폴

란드인도 커뮤니티를 형성했으며 스웨덴, 러시아, 동유럽 이민들도 계속 이어졌다. 유태인들도 보스턴으로 다수 이주해 와 대도시 주변에 큰 커뮤니티를 형성함으로써 영향력을 행사하는 인종 집단이 되었다. 프랑스계는 뉴햄프셔, 메인, 버몬트에서 흔한 이름이 되었다. 대부분의 흑인과 남미계 이민자들은 뉴잉글랜드 남쪽 지역에 살고 있다. 근래에 와서 아시안 계의 이민자들 특히 중국, 한국, 일본, 인도계 이민자들이 눈에 띄게 늘어가는 추세이다. 남미계와 아시안계 및 기타 소수민족들의 인구는 대도시에서 약 1/3을 차지하고 있다.

3) 원주민 인디언

미국의 원주민인 인디언이 최초로 뉴잉글랜드에 거주하기 시작한 것은 지금부터 약 1만 년 전이라고 한다. 보스턴과 케임브리지는 경계로 흐르고 있는 찰스강의 하구 일대가 빙하시대에 형성된 사력 지대이기 때문에 동식물의 생성이나 농업에 적합지 않아 오랫동안 버려져 왔던 황무지였다. 때문에 인디언들은 지금의 보스턴 근처에 살지 않고 수목이 울창하고 토질이 비교적 양호한 서남쪽의 도체스터(Dorchester)와 자메이카 플레인(Jamaica Plain)에 거주하면서 수렵과 농경생활을 영위해 왔다.

아메리카 신대륙에 최초로 들어와 산 인디언은 어디서 왔을까? 원폭을 보유한 군사대국이자 세계 통화의 기준을 제시하는 경제 대국이고 문화 및 사회적으로 진보된 민주주의 국가인 미국인지라 세계의 여러 민족들은 제각기 상당한 근거를 제시하면서 인디언의 조상과 자기 종족이 동일하다는 주장을 내세우기도 한다.

우리가 큰 관심을 갖게 되는 것은 몽고로이드인데 이들은 흑해와 카스피해 사이를 가로 지르는 코카사스 산맥을 경계로 그 동쪽인 서부아시아, 중앙아시아, 몽고, 시베리아, 중국, 티벳, 한국, 일본, 그리고 동남아 전역에 분포돼 있던 아시아계 인으로서 동양사의 주인공이었다.

인디언의 조상들이 빙하시대에 북미대륙에 최초로 들어온 것은 의심할 여지가 없는 것 같다.

보스턴 항만에서 발견된 바 있는 선사시대의 조개무지는 이 지역에 살던 인디언들의 역사적 사실을 입증해주는 귀중한 자료이기도하다. 찰스강의 하구에 있는 야산을 그들 인디언은 쇼뭇(Shawmut)이라고 하였다. 인디언 말로 강물이 넘치는 것이라는 뜻이다.

이 매사추세츠 주 일대는 알곤퀸족에 속하는 인디언의 관할 지역이었다고 한다. 1616년~1617년에 알 수 없는 전염병이 돌아 일대에 거주했던 인디언들이 많이 죽었다. 거주자가 희소했던 매사추세츠 주의 인디언들은 사람이 그리웠던 것일까?

4) 원주민 인디언과 백인의 접촉

1620년 12월 영국에서 도착한 이민자인 필그림 파더스가 플리머스에 상륙한 후 인디언들은 찾아와서 친절하게 터키 사냥과 고기 잡는 방법을 일러주고 이듬해 봄에는 옥수수와 호박씨를 가지고 와서 그 재배법을 가르쳐주었다. 그 해 가을수확을 거두어 하나님께 감사의 축제를 드렸을 때 찾아와서 함께했던 인디언은 플리머스와 로드아일랜드에 거주하던 나라간셋족이었다. 플리머스의 언덕 위에 서 있는 나라간셋의 일파인 웜파녹족의 지도자 매사소이트의 동상은 이곳을 찾는 관광객들에게 그 당시 인디언들이 베풀었던 친절을 그대로 보여주는 것처럼 느껴진다.

1492년 콜럼버스가 아메리카 신대륙을 발견한 당시 북미에는 약 백만 명의 인디언이 거주하였고 중남미에는 약 천오백만 명의 인디언이 거주하였다고 한다. 약 오백 여 부족이었다고 알려진 이 인디언들은 언어와 생활습관이 다양하여 그들의 사회구조와 생활 풍속을 지금에 와서 일일이 조사하여 밝히기가 어렵기에 편의상 다음과 같은 7개의 문화권으로 구분하여 연구되고 있다.

1. 멕시코 북부의남서문화권: 프에푸로족과 나바호족
2. 북부의 고원문화권: 쇼쇼니족
3. 록키산맥의 서쪽 태평양 연안의 캘리포니아 문회권: 샤이안족
4. 콜롬비아강에서 알래스카 남부의 북서해안 문화권: 시누크, 왈라왈라, 야키아
5. 록키산맥 동쪽 평원 문화권: 코만치족, 아파치족
6. 미시시피강으로부터 대서양 연안에 이르는 동부삼림 문화권: 알곤퀸 어족의 아부나기족,
   나라간셋족, 뉴잉글랜드 남부의 델라웨어족, 보하단족, 북부의 이로코아족,
   그 지파인 모학크족, 계유가족, 오나이다족, 오란다족, 쎄네카족
7. 미시시피강 하류로부터 그 서쪽: 체로키족

　말을 타고 활을 쏘면서 들소를 쫓는 용감한 인디언들의 모습은 서부 영화 등에서도 그려진 바 있다. 대륙횡단 철도의 부설을 저지하고자 연방군에 대항하여 싸움을 벌이는 코만치족, 아파치족 전사들 그리고 자기들의 생활권을 지키고자 밀려오는 서부개척자들의 포장마차를 습격하는 쇼쇼니족과 샤이안족들의 용맹스러움도 잘 알려져 있다. 사실 유럽인들이 아메리카 대륙에 이주해 온 이후 1890년까지 백 수십 년간은 인디언들이 자기네 영토를 지키기 위하여 싸워온 투쟁사였다고 하겠다.

　서부 개척시대가 막을 내린 1890년 미합중국에 생존하는 인디언의 총수는 248,253에 불과했다. 인디언 역사의 불운한 현실을 보여주는 단면이다. 1620년대 이전의 북미대륙에는 인디언들이 부족집단을 이루어 수렵 또는 농경생활을 영위하면서 산재했기 때문에 국가 형태가 형성되지 않은 상태였고 또한 소유권 개념도 확립되어 있지 않았다. 그러나 북미대륙이 수천 년 동안 이 광대한 지역을 관할해온 이들 인디언의 땅이었다는 것은 누구도 부인할 수 없을 사실이다.

5) 신대륙의 형성

미국인은 원주민인 인디언을 빼놓는다면 모두가 16세기 이후에 건너온 이민자와 그 후예들이다. 미국역사는 'The history of the United States begins in Europe' 이라고 할만큼 그 역사적 뿌리를 유럽에 두고 있다. 미합중국 독립당시의 인구구성을 보면 원주민인 인디언과 유럽에서 이주해 온 백인들, 그리고 아프리카에서 이송된 흑인 노예들로 구성되어 있었던 것을 알 수 있다.

2. 초기역사

1) 영국의 식민지

북미 대륙 최초의 영국 식민지는 버지니아의 제임스타운이다. 이 식민지는 1607년 4월 선장 존 스미스(1580-1631)가 인솔한 영국 최초의 이주지에 의하여 설립되었다. 제임스타운은 그 지대와 환경이 너무나 척박하여 이곳에 처음 정착한 개척자들은 생존의 위기를 맞았으나 본국으로부터의 보충 인력과 담배의 재배방법을 배워 구사일생으로 살아남게 되었다. 1622년 인디언과의 싸움에서 300명 이상이 죽었고 경영 부실로 1642년 영국 왕실의 직할 식민지로 되어 독립전쟁 전까지 유지되었다.

2) 두 번째 이민선

이들 다음으로 온 영국의 이민선은 풍랑에 밀려 항로를 잘못 잡아 버지니아로 가지 못하고 뉴잉글랜드의 플리머스에 기착하여 식민지를 개설하였다. 이들이 바로 필그림 파더스(Pilgrim Fathers)이다. 영국 청교도 일파인 분리파 100명(선중에서 두 아이가 태어나 일행 102명이 되었음)이 뉴잉글랜드의 플리머스에 상륙한 것은 1620년 12월 21일이었다. 그들이 상륙한 때는 무섭게 추운 겨울이었다. 거처할 집도 없고 비축된 식량도 부족했다. 이듬해 봄이 오기까지 굶주림과 질병으로 44명이 죽어갔다. 이 같은 역경에서도 그들은 영국으로 다시 돌아갈 것을 생각지 않고 끝까지 이 땅에 남기로 결심하였다. 이들이 배에서 내리기 전에 맺은 메이플라워 서약(Mayflower Contract)은 후에 미국 헌법의 기초가 되었다.

영국 국교와 정부로부터의 핍박과 탄압을 피하여 그들만의 예배를 가질 수 있는 신앙의 자유를 위해서 황량한 아메리카 신대륙을 찾은 이들은 플리머스에 기착한 그 순간부터 엄청난 난관에 봉착했다. 요크주 출신으로 후일 식민지 총독을 지낸 메이플라워(Mayflower) 호의 부선장 윌리엄 브래포드(William Bradford)는 항해 기록에서 그때의 사정을 다음과 같이 적고 있다.

"우리는 광대무변의 대양을 천신만고 끝에 건너왔다. 우리를 맞이하는 사람도 없고 찬 비바람을 피할 곳도 없었다. 가지고 온 짐들은 모두 해변에 버리고 다시 영국으로 돌아가자는 사람도 많았다. 그러나 우리의 후손들은 어떻게 말할 것일까? 영국에서 이 대양을 건너온 우리의 선조들은 기쁨으로 죽어갈 것을 결심했다. 그들은 큰 소리를 내어 하나님께 기도했다. 그렇게 했더니 하나님께서는 우리들의 선조의 음성을 들으시고 그들을 고난으로부터 지켜주셨다... 이제는 영국으로 되돌아가느냐 아니면 이곳에서 살아갈 수 있는 방법을 찾아야 하느냐 양단간에 하나를 결정해야 할 단계이다."

"...신대륙에 온 서명자는 일치단결하여 문민정치를 확립할 것을 하나님 앞에 엄숙히 선언한다..."로 시작되는 메이플라워 서약(Mayflower Contract)은 정의와 자유, 그리고 평등에 입각한 민주적인 자치권의 선포이며 그것은 하나님께 드리는 서약이기도 하다. 이 역경 속에서 그들이 내린 이 역사적인 결정은 미국 역사의 첫 페이지를 훌륭하게 장식하게 된다. 하지만 이들은 아메리카 신대륙에서 새로운 역사를 창조하고 신성한 사회를 건설할 청사진을 가지고 있지 못했다. 이들이 힘써 건설한 플리머스 식민지는 1640년 매사추세츠만 식민지에 흡수 통합되고 말았다.

미국 역사의 시발점에서 구원의 횃불을 높이 든 이들은 10년 후에 보스턴에 온 청교도들이었다. 청교도는 국교와 분리파의 중간적인, 즉 청교도라는 명칭이 말해주듯이 국교의 청정화와 부패한 정치제도의 개혁을 주장하여 온 온건 중도파였다. 이들을 인솔한 사람은 매사추세츠만 식민지 회사의 총재이며 초대 식민지 총독인 존 윈스롭(John Winthrop)(1588-1649)으로 그는 명문 케임브리지 대학 출신이었으며 변호사이자 영국 의회의 법률 자문위원을 역임했었다.

영국의 찰스 황제가 의회를 폐쇄하고 정치 개혁의 의지를 전혀 보이지 않자 영국의 모든 것을 단념하고 청교도의 이상을 실현해 보고자 아메리카 신대륙에 이주할 것을 결심한 인물이다.

3) 첫 번째 추수감사제

하나님의 인도하심인지 우호적인 인디언들이 찾아와 필그림들에게 위로
와 협조를 아끼지 않았다. 놀랍게도 영어를 구사할 수 있는 스콴토
(Squanto)라는 인디언 청년이 있어 고기 잡는 법, 사냥하는 법, 그리고
옥수수 재배법 등을 가르쳐 주었다. 그 해의 농사는 풍작이었다. 플리머
스 식민지의 총독 윌리엄 브래포드는 그 해의 수확물로 하나님께 감사제
를 올렸다. 이것이 추수감사절의 기원이다.

이들이 플리머스에 상륙하여 첫 겨울을 보내면서 당했던 어려운 시험
과 역경을 자세히 기록한 제 2대 총독인 윌리엄 브래포드의 일기(A
Diary of Occurrence, 9 Nov., 1621-18, Dec.1621)는 미국 이민사의 귀
중한 자료이다.

4) 청교도 3파

영국의 청교도는 3파로 나뉜다. 우파는 저교회(Low Church) 퓨리탄(Puritan)이고 중도파는 장로파 퓨리탄
이며, 좌파는 회중파 퓨리탄이었다. 회중파는 다시 독립회중파와 분리회중파로 양분되었다. 1620년 메이플라
워호를 타고 신대륙에 도래한 필그림 파더스는 분리 회중파로서 당시 다소 진보적인 퓨리탄이었다.

미국의 역사가들은 유럽인들이 미 대륙에 이주한 동기를 다음 두 가지 유형으로 분류하고 있다. 하나는 중
남미를 탐험 혹은 정복하고 금은보화를 획득하기 위하여 온 경우와 다른 하나는 종교적, 정치적인 핍박으로부
터 자유를 찾아서 또는 빈곤과 기아에서 해방되기 위하여 신대륙으로 이민한 경우이다. 전자는 일확천금하면
곧 본국으로 귀국하려는 사람들이고 후자는 이민지에서 일생을 걸어보려는 영주자다.

5) 최초의 식민지

필그림들은 앞서 버지니아에 도착했던 사람들과는 달리 신앙의 자유를 찾아 아메리카 신대륙에서 새로운 삶을
개척하려고 이주했다는 점이 의미가 크다. 친구도 부모형제도 고국과도 결연하고 죽음을 맞을 지도 모르는 원
시상태의 황야로 이주한 것이다. 미국 역사는 이 플리머스 식민지를 미국 최초의 타운이라고 기록하고 있다.

1628년 존 엔디코드(John Endicott)가 눔키그(Noumkeag)에 상륙하여 작은 식민지를 조성하였다. 지금의
세일럼(Salem)을 말한다. 1629년에는 부유한 청교도들이 이곳 세일럼에 와 매사추세츠 만 회사를 설립하고
찰스 1세로부터 특허장을 받았다. 그러나 그 규모와 계획이 빈약하여 1630년 그들이 가지고 있던 특허장과 행
정권은 뉴잉글랜드의 식민지 회사로 이관되었다. 1630년 4월 존 윈스롭(1588-1649)이 뉴잉글랜드 식민지회
사의 초대 총독에 임명되어 13척의 배에 천오백명의 청교도 남녀들을 태우고 샤무(Shawmut)에 상륙하였다.
바로 지금의 보스턴이다. 그들은 보스턴을 중심으로 도체스터, 케임브리지 그리고 찰스강 유역에 정착하여 개
척사업에 착수했다. 이들 청교도는 충분한 식량과 의복 그리고 필요한 도구도 갖추어 가지고 이민하여 왔다.
그들 중에는 교역자뿐만 아니라 목수도 있었고 대장장이 조선공들 등 유능한 기능공들이 많이 포함되어 도시
건설과 농토의 개간 사업에 곧 나설 수가 있었다.

영국으로부터 뉴잉글랜드로의 이민선이 계속 도착했다. 1640년경 뉴잉글랜드의 인구는 이만 명으로 늘어
났고 1675년에는 그 수가 오만 명으로 증가하였으며 1700년경에는 십만 명에 달하였다. 이민자들은 농사를
짓고 철공소를 마련하고 고깃배를 지어 어업에 종사하였으며 자녀들을 위한 의무 교육제도를 실시하였다. 세

계 최초의 의무교육인 것이다. 또 1636년에는 고등교육 기관으로 하버드 대학을 설립하였다.

1636년 프로비던스에 그리고 1638년에는 코네티컷의 뉴헤이븐에 작은 식민지가 새로 탄생되었다. 매사추세츠 만에 식민지를 개척한 청교도들은 이민 당초부터 신대륙을 개척하여 신 영국을 건설하겠다는 굳은 신념을 가지고 그 목적과 사명을 철저하게 인식하고 있었다.

초대 총독인 존 윈스롭은 대서양을 건너오는 도중 아베라호 선상에서 다음과 같이 설교 하였다. "하나님이 언약에 의하여 주신 사명 그것은 산상의 도시를 건설하는 일입니다"라고 하였다. 산상의 도시, 그것은 신대륙에서 새로운 이상 사회를 건설하여 영국을 개혁하기 위한 본보기가 되고 나아가 인류 전체에 대하여 모범이 되는 제정합일의 신성공동체였다.

6) 청교도 정신

역사가들은 뉴잉글랜드를 건설한 원동력이 무엇이었던가를 자주 물어왔다. 독실한 신앙심과 근면 정직한 근로정신, 공동체 일원으로서의 책임감 그리고 높은 교육열이 가장 자주 손꼽히고 있다.

이민의 자손인 미국인들은 나는 누구인가, 그리고 내 나라 미국은 어떤 나라인가를 끊임없이 자문하여 왔다. 그리고 그 답을 최초의 이민자인 뉴잉글랜드의 건설자 퓨리탄에서 찾으려 했다. 뉴잉글랜드는 미국 역사가 시작된 이래 미국의 문화를 지배해 온 본고장으로 청교도의 뿌리가 깊이 내리고 있는 곳이다.

청교도 정신은 영국 최초의 이민자가 뉴잉글랜드로 가지고온 가치체계이다. 미국의 독립전쟁 이전에 동부 13개 식민지를 건설한 것도 청교도가 그 중심이었다. 서부 시대에 있어서 오하이오 계곡과 중서부에 이주한 개척자들도 그 대다수가 뉴잉글랜드에서 간 사람들이다. 1820년부터 하와이에서 사탕수수와 파인애플 농장을 경영하여 중국인, 일본인, 한국인 들을 이민시켜 농장의 노동자로 고용했던 하와이 사탕수수 경작자 동맹도 뉴잉글랜드에서 간 프로테스탄트의 선교사들이었다.

청교주의(Puritanism)의 정의가 매우 애매할 뿐만 아니라 여러가지로 해석될 수 있는 극히 불행한 용어라고 까지 말하는 학자도 있다. 17세기 영국에서 시발된 역사 운동으로서의 청교주의과 그 후 초기 미국의 사회현상으로서 자리 잡은 청교주의는 엄격히 구별되어야 한다는 것이 미국사상가의 공통된 의견이다.

청교도들은 전체로부터 분리되어 청정하고 고립된 사회에서 사는 것보다 일부 부패되었지만 그 전체 속에서 사는 것이 훨씬 낫다고 보았다. 이 세상에는 반드시 악이 있기 마련이며 그 때문에 죄사함을 받아 선택된 자는 전체에 대하여 의무와 책임을 다해야 한다는 것이다. 청교도 사회는 개인, 자녀, 가정, 주인, 고용인, 마을 주민 등 모든 사회생활의 단위를 하나님께 바친 언약관계로 보고 각기 그 안에서 개인의 책임을 다할 것을 강조했다.

7) 청교도의 생활

청교도들은 엄격한 계율을 따랐다. 하나님의 뜻이라는 엄숙한 이름 아래 자유는 제한되었다. 모든 주민은 식민지가 정한 법에 따라 교회에 나가야 했다. 교회에서의 예배는 아침부터 저녁까지 계속되었다. 주일에는 일체 여행도 일도 해서는 안되며 사치와 오락은 금물이었다. 음주하면 'D' 자 판을 목에다 걸고 거리를 돌아다녀야 한다. 간통죄는 주홍글씨의 'A' 자를 가슴에 달고 일생을 죄인으로 살아야 한다. 거짓말을 한 자에게는 피로리(Pillory)라는 나무칼을 목과 손목에 걸게 하였다. ducking stat, pillory, whipping post 등의 형구는 교회의 정문 한쪽에 비치해 놓고 필요한 때에 사용했다. 형구의 비치는 범죄를 사전에 예방하기 위한 경고의 표시이기도 하였다. 초기의 교회는 예배의 장소인 동시에 타운미팅을 하는 회의장으로 또는 죄인을 심문하는 재판소의 역할도 했다. 청교도 사회에 있어서 목사의 권위는 대단한 것이었다. 하나님의 말씀을 최고의 법으로 하고 있는 이 사회에 있어서 그 말씀을 해석하는 의무가 주어진 목사는 정치적으로 세력이 클 수밖에 없었다.

뿐만 아니라 정교합일인 신정국가 체제에서 목사는 사회의 으뜸가는 지도자로서 절대적인 존재였다.

청교도의 엄격한 불관용의 계율은 세일럼에서 있었던 마녀재판과 같은 어두운 전통을 낳았다.

청교도 정신은 식민지 시대 미국의 정치, 사회, 경제, 문화 전반에 걸쳐서 지대한 영향을 주었다. 또한 자기 직업을 천직으로 알고 근로정신의 존중, 귀족적인 행락의 불신, 그리고 가난은 신앙생활을 하지 않기 때문이라는 신념 등 의 현대 미국 윤리사상은 17세기 뉴잉글랜드 청교도들의 생활 태도와 어떠한 형태로든지 무관치 않다. 이러한 퓨리탄에 대한 이해 없이는 미국의 역사 발전을 올바르게 이해할 수 없다.

뉴잉글랜드 지역의 대학에서 청교주의에 대한 연구가 활발하게 이루어져 왔다. 그 중에서도 하버드 대학의 사학팀에서 나온 연구가 괄목할 만하다. 특히 사뮤엘 엘리어트(Samuel Elliot)의 '매사추세츠만 식민지의 건설자들' (The Builders of the Bay Colony, 1930)은 당시의 실제 인물들을 묘사한 것으로 학문적으로도 높이 평가될 뿐 아니라 흥미 있는 저술로 알려져 있다.

3. 주요 사건별 연대표

1) 탐험과 식민지 시대

1492	크리스토퍼 콜럼버스가 바하마군도의 San Salvador 섬에 착륙
1497	John Cabot이 북미의 해안탐험
	(영국의 신세계 대륙의 소유권 주장은 이 항해에 근거하고 있다.)
1498	콜럼버스가 세 번째 항해에서 북미대륙 본토에 도착
1602	영국 탐험가 Batholomew Gosnold가 뉴잉글랜드의 남단을 탐험하면서 Cape Cod, Elizabeth Islands, Martha's Vineyard를 명명
1605	George Weymouth 선장이 Maine으로부터 5명의 미국 인디언들을 데리고 영국으로 귀환
1607	북미 최초의 영국의 식민지인 Virginia Colony가 Jamestown에 건설됨
	John Pophan경과 Ferdinando Gorges경이 Maine 해안선에 식민지 건설을 위해 자금을 보조
1614	John Smith 선장이 뉴잉글랜드를 탐험하고 돌아가면서 이 지역을 '뉴잉글랜드' 라는 이름으로 명명하고 자신의 항해를 기록함
1620	청교도들이 Mayflower 호를 타고 플리머스에 도착한 후 플리머스 식민지를 세움
1625	찰스 1세가 영국 왕이 됨
1626	Roger Conan이 Cape Ann으로 이주하고 Salem에 Puritan Colony를 세움
1630	청교도인 John Winthrop에 의해서 보스턴이 건설됨
1635	Thomas Hooker가 매사추세츠를 떠나서 코네티컷 Valley로 이주하여 Hartford 식민지를 건설함
1636	하버드 대학 설립됨
	Roger Williams가 매사추세츠를 떠나서 로드아일랜드의 Providence를 건설함
1701	예일 대학 설립됨
1764	전비 보충을 위한 Sugar영 제정
1765	영국군의 주둔비를 위한 둔영법 제정. 영국 의회에서 미국 식민지에 식민지의 동의 없이 직접 세금을 부과하는 Stamp영이 통과됨
1766	Stamp영이 철회됨

1767   영국의회에서 차, 종이, 유리에 대한 세금을 부과하는 Townshend영이 통과됨
1770   Townshend영의 대부분이 철회 되었으나 차에 대한 징세는 계속됨.
        보스턴 massacre 사건 발발
1773   영국의 Tea에 대한 징세 철회를 거부하므로 보스턴 항구에서 식민지인들에 의한
        보스턴 tea 사건 발발
1774   보스턴 tea 사건의 보복으로 영국의회에서 매사추세츠 시민에게 네 가지 Coercive Acts를
        통과함. 영국정책에 반대하는 식민지인들은 제 1차 대륙의회를 개최함
1775   미국혁명 발발
        6월 17일 – Bunker Hill 전투발발
        7월 3일 – 워싱턴이 대륙의회에서 사령관으로 임명
        10월 18일 – Paul Revere가 말을 타고 영국군 진격을 알림
        10월 19일 – Lexington과 Concord에서 전투발발
1776   3월 17일 영국군이 보스턴에서 철수함
        7월 4일 독립선언서를 채택함
1777   버몬트 자체독립 선언하고 자체헌법 채택
1780   뉴포트(RI)에 프랑스의 로샴보우 장군이 이끄는 프랑스 군대가 미국혁명을 돕기 위해 도착
1781   콘월리스 장군이 이끄는 영국군이 버지니아 요크 타운에서 패퇴
1783   미국혁명 끝남. 영국 13개 식민지의 독립을 인정
1788   미국 헌법이 인준됨. 코네티컷, 매사추세츠, 뉴햄프셔가 5, 6번째 그리고 아홉 번째 주로
        연방에 가입됨
1789   죠지 워싱턴이 미국의 초대 대통령으로 선출, 프랑스 혁명이 시작됨
1790   로드아일랜드 13번째 주가 됨
1791   버몬트가 14번째 주로 가입됨

2) 근대 및 현대

1820   메인이 23번째 주로 가입
1861–65 남북전쟁(Civil War)
1905   러일전쟁을 종식시키는 포츠머스 협정이 메인 주 Kittery에 있는 해군기지에서 채택됨
1914–18 1차 세계대전
1929   경제대공황
1939–45 2차 세계대전
1961   케네디가 43세로 역사상 가장 젊은 대통령으로 피선됨
1963   11월 22일 케네디 대통령이 텍사스 달라스에서 암살됨
1966   매사추세츠의 검찰총장 Edward Brooke이 최초의 흑인 상원의원으로 피선됨
1980   보스턴 350주년 기념축하
1993   서부 매사추세츠의 Stockbridge에 Norman Rockwell 박물관이 설립
1994   하버드 대학이 역사상 가장 큰 규모의 기금운동을 시작
1995   미국 역사상 가장 큰 공사인 Big Dig 공사를 시작
        미국에서 가장 오래된 실내 농구장 보스턴 Garden이 허물어지고 그 자리에
        Fleet center가 세워짐

1997	미국에서 가장 오래된 군함인 USS Constitution이 116년 만에 처음으로 항해함
2000	US 센서스 거행. 뉴잉글랜드의 대부분 시가 인구가 증가했음
2001	9월 11일 2개의 보잉 여객기 767; AA의 Flight 11과 UA Flight 175가 보스턴에서 로스앤젤레스로 취항 중 테러리스트에 납치되어 N.Y. World Trade Center의 North와 South Tower를 들이받고 3000여 명의 사망자를 냄
2002	1월 NFL의 Patriots가 Superbowl 챔피언이 됨
2002	보스턴 레드삭스가 새 구단주를 갖게 됨
2003	7월 Big Dig 공사 중의 하나인 I-93 North가 개통됨
2003	12월 I-93 South가 개통됨
2004	2월 NFL의 Patriots가 두 번째 Superbowl 챔피언이 됨

4. 경제와 산업

1) 초기 산업의 발달

뉴잉글랜드는 식민지 시대부터 선박공업, 기계공업, 방직공업, 어업 등이 가장 먼저 발달했으며 토양이 적합치 못해서 농업은 주요 산업이 되지 못했다. 동북부의 대서양 연안은 세계 3대 어장의 하나로 대구, 고래, 바다가재 등이 유명하다. 랍스터는 식탁에서 가장 애호를 받는 해산물이며 대구는 초기 이민자들의 중요한 식량 공급원 이었을 뿐 아니라 경제자원 역할도 했다.

2) 19세기와 2차 세계대전까지

뉴잉글랜드의 기본 경제는 초기의 농업과 수산업에서 산업화로 이어진다. 2차 세계대전 후에는 많은 공장들이 남부로 이동하면서 한동안 경제 슬럼프에 빠졌다. 그 결과 뉴잉글랜드는 새롭고 다분화 된 전자산업들과 같은 고부가가치 산업이 주를 이루게 되었다.

19세기 주요 산업으로 부상한 무역과 조선업, 포경업 및 해양수산업은 유럽과 캐나다의 많은 이민자들로 노동력이 충족됨으로 인해서 뉴잉글랜드 지역은 세계에서 앞장서는 생선업체의 중심지역으로 부상했다. 메리멕밸리에 있는 로웰과 로렌스와 맨체스터는 섬유공업에서 세계에서 으뜸가는 공장지대로 번성했다.

메인과 뉴햄프셔에서는 구두산업이 번성했다. 2차 세계대전 후에는 이지역의 우수한 교육기관과 인재들을 동원해서 연구중심의 산업이 발전되기 시작했다. 이 연구 산업들은 보스턴의 루트 128에 밀집되어 있으며 또 남부 뉴햄프셔와 하트포트 등에도 발전되었다. 정보산업과 정밀기계와 전자산업이 현대 산업의 근간을 이루고 있다.

의학 분야의 연구도 출중해서 의학기계 및 인공 장기 생산의 중심지이다. 또한 보험업도 18세기부터 계속 중요업종으로 남아있다.

3) 농업

농산물 중에는 블루베리가 메인 주에서 주로 생산되며 크랜베리 생산은 케이프 코드에서의 생산량이 전국 최고를 기록하고 있다. 버몬트, 뉴햄프셔와 메인 주에서는 메이플 시럽이 주로 생산된다.

4) 수산업

15세기 때부터 유럽의 어부들은 뉴잉글랜드의 풍부한 어획고에 몰려들었다. 수산어업이 이 지역 경제에 차지하는 비중이 매우 컸기 때문에 어부들은 군대도 면제된 적도 있으며, 대구는 매사추세츠 주를 대표하는 생선으로 채택되었다. 바다가재 양식업은 거의 예술에 가까울 만큼 다양한 종류의 기술로 수확을 올리고 있다. 메인 주의 랍스터는 미국의 각 시장으로 공급되고 있다.

5) 관광업

관광업은 생산업과 함께 이 지역에서 가장 중요한 산업중의 하나이며 전국적으로 많은 애호를 받고 있다. 가을 단풍 여행이 특히 백미로 꼽히는 뉴잉글랜드는 산과 바다를 함께 갖춘 관광, 휴양지로서 관광객들의 발길이 일 년 내내 끊이지 않고 있다. 특별히 1940년 이래 겨울 스포츠가 계속 인기를 끌고 있다.

6) 교육

전통적으로 교육과 문화의 중심지인 이 지역은 수많은 최고 명문 대학들과 아이비리그 8개 대학교 중 4학교가 있다(하버드, 예일, 브라운, 다트머스). 앤도버와 엑스터의 필립스 아카데미, 락스베리 라틴 스쿨 등 유서 깊은 명문 사립고교도 수없이 많다. 또한 보스턴은 매스 제너럴 하스피털과 같이 첨단 의학기술을 선도하는 연구 병원들이 밀집되어 의학계를 이끌어가고 있다. 보스턴의 학생인구는 약 20만으로 매우 유동적이다.

7) 문학

17~18세기에는 주로 종교와 역사, 설교 및 일기, 팜플렛 등에 관한 기록이 대부분이었다. 가장 초기의 기록은 1621-1657년까지 초대 플리머스 식민지의 주지사를 지낸 윌리엄 브래포드의 'The History of Plymouth Plantation'과 매사추세츠 만 식민지의 첫 번째 총독이었던 존 윈스롭(John Winthrop)의 식민지 생활을 일기체 형식으로 기록한 글이다. 보스턴의 벤자민 프랭클린(Benjamin Franklin)의 'Poor Richard's Almanac'은 그 당시 가장 유명했던 시사문으로 널리 읽혀졌다. 19세기에 들어와서 독특한 미국적인 문학이 발전되었으며 특별히 랄프 에머슨이 주도한 초월운동(Transcendentalist movement)은 많은 인기를 얻었다. 또한 Edgar Alan Poe, H.D. Thoreau, Louisa May Alcott, Nathaniel Hawthorne, Herman Melville, Harriet Beecher Stowe, Mark Twain, 그리고 20세기에 와서 극작가 Emily Dickinson, Eugene O'Neill, 시인 Henry Wadsworth Longfellow, Robert Frost, Robert Lowell, John Updike 등과 같은 미 문학의 거장들을 배출했다.

5. 뉴잉글랜드 6개 주

1) 메인(Maine)

'미국의 아침, 현관'이라는 별명답게 메인은 미국에서 가장 먼저 해가 뜨는 주이다. Baxter State Park의 카타딘 산(Mt. Katahdin)의 Baxter Peak는 해발 5267 피트(1606m), 우리나라 설악산과 맞먹는 높이로 여름에 새벽 3시 30분이면 해돋이를 볼 수 있는 미국 본토에서 제일 먼저 일출을 볼 수 있는 장소이다. 최고봉에는

Katahdin 산장이 관광객을 맞이한다. 메인 주에는 4,000 피트 이상
의 산 9개, 3,000 피트 이상의 산 96개가 있다. 이곳을 시발점으로 하
여 뉴햄프셔, 버몬트, 뉴욕, 펜실바니아, 뉴저지, 버지니아, 노스캐롤
라이나, 사우스캐롤라이나를 거쳐 조지아까지 미국의 동부에서 중부
를 가로지르는 약 이천 마일의 애팔래치아 산맥(Appalachian
mountains)은 장대한 미국의 등줄기이며 또한 폭포선을 형성, 많은
폭포와 물줄기를 만들어 주어 아름다운 경관을 이루고 삼백 년 이상
수력 발전에 의해 생활해 왔던 곳이기도 하다. 메인 해변 캐나다와 국
경 을 형성하고 있는 St. Croix강이 바다로 빠져 나가는
Passamaguoddy Bay(Rt 1번 도로변)는 우리나라 인천 앞 바다를 연
상케 하는 미국에서 가장 간만의 차가 큰 곳이기도 하다.

　　메인 주 최고의 특산물로는 랍스터를 꼽을 수 있다. 메인 주 해변
50m-200m의 비교적 얕은 바다 밑에서 서식하는 갑각류로 미식가들
에게 인기가 높다.

　　주면적의 90%가 삼림 지대인 메인 주는 경치 좋은 산과 함께
2,500개 이상의 깨끗한 물을 간직한 호수와 5,000개가 넘는 개울과
강이 매우 아름다워 많은 관광객이 몰리는 주로도 이름이 높다. '최고
의 휴양지(Vacation land)' 라는 주의 별칭이 자동차 번호판에도 적혀 있을 정도이다.

　　메인 주는 1820년 미조리 협정에 따라 정치적인 이유로 매사추세츠 주에서 분리되었다. 당시 북부의 자유
주와 남부의 비자유주(노예주) 사이에 남부의 미주리 주가 새로 노예주로 가담케 되자 수의 균형을 맞추기 위
하여 북부 연맹에 주를 하나 더 늘리기 위여 만들어진 주가 바로 메인 주이다. 메인 주는 인구가 백 삼십만 정
도이며 영국계 41%, 스코틀랜드계 12%, 프랑스계가 23%로 구성되어 있어서 영국계가 정치, 경제를 주름잡고
있다. 프랑스 본토 영국쪽 해안지대인 노르망디와 브리타니에서 직접 건너온 아카디아 계 세력도 무시할 수
없다. 소수 인종은 약 1.5% 정도이다. 메인 주의 산업도시에는 불어가 제 2외국어로 계속 통용되고 있는 것도
특색으로 꼽을 수 있다.

　　동부 유일의 아카디아 국립공원은 절경을 자랑한다. 훼손되지 않은 태고의 신비를 간직한 바다와 자연의 합
창을 들을 수 있는 곳으로 유명하다.

　　메인 주에는 알곤퀸 인디언이 살고 있다. 인디언들의 수는 5,998 (0.49%). 이들은 빙하시대 이후 강 계곡과
해안을 따라 사냥, 낚시, 곡물재배를 하며 살아왔다. 서기 1,000년경 Vikings에 의해 Maine 해안을 알게 되
고 1524년 로바니 데 바라지노에 의해 탐험되고 1604년 피에르드 조아, 시에르 드몽, 샤우엘드 삼프레인 등
이 도달하여 프랑스의 식민지가 되었다 (St. Croix River 지역). 영국은 1605년 페르디난도 조지즈경과 존 모
프햄경이 조지 웨이머스를 선장으로 하는 탐험대를 보내 메인 해변을 정찰케 한 후 2년 뒤인 1607년 케네백강
(Kennebec River) 입구에 최초의 정착촌(Plymouth Colony)을 건설하였다. 그러나 모프햄 경의 사망과 인디
언들의 위협으로 첫 식민지는 실패로 끝났다. 그 후 1620년대 초반에 영국은 메인 주에 본격적인 정착촌을 건
설했다. 1629년 신대륙의회는 메인 주 를 페르디난도 조지즈 경에게 공여했었는데 1677년 매사추세츠 식민지
회사가 이를 사들였다. 메인 주는 1605년부터 1675년 사이 약 칠십 년 동안 영국, 프랑스, 인디언 사이에 끊임
없는 싸움이 계속되었으며 결국 1677년에 가서야 완전 영국의 승리로 종결되었다.

　　영국은 식민지 개척에는 성공했지만 이곳 주민에게 호감을 사지 못했다. 이곳 주민은 영국인에게 많은 재물
을 약탈당하자 1775년 의용군을 만들어 독립투쟁을 나서 이곳 해변 Machias에서 독립군들이 모여 영국군함
마거라레호를 탈취하기로 모의, 독립전쟁의 최초의 해전을 벌여 군함을 탈취하는데 성공한 역사가 있다. 경제
는 주로 농업, 임업, 어업, 종이산업 등 일차산업에 의존하고 있었다. 1990년 이후로는 정보산업과 생체공학

등 기술 산업을 유치하고 있다. 교육기관으로는 명문사학인 Bowdoin, Colby 와 Bates 대학이 있고 남극을 최초로 탐험한 아문젠, 시인 롱펠로우 등을 배출했다.

(면적 80,277㎢, 인구 1,274,923명, 한인인구 2000년 정부통계 875명, 한인회추정 886명)

2) 뉴햄프셔

백인 인구가 98.03%이며 미 전역을 통틀어 프랑스계 백인 인구비가 25%로 가장 많은 주인 뉴햄프셔(New Hampshire)는 삼림 면적이 81%로 산이 많은 주, 그리고 Conneticut강과 Merrimack강 Piscataqua강 등 다섯 개 하천 연장 2,500km, 거기에 빙하작용으로 생긴 천 삼백 개 이상의 아름다운 호수 그리고 6,288피트 높이의 워싱턴 마운틴 지역 스키장과 1,200mile 길이의 등산로와 산책로를 자랑하는 주이다.

1622년 런던의 상인 존 메이슨(Jonn Mason)이 식민지 허가를 얻어 그의 출생지인 영국의 남부 고향 Hampshire의 이름을 따서 이곳 이름을 뉴햄프셔로 이름 지었다. 1637년 식민지 확대를 위해 인디언에 대한 조직적 살해사건(Pequot War)을 일으켜 500명의 인디언이 희생되었던 곳도 이곳이며, 1769년 중서부에 개설한 Dartmouth College(Ivy League대학)는 인디언 학생에게 교육의 기회를 제공하고 수업료를 면제해 주는 특혜를 이례적으로 베풀고 있는 점도 뉴햄프셔의 특기사항이라고 하겠다.

1776년 1월, 미합중국 독립선언이 있기 6개월 전에 이미 독립을 선언한 주도 뉴햄프셔며 이곳 자동차 번호판에 부착된 이 주의 표어인 "자유 아니면 죽음을(Live free or die)"는 독립 당시 존 스타크(John Stark) 장군이 보낸 메시지로서 지금까지 뉴햄프셔 사람들의 피 속에 흐르고 있는 정신이며 길이 이어지는 주의 모토가 되고 있다.

1777년 포츠머스 조선소에서 미국 국기를 계양한 최초의 배를 건조하여 전수시킨 바 있다. 1905년(일본년호 명치 38년) 러일전쟁 종결 강화조약도 이곳 포츠머스에서 체결되었고 우리의 조국 한국이 완전히 일본인 손아귀에서 놀이개로 변하게 만든 포츠머스 조약도 여기서 체결되었다. 우리 국권을 완전히 없애버려 우리 한민족에 '한' 을 심어 준 것과는 대조적으로 당시 일본대표로 있던 고무라 쥬따로는 뉴햄프셔 주에 일만 달러를 기부, 고무라의 고향 동리와 자매결연을 맺은 바 있다.

1800년대의 1차 산업 혁명은 이곳에서 막을 올렸다. 풍부한 에너지와 노동력은 섬유산업을 약 100년 동안 주의 핵심 산업으로 주도해왔다. 맨체스터(Manchester)의 Amoskeag Mills는 당시 세계 최대의 면방적 공장의 하나였고 양모방적도 병행하였다. 세계 제 1차 대전 중 급속히 팽창하였다가 그 후 수요가 감소되어 섬유산업의 번영 시대는 끝을 고했다. 삼림자원을 이용한 목재, 종이, 가구산업에서 20세기에 들어와서는 인쇄, 도서출판, 구두제조업으로 변천하였고 현재는 관광산업이 주산업이다. 최근 들어서는 인터넷, 컴퓨터 관련 산업이 매사추세츠 주로부터 점차 뉴햄프셔로 확장되어 정보화 21세기 시대를 맞이하고 있다.

1853년 14대 대통령에 취임한 프랭클린 피어스(Franklin Pierce)가 이 주 출신으로 대통령 취임을 앞두고 그의 셋째 아들이 열차 사고로 죽자 대통령 영부인이 되는 잔 민즈 애플턴(Jan Means Appleton)은 백악관 안주인 되기를 거부한 슬픈 사연도 있다.

(면적 23,289㎢, 인구 1,235,786명, 한인인구 2000년 정부통계 1,800명, 한인회추정 1,349명)

3) 버몬트

산, 물, 숲의 고장 버몬트! 스키의 왕국 버몬트!

1609년 백인으로서 처음 프랑스인 사무엘 드 샘플레인 (Samuel De Champlain)이 이 이곳을 탐험했다. 탐험한 후 북서부의 호수를 그의 이름을 따서 샘플레인 호라 명명하였고 1823년 이 호수와 허드슨강을 연결하는 샘플레인 운하를 개통시켰다.

주의 이름의 기원은 산, 물, 계곡, 푸르른 숲에서 따왔다. 프랑스어 ‘Vert’ (푸른 초목)과 ‘Mont’ (산)에서 Vermont 주의 이름을 지었으니 산림면적이 무려 76%로 메트로폴리탄 도시지역이 아닌 시골마을(66.2%)들이 버몬트를 구성하고 있다. 주의 애칭인 ‘푸른 산맥의 주’ (Green Mountain State)가 이를 잘 말해준다.

버몬트 지역은 한때 프랑스 지배하에 있었다. 뉴욕을 직할시로 한 영국의 지배 하에도 놓여 영, 불간 세력의 각축장이기도 하였다. 1770년부터 5년 동안 계속된 싸움에서는 이 지역 주민들은 버몬트 의용연대를 편성 영국과 대항하여 싸웠으며 드디어 1777년 1월 16일에는 독립을 선언하고 공화국을 세웠다. 당시 이름은 ‘New Connecticut’ 이라 이름 지었으며 (77년 8월 16일) 그 후 버몬트라는 이름으로 1791년 14번째로 미합중국에 가맹하였다.

제 20대 대통령 제임스 A. 가필드(James A. Garfield)가 취임 4개월 만에 인사 문제로 원망의 대상이 되어 1881년 암살당하자 부통령으로 있던 체스터 A. 아서(Chester A Arthur)가 제 21대 대통령에 취임했는데 이 신임 대통령이 바로 버몬트 주 페어필드(Fairfield) 출신이며 1882년 한국과 우호 증진을 위한 한미 우호 통상 조약을 조인한, 한국과의 인연이 깊은 사람으로 우리나라 개화 물결에 큰 공을 세운 대통령이다. 버몬트는 간접적이나마 우리의 역사를 바꿔 놓는데 일익을 담당했다고 볼 수 있겠다. 대통령이 되기 얼마전 감기에 걸려 폐렴으로 발전하여 변을 당해 사망한 엘렌 부인이 ‘훠스트 레이디’ 의 자리에 못 오르게 된 비운을 생각, 아서 대통령은 일생을 독신으로 지냈다고 한다.

버몬트는 풍성한 산림 덕분에 경제적으로 제재, 제지의 비중이 매우 높다. 또한 재질 좋은 화강암과 대리석 생산도 자랑거리로 Barre에 있는 Rock of Ages는 자타가 공인하는 금세기 세계 최대의 채석장으로 이름이 높다. 이곳은 버몬트의 명소의 하나로 5월 1일부터 10월 말까지 일반에게 공개된다.

산 좋고, 물 맑으며 일년 중 9개월은 눈이 있는 버몬트는 스키를 비롯한 스포츠 산업이 주요 산업으로 꼽힌다. 스키왕국 버몬트는 스키장의 수가 일일이 헤아릴 수 없을 정도로 많다. 북쪽의 해발 3,000피트의 Jay Peak Ski Area 로부터 시작하여 Stow 지역, East Burke 지역, Waitsfield 지역(표고 3,800피트)의 여러 스키장, 그리고 Green 산맥의 최고 경승지 Rutland 지역의 Killington(표고 4,000피트), Basin Area 의 여러 스키장은 버몬트 지역의 핵을 이루어 놓고 있으며 Manchester 지역, South Londonderry 지역, Bennington 과 Wilmington의 각 지역에서는 12월에서 4월 중순까지 스키 시즌이 계속된다.

겨울의 버몬트도 좋지만 단풍이 물든 가을의 경치는 미국 전역을 통틀어 최고의 경치이다. 그 아름다움은 버몬트의 상징이며 버몬트 주 전체가 곱게 물든 단풍 경치를 즐길 수 있는 좋은 드라이브 코스이다. 자동차 여행 외에도 동북부 단풍왕국 St. Johnsbury와 Greensboro Bend 사이의 기차 여행(약 57마일), 그리고

Bellows Falls 와 Chester를 이은 26mile의 'The Green Mt. Flyer-Scenic Train Ride'가 인기 높은데, 아름다운 Williams 강 계곡과 가로지르는 다리, 부근 산간의 고색 찬연한 농장들을 보는 것은 도시인에게 큰 추억에 남을 것이다. 버몬트는 메이플 시럽(Maple syrup) 생산지로도 유명하다. 영화 사운드 오브 뮤직(Sound of Music)의 실제 모델인 폰트랩 가족(Von Trapp Family)이 Stowe에 자리 잡고 호텔을 경영하여 살고 있다. 교육기관으로는 명문사학 Middlebury College가 Burlington에 있다.

(면적 24,017㎢, 인구 608,827명, 한인인구 2000년 정부통계 669명, 한인회추정 467명)

4) 매사추세츠

'미국 역사의 첫 시발점, 가장 중요한 역할을 담당한 주'라는 자랑거리를 가진 매사추세츠. 미국 문화 및 역사의 출발지이자 중요한 거점으로서 발전한 380년의 긴 역사를 가진 주다.

보스턴차사건(Boston Tea Party) 1773년 식민지 보스턴의 시민들은 차에 부과되는 과도한 세금에 불만을 품고영국 동인도회사의 배를 습격, 선적된 홍차를 바다에 쏟아버린 사건으로 미국 독립의 기운을 가속화 시켰다. 1775년 4월 18일 렉싱턴에서 영국군을 향한 독립전쟁의 첫 번째 총성이 울려 퍼졌다. 이 역사적인 두 사건 덕분에 매사추세츠는 '자유의 요람(Cradle of Liberty)'이라는 별명을 가지고 있다. 보스턴 학살 사건의 역사적인 유적지와 전적지들이 산재해 있다. 1602년 Bartholomew Gosnold의 매사추세츠 만의 탐험으로 시작 케이프코드(Cape Cod)라 이름 지은 것을 필두로 하여 1614년 존 스미스 선장(Captain John Smith)의 해안 지방 탐험을 거쳐 1620년의 플리머스의 청교도와 순례자들의 정착 식민지 개척 그리고 1628년 세일럼(Salem)에 청교도들의 식민지 개척 1629년의 존 엔디코트(Governor John Endicott)의 국교 정착, 1630년의 존 윈스롭(John Winthrop)의 주지사 취임 및 보스턴시의 출현과 식민지 사업의 확장 등을 주요 이민사로 꼽을 수 있다.

매사추세츠는 '엘리트의 생산 공장'이라 할 만큼 최고의 교육 기관이 자리 잡고 있다. 미국 최초의 공립학교인 보스턴 라틴 스쿨(Boston Latin School)이 1635년에 그리고 8개 아이비리그 대학(Harvard, Yale, Princeton, Columbia, Pennsylvania, Brown, Cornell, Dartmouth)중 가장 유서 깊은 하버드 대학교가 1636년에 설립되었다. 한국학 연구소를 처음 세웠고, 세계적인 경영 대학원 및 풍부한 동양학 자료를 보유한 하버드는 이곳의 자랑이다.

'노벨상의 생산 공장'이라 할 수 있는 매사추세츠 공과 대학(MIT)은 공과 대학뿐 아니라 사회과학분야, 인문계에도 힘을 기울이는 명문대학으로서 MIT Lab을 필두로 군사, 하이테크 산업의 발전에서 빼놓을 수 없는 존재이다.

미국 최대의 사립대학인 Northeastern 대학교(1898년 창립)와 법률, 외교 분야에서 명성을 얻은 Tufts University(1852년 창립), University of Massachusetts at Amherst(1863년 창설), Boston University, Boston College 그리고 미국 최초의 여자대학인 1837년 창립된 사립대학 Mount Holyoke대학, 1870년 설립된 Wellesley College, 1871년 창설된 Smith College 등의 명문 여대를 비롯해서 주 서쪽에 위치한 명문 인문

대학인 Williams College 그리고 음악의 명문 New England Conservatory(NEC) 등 많은 대학들이 (117개교) 매사추세츠에 소재하고 있다.

매사추세츠의 산업을 살펴보면, 17세기부터 미국을 선도했으며 식민지 시대 초기는 농업과 어업에서 출발한 이곳 산업은 조선업으로, 섬유업으로, 구두 제조업으로, 인쇄 출판업 분야로 변천의 역사를 보여준다.

1646년에 세워진 Saugus Iron Works는 17세기 제철 능력을 보여주는 500 파운드의 해머로 원시산업의 옛날 모습을 그대로 보여주고 있으며 Stephen Dayes가 1639년 1월 미국 최초로 발간한 신문 'Common Press'는 식민지시대 언론의 효시이며 1640년에는 'The Bay Psalm Book'이 발간되어 교회에서 채택된 바 있다.

매사추세츠 주의 이름의 기원도 살펴보는 것이 어떨까? 약 15,000년 전 최후의 빙하가 끌어다 놓은 복잡한 땅 표면이 애팔래치아 산 줄기를 만들고 최초의 유럽계 백인들이 닻을 내린 15세기경에는 다섯 종파의 알곤퀸 인디언들이 이곳에 살고 있었다고 한다.

1629년 최초의 식민지 기지를 만든 상륙지점(현재의 플리머스)에서 멀리 바라다 보이는 보스턴의 남쪽 구릉지대를 인디언들이 '매사추세츠' 즉 '거대한 언덕'이라고 부르기 시작해서 이 인디언 말이 주의 이름이 되었다.

매사추세츠는 자랑거리가 참으로 많다. 1830년 Lioya Garrison에 의한 미국 최초의 노예 해방운동, 1845년 Elias Hoawe(Cambridge)의 최초의 재봉틀, 스코틀랜드 계 이민 Samuel F. B. Morse에 의한 모스 부호도 이곳에서 발명되었으며 1876년 Alexander Graham Bell 에 의한 보스턴의 번영을 가져다준 최초의 전화기 발명, 즉석카메라 폴라로이드 회사, 면도칼날의 명문 질레트(Gillette) 사 및, 미사일과 전자레인지를 제조한 레이시언(Raytheon) 사 등의 공로는 자타가 공인하는 바이다. 1897년 미국 최초의 지하철이 개통되었으며 현재도 운행 중인 이 그린 라인 전철은 아직도 당시 모습을 일부 간직하고 있다.

메리 베이커 에디가 창시한 크리스천 사이언스 교회의 탄생지이며 여성 TV 앵커의 원로 바바라 월터즈 및 제 2대 대통령 존 아담스 및 6대 대통령 존 퀸시 아담스 부자 대통령을 탄생시킨 곳도 바로 이곳이다. 존 F. 케네디는 최초의 로마 카톨릭 계의 대통령으로 명성을 얻었고 알링턴 국립묘지에 그를 기리는 불멸의 불이 켜져 있다.

보스턴은 문화 예술 및 음악이 풍성한 도시이다. 미술관을 비롯 수많은 미술관이 있으며 미국의 3대 교향악단 중의 하나인 보스턴 심포니 오케스트라(BSO)와 보스턴 팝스 오케스트라는 세계적인 음향시설을 자랑하는 Symphony Hall에서 매혹의 연주를 한다. 보스턴은 또한 스포츠에 열광하며 Red Sox, Patriots, Celtics와 Bruins의 열렬한 팬들이다.

보스턴 마라톤은 가장 오래된 마라톤 대회로써 근대 올림픽이 시작한 다음해인 1897년에 시작했으며 세계에서 가장 유명한 마라톤 대회중 하나이다. 보스턴 서쪽에 위치한 합킨턴에서 출발하는데 우리나라와도 특별한 관계가 있다. 1947년 51회 때 서윤복이 우승했고, 1950년에는 함기용, 송길윤, 최윤칠이 각각 1,2,3위를 석권했고, 최근 2001년에 이봉주가 우승한 바 있다. 이 대회는 4월 셋째 월요일인 Patriots Day에 거행되는데 이날은 매사추세츠 주만 갖는 주 공휴일로써 폴 리비어가 밤새 말을 달려(The ride of Paul Revere) 영국군의 진격을 알린 역사적 사실을 기념하기 위한 행사로 시작되었다.

(면적 20,269㎢, 인구 6,203,092명, 한인인구 2000년 정부통계 17,369명, 한인회 추정 26,201명)

5) 로드아일랜드

주 이름의 유래는 기독교 전도 여행 때 바울사도가 항해한 크레타(Crete)섬 동쪽 약 200Km 지점에 위치한 로즈(Rodhos) - 그리스 령의 'the Greek isle of Rhodes'에서 유래된다. 즉 그리스의 Rhodes섬과 똑같이 생긴 섬이 바로 나란간셋 베이 한 복판에 있는데 Rhode Island Sound를 남쪽에 두고 있는 것이 똑같아서 이름을 로드아일랜드라고 했다.

프랑스는 신대륙에 많은 탐험대를 보냈는데 1524년 이태리 사람인 지오바니 데 베라자노(Giovanni da Verrazano)의 탐험으로 이곳이 유럽인들에게 알려졌으며 16세기 전반 나란간셋 인디언들이 지배하던 곳이다.

1636년 매사추세츠만 식민지를 떠난 의욕적인 목사 로저 윌리엄스는 신앙의 자유를 얻고자 이곳에 와 인디언과 협상 타결 끝에 처음으로 식민지 프로비던스를 건설하였다. 'Providence' 란 '하나님의 거룩하신 섭리의 땅' 을 의미한다. 이곳을 중심으로 로드아일랜드 주를 형성했고 1663년의 로드아일랜드 헌장은 "번영하는 시민 국가는 신앙의 완전한 자유에 의하여 유지 보전 될 것이다"라고 선언하고 있다.

종교의 다양성과 자유는 로드아일랜드의 특징이 되었고 이것이 처음부터 다채로운 색채의 이민 물결이 쏟아져 이곳에 흘러 들어왔다. 1639년 미국 최초의 침례교단의 조직, 1699년 미국 최초의 퀘이커교회 창설, 1763년 미국 최초의 유대교 성전 시나고그의 건설 등을 들 수 있다. 그 후 계속 아일랜드, 포루투칼, 프랑스 령 캐나다에서 많은 이민자들이 몰려와 로드아일랜드는 미국에서 가장 카톨릭 계가 많은 주로 카톨릭 계 인구가 약 65% 이상이다.

자유를 존중하는 로드아일랜드 주민의 철학은 미합중국 가맹에 난관으로 작용하기도 했다. 로드아일랜드 주는 1790년 5월 가맹 합류까지 여러 난관 끝에 34:32라는 근소한 표차로 초기 13주 식민지 중 가장 늦게 미합중국에 합류하게 되었다. 17세기에서 18세기에 이르는 동안 이 지역은 식민지 무역의 특징인 삼각 무역의 중심지로 보스턴과 마찬가지로 초기 무역의 중심지에서 18세기 후반부터 19세기를 통하여 공업화와 도시화가 가속화 되었고 20세기에 접하게 된다.

Pawtucket의 Slater Mill Historic Site에 있는 영국식 수력발전용 방적 공장 건설은 가내 공업에서 대량 생산의 산업혁명을 일으켰고 1793 Slater Mill과 1810 Wilkinson Mill은 아직도 그 당시의 모습을 그대로 보존하고 있다. 연례 요트 경기도 또한 자랑거리로 꼽을 수 있다.

세계 최대 규모의 아메리카 컵(America's Cup) 대회는 Newport연안을 중심으로 행해지는데 세계 도처에서 많은 관광객이 모인다. 1851년 제 1회 대회는 영국 플리머스(Plymouth)에서 행해져 미국의 The New York Yacht Club이 우승을 독주해 오다가 1983년 오스트리아에게 우승 자리를 양보하여 1987년 대회는 오스트리아에서 개최되었다. 미국이 다시 우승을 탈환하면서 1992년 대회는 미국으로 돌아왔다.

로드아일랜드 경제의 주요 산업은 공업으로 보석가공과 은세공 관련 산업이 미국 내 최고 기술을 자랑한다. 1877년 창설된 로드아일랜드 디자인스쿨(RISD)은 최고의 미술대학으로 유명하고, 동부 명문 아이비리그의 하나인 브라운 대학교는 1764년 창립된 유서 깊은 대학이다. 미국 역사에서 빼어 놓을 수 없는 귀족들의 피서지로도 유명한 곳인점 또한 빼놓을 수 없다. 미국 내에서 최고의 별장지대, 최고의 사치를 간직한 곳, 가장 많은 비용을 들인 파티가 치뤄진 곳도 바로 이곳의 뉴포트 맨션(New Port Mansions)들이다. 10mile Ocean Drive 그리고 3 mile Coastal, Cliff Walk도 빼 놓을 수 없는 관광명소이다.

(면적 2,730㎢, 인구 1,048,319명, 한인인구 2000년 정부통계 1,560명, 한인회 추정 1,900명)

6) 코네티컷

코네티컷 주는 뉴잉글랜드 지역의 가장 남쪽에 위치하고 있다. 위로는 매사추세츠와 로드아일랜드, 아래로는 뉴욕 시, 옆으로는 뉴욕 주를 접하고 있다. 비록 면적은 작지만 미국 경제의 중요한 중심지 중 하나이며 많은 관광명소를 갖고 있다. 코네티컷 주 이름의 기원은 모히건(Mohegan) 인디언들이 'Quinnehtukqut(Long River Place' or 'Beside the Long Tidal River' 라는 뜻)이라 부르던 것에서 그 기원을 찾아 볼 수 있다.

코네티컷 주는 1788년 1월 9일로 미국에서 다섯 번째 주가 되었다. 미국 최초로 헌법을 제정하여 채택한 주로 'The Constitution State' 라는 공식 별명이 이 주의 자동차 표지판에도 새겨져 있다. 이외에도 'Conncticut Yankees', 'Nutmeggers', 'Connecticuter', 'Connecticotian' 등의 다른 별명이 있다.

코네티컷 초기 역사는 네덜란드인에 의해 발견, 탐험되었으며, 1633년에 매사추세츠에서 건너온 영국 청교도인들이 건너와 살게 된 것이 초기 정착의 역사이다. 주 정부(Capitol)는 1875년 이후 하트포드(Hartford)에 자리하고 있다.

주 표어(State Motto)는 "뿌린 대로 거두리라"(Qui Transtulit Sustinet – He Who Transplanted Still Sustains)로서 인구는 3,405560명이며 (2000년 7월 1일 발표된 코네티컷 보건국 자료에 의하면 3,409,549명), 미국에서 29위에 속한다.

코네티컷 주는 미국에서 세 번째로 작은 주이며, 8개의 County (Fairfield County, Hartford County, Litchfield County, Middlesex County, New Haven County, New London County, Tolland County, Windham County)와 169개의 타운(Towns), 21개의 시(city), 9개의 선거구(Boroughs)로 된 주이다. 코네티컷 주는 Harles Goodyear, Elias Howe, Eli Whitney, Eli Terry와 같은 수많은 유명 발명가를 배출했으며, 전기, 기계, 철강, 정밀 기계, 산업이 발달했다. 특히 시계 제조업, 타자기 등 정밀 공업과, 군수산업으로 잠수함 제조업, 헬리콥터 제조업은 미국을 대표하고 있다. 한때는 권총 등 총기류 제조업과 고래잡이로도 유명했다.

The Connecticut Yankee라는 별명으로 불리는 코네티컷 사람들은 고안과 발명의 천재들로 일찍 수많은 발명품을 만들어 제조 산업을 발달시켜왔다. 영국 식민지 시절에는 금속 버튼 제조업을 발달시켜 미국의 모든 금속 버튼 수입을 대체했고, 거대한 제조업의 시발점이 되었다. 19세기 미국 혁명 때는 Eli Whitney와 Simon Northbegan이 무기 생산을 자동화 했으며 이는 근대 사회의 대량생산의 기초가 되었다. 코네티컷 천재들은 지칠 줄 몰라 계속해서 가황 고무(Vulcanized Rubber), 전자계산기, 딱 성냥(Friction Matches), 증기 배, 휴즈(Safety Fuses) 등 다양한 발명품들을 개발했다. 오늘날에도 Xerox, G.E., Uniroyal, G.T.E., Olin, Champion International, Unoin Carbide, Sikorsky 등에서 제트엔진, 핵 잠수함, 금속공업, 전기공업, 플라스틱 공업, 정밀 기계 공업 등이 대표산업으로 꼽히고 있다. 코네티컷 하면 보험업을 빼놓을 수 없다. 이미 180년전부터 보험업계의 중심지(Insurance State)로 명성을 쌓아왔으며, 해양보험, 화재보험, 생명보험, 상해보험은 미국을 대표하고 있다.

코네티컷의 관광사업은 약 40억 달러, 가을 자연경관의 아름다움은 뉴잉글랜드에서 아름답기로 소문나 있다. 그리고 250마일에 달하는 롱아일랜드 사운드 해안에 위치한 수많은 항구, 해수욕장들과 곳곳에 있는 해변공원과 역사 유적지는 연중 수많은 관광객이 끊어지지 않고 있다. 역시 빼놓을 수 없는 것은 수많은 골프 코스로, 대중들에 개방되어 있으며, 보팅(Boating), 낚시, 수영을 즐길 수 있는 곳이 즐비하다. 또한 연극, 오페라, 발레, 박물관, 미술관 등 문화 관광 자원도 다수 보유하고 있다.

1639	헌법 채택
1659	시립도서관이 New Haven에 설립됨
1764	신문 The Hartford Courant 발간 시작
1775	잠수함
1783	영어사전 Webster가 West Hartford에서 태어난 Noah Webster에 의해 발간
1784	법대 Litchfield Law School 설립
1788	State House 건립
1803	Town Library가 Salisbury에 설립
1806	Factory Town을 Saymour에 건립
1810	보험회사인 ITT Hartford Group Inc.가 Hartford에서 공식 영업 시작
1819	산업훈련 학교가 Derby에 설립
1836	연발 권총(Revolver)이 Colt 사에 의해 발명됨
1842	Art Museum 설립
1843	이동 타자기 발명
1844	마취제 사용
1853	얼음 제조기 제조
1858	깡통따개 발명
1877	공중전화 설치
1877	전화교환 시스템 Bridgeport에 설립
1892	접을 수 있는 치약 튜브용기 발명
1895	햄버거(Hamburger)가 New Haven에 있는 Louie's Lunch 가게에서 시작
1900	잠수함 진수
1908	롤리 팝 (Lollipop) 제조
1920	Frisbee 개발
1933	진공 소제기 발명
1939	FM 라디오 방송국 WDRC Hartford에서 방송
1939	헬리콥터 Igor Sikorsky에 의해 제작
1948	컬러 TV 개발
1949	UHF TV 방송국 KC2XAK가 Bridgeport에서 방송

(면적 13,023㎢, 인구 3,409,549명, 한인인구 2000년 정부통계 7,064명, 한인회추정 14,120명)

맺음말

뉴잉글랜드는 미국의 첫 문명 발생지로써 미국에서 가장 기념될 만한 사건들로 점철되어 있다. 미국 건국의 시원이었던 청교도의 본고장이며, 미국 혁명의 발상지로써 독립전쟁의 최초의 함성과 총소리가 들린 곳, 노예제도의 폐지를 위한 운동이 처음 일어난 곳이다. 또한 교육의 찬란한 꽃을 피워나가며 미국의 예술, 과학, 문학과 정치가 가장 활발한 뉴잉글랜드는 미국 정신사의 발원지이기도 하다.

참고문헌

1. 앨런 브링클리 황혜성 외 역: 미국인의 역사 1, 비봉 출판사, 1993
2. 유종선: 미국사 100 장면, 가람기획, 1995
3. 최웅, 김봉중: 미국의 역사, 소나무, 1999
4. 백린: 신대륙의 형성, 한인회보, 2003
5. 백린: 이민의 나라 미국과 한국인, 지평선, 7/94
6. 청교도사상과 초기 한인이민, 필그림 2000, 20007. 백린: 뉴잉글랜드 한인 업소록 및 인명록, 1997
8. The Columbia Encyclopedia; New England, 2000
9. 정세련: 메인 주 소개, 2003
10. 김정현: 미국의 정신 보스턴 3, 한인회보 4. 18. 2003
11. Insight Guide New England, Discovery, 2003
12. The Green Guide New England, Michelin, 2003
13. Suzi Forbes, New England, 1986

제 2장 뉴잉글랜드 초기 한인 사회 형성 | 백린

1. 보빙 사절단과 미국 유학생

조선왕조는 1882년 3월 미국과 조미수호통상조약(한미수호조약)을 체결했다. 이어서 조영 수호통상조약, 조독수호통상조약을 체결하면서 서구열강에 문호를 개방했다. 이듬해인 1883년 4월에 후트(Lucius H. Foote) 주한미국공사가 서울에 부임하여 국왕에게 신임장을 증정하였다. 국왕 고종은 민영익을 전권대신, 홍영식을 부대신, 서광범을 서장관으로 임명, 8명의 보빙사절단을 미국에 파견하였다. 이 사절단의 임무는 보빙에 관한 사항과 문명, 미국의 관공서와 산업시설을 시찰하는 일이었다.

위: 후트 공사
아래: 민영익

이 사절단을 수행하였던 유길준이 보스턴에 남아 세일럼(Salem)의 북쪽에 위치한 바이필드(Byfield)의 거버너 더머 아카데미(Governor Dummer Academy)에서 1년간 수학하다가 귀국한다. 그가 한인 최초의 미국 유학생이다. 조선왕국이 한미교섭과정에서 그 첫 번째 사업으로 친선사절단을 미국에 파견하고 동시에 유학생을 보냈다는 것은 조선의 근대화 과정에 있어서 괄목할 만한 일이 아닐 수 없다.

이와 같은 사실은 주한미국공사인 후트의 권유에 의한 것이라고도 하겠지만 한미수호통상조약에 유학생의 파견에 대한 양해규정이 설정되어 있다는 사실을 기억해야 하겠다.

第 十一 款: 兩國學生徒는 往來하여, 學習語言文字律例藝業等事는 彼此均宣楊助하여 以敎育한다. (제 11관: 두 나라의 학생은 왕래하여 언어, 문자, 법률, 학술, 기예 등을 학습하는데 있어서는 피차 차별 없이 급히 도와줄 것이며 화목함으로써 우의를 돈독히 한다.)

한인학생들은 이 조약에 의하여 미국에서 차별 없이 공부할 수 있게 되었다. 그러나 기독교 사상이 무엇이고 서양학문이 무엇이며 과학이 어떤 것인지 잘 이해치 못하였던 당시에 있어서의 유학이란 한낱 관광이나 시찰 정도로만 생각했던 것 같다.

1) 민영익 보빙사절단의 방미

7월 25일 인천항을 출발한 민영익 사절단 일행은 일본의 요코하마에 들려 비서관 퍼시벌 로웰과 통역 미야오를 대동하고 제반 준비를 갖춘 다음 그 해 7월 16일 미국상선 아리빅 호를 타고 태평양을 건너 9월 2일 샌프란시스코에 도착했다. 사절단 일행은 샌프란시스코에서 많은 환영을 받은 후 기차 편으로 시카고에 도착 성대한 연회에 참석하였다.

NEW YORK CITY.—OFFICIAL RECEPTION OF THE COREAN AMBASSADORS, BY PRESIDENT ARTHUR, AT THE FIFTH AVENUE HOTEL, SEPT. 19th—THE SALAAM OF THE AMBASSADORS.

위: 체스터 아서 대통령
위 오른쪽: 보빙사절단
오른쪽: 보빈사절단의
아서 대통령 접견,

사절단 일행이 워싱턴에 도착한 것은 9월 13일 이었다. 때마침 체스터 아서 Chester A, Arthur, (재임 1881-1884) 미국 대통령이 뉴욕에 체재 중이었기 때문에 민영익 일행은 9월 17일에 뉴욕으로 왔다. 이틀 후인 9월 19일 오전 11시에 New York 5th Ave에 있는 호텔에서 아서 대통령을 접견하고 국서 봉정식을 가졌다. 뉴욕의 일간지들은 이때의 광경을 다투어 대서특필하였다. 국서 봉정식을 무사히 마친 민영익 사절단의 주요 일정은 미국비서관인 로웰이 세운 계획에 따라 관광과 시찰이었다. 일본 동경에서부터 민영익 보빙사절단과 행동을 같이 하고 있는 로웰 비서관은 보스턴에서 태어나 명문 하버드를 졸업한 수재로 동양 특히 일본과 한국에 대해 많은 관심을 가진 인물이다. 동생(Lowell, Abbott Lawrence, 1856-1943)은 하버드 제 22대 총장을 지냈다. 민영익 사절단 일행은 9월 19일 하오 5시에 뉴욕 항을 출발하여 20일 아침 6시 30분에 보스턴에 도착하였다.

뉴잉글랜드 지역의 시찰 일정은 1주간으로 때마침 열리고 있는 보스턴 박람회와 산업박람회를 구경하고 농사시험장 공립 소학교와 하버드대학을 시찰한 후 로웰 지방의 제약회사, 방직공장 등을 시찰한 다음, 뉴욕으로 내려가 각종 공공시설과 웨스트포인트 사관학교를 참관한 다음 2개월간의 미국 방문 일정을 마치고 1883년 11월 16일 유럽을 향하여 귀국길에 올랐다. 민영익 대사를 수행했던 유길준만은 일행과 헤어져 유학생으로 남게 되었다. 당시 한국의 형편에서 볼 때 미국에 유학생을 보낸다는 것은 결코 쉬운 일이 아니었다.

2) 거버너 더머 아카데미와 유길준

조선정부는 개국과 통상의 목적을 달성하기 위하여 신학문사상과 영어에 능통할 수 있는 인재를 양성하기 위해 재능이 넘치는 유길준을 미국에 보내 공부하게 할 계획이 있었던 것 같다. 유길준을 보빙사 수행원으로 동행케 하여 임무를 마친 다음 미국에 남아 공부하라고 하명한 것은 민영익 대사다.

유길준은 미국 유학의 기회를 기다리고 있었는지도 모른다. 신학문에 눈 뜬 그는 처음부터 과거 시험을 거부하였던 것 같다. 그가 한국의 과거제도를 망국의 근본이라고 혹평을 하였지만 그렇다고 자기의 입신을 위한 노력을 게을리 하지는 않았다고 본다.

그의 포부는 보다 먼 앞날에 있었던 것 같다. 관직에 나가는 것이 목적은 아니었다. 그보다는 외국에 유학하여 신학문을 배우는 것이 그의 큰 희망이었던 것 같다. 그가 1882년 10월 일본 유학에서 돌아온 후 교섭통상사무아문의 주사로 임명되었으나 아직 더 공부해야 하겠다고 사절한 것도 미국 유학의 꿈을 버릴 수 없었기 때문이라고 본다. 그런 그에게 미국 유학의 길은 말할 수 없는 기쁨이었다.

유길준이 소원대로 미국에 남아 신학문을 공부하면서 미국을 배울 수 있게 된 것은 한미양국이 보증하는 관비 유학의 큰 특혜였다. 1883년 11월 8일자 뉴욕타임스 지는 '귀국 준비 중에 있는 한국인' 이라는 제하에 다음과 같은 기사를 싣고 있다.

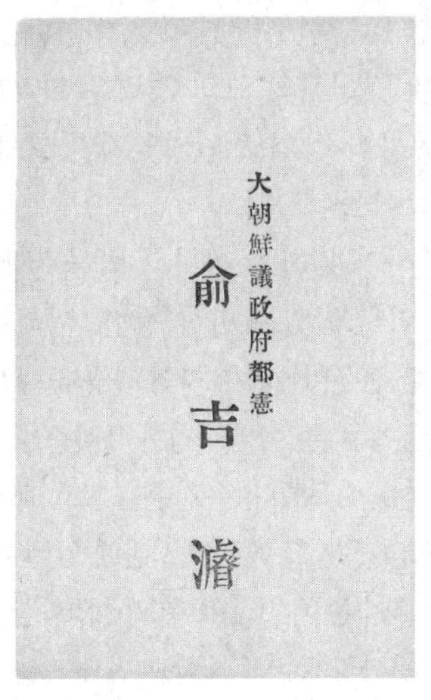

왼 쪽:
유길준의 명함
오른 쪽:
유길준

"…사절단의 수행원 중 한 사람인 유길준은 자기나라의 옷을 벗어버리고 지금은 양복을 입고 있다. 그는 매사추세츠 주 세일럼(Salem)의 에드워드 모스(Edward S. Morse 1838 – 1925) 교수의 지도를 받는 학생으로 이 나라에 머물 것이다. 어제 저녁 이 젊은이는 제 5 에비뉴(뉴욕)에 산책 나갔다가 길을 잃었다. 그러나 그는 몇 마디의 영어를 사용하여 경관에게 호텔 가는 길을 물어 돌아왔다. 도포에 망건을 썼던 유길준은 유학 준비로 상투를 잘라(1895년 단발령이 내리기 전임.) 하이칼라 머리를 하고 도포를 벗어 양복으로 갈아입었다. 한국인으로서는 최초로 상투를 자르고 양복을 입은 사람이다."

그는 1883년 11월 16일 귀국길에 오른 민영익 대사 일행과 뉴욕부두에서 작별인사를 하고 후견인이 될 에드워드 모스 교수를 찾아 보스턴으로 왔다.

유길준은 미국의 학문을 배우기 위하여 교육도시인 보스턴에 남았다. 그는 장차 하버드에서 수학하기 위하여 모스 교수의 지도를 받기로 했다. 모스는 저명한 고생물학자이며 특히 동물에 대하여 많은 관심을 갖고 있었다. 모스는 민영익 대사의 비서관인 로웰과 잘 아는 사이였으며 또 일본 통역관인 미야오가와도 친분이 있었다. 유길준이 동경에 유학하고 있을 때 모스와 만난 사실이 있다고 하니 초면은 아닌 것 같다.

유길준은 1883년 11월부터 다음해 9월 더머 아카데미에 입학할 때까지 10개월 간 모스 교수의 집에 기거하면서 그의 개인 지도를 받았다. 비록 10여 개월의 짧은 기간이었지만 모스 교수가 유길준을 지도하면서 끼친 영향은 결코 적은 것이 아니었다.

유길준은 서유견문의 서문에서 당시의 일을 다음과 같이 적고 있다.

"…그는 나에게 공부하는 차례를 알려 주고 학교를 출입하는데 있어서 필요한 제반 규정을 판별해 주기도 했다. 그리고 그는 나를 그의 집에 머물게 하였으며 학문에 대한 훈계가 지극히 간곡하였고 친구를 사귀는데 있어서도 문인이나 학자와 교제할 것을 권한 까닭에 나의 안목을 넓히고 지식을 풍부히 하는 데 적지 않게 도움이 되었다"라고 모스 교수의 지도에 힘입은 바 컸음을 솔직히 말해주고 있다.

유길준의 후견인이 된 에드워드 모스(Edward S. Morse)교수는 어떤 사람인가. 이를 아는 것이 당시 하버드 대학의 학문 풍토와 또한 유길준의 개화사상을 이해하는데 도움이 될 것이다.

모스는 뉴잉글랜드 메인 주의 포트랜드에서 태어났다. 가정은 부유한 것 같지는 않다. 어려서 브릿지튼 중학교를 거쳐 베텔 고등학교를 다닌 것이 그의 학력의 전부이다. 그런데 그는 어려서부터 조개류에 특별한 관심을 가지고 채집 연구했고 특히 그림에 뛰어난 재주를 가지고 있었다. 이와 같은 그의 재능은 당시 하버드 대학 동물학과의 아가세 교수에게 발견되어 하버드 대학교 부설 로렌스 사이언티픽 스쿨(Lawrence Scientific School)에서 아가세 교수의 조교로 일했다고 한다. 모스가 아가세 교수 밑에서 연구한 것은 1857년부터 1867년까지 10년 간인 것으로 추정된다. 아가세 교수는 다윈의 자연도태설을 철저히 비판하였다. 그에 반하여 모스는 마치 다윈의 후계자라도 된 것처럼 진화론을 적극 주장하였다. 그 때문에 하버드 대학의 아가세 교수의 연구실을 물러나와야 했다. 아가세 교수의 연구실을 물러난 모스는 세일럼의 에섹스 인스티튜트(Essex Institute)에서 잠시 일하다 1867년 Peabody Academy S. Science(피바디 박물관의 전신)가 창립되면서 연체동물 연구부장으로 1870년까지 있었다. 하버드대학의 교수인 와이만씨의 추천으로 보우딘 칼리지(Bowdoin College)의 교수로 임명되어 1871-1874년까지 동물학 강의를 했다.

모스는 보우딘 칼리지를 사임한 후 1877년 6월 태평양 연안에 조개류를 연구하기 위하여 일본에 갔다가 동경대학의 교수로 초빙되었다. 미국에 있어서의 그의 경력은 화려한 것은 못 되었던 반면 오히려 일본에서 더 유명하였다. 그의 동경대학에서의 동물학 강의도 인기였지만 그보다도 그의 진화론에 대한 공개 강연은 개화기의 일본에 있어서 신기한 것으로 받아들여졌다.

유길준은 정규학교 과정에서 공부하기 위하여 피바디 박물관장인 모스 교수의 지도를 받기로 했다. 세일럼에서 발행되는 신문은 '모스 저택에 머물고 있는 한국 청년' 이라는 제목 아래 다음과 같은 기사를 싣고 있다.

"세일럼 11월 10일. 세일럼은 외국의 한 젊은이에게 우리의 관습과 예절을 가르치는데 특별한 관심을 가지게 되었다. 모스 교수는 영어를 배우기 위하여 한국에서 온 26세의 청년 유길준을 로웰가의 자택에 유숙시키고 있다. … 유길준은 일본에서 일 년여를 체류하면서 일본어를 습득했다. 유길준은 모스 교수와 일본어로 대화한다. 그의 외양과 태도에서 볼 때 대단히 신사답다. 기자는 세일럼의 동인도 해상 전시관에 있는 유길준을 소개받았다. 그는 거기서 일본의 물품을 조심스럽게 전시하고 있었다. 모스 교수는 유길준이 학교에 입학할 수 있을 정도의 실력을 갖추게 하기 위해 개인지도를 하게 된다. 유길준은 귀국하기 전까지 하버드 대학교 법과 또는 상과대학에 입학 할 계획이었다."

유길준은 처음 모스 교수의 집에 머물면서 영어를 배우다 얼마 후에는 모스관장의 집에서 멀지 않은 곳에 있는 미국인 가정집에 들어가 미국생활을 익혔던 것 같다. '유길준전' 의 저자 유동준은 그 때의 사정을 다음과 같이 밝혀주고 있다.

"유길준은 모스의 주선으로 세일럼시 썸머가 33번지에 방을 얻었다.… 그곳은 모스의 집에서 걸어서 15분 정도의 거리였고… 피바디 박물관까지는 불과 4, 5분 밖에 걸리지 않는 가까운 거리에 있었기 때문에 아침, 저녁으로 모스의 집과 피바디 박물관에 들려 모스관장을 돕는 한편, 그로부터 열심히 영어와 과학을 배웠다."

미국의 초, 중, 고등학교 제도는 6-6, 6-3-3, 8-4제 등 다양하다. 당시 아카데미는 3년제 고등학교로서 기숙을 원칙으로 하고 있다. 식민지 시대에 라틴 스쿨로 발족했던 아카데미는 18세기의 중엽에 이르러 사립학교로 대치되었다.

유길준은 1884년 6, 7월경 모스 관장을 따라 보스턴의 동북부 약 50마일 지점의 바이휠드에 소재한 더머 아카데미에 편입 수속을 마치고 9월 신학기부터 학교 기숙사에 들어갔다. 유길준은 본래 5년 동안 미국에 유학하기로 계획되어 있었던 것 같다. 그것은 미국의 교육제도가 고등학교를 졸업하지 않고는 대학입학이 허락되지 않았기 때문에, 일년을 고등학교에서 과학을 이수한 다음 대학에서 4년을 공부할 계획이었던 것 같다. 그가 목표로 하는 대학은 로웰의 모교이며 명문대학인 하버드 대학으로 갈 것을 생각하였다. 거버너 더머 아카데미에 보존되어 있는 유길준의 학적부에 하버드 대학이라고 기제한 것도 그 때문인 것 같다. 그러나 유길준은 하버드 대학에 입학한 사실이 없고 보스턴 대학에 다닌 일도 없다. 그는 1884년 12월 말 거버너 더머 아카데미를 중퇴하고 귀국하고 말았다.

유길준은 학교를 그만두고 귀국하게 된 동기를 다음과 같이 적고 있다.

"갑신년(1884년) 겨울 강의실에서 토론하고 있을 때 학생 하나가 신문조각을 들고 와서 너희 나라에서 변란이 일어났다고 했다. 변란의 소식을 듣자 고국으로 달려가는 것이 도리이나 그렇지 못하고 소식마저 막연하여 가슴에 메어지는 답답한 감정을 누를 길이 없었다. 다음 해인 을유년(1885년) 가을에 미국을 출발하여 대서양을 건너 유럽을 돌아 홍해를 건너 그 해 겨울에 재물포에 도착하였다."

유길준의 귀국 동기와 그 시기에 대하여는 학자마다 그 의견을 달리 하고 있으나, 우리가 분명히 알아야 할 것은 본국에 정변이 일어났다는 신문기사를 보고 즉시 귀국을 결심하였다는 것은 설득력이 부족하다. 왜냐하면 유길준은 국가가 처음으로 미국에 파견한 관비 유학생이었으며 귀국하고 싶다고 하여 자기 마음대로 귀국할 수 있는 처지가 아닌 그는 한국 정부의 명령이 없이는 귀국할 수 없는 일이었다. 유길준이 모든 시련과 고난을 극복하고 끝까지 미국에 남아 하버드 대학에 진학하여 소정의 학업을 마쳤더라면 자기 자신은 물론 조국의 장래를 위하여도 더 할 나위 없는 행운이 되었을 것이다.

갑신정변을 치룬 서울은 아직도 음산한 분위기에 살기마저 감도는 것같이 느껴졌다. 갑신정변의 주모자들은 모두 일본 혹은 미국으로 망명하였지만 그들의 가족과 정변에 가담했던 대원들은 체포, 처형되었다.

친일파의 생명이 바람 앞의 등불과도 같은 험난한 국내정황을 염두에 둔 유길준은 귀국에 앞서 국내 사정을 미리 알아보는 한편 귀국 후에도 생명의 안전을 위하여 충분한 방도를 찾았을 것이다. 유길준이 귀국하기 1개월 전인 1885년 11월 9일 주한 미국 대리공사 호크가 한국의 외무대신 김윤식에게 보낸 공한에서 프레이져 뉴욕주재 조선 대리 총영사의 편지와 유길준의 편지에 대한 말이 있다. 이 소식은 유길준의 귀국과 관련되는 문서임이 분명하다. 그는 귀국에 앞서 뉴욕주재 조선대리 총영사인 프레이져(Fraiser)의 공한과 자기개인의 편지를 주한 미국공사관을 통하여 한국 정부에 보냈다. 그러나 이와 같은 사전의 조치에도 아무런 효력이 없이 귀국 후 곧 당국에 체포되었다.

유길준은 개화당의 정식 멤버가 아니었다. 그러나 유길준이 일찍이 일본에서 공부하고 또 미국에 유학하고 귀국하였으니 친일 개화파로 지목되었을 것은 더 말할 필요가 없다. 그때의 일을 조선신사보감의 편지는 다음과 같이 전해주고 있다.

"유길준이 집에 들어와 행리를 풀려고 할 즈음에 홀연히 포도대장의 명을 받은 포졸에게 연행되었다. 그날 밤으로 처형되는 줄 알았으나 조병하와 이교익이 와서 민비의 친척인 민응식에게 청하여 사형을 면하게 되었다는 것을 알려 주었다."

그런데 포도대장 한규설은 미국에 갔다 온 유길준을 매우 관대하게 대하였다. 거기에는 궁중의 당부가 있었던 것이 아닌가 여겨진다. 그 같은 감금생활이 언제까지 계속되며 또 언제 불러내어 죽음을 당하게 될지는 모르는 일이었다.

그는 신학문을 배워 나라를 부강케 해 보겠다는 개화의 신념만은 끝까지 버리지 않았던 것 같다. 울분과 비통을 참을 길 없는 그는 벽지를 뜯어 그간에 배우고 경험한 지식과 학문을 적어 나갔다. 이 같은 그의 심정을 깊이 동정한 포도대장 한규설은 저술에 편하도록 백록동의 한적한 백운장 정자로 옮기게 하고 물품을 제공하여 주었다고 한다(서유견문 참조). 유길준이 1886년부터 1893년까지 전후 7년간에 걸쳐 저술한 것은 우리나라에서 서양사정을 처음 알리는 유명한 서유견문이다.

1894년의 갑오경장 후 일본 세력을 업은 김홍집이 총리대신에 오르자 유길준 내무대신은 개혁정책을 더욱 강력히 밀고 나가 양력사용을 공포하였다. 즉 1895년 11월 17일(음력)을 개국 505년 1월 1일로 하고 연호를 건양(建陽)이라 하여 장안의 가가호호마다 건양다경(建陽多慶)이라는 춘첩(春帖)을 써 부치게 하여 국민의 호응을 얻으려 하였다. 그리고 문명개화의 표징이라 하여 천년 전통의 관례(冠禮)를 무시하고 단발령(상투를 자르라는 명령)을 내려 국민의 분노를 사고 말았다. 국민 대다수는 효 사상을 말살하려는 정책에 반대하며 신체발부는 수지부모요 불가훼손(身體髮膚 受持父母 不可毀損)이라고 거부반응을 보이면서 정부시책에 대하여 반발하고 일어났다. 더욱이 동년 10월 일본 공사 미우라 고로(三浦 梧樓) 일당의 민비시해(을미사변) 사건은 고종으로 하여금 러시아 공관으로 이어하는 아관파천이라는 국가적 수치를 가져오게 하였다. 개혁을 주도하던 일본세력은 후퇴를 면할 수 없게 되었으며 김홍집 내각의 몰락은 갑오경장에 종지부를 찍고 말았다. 유길준은 결국 1896년 7월 일본에 망명길을 찾아야 했다.

2. 미국 유학의 여명기

1) 브라운대학 무역학과 백상규

1897년 대한제국이 선포되면서 희망에 넘친 청년 학생들이 대거 해외로 진출했다. 100여 명의 유학생이 일본에 가 있었고 미국에도 60여 명의 학생들이 유학하고 있었다. 이정식 교수에 의하면 메릴랜드의 로녹 대학에는 의친왕 이강을 비롯하여 30여 명의 학생이 적을 두고 있었으며 그 중 9명은 이미 우수한 성적으로 학부를 졸업했다고 하였다(김규식의 생애, 이정식 저, p29). 또한 주미한국공사 조민희가 1901년 대한제국 정부의 외부에 보낸 보고서에 의하면 김규식, 조희연, 이규삼, 박승렬, 이재훈, 김윤정, 김용주, 하란사, 김어사, 김상연, 김헌식, 서도희, 안정식, 현순, 김윤복, 백상규, 현동식 등 17명에 대한 유학생 실태를 보고하면서 그들의 학비와 생활비에 대한 정부보조를 요구하고 있다. 이들 중 백상규는 뉴잉글랜드 로드아일랜드의 브라운 대학에 재학 중이었다.

국민회 약사에 의하면 1897년에 한국공사관이 워싱턴에 개설된 후로 한국기독교 협의회의 추천을 받아 미국에 유학 온 한인학생은 64명에 이르렀다고 한다. 이들 대다수는 자비유학생으로 주미 한국공사관 측에서도 이들 자비유학생의 학비와 생활비 문제로 많은 어려움을 겪어야 했던 것 같다(한미 외교문서 참조).

유길준이 1883년 9월 보빙사절단을 수행하여 보스턴으로 와서 세일럼의 거버너 더머 아카데미에서 공부하다 귀국한 1885년 12월 이후 1895년까지 약 10년간 이곳 뉴잉글랜드를 찾아온 한인은 없었다. 그런데 1902년 9월 백상규라는 한인학생이 로드아일랜드의 브라운대학에 입학한다. 백상규는 1896년에 도미하여 펜실바니아 주에 있는 퍼키오멘 고등학교를 마치고 1902년 로드아일랜드로의 브라운 대학에 입학하였다.

고종황제가 러시아 공관으로 파천하여 국내외로 아주 뒤숭숭하던 때이다. 이와 같이 다난한 시기에 어떻게 하여 미국에 유학할 수 있었던 것인지 궁금한 일이 아닐 수 없다. 그가 외국어 학교에서 영어과를 마쳤고 또 아버지 백완혁 씨가 천일은행의 취체역 이었다는 점을 감안 할 때 자비 유학이 가능하지 않았던가 추측 된다. 백상규(1881-1950, 납북)는 서울 종로구 서린동(서린방 15통 5호)에서 백완혁의 차남으로 태어났다. 아버지 백완혁은 구한말 무과에 급제하여 순무영의 무관을 지낸 분으로 갑오경장 이후는 은행계에 투신하여 천일은행 취체역과 한일 은행장을 지낸 이름있는 은행가였다(대한 제국 관원 이력서 참조). 이 같은 가정의 배경을 가진 백상규는 어려서는 관례에 따라 서당에서 한문을 공부했고 관립 외국어 학교가 설립되자 그 영어 학부에 입학하여 1895년까지 영어를 배웠던 것이다. 그리고 어떠한 경로를 통하였는지는 알 수는 없으나 1896년에 유학을 목적으로 도미하였던 것이다. 그가 미국 유학 길에 오른 것은 민비시해 사건인 을미사변이 있은 다음 해이다.

국내외적으로 다난하였던 개화기에 더구나 15세의 소년의 몸으로 미국 펜실바니아의 중학교를 찾아 가서 입학했다는 사실이 참으로 기이한 일이 아닐 수 없다. 이렇다 할 확증을 얻지 못했지만 아마도 서재필 박사의 조언이었을 것으로 믿어진다.

백상규가 누구의 추천으로 동부의 명문 브라운대학에 오게 되었는지도 그 내력은 알 수가 없다. 로드아일랜드 지방에는 1853년 일본을 개항시킨 페루 제독의 통역이었던 나가하마 만지로라는 자가 이곳에 도래하여 오래 거주하였기 때문에 그 이후로 일본인의 왕래가 잦았던 것으로 안다.

백상규는 브라운대학의 무역학과에 입학하여 은행업무와 무역학을 전공하였다. 그가 무역학 과목을 택한 것은 자기 아버지가 은행가라는 이유도 있었겠지만 또한 근대화를 지향하고 있는 한국의 입장에서 볼 때 은행업무와 무역학과목은 매우 유망한 학과였다고 볼 수 있다. 그는 어려운 4년간의 학창시절을 이겨내고 좋은 성적으로 1905년 6월 브라운대학에서 영예의 졸업장을 받았다. 한인의 브라운대학 제 1호이며 한국 최초의 상학사가 되었다.

브라운대학을 졸업한 백상규는 1905년 7월 귀국길에 올랐다. 바로 노일전쟁이 종전될 무렵이었고 뉴햄프셔의 포츠머스에서 노일강화회담이 열리기 바로 1개월 전이었다. 그는 견문을 더 넓히기 위하여 2년에 걸쳐 영국, 불란서, 독일, 네덜란드, 이태리 등 여러 나라를 두루 여행하면서 그 나라 사정을 살핀 다음 1907년 여름에 서울로 돌아왔다. 그런데 우리나라는 1905년 11월의 을사조약으로 형설의 공으로 이룩한 상학사 자격은 써 볼 때가 없었다. 아버지가 은행의 취체역이었고 또한 제일은행에 자기 몫으로 얼마간의 주를 가지고 있었기 때문에 생활에는 별로 어려움이 없었다.

1908년 내무비서관에 임명되어 융희 3년(1909년) 1월 융희 황제의 서순에 수행하였고, 같은 해 2월에는 민병석 특사를 수행하여 일본을 다녀왔다(순종실록 제3권, 참조). 1910년 한일합방이 이루어지자 일체의 관직에서 물러나 농촌에 묻혀 있다가 1915년 연희전문학교 교수로 초빙되어 상과 부장으로 1920년까지 있다가 1925년 4월 보성전문학교 박승빈 학장의 초빙으로 보성전문학교에서 영어와 논리학을 담당했다. 1940년경부터 신사참배의 강요와 창시제도의 실시로 각 학교에 대한 박해가 심해지자 교직을 내놓고 고향으로 돌아와 아버지 백완혁이 설립한 삼흥학교를 맡아 운영하면서 조용히 해방을 기다렸다. 그는 여러해를 연희전문과 보성전문에서 강의를 하면서 많은 제자를 양성했지만, 남긴 자서전이나 수기 같은 것이 없어 그의 활동사항을 자세히는 알 수 없다. '천공원일'과 '영어대학' 두 저서가 있는 것으로 안다.

미국에 유학하였거나 이민하였던 이들은 한말에 있어서는 보수 세력의 눈총을 받아야 했고, 일제 식민지하에서는 총독부 경무국의 요시찰 인물로 언제 검속될는지 몰라 머리를 들고 버젓이 다닐 수가 없었다. 그래서 인지 인명사전에서는 그의 이름 석 자도 찾아볼 수 없다.

그는 해방 후 대한적십자사의 중앙위원으로 발탁되어 그 창립을 도왔고 제 2대 서재필 총재 시에는 부총재로서 적십자사의 기틀을 만들었다. 그 후 주위의 권유로 1950년 5월 30일에 실시된 제 2대 국회위원 선거 시에는 70세의 고령으로 경기도 장단에서 출마하여 큰 표차로 당선 되었다. 그러나 6. 25 사변을 당하여 국회는 개원 1주일 만에 무산되고 정부의 후퇴에 따라 미처 남하하지 못한 그는 이북에 납치되고 말았다. 믿을만한 소식통에 의하면 백상규는 1957년까지 평양에 생존해 있었던 것으로 전하고 있으나 그 후의 소식은 알지 못한다(현대조선인명사전).

2) 하버드 대학교 대학원 이승만

고종황제는 1902년 5월 주한 미국 공사 알렌(Allen) 박사의 진언을 받아들여 한인 노무자의 미국의 하와이 섬에 이민 보낼 것을 허락하였다. 역사 이래 최초로 시행되는 정부 차원의 이민 정책인 것이다. 이를 가리켜 관허(官許)이민이라고 한다. 한인 미국 이민의 효시다. 정부는 곧 수민원(이민국)을 설치하고 민영환 대신을 총재에 민상호를 부총재에 프린스턴 대학의 대학원 졸업생인 서병규를 사무총장에 임명하여 미주 이민 업무를 담당케 하였다. 그러나 이민 업무에 익숙지 못하여 정부는 이민 모집 업무를 인천내리교회의 조원시 목사에게 위촉하고, 이민 수송 업무와 하와이 사탕수수 농장주와의 연락에 관한 업무는 동아개발회사(운산금광회사)의 인천지사장인 데쉴라로 하여금 책임지게 하였다. 한인 이민 제 1선은 102명의 이민을 싣고 1902년 12월 22일 제물포(인천)을 출항하여 1903년 1월 13일 하와이 호놀룰루에 상륙하였다.

한인 미주 이민 제 1호다. 이후 1905년 11월 2일 마지막 이민선을 타고 온 2명까지 도합 65척의 이민선에 총 7,226명이 하와이에 이민하였다. 그런데 이들 하와이 이민에 따라 많은 유학생들이 끼어 도미하였던 것이니 안창호, 박용만, 신흥우, 이승만, 정한경 등이다. 이민선을 타고 미국에 들어온 유학생은 대체로 다음과 같다.

　박용만(1903), 신흥우(1903), 민찬호(1904), 양주삼(1904),
　현순(1903), 이대위(1904), 백일규(1904), 박에스더(1905),

　　정한경(1904), 강영대(1903), 임두화(1904), 차이석(1904),

　　송헌주(1904), 임정구(1904), 안정수(1903), 김득수(1903)

이승만이 어떻게 미국에 유학을 올 수 있었으며 워싱턴 대학 졸업 후 하버드 대학을 택한 이유가 우리의 관심을 끈다. 이승만의 도미 유학은 노일 전쟁에 따른 대한제국의 자주권 수호 문제와 관련하여 그 의미가 매우 중요하다.

이승만은 우리가 알다시피 해외에서 40년간 한국의 독립을 위하여 투쟁해 온 혁명지사이며 대한민국(大韓民國) 수립 후 그 초대(初代) 대통령(大統領)으로 한때는 국부(國父)로까지 추앙되었던 분이다. 그의 도미유학의 동기와 대학에서의 학업 성취, 한일 합방 후 미국에서 조국의 독립을 위한 외교적 노력과 재미동포의 지도자로서의 활동에 대한 자료는 아직 미비한 데가 많다. 하버드 대학 퓨지 도서관에는 이승만 박사에 대한 신문, 잡지, 기사가 보관되어 있다. 그런데 하버드 대학교 정치학(政治學) 박사(博士)과정에 있던 염형곤 씨가 1987년 12월 30일자 뉴욕 한국일보(韓國日報)에 이승만 박사 하버드 성적표라는 표제로 이승만의 하버드 대학 지원서와 함께 성적표를 제공하여 주었다. 이는 이승만 박사의 전기 작성을 위하여 많은 도움을 주는 자료가 되었다.

이승만 박사의 생애는 그의 저서(著書) 독립정신(獨立精神)에 첨부된 연보와 김원용의 재미 한인 50년사에 실린 이승만 박사의 이력서, 올리버 저의 이승만 박사전에서 잘 설명해 주고 있다. 이승만은 세종대왕(世宗大王)의 맏형인 양령대군의 16대 손이며 전주 이씨(全州 李氏) 이경선 가문(家門)의 6대 독자(獨子)이다. 그는 미국 유학 시절에는 프린스 즉 왕손이라고 자기소개를 하고 다녔다고 한다(이승만 박사전 참조). 따라서 그의 성격은 타(他)의 구속(拘束)을 받기를 거부하였고 또 제 2인자가 되는 것을 결코 원치 않았다. 이같은 그의 성격은 독립운동 과정에서나 대한민국(大韓民國) 대통령(大統領)으로서의 통치과정(統治過程)에서 여실히 보여주고 있다. 이승만도 과거시험에 응시하고자 20세 까지는 주로 한학을 공부하였다. 일찍이 이승만이 신학문을 배우기 위하여 배재학당에 입학한 것은 1895년이다. 그가 배제학당에 나가게 된 동기는 도동글방 때의 친구인 신긍우(신흥우 박사의 형)의 권유에 의한 것이라고 한다. 이승만이 배제학당에서 즐겨 공부한 과목은 영어와 유럽의 역사(歷史)와 문화사(文化史)였다. 그가 배제 학당에서 처음 영어를 배운 선생은 한국의 선교사(宣敎師)로 와 있던 노블 박사였다. 그리고 오리건 박사, 헐버트 박사, DA 벙커 교수도 배제 학당에서 만났다. 신흥우 박사의 말에 의하면 이승만은 배제학당 시절 독립운동(獨立運動)에만 열중하였고 공부에는 별로 힘을 쓰지 않았다고 한다. 당시 배제학당은 아직 입학이나 졸업제도가 정해져 있지 않아 학생들의 재량에 맡겨져 있던 때였다.

1896년 가을 서재필에 의하여 독립협회(獨立協會)가 결성되면서 그의 활동은 매우 분주하게 되었다. 독립협회는 1898년 2월 9일 서울 종로에서 러시아에 대한 이권부여와 군사교관초빙의 부당성을 규탄하는 만민공동회를 개최하였다. 만민공동회의 주동인물은 윤치호 회장을 비롯하여 이상재, 이승만, 정교, 남궁억 등 18명이었다. 이후로 이승만은 독립협회의 지도자로서 앞장선다. 그들은 종로에서 규탄대회를 가지는가 하면 대한문 앞에서 복지상소하는 등 그 행동이 날로 과격해지자 정부는 관헌과 보부상을 동원하여 만민공동회를 해산시키는 한편 이상재, 이승만 등 17명에 대하여 체포령을 내렸다. 이때 이승만은 피신하여 미국 선교사의 집에 은신할 수 있었다. 이승만의 체포과정을 배재학당의 교장이었던 아펜젤러 선교사는 다음과 같이 그 사실을 전해주고 있다.

"그는 약 11개월 전에 서울에서 스크랜튼 의사와 함께 걷고 있다가 길에서 체포되었다. 그는 만민 공동회에서 뛰어
　　난 활약을 보였으며 권력을 가진자들을 공격하였는데 사복형사에게 체포되었다."

그의 체포는 미국인들에게 상당한 관심을 불러 일으켰고, 풀려나올 바로 그 무렵에 탈옥하라는 설득을 받았으나 도망하는데 실패하여 다시 감방으로 돌아갔다(아펜젤러, 이만길 편, p. 415). 이승만이 아펜젤러 교장(校長)에게 보낸 편지에 의하면 그는 기소되어 종신형을 받았다고 한다. 이승만이 반역죄로 체포된 것은 그가 만민공동회에서 정부고관들의 비행을 신랄하게 비판하였을 뿐만아니라 1898년 12월 16일의 중추원회의에서 일

본에 망명중인 전 개화당의 영수 박영효를 중추원의 의장으로 추대하자고 제안한 때문이다. 이승만이 조만간 처형되리라는 소문이 항간에 떠돌았다. 그가 사는 길은 탈옥하는 길 밖에 다른 방법이 없었다. 이승만의 탈옥에 대한 올리버 박사의 이승만 박사전과 윤효정의 풍운한말비사, 그리고 이승만 박사의 재판기록이 전하고 있다. 그러나 각기 많은 차이를 보여주고 있다. 올리버 박사에 의하면 이승만 박사에게 탈옥을 권유하면서 권총을 건네준 사람은 추상호였다고 한다.

추상호는 주상호의 오역이며 주상호는 우리가 잘 아는 주시경의 아명이다. 이승만은 탈옥 시에 최충식(최정식의 오기이다)과 서상대와 함께 탈옥, 도주하였다. 그리고 최정식과 서상대는 용케 배재학당으로 도주하여 은신할 수 있었으나 이승만은 종로에서 붙잡히고 말았다. 그러나 이승만이 잡힌 곳은 종로가 아니라 배재학당의 근처인 것 같다. 올리버 박사는 이승만이 감금되어 있는 곳이 서린방에 있던 우포도청인 것으로 잘못 알고 그렇게 말한 것 같다. 이승만은 반역죄를 지은 정치범이었으므로 서소문 밖에 있는 감옥소에 갇혀있었다. 감옥소는 배재학당과는 그리 멀지 않은 거리에 있었다.

윤효정에 의하면 이승만 박사를 구출하고자 결사적으로 노력한 사람은 상동청년회의 주시경과 전덕기 양인이었다. 두 사람은 서소문 밖에 있는 감옥소로 가서 이승만이 나타나기를 기다리고 있었다. 그러나 10시가 넘도록 필경 어젯밤 처형당했을 것으로 짐작하고 배제학당으로 돌아왔다. 그래도 혹시나 하고 기다렸는데 그날 저녁따라 배재학당의 서양인 교사는 무슨 낌새를 챘는지 일찌감치 교문을 잠가버렸다. 배재학당의 벽돌담은 유난히도 높았다. 죄수가 탈옥한다는 것은 목숨을 건 모험이었다. 이승만은 탈옥의 기회를 얻지 못하고 안절부절 하다가 밤이 되어서야 감옥 문을 뛰쳐나올 수 있었다. 권총으로 뒤쫓아 오던 간수를 위협하여 줄달음쳐 배재학당으로 왔으나 이미 교문은 굳게 닫혀 있었다. 주시경과 전덕기는 이승만이 뛰어오는 것을 발견하고 담 위에 올라가 밧줄을 내려 이승만을 달아 올리려고 하였으나 모두 약질이라 뒤쫓아 오던 간수에게 발목을 잡히고 말았다. 이승만은 탈옥 도주하는데 실패하고 다시 체포되어 사형이라는 중형을 받았다.

윤효정은 무슨 영화의 한 장면을 보여주는 것 같이 이승만의 탈옥과정을 자세히 설명해 주고 있다. 이승만에 대한 재판은 1899년 7월 29일에 있었다. 기록에 의하면 이승만은 체포 후 감옥소의 병실에 수감되었다고 한다. 그런데 거기에는 협성회의 동지였던 서상대가 불경죄로 체포되어 수감 중이었다.

최정식과 이승만은 탈옥을 공모하고 서상대의 집에 유숙하는 최학주로 하여금 권총 2정을 비밀히 차입케 하여 최정식과 이승만이 각각 권총을 소지하고 최정식은 맨 선두에 다음은 서상대가 그리고 이승만이 맨 뒤에서 나갈 때 최정식이 간수 김윤길을 쏘아 상처를 입히고 용하게 세 사람은 감옥소를 탈출할 수 있었다. 그러나 이승만은 감옥을 탈출한지 얼마 되지 않아 곧 체포되었고 최정식과 서상대는 다행히 배재학당의 담을 넘어 엠벌리라는 영국 사람의 집에 피신할 수 있었다. 두 사람은 엠벌리 집에서 약 1개월 가량 숨어 있다가 여인으로 변장하고 서대문을 빠져나와 진남포로 도주하였으며 최정식은 일본 가는 배를 기다리기 위하여 일본인이 경영하는 여관에 들렀다가 여관 주인의 밀고로 체포되고 말았다.

최정식과 이승만은 판사 이용상과 주사 노병수의 주재 아래 재판을 받았다. 최정식은 도주 및 상해죄로 교수형이 선고되었고 이승만은 종신형에 처해졌다. 문제는 대역죄인 그것도 탈옥하다 잡혔는데 최정식은 사형이고 그보다 중죄인인 이승만은 무기징역이 언도되었다는 데 있다. 이에 대하여 올리버 박사는 최정식은 권총으로 간수를 쏘았기 때문이며 이승만은 권총을 한 발도 쏘지 않았기 때문에 살 수 있었다고 하였다. 그러나 윤효정에 의하면 때마침 조병식의 후임으로 한규설이 법무대신에 취임하였다. 한규설은 결코 자기 손으로 이승만을 죽일 수는 없다고 하여 백방으로 주선, 종신형을 주게 하였다.

이승만은 1898년 12월에 체포되었다가 1899년 7월 11일 종신형의 판결을 받고 1904년 10월까지 만 6년 7개월 동안 감옥생활을 했다. 이승만 박사의 석방에 대해서는 설이 구구하다. 첫째는 민영환의 노력에 의하였다는 것, 둘째는 일본공사 하야시곤스케의 요청에 의하여 석방되었다는 설, 셋째는 미국 선교사의 석방운동에 의하여 출옥되었다는 설 등이다.

1904년 2월 노일 전쟁이 발발하였다. 그 해 봄과 여름에 걸쳐 정치범에 대한 특사가 있었다. 그러나 번번이 이승만의 이름은 특사의 명단에서 빠져 있었다. 결국 이승만은 8월 9일에 가서야 석방되어 감옥 문을 나설 수 있었다. 그가 누구의 도움으로 석방되었는지에 대하여는 자신도 시원한 대답을 들려주지 못하고 있다. 이승만은 출옥 후 민영환과 한규식을 몇 번 만난 것이 사실인 것 같다. 그리고 이 두 분의 도움으로 미국 유학도 이루어진 것 같이 얘기 되고 있다(이승만 박사전 p. 131, 135). 이승만의 도미는 유학이 목적이 아니라 고종황제가 미국 대통령에게 보내는 밀서를 휴대하고 도미했다고 말하는 사람도 있다.

독립협회의 회원으로 오랫동안 아펜젤러 교장의 보호를 받아왔던 정교(1865-1925)는 그의 저서 '대한 계년사' 에서 이승만의 도미를 다음과 같이 말해주고 있다.

"전 중추원 의관이며 독립협회의 회원인 이승만은 다년간 감옥살이를 하다가 수개월 전에 석방되었다. 그는 금월, 11월 11일 밀지를 받들고 미국으로 떠났는데 모두 궁중으로부터의 사명이다. 떠나기 전 민영환은 이승만에게 직접 러시아와 일본의 정황을 깊이 살피라고 당부하였다."

이승만은 호놀룰루에 가는 이민과 함께 그 해 11월에 샌프란시스코에 착륙하였다. 이승만은 노일강화회담에 대비코자 시종무관장 민영환과 참정대신 한규설의 주선으로 도미하게 되었던 것이 확실하다. 당시 한인이 미국에 간다는 것은 미국 선교사의 도움이 없이는 불가능했다. 이승만이 영어에 충분히 통했고, 따라서 선교사들의 통역을 맡아 왔기 때문에 많은 선교사들을 알고 있었다. 이승만에게 미국 유학을 권한 이는 미국 장로교 소속의 목사로 한국에 파송되어 와 있던 게일 박사였다. 게일 박사는 소개장을 써 주는 한편 도미 수속에 필요한 절차를 취해 주었다.

이승만은 미국에 와서 조지워싱턴 대학을 마치고 1907년 7월 14일 하버드 대학교 대학원에 입학원서를 제출하였다. 그런데 3년을 기한으로 도미하였기 때문에 귀국해야 할 날짜가 임박하였던 때이다. 입학이 허가되지 않거나 학비를 조달할 길이 없다면 귀국할 수 밖에 없는 입장이 있었다. 그를 돕던 교회의 목사들은 이승만의 하버드 대학 진학을 탐탐하게 여기지 않았다. 감리교회 이사회는 이승만이 목사가 되어 한국으로 돌아가 줄 것을 요구해왔다. 그러나 이승만은 그들의 충고와 요구를 받아들이지 않고, 기어이 하버드 대학에 진학한다. 자신의 출세를 위해서가 아니라 후일 국제무대에서 외교활동을 하는데 큰 도움이 될 것이라고 믿었기 때문인지 모른다. 그가 왜 하버드 대학을 고집하였는지 그 이유를 알아볼 필요가 있다. 무엇보다도 주목되는 것은 일본의 가쯔라 내각은 노일전쟁을 성과적으로 치르기 위해 하버드 대학교 법과 출신인 고무라 쥬다로를 외무대신으로 기용한 것과 역시 하버드 대학교 법과 출신인 가네꼬 덴다로 남작을 특사로 미국에 파견했다. 가네꼬 특사와 미국의 루즈벨트 대통령과는 하버드 대학 법학부의 동창생이었다. 가네꼬는 이 같은 개인적 관계를 이용하여 미일 관계를 긴밀히 하면서 외채의 도입과 영미의 후원을 얻어 전쟁을 유리한 방향으로 이끄는 동시에 루즈벨트 대통령으로 하여금 강화조약의 조정자로서 노일 교섭을 지도하여 줄 것을 부탁했다. 그리고 그는 '가쯔라 테프트 밀약' 을 주선하는 한편 일본이 한국에 대한 보호권을 확립하는 것이 노일전쟁의 논리적 귀결이며 극동평화에 적극적으로 공헌한 것으로 믿는다라는 확약을 받아냈다. 뿐만 아니라 하버드 대학 문학부의 정치학 교수였던 페네로사(Fenellosa, Ernest F.)를 앞세워 하버드 대학 동창회를 움직이는 한편, 뉴욕, 워싱턴, 보스턴의 유력인사를 소개 받아 친일적 여론을 조성하여 외교의 실을 거두었다(일로전쟁, 요시야데스오, p.88).

이 같은 사실을 안 이승만은 1905년 8월초 윤변구 목사와 함께 노일강화회담에 참석하는 문제와 하와이 동포들이 미국 대통령에게 제출하는 청원서를 가지고 뉴욕과 워싱턴을 오가면서 미국 정부의 냉랭한 태도가 신문잡지에서 보고 들은 대로

맨 위:
테오도르 루즈벨트 대통령
중간:
타로 가쯔라
맨 아래:
윌리암 테프트

그것이 하버드 대학 동창회의 힘이었다는 사실을 알게 되었다. 그 같은 상황에서는 어떠한 방법으로도 대한제국의 청원이 받아들여지지 않는다는 사실을 알게 되었다(일로전쟁, 가네꼬 겐다로 참조). 이 같은 사실을 직접 보고 느낀 이승만은 무슨 일이 있어도 꼭 하버드에 들어가야 한다고 결심한 것 같다.

이승만은 1907년 하버드의 대학원에 입학원서를 제출하였다. 이승만은 자신이 하버드대학 박사학위 과정에 지원한 동기를 원서에 다음과 같이 기재하였다.

"...제가 하버드 대학의 박사과정에 지원한 이유는 하버드 대학의 박사학위가 자신의 최대의 희망이며 앞으로 조국을 위하여 활동하는데 큰 힘이 될 수 있기 때문입니다... 조지워싱턴 대학에서는 2년에 박사학위를 줄 수 있다고 했습니다. 학위를 구걸하는 것은 아니지만 특별히 고려하여 2년에 박사학위를 약속해 주시면 고맙겠습니다. 그 이유는 고국에 가서 할 일이 매우 많고 국민이 기다리고 있기 때문입니다."

이제 그가 하버드 대학의 박사를 희망한 이유를 알 수 있겠다. 그러나 하버드 대학 측에서는 박사 학위는 최소한 4년이 걸린다고 하자 총장에게까지 편지를 보내면서 간청했지만 지도교수인 해스킨즈(H. Haskins) 씨의 반대로 부득이 1년의 석사과정에 입학하였다. 이승만은 하버드 대학교의 졸업장을 원했던 것은 아니다. 그는 하버드 대학의 박사학위를 요구했던 것이다. 그러나 그에게는 자존심이나 긍지 같은 것은 생각할 때가 아니었다. 목적을 위해서는 수단과 방법을 가리지 말아야 했다. 당시에 있어서 미국학생들도 들어가기 어려웠던 명문 하버드 대학에 한국인 학생 이승만이 입학할 수 있었다는 것은 자신의 끈질긴 노력도 있지만 그보다도 조지워싱턴 대학 학장의 친절한 추천서가 주효했던 것 같다. 1907년 조지 워싱턴 대학을 졸업(卒業)한 이승만이 하버드 대학교 대학원 역사(歷史) 및 정치학과(政治學科)에 입학하였다. 한국 사람으로서는 최초로 하버드 대학 학생이 된 것이다.

이승만이 하버드 대학에 입학한 것은 제 19 대 엘리엇(Charles William Eliot, 1834-1926) 총장 말기 때이다. 하버드 대학에 입학한 이승만은 단기간 내에 석사 학위 과정을 이수해야 했다. 그는 매사를 제치고 공부에만 열중했다. 그는 캠퍼스 근처인 케임브리지의 썸너 로드 12번지에 방을 얻어 자취하면서 연구실과 도서관을 오가며 학업에 전념했다. 이승만 박사의 하버드 대학 재학기간은 비록 1년이었지만 그간에 무슨 공부를 어떻게 했는지 알아보는 것은 후일 대한민국의 초대대통령이 된 이승만을 아는데 많은 도움이 될 것으로 믿는다. 염형곤 씨의 조사에 의하면 그는 석사학위 과정에서 1789년 이전의 미국사, 유트레히트조약 이후의 유럽사, 1815년 이후의 유럽팽창연구, 19세기유럽산업론, 미국외교론, 국제법, 외교정책론 등을 수강하였다고 한다. 굳이 그의 성적을 밝히자면 수강 8과목 중에 A 는 없고 B가 4과목, B-가 2과목, D가 1과목으로 그의 지도교수는 B에서 C정도의 괜찮은 학생이라고 평하고 있다. (이승만의 하버드 성적표, 한국일보 1989년 12월 30일) 친일교수의 눈에는 이승만이 눈에 가시 같은 존재였을 것이다.

올리버 박사에 의하면 그의 한 역사교수는 이승만을 싫어한 나머지 연구실에서의 면회신청도 거절했다고 한다. 이 친일적인 교수는 이승만이 제출한 논문에 혹 일본에 대한 비평이 있지 않을까 의심하여 제때 학점을 주지 않고 그것을 조교 아사 앤드류에게 맡기고 여름휴가를 떠났다. 이승만 박사는 졸업식이 가까워오자 1908년 2월 16일 앤드류 조교에게 다음과 같은 편지를 보냈다고 한다. "저는 이달 25일 이곳을 떠나려고 합니다. 떠나기 전에 한번 찾아 뵈었으면 합니다. 내년에 다시 오기를 희망하나 기약할 수는 없습니다." 이승만은 학점이 제때 나오지 않아 1908년도의 졸업생 명단에 누락되었다.

이승만은 학점관계로 석사 학위 수여가 유예되자 졸업식에도 참석하지 못하고 콜로라도 주 덴버에서 개최되는 국제 한인회의(1908년 7월11일-15일)에 참석하기 위하여 윤병구 목사와 함께 덴버로 갔다. 이 한인회의는 친일외교고문인 스티븐슨이 전명운과 장인환에게 총살되었기 때문에 그 후의 한국문제를 협의하기 위하여 가진 첫 번째 국제회의였다.

이승만은 이 회의에서 의장으로 선출되어 회의를 진행하였다. 회의가 끝난 다음 이승만은 뉴욕으로 가 유니온 신학교에 숙소를 정하고 콜럼비아 대학에 진학할 목적으로 계속 공부를 하였다. 그 해 늦은 여름 이승만 박사가 학비 관계로 장로교 해외선교위원회에 갔다가 거기서 한국주재 선교사 어네스트 F 헐 목사를 만났다. 헐 목사는 이승만에게 뉴욕에서 뭘 하고 있느냐면서 유니온 신학교로 가지말고 프린스턴 대학으로 가서 공부를 하라면서 모든 절차를 다 밟아 주겠다고 했다. 그 후 얼마 지나지 않아 헐 목사의 편지와 함께 여비가 보내왔다. 이승만은 헐 목사로부터 편지를 받은 즉시 프린스턴으로 달려갔다. 헐 목사가 역까지 마중을 나와 주었다. 헐 목사가 이승만을 프린스턴으로 데려온 것은 장로교 선교사의 사명도 있었겠지만 그보다도 한국의 현실을 잘 알고 있는 그는 이승만을 어떻게 하던지 훌륭한 정치가로 키우려는 마음에서 한 것 같다. 이승만은 동부의 명문 프린스턴 대학 박사과정의 학생이 되었다. 프린스턴 대학은 1746년 미국장로교선교회가 뉴저지에 College of NJ를 설립한 미국에서 4번째로 오래된 대학이다. 이 대학은 창립이래 미국 장로교 선교부와 밀접한 관계를 가지고 운영되어 왔다. 뉴저지 칼리지는 1756년 프린스턴으로 이전하였다. 그리고 1896년 종합대학이 되면서 프린스턴 유니버시티로 교명을 정하였다. 이 대학에는 초창기부터 기숙사제도가 잘 정비되어 있었다.

프린스턴 대학에는 이승만이 처음 학생이 아니었다. 이승만보다 앞서 로녹스 대학을 졸업한 서병규는 1904년에 프린스턴 대학에서 문학박사 학위를 받았고, 김규식 박사가 1904년 석사학위를 받았다. 그리고 백낙준 박사가 1923년에 석사학위를, 남궁혁 박사가 1924년에 신학사, 송창근 목사(1926), 김관식 목사(1926), 박형용 목사(1926년), 한경직 목사(1929년) 등 한국 장로교 유명목사들이 프린스턴 대학 출신이다. 이승만은 헐 목사의 노력으로 칼빈 클럽에 무료로 기숙할 수 있게 되었다. 이제 숙식문제도 해결되었다. 이승만은 프린스턴 대학 재학 2년 동안은 별 고생 없이 연구에만 몰두할 수 있었다. 학과시험도 무난히 치를 수 있었고 박사학위 논문으로 Neuturality as Influenced by The United States(미국의 영향을 받은 영세 중립론)을 완성하여 제출하였다. 1910년 6월 14일 프린스턴 대학의 졸업식에서 이승만은 철학박사 학위 증서를 윌슨 총장으로부터 받았다. 미국 유학의 목표였던 박사 학위를 얻은 것이다. 6년 각고의 미국 유학생활을 끝내게 되었다. 이제 그를 기다리고 있는 조국으로 돌아가는 일만 남았다. 그러나 조국은 이미 내 나라가 아니었다.

일본은 1910년 8월 29일 한일합방을 일방적으로 선언했다. 통감정치에서 총독정치로 전환되었다. 이후 36년간 한국은 일본의 식민지로서 압박과 착취의 고통을 받아야 했다. 노일강화회담과 을사보호조약으로 한국의 운명을 예측 못했던 것은 아니다. 이승만은 앞으로 자신의 거취를 어떻게 해야 할 것인가를 생각하며 착잡한 심정을 가누지 못하고 있을 때 서울한성기독청년회(YMCA) 국제담당지도자인 존 R 몰트박사를 대신하여 한국의 청년지도와 복음전도의 직책을 맡아 달라는 제의를 받았다. 이승만은 그 제의를 기꺼이 받아들이겠다고 회신하였다. 올리버 박사는 이승만의 귀국을 다음과 같이 말해주고 있다. 이승만은 1910년 9월 3일 뉴욕항에서 발틱호를 타고 대서양을 건너 런던으로 갔다. 파리, 베를린, 모스코바를 구경하고 시베리아 광야를 횡단하고 만주를 거쳐 압록강을 건넌 것은 10월 하순경이었다. 이승만은 어린시절 집이 무척 가난하였다고 한다. 어려서는 한학을 익히고 20세에 배재학당에서 신학문을 배웠다. 갑오경장 이후 개화사상에 심취하여 독립협회의 회원이었고 중추원 의원을 지내면서 혈기 왕성한 젊은 정치인으로 등장한다. 그러나 만민공동회를 주도하다가 체포되어 종신형의 선고를 받고 7년을 복역한 후 특사로 간신히 풀려난다. 노일전쟁 중에 미국 선교사의 도움을 받아 도미하게 된다.

조지워싱턴 대학에서 수학하고 미국 최고 명문인 하버드 대학에서 석사학위를 받았으며, 미국 장로교의 상징이며 동부의 명문인 프린스턴 대학에서 철학 박사학위를 받은 학자이다.

1945년 조국의 해방과 더불어 32년의 해외 망명생활을 청산하고 귀국, 1948년 8월 15일 대한민국의 창립과 함께 초대 대통령으로 선출되어 16년간 재임하다가 4.19혁명 후 해외로 추방되어 망명지 하와이 호놀룰루에서 생을 마치고 말았다.

3) 보스턴 선데이의 고종황제에 대한 기사

1903년 11월 29일자 보스턴 선데이 포스트지는 "How the only American Empress was Crowned"라는 제목 아래 미국의 아가씨 에밀리 양이 한국의 고종황제와 결혼하여 황후가 되었다는 기사를 실어 세상을 깜짝 놀라게 했던 일이 있다. 그 기사는 첫머리에서 "에밀리 브라운은 미국 오하이오에서 태어나 그곳에서 성장했다. 그녀는 15세였을 때 장로교 선교사로 파송된 아버지를 따라 한국에 와서 교회의 성가대를 지휘하게 되었다… 한국 황제는 브라운 선교사의 딸을 마음대로 왕궁에 출입하게 하여 한국 황제의 총애를 받았다. 처음 한동안은 브라운 양도 대궐 출입을 사양했다고 한다. 그러나 한국 황제가 조속한 시일 내에 결혼하겠다고 약속함으로써 브라운 양은 황제의 청혼을 받아들였고 교회 일에서 손을 떼고 대궐 출입을 하게 되었다…"고 하면서 그녀의 출생지와 한국에 오게 된 동기를 자세히 소개해 주고 있다.

이 기사는 "한국 황후의 대관식은 지난 8월에 거행되었지만 그 의전 절차가 너무나 화려하고 성대하였기에 그때의 상황을 그대로 여기에 최초로 기사화 하고자 한다"라고 서두를 말한 다음 고종황제와 에밀리 브라운 양이 서울에서 가례(혼례)를 올린 광

에밀리 브라운의 기사가 실렸던 보스턴 선데이 포스트

경을 사진과 함께 전면기사로 설명해 주고 있다. 그러나 이 기사가 진실이 아니라는 것은 이미 판명된 사실이다. 비록 이 기사가 허황된 조작이긴 하지만, 당시에는 독자의 흥미를 크게 끌었던 것임에는 틀림이 없다. 더욱 주목되는 것은 1903년까지 보스턴 지역 신문에서 한국문제를 취급한 것은 1883년 8월 민영익 사절단이 뉴잉글랜드를 방문한 때의 기사가 그 처음이고, 그 두 번째가 에밀리 브라운 양이 한국의 황후로 간택되어 서울에서 그 대관식을 성대히 거행하였다는 기상천외의 기사다. 이 기사는 한국에 대한 보스턴의 관심과 전혀 무관한 것이 아니기에 여기에 다시 검토해 보는 것이다.

비운의 왕비로 알려진 민비(1851−1895)는 1873년 고종이 친정을 실시한 이후부터 시아버지인 대원군과 정권 다툼을 계속하였다. 이로 인하여 한국의 정치는 외세를 불러드리는 결과를 초래하게 된다. 1882년의 임오군란이 그렇고, 1884년의 갑신정변이 그러했다. 더욱이 1895년 청일전쟁을 승리로 이끈 일본은 노골적으로 한국의 내정을 간섭하기 시작했다.

청일 회담 장면

  민비는 1894년의 갑오경장 이후 점차 친로적인 경향을 보이기 시작하자 이에 당황한 일본은 러시아 세력을
배제하기 위하여 민비를 제거하기로 한다. 주한 일본공사 미우라 고로가 이끄는 일본의 낭인배들은 1895년
10월 8일에 왕궁에 침입하여 민비를 무참히 살해한 후 소각하여 버렸다. 이것이 을미사변이다. 민비는 살해된
후 친일내각에 의하여 서인으로 처해졌다가 1897년 11월 20일에야 복원되어 명성황후로 추봉, 시신 없는 국
장이 거행되었다. 이후로 고종은 외롭고 고통스러운 생활을 계속해야 했다.

  고종은 러시아 공관으로 이어한 후 전에 민비의 상궁이었던 엄씨를 불러들여 시중을 들게 하였다. 엄씨는
1897년 왕자 아은(李垠)을 출생하고 귀인에 올랐다. 숙종 계비 장희빈 이후 궁녀 출신은 왕비가 될 수 없다는
고명에 따라 정식 간택의 절차를 거쳐 가례를 올리지 않고는 왕후가 될 수 없다. 더욱이 귀인 엄씨는 친일파
대신들과 가깝다고 하여 친로파의 대신들은 엄씨를 탐탁지 않게 생각하여 왔기 때문에, 1900년에 이르러서야
비로서 순빈(正一品)에 책봉 된다. 그리고 이듬해인 1901년 10월에 엄비로 승격되고 1902년 12월 크리스마스
를 당하여 황귀비에 진봉된다.

  이 기사는 에밀리 브라운으로 알려진 미국인 아가씨는 이제 여명의 아침(Dawn of the morning)이란 별명
을 띠고 엄왕후(Empress Om)가 되었다고 했다. 문제는 사실도 아닌 일을 가지고 보스턴 신문은 왜 그것을
특종기사로 취급하였는가 하는 것이다. 더욱이 고종황제는 51세의 초로(初老)이고, 에밀리 양은 방년 15세의
미국선교사의 딸이다. 하기야 영조대왕도 65세에 15세의 김한구의 딸을 왕비로 맞았으니 연령의 차이는 문제
가 아니었다. 더욱이 조선 시대에 있어서 왕비의 간택 연령의 기준은 15세가 그 정년이었다는 사실이다. 그런
데 문제는 황비로 간택된 여성이 미국여자라는 것이다. 그리고 그 에밀리 양의 고향인 오하이오는 당시 주한
미국 공사 알렌의 고향과 같다. 그리고 에밀리 양은 미국 장로교 소속인 브라운 목사의 딸이라고 하였는데 브
라운이라는 이름을 가진 미국 선교사는 한국에 온 사실이 없다.

  이 기사는 아마도 기자가 이 경축행사 행렬을 관람하고 그것을 고종황제와 에밀리 브라운 양의 황후 대관식
에 맞추어 그렇게도 실감나게 표현할 수 있었던 것이 아닌가 여겨진다. 이 기사는 더하여 에밀리 양의 장래 희
망을 다음과 같이 말해주고 있다. 그녀가 아들을 낳으면 언젠가는 대한제국의 황제의 위에 오르게 되고 그렇

게 되면 세계 역사상 최초로 미국 부인 소생이 한국의 황제가 될 것이다. 그런데 광무황제는 명성황후의 소생인 황태자 이척 (李拓, 1874-1926), 귀인 장씨 소생인 이강 (李剛, 1877-1955: 당시 미국 버지니아 주 로녹스 대학에 유학 중이었음), 그리고 엄비 소생인 영친왕 이은(李垠, 1896-1967)이 건재하다는 사실이다. 당시의 주한미국 공사 알렌(Horace Newton Allen, 1858-1932)에 의하면 이 기사가 무척이나 흥미를 끄는 것이어서 정정 요구에도 불구하고 신문사측은 그 정정을 완강히 거부했다고 한다.

한국에 있어서 노일간의 대결로 국가존망의 위기에 처한 때에 이 같은 기사가 대서특필 되었으니, 세계의 이목이 이에 집중되지 않을 수 없었다. 보스턴 선데이 기사에 따라 유럽 각 신문도 이 같은 기사를 실었다.

보스턴 선데이에 에밀리 양에 대한 기사가 나가자 뉴잉글랜드의 각처로부터 취직을 알선해 달라는 서신이 주한미국 공사관 앞으로 날아들었다. 그들은 저마다 훌륭한 기능과 전문지식을 가지고 있으며 성실하게 봉사할 수 있으니, 조선황실에 꼭 채용될 수 있도록 주선해 달라는 취직 요청서가 수백 통 보내져 왔다. 주한미국 공사 알렌이 이 터무니없는 기사 때문에 당황하지 않을 수 없었다. 알렌 공사는 다음과 같은 성명서를 발표하였다.

"주한 미국 공사관과 관련된 더 상세한 문의 사항이 있는 자는 다음 사항을 참조하기 바랍니다."

"한국황제는 외국아가씨와 결혼한 사실이 없다. 에밀리 브라운 양과의 결혼설을 뒷받침 해 줄만한 사실된 근거를 전혀 찾아볼 수 없다. 그리고 한국 황실로부터 간호원, 시녀, 여자 가정교사, 교원, 의사, 안마사와 같은 외국인을 고용하겠다는 요구를 받은 일도 없다."

이같은 공고에도 보스턴 선데이 포스트신문사 측에서는 그 기사의 정정을 거부하였다. (알렌의 조선기문 참조.) 보스턴 선데이 포스트지가 그같이 터무니없는 기사를 내고도 그 정정을 거부하며 큰소리친 이유가 어디 있는지 분명치 않다. 이 기사를 쓴 기자 자신은 물론, 그것을 취급한 신문사측도 상당한 정보를 입수했거나 장차 한국에서 일어날지 모르는 위기상황을 간파하고 자신 있게 이 기사를 실었다는 것이 드러나고 있을 뿐이다.

1900년에 들어서면서 한국을 둘러싼 국제정세는 날로 긴박해져 갔다. 종래 친미세력이었던 이완용, 이범진, 박정양 등은 친노파로 변신하였고, 더욱이 주한미국공사 알렌마저도 러시아편에 손을 들어 주고 있었다 (알렌 일기 참조).

이 기사는 압록강 저편 만주에서 노일간에 불꽃을 튀기는 치열한 전투가 벌어지고 있을 때에 보도된 기사이기 때문에 더욱 대중의 관심을 끌게 되었다. 이제 한국은 어떠한 방법으로든지 대한제국의 운명에 다른 비상한 조치를 취해야 했다. 그런 의미에서 볼 때 이 기사는 고종황제에게 보다 명철하고 지혜로운 판단이 있어야 하겠다는 것을 암시적으로 표현해 주는 것이 아닌가도 생각하게 된다. 어쨌든 비운의 명성황후의 을미사변에서 비롯된 이 사연은 대한제국의 운명과 맞물려 그 해답은 1905년에 이 곳 포츠마츠에서 개최된 노일회담의 결과에서 찾아볼 수 밖에 없다.

4) 포츠머스의 노일강화회담

포츠머스는 뉴햄프셔 주 동남단에 있는 작은 항구 도시이다. 이 항구 도시는 1630년경, 초기 이민자들에 의하여 개척된 고장인데 그 일대에 산딸기가 무성하다고 하여 스트로베리 뱅크(Strawberry Bank)라고 불려지기도 했다. 포츠머스를 관통하는 메리멕 강의 하구에는 잠수함 건조와 수리를 하는 미 해군 공작창(Portsmouth Navy Yard)이 있어 일반인의 출입이 통제되어 있다. 특히 스트로베리 뱅크 지역에는 18세기의 대저택들이 있어 당시의 생활환경을 엿볼 수 있다. 이 작은 항구 도시가 유일하게 한국의 역사사전에 그 이름이 오르게 된 것은 1905년 8월 한국의 운명을 결정짓는 노일강화회담이 이곳에서 개최되었기 때문이다.

임오군란(1882년) 이후로 한국에 대한 종주권을 주장하여 오던 중국 세력은 청일전쟁(1895년)의 참패로 완전히 밀려났다. 권비의 난 (1900년) 이후 만주와 한국에서 그 세력을 과시하던 러시아는 노일전쟁에서 패하여 소만국경의 저편으로 물러나야 할 판국이었다. 이제 한국은 일본 세력의 독무대가 되었다. 고종황제에게 한국

포츠머스
노일강화회담 장면

의 주권을 보전 할 수 있는 희망이 있었다면 그것은 미국의 원조에 기대해 보는 일이었다.

노일강화회담에는 미국 루즈벨트 대통령(Theodore Roosevelt, 1858-1919)이 문호개방을 염두에 두고 노일 양국의 화평을 적극적으로 주선하고 나섰던 것이다. 루즈벨트 대통령의 강화 회담 장소를 미국으로 가져와, 포츠머스의 해군 공작창에서 개최하게 하였다. 이 회담에서 러시아와 일본 양국을 조종하면서 영향력을 행사할 수 있는 이는 다름 아닌 미국의 대통령 루즈벨트뿐이었다.

노일강화회담은 1905년 8월 15일에서 9월 5일까지 20일 동안 진행되었다. 이 회담에서 대한제국의 지배권을 놓고 노일간에 흥정이 있었다. 한국은 과연 자주 독립을 수호 할 수 있는가, 아니면 일본제국에 예속되어 식민지가 되느냐 하는 절박한 상황에 있었다.

한국은 1882년 미국과 '한미 수호 통상조약'을 체결한 입장이다. 그 조약에서 "양국은 그 일방이 제 삼국에 의하여 압박을 받을 경우에 상대 국가는 이를 원조할 것을 약정한다"라고 명시하여, 상호 원조의 약속을 분명히 하였다. 뿐만 아니라 당시 한국의 황실이나 한국민의 미국에 대한 친밀감은 우호 이상의 것이었다. 미국의 기독교 선교회가 한국에서 크게 성공하였기 때문이기도 하다. 이런 면에서 볼 때, 고종황제가 미국에 원조를 청한 것은 너무나 당연한 일이라고 하겠다. 우리는 1910년의 경술합방을 원망하지만 일본의 한국 식민지화 공작은 포츠머스에서 열린 노일강화회담에서 노골적으로 드러났다는 사실을 기억해야 하겠다.

한편 하와이 한인 동포들은 노일전쟁이 일본의 승리로 끝나게 되고 전쟁을 종결 짓는 강화회담이 루즈벨트 대통령의 주선으로 미국에서 개최된다는 정보를 입수했다. 조국의 어려운 상황을 앉아서 보고만 있을 수 없어, 1905년 7월 하와이에 있는 에화친목회와 미주의 공립협회가 연합으로 윤병구(1882-1949)를 대표로 선출하고 워싱턴에서 공부하고 있는 이승만(1875-1965)을 통역으로 지명하여, 뉴 햄프셔에서 열리고 있는 노일강화회담에 한국의 대표로 파견키로 결의하였다(김원용 저, '재미 한인 50년사' 참조).

그런데 문제는 전쟁 당사자도 아닌 제 3국으로 아무리 이해관계가 얽혀있다 해도, 양국간에 열리고 있는 강화 회담에 한국 대표를 받아들일 리가 만무했다. 가장 현명한 방법은 강화회담을 주선한 루즈벨트 대통령을 직접 만나서 그의 협력을 얻는 길 밖에는 없는 일이었다.

때마침 루즈벨트 대통령의 후계자이며 미국육군 장관인 태프트(William H. Taft, 1857-1930)가 필리핀으로 가는 도중 하와이 호놀룰루에 들러 잠시 머물게 된다는 정보를 입수할 수 있었다. 윤병구는 7월 7일, 태프트 장관을 하와이 주지사의 관저에서 만나 한인 교포들의 간절한 소망을 말하고 루즈벨트 대통령을 면회할 수 있는 소개장을 받아냈다.

(1) 여름 백악관을 찾아서

태프트 장관으로부터 소개장을 받은 윤병구는 곧 호놀룰루를 떠나 워싱턴으로 갔다. 그는 1905년 7월 13일 워싱턴에 도착하여 죠지 워싱턴 대학에 재학 중인 이승만을 만나, 하와이 동포들의 결의 사항을 전하고 동행할 것을 청하였다. 이승만과 윤병구는 개화당 5거두 중의 한분이며 배재학당 시절의 스승인 서재필 박사(1864-1965)를 필라델피아로 찾아가 루즈벨트 대통령에게 전달할 청원서를 작성하였다.

두 사람은 루즈벨트 대통령이 체류하고 있다는 롱아일랜드의 오이스터 베이(Oyster Bay)를 찾아가기 위해 뉴욕으로 떠났다. 오이스터 베이는 롱아일랜드에 있는 작은 도시이다. 이 도시의 동쪽 4마일 지점에 있는 사가모어힐(Sagamore Hill)에 루즈벨트 대통령의 별장이 있었다. 이 별장은 여름의 백악관이라 하여, 미국의 정치는 여름 한동안 이곳에서 행하여졌다. 노일 회담을 위한 이면공작도 이 여름의 백악관에서 이루어졌다. 루즈벨트 대통령을 만나기 위한 각국 대사들도 이 사가모어힐을 찾았고, 러시아와 일본 측의 강화 회담 대표들도 여기서 상견례를 가졌다.

이승만과 윤병구의 등장은 이곳에 취재하려고 온 신문기자들의 시선을 끌 수밖에 없었다. 무엇보다도 이 두 사람의 행색이 다른 나라의 외교관들과는 달리 매우 초조해 보였다는 것이다. 그들은 기차 정거장에서 내리자 보통 사람처럼 대통령의 관저를 찾고 있었기 때문이다. 호텔에서 숙박 등록을 하는 데는 적지 않은 설명이 필요했다고 한다. 이런 일이 벌어지고 있는 동안에 기자들이 몰려들었다. 윤병구는 자신들의 방문 요지를 미국 언론에 알릴 수 있는 기회를 갖게 된 것이다.

그들은 호텔의 로비에서 기자들에게 약 한 시간에 걸쳐 한국의 어려운 사정을 설명하고 자신과 이승만은 고종황제의 특사 자격으로 온 것이 아니라, 자주 독립을 갈망하는 모든 한인들과 미주 내에 거주하는 8,000명의 한인 동포들을 대표하여 루즈벨트 대통령을 만나러 왔다고 하였다.

이승만은 "우리 한인들은 미국이 한국과 처음으로 조약을 맺은 국가이기 때문에 미국을 우방 국가로 생각하고 있다. 한미간의 수호조약은 아직도 유효하다. 따라서 어려운 처지에 있는 우리나라가 이 나라(미국)에 도움을 청하는 것은 당연하다고 생각한다. 우리가 지금 미국인과 대통령에게 바라는 바는 한국 문제에 대하여 좀 더 깊은 이해와 관심을 가져달라는 것이다"라고 말했다.

(2) 이승만의 루즈벨트 대통령 면담

이승만과 윤병구 두 사람은 뉴욕 타임즈 기자와의 인터뷰를 통하여 오이스터 베이에 온 목적을 어느 정도 달성한 셈이었다. 뉴욕 타임즈는 두 사람을 다음과 같이 소개했다.

"미스터 윤은 감리교회의 목사로서 호놀룰루의 한인교회의 담임목사이다. 그리고 같이 온 동료(이승만을 가리킴)는 죠지 워싱턴 대학의 재학생이다. 그도 기독교로 개종하였다."

이 같은 신문기사는 그들이 온 목적보다 기독교인이었다는데 더 큰 관심이 있었던 것 같다. 두 사람은 사가모어힐로 가서 대통령의 비서 레뷰씨에게 태프트 장관이 준 소개장을 내보이면서, 루즈벨트 대통령의 면회를 신청했다. 레뷰비서는 적당한 시기에 두 분을 루즈벨트에게 소개하겠다고 약속했다. 오후 늦게야 사가모어힐로부터 연락이 왔다.

루즈벨트 대통령은 두 사람을 반가이 맞아 악수하면서 "두 분과 두 분의 나라를 위하여 무엇을 도와 드렸으면 좋겠습니까?"라고 하였다. 두 사람은 가져갔던 청원서를 내보였다. 루즈벨트 대통령은 그것을 받아 즉석에서 읽어보고서 "저는 귀국을 위하여 기꺼이 최선을 다하겠습니다. 그러나 이 청원서는 공식절차를 거치지 않았기 때문에 저로서는 아무런 대책도 취할 수가 없습니다…. 만일 귀하께서 이 청원서를 귀국의 공사관을 통하여 나에게 제출한다면 나는 이것을 중국 정부의 진정서와 함께 강화회의에 제출할 것입니다… 귀국 공사가 이것을 미국 국무성에 제출하러 왔다가 국무장관을 만나자 못할 경우에는 본관에게 제출하는 것이라고 하여 아무에게나 부탁해 놓고 가면 될 것입니다”라고 친절히 일러주었다(이승만 박사전 참조).

두 사람은 토요일이나 아니면 일요일에 다시 와서 대통령을 뵙게 될 것이라는 말을 남기고 워싱턴으로 떠났다. 그들은 뉴욕을 거쳐 이튿날 새벽 워싱턴에 도착하여 곧 주미 한국 공사관으로 갔다.

(3) 주미 한국 대리 공사 김윤정

이승만과 윤목사는 주미 한국 대리 공사 김윤정씨를 만나 루즈벨트 대통령과 면담한 사실을 말하고 가지고 갔던 청원서를 내보이면서 그것을 미국 국무성을 통하여 정식으로 미국 대통령에게 제출해 줄 것을 부탁했다. 그런데 김공사는 그것을 읽어보자 안색이 달라지면서 “본국 정부로부터 아무런 지시가 없는 이상 저로서는 어찌할 수가 없습니다”라고 거절했다(이승만박사전 p.156).

사실 루즈벨트 대통령에게 제출하려는 청원서는 대통령 자신이 직접 읽어 보았고 다만 절차상의 문제로 접수하지 않았을 뿐이다. 김윤정 대리공사는 본시 미 국무장관 존 헤이의 소개로 주미 한국공사관의 말단 직원으로 채용되었다. 러시아 전권대사 윗대의 비서 이야코로스토비취는 이승만 일행이 뉴욕에 나타난 것을 보고 다음과 같이 말했다. “뉴욕에 한국국민(한국 정부가 아님)의 대표라고 자칭하는 윤과 이승만이라는 자가 나타났다… 그들은 한국국민의 희망을 대통령에게 전하고 그 알선을 대통령에게 의뢰하고자 미국에 왔다고 한다… 한국공사관은 이미 일본의 수중에 있고 또 대통령은 저들 일본의 지지자가 아닌가?” 이승만과 윤병구 두 대표는 미국과 일본의 밀착된 관계도 모르고 한국민의 참뜻을 미국 대통령에게 전달하려다가 결국 실패했다.

그런데 여기서 한 가지 주목해야 할 것은 이승만과 윤병구가 노일회담 장소인 포츠머스 해군기지까지 찾아갔었는지 확실치가 않다. 전하는 말에 의하면 두 분은 포츠머스에 갔다가 회담 장소에는 들어가지 못하고 워싱턴으로 돌아가는 길에 보스턴에 들려서 케임브리지의 하버드대학을 구경하고 갔다는 것이다(뉴욕 한인교회 70년사. 윤병구 난 참조).

노일회담이 일본 측 수석대표인 고무라 주다로 외상은 하버드 대학교 법과대학 출신이었다. 추밀원 의장인 이도히로부미가 특사로 미국에 파견하여 루즈벨트 대통령과 노일회담에 따른 제반사항을 협의케 한 가네고겐다로는 하버드 대학을 졸업한 미국 통이며 루즈벨트 대통령과는 동창생이었다는 사실을 안 이승만은 깊이 생각하는 바가 있었을 것이다. 그가 하버드 대학교 대학원에서 정치학을 전공한 것과도 무관치 않다.

3. 한일 합방과 신도(新渡)학생

1) 1910년대 보스턴 대학교에서 의학을 공부한 1.5세들

1903년 1월부터 1905년 12월까지 3년 10개월에 걸쳐 65척의 이민선에 실려 미국의 하와이에 이민한 한인은 도합 7,226명이었다. 그 중 남자가 6,048명 이었고, 부녀자는 647명이었으며, 14세 미만의 아동이 541명 이었다. 이 541명의 아동들이 이민 역사에서 말하는 1.5세 이었던 것이다. 귀화가 허용되지 않았던 당시에 있어서 이민 1세들이 겪어야 했던 고생과, 암담하였던 사정은 여기서 다 말할 수 없고, 541명의 1.5세들도 미국에 영주하였으나, 1952년 신이민법이 제정 실시 되기까지 무국적자의 신세를 면치 못했던 것이다. 그런데 초기 이민자 중에는 647명의 부녀자가 있었는데 부부동반으로 이민 왔거나 또는 현지에서 결혼하여 1910년까지 이들이 생산한 자녀가 107명이었다. 이 하와이에서 출생한 어린이들이 이른바 이민 2세이다. 그들이 미국 법에 따라 어엿이 미국 시민이 된 것이다. 1920년대까지 이들 2세 들은 아직 나이가 어렸고, 일찍이 부모를 따라 하와이에 이민 하였던 1.5세들이 현지에서 고등학교를 마치고 1915년경부터 미국 본토로 건너와 대학에 진학한다. 강영승, 정한경, 배일규, 김현구, 양유찬, 김계봉, 기영기, 이로라 등이 그들이었다. 예나 지금이나 다름없이 자녀의 교육이라면 생명을 바치다시피 정성을 쏟아 붓는 것이 한국 어머니들의 자식에 대한 사랑인가 보다. 사탕수수 밭에서 말 못할 고생을 하면서도 자식을 법학박사로 키워낸 강영승 박사의 어머니의 일화는 그것을 잘 대변해 주고 있다.

이민 1.5세에 대하여는 뉴잉글랜드 한인 미국 시민협회 회지 제 6호에 2세와 1.5세 라는 제목으로 그 개념을 정리 한바 있다. 그러므로 여기서는 더 설명치 않기로 하겠다.

이제 1915년경 초기 한인 이민 1.5세가 BU의 의과대학에 와서 공부한 양유찬과 김계봉 두 분의 사정을 알아보자.

양유찬이야말로 하와이 이민 1.5세의 대표적인 존재다. 그는 1916년경 보스턴으로 유학 BU의 학부과정을 마치고(1918년), 동 대학의 의학부에 진학했다. 그의 약력이 소개된 것이 있어 그가 미국에 이민한 동기와 BU 의과대학을 마치고 하와이에서 개업을 한 다음 하와이 한인 사회의 발전과 조국의 광복을 위하여 헌신한 업적을 어느 정도 알 수 있게 되었다. 양유찬은 1903년 경남 부산에서 태어났다. 아주 어렸을 때 부모를 따라 하와이에 이민 하였다. 그의 자서전에 의하면 "제 1차(1903년) 하와이로 이민가는 부친을 따라 낯선 하와이 땅을 디디게 되었다"고 회고하고 있다. 어머니에 대한 말은 일체 없지만 온 가족이 함께 이민하였던 모양이다. 양유찬은 하와이 호놀룰루에서 이승만 박사가 설립 운영하는 중앙 학원에 다녔으며 호놀룰루의 매킨리 고등학교를 졸업한 후, 미국 본토로 건너와 보스턴 대학에서 B.S. 학위 M.D. 학위를 받았다. 그가 보스턴 대학의 의과대학을 졸업한 것은 1918년이었다. 한인으로서는 가장 먼저 보스턴 대학을 졸업한 셈이다. 그가 "보스턴 대학 의과대학을 지망한 것은 국가와 민족이 건강하려면 우선 의학을 배우는 것이 가장 중요할 것이라고 생각되기에 의사가 되기를 결심하였다"고 하였다. 1922년 BU 의과대학을 졸업한 양유찬은 고향인 하와이 호놀룰루로 돌아가서 1923년 호놀룰루에 한국사람으로서는 최초로 산부인과병원을 개업하였다.

흥미로운 것은 그의 이승만 대통령과의 친분이다. 양유찬은 어렸을 때 호놀룰루의 중앙학원에서 교장 이승만 박사로부터 한국의 역사와 한글을 배웠다. 그는 특히 이승만 박사의 독립정신에 큰 감명을 받았다. 호놀룰루에 병원을 개업한 후 이승만 박사를 물질적으로 많이 도왔던 것 같다. 이승만 박사의 양유찬에 대한 사랑과 신임은 각별했다. 이승만 박사는 6.25 한국동란이 일어나자 양유찬을 주미한국대사로 전격 임명했다. 주미대사로 있는 동안 한미관계와 국제간의 어려운 일이 발생할 때마다 이대통령을 보필하여 슬기롭게 해결했다. 그의 이력을 짚어보면 그가 하와이에 있어서의 한인의 권위를 위하여 해방 후는 조국의 안보와 국제적인 위상을 높이려고 외교일선에서 활동한 바가 컸다는 것을 알 수 있다.

그는 1923년 하와이 호놀룰루에 산부인과 병원을 개업한 후 사회활동에 적극 나섰다. 참고로 양유찬의 약력을 잠시 찾아 기록해보자. 매킨리 고등학교 동창회장, 호놀룰루 YMCA 이사, 코코가이 토지신탁회사 이사, 유니버설 자동차회사 중역, 핀엔살 시큐리티, 생명보험회사 중역, 센추리 구락부 회원, 보스턴 대학 동창회 회원, 호놀룰루한인 기독교 재단이사장, 하와이 한인학생운동회 회장, 범태평양 동맹 부회장, 한인 기독교 협의회 이사장, 동지회 고문 및 회장, 미국의사회 평의원, 하와이 및 호놀룰루 지방이사회 평의원, 호놀룰루 외과 의사회 회원, 호놀룰루산부인과회원, 호놀룰루 과학회 회원, 이외에도 하와이에 있어서 사회운동 사업에 많이 관여하였다고 한다('신념의 사람 양유찬' 참조). 양유찬은 철저한 반공주의자였다.

양유찬은 미국 시민권자였다. 그는 미국에서 출생한 것은 아니지만 현지에서 초등학교와 고등학교를 마치고 본토 보스턴으로 와서 대학과정과 의학을 전공한 미국의사였다. 그러므로 영어실력은 미국의 지식인과 조금도 다를 바 없다. 이승만 정부 때에는 한미간의 불편한 문제가 발생할 때마다 이승만 대통령을 보필하여 어려운 문제들을 원만히 해결해 나갔다고 한다. 1951년-60년 주미한국대사로 있었으며, 51년-53년에는 한일회담 수석대표, 51년-58년에는 UN 총회 한국 수석대표로 활약했다. 1960년 3월에는 주미대사 겸 브라질대사를 역임했고 65년에는 순회대사로 각국을 순방하면서 외교활동을 전개했다. 그의 저서로는 'Korea

Against Communism'이 있다.

1953년 7월, 3년에 걸친 한국전쟁을 결말짓는 휴전협정이 이루어졌다. 이때 그의 대담한 외교활동은 휴전 반대 운동에서 찾아볼 수 있다. 이승만 대통령은 휴전협정이 체결되자 거제도 포로수용소에서 반공포로들을 모두 석방하여 미국의 조야는 물론 국제사회를 놀랍게 했던 일은 양유찬 대사의 제안에 따른 것이라고 한다. 그가 주미한국대사로 있는 동안 이같이 박력있는 외교전을 벌릴 수 있었던 것은 하와이의 유지로 미국의 상하 양원에 많은 친지를 가지고 있었기 때문이다.

양유찬과 같은 때에 BU의 의과대학을 다닌 김계봉도 사실은 하와이 이민 1.5세였다. 그런데 김계봉이 도미한 동기와 BU 재학시절을 밝힐 수 있는 자료가 거의 전무한 상태이다. 재미한인 유학생 회지인 우락기와 뉴욕한인교회의 교인명부에 약간 소개된 것이 있지만 김계봉의 이력과 그의 행적을 밝히기에는 너무나 빈약하다. 고 김계봉 박사의 아들인 Dr. Robert Kim(외과전문의)이 한인 이민 100주년 뉴잉글랜드 기념 사업회 회장 박경민 박사에게 보낸 편지와 자료를 얻어 볼 수 있어서 지금까지 알지 못했던 김계봉의 이력을 밝히는데 큰 도움이 되었다. 이제 Dr. Kim이 보내준 자료를 토대로 재미한인 졸업생 일람표와 뉴욕한인교회의 교인명부를 대조하면서 김계봉 박사의 보스턴 유학과 함께 그의 행적을 알아보기로 하자.

김계봉은 1896년 5월 김형근과 김종주 사이에 외아들로 평양에서 태어났다. 그는 어렸을 때 기독교 가정에 자라면서 숭실중학교에 다녔다. 그의 아들 Dr. Kim의 말에 의하면 김계봉은 1904년 11월 2일 아버지와 세 자매가 함께 만주호 편으로 하와이에 이민하여 가와이 섬에 안착하였다. 물론 그의 부모도 사탕수수밭에서 노동자로 고용되어 온 것이다. 그런데 얼마 후에 오아후섬으로 이주하였다고 한다. 김계봉이 1904년에 그의 부친을 따라 하와이에 이민 하였던 것으로 그때 그의 나이는 8세에 불과했다. 김계봉이 숭실학교 초등과에 다니다가 하와이로 이민한 것 같다. 김계봉은 호놀룰루의 매킨리 고등학교를 졸업하고 하와이 대학의 공과대학에 다녔다고 한다. 그런데 그때에 보스턴 대학에는 6년 과정의 의학부가 신설되었던 것이다. 학생모집 담당교수가 하와이 호놀룰루에 내방하여 김계봉과 또 한 학생(양유찬이었을 것임)이 하와이에서 BU 의과대학의 장학생으로 선발 되었다. 김계봉은 1920년 B.S.를 받고 1922년에 BU 의대에서 M.D.를 받았다. 그런데 우락기에 실린 유미졸업생 일람표에 의하면 1918년에 보스턴 대학에서 B.S.를 그리고 1920년에 M.D.를 받은 것으로 기록되어 있다. 아마도 조사 미비로 생긴 착오인 것 같다.

김계봉은 BU 의과대학을 졸업하고 필라델피아의 메리병원의 인턴을 거친 다음 존스홉킨스 대학원의 연구과정을 마쳤다. 그리고 1924년 뉴저지에 있는 성요셉병원 병리학 주임으로 발탁되어 1961년 정년퇴임까지 36년간 이 병원에서 병리학과장으로 봉직했다. 그가 보드시험에 합격하여 미국의사회의 정식 멤버가 된 것은 1936년이다.

뉴욕 한인교회의 교인 명부에 의하면 1950년경 뉴저지에 큰 저택을 가지고, 세단차를 몰고 다니는 유일한 한국인이었다고 하며, 동교회의 초대교인이고 당회원이었다고 한다.

김계봉은 1929년 5월에 뉴욕한인교회에서 장서경 목사 주례로 정애경과 결혼을 올렸다. 그가 1922년 이래 존스홉킨스 대학 부속병원의 조교로 근무할 수 있었기 때문에 경제공황의 어려운 시기에도 별 고생 없이 지낼 수 있었던 것이라고 본다. 해방 전 1942년에는 상해 임시정부 산하의 구미위원부의 위원으로 활약하기도 하였다.

2) 한인 유학생이 뉴잉글랜드 한인사에 미친 영향

(1) 신도학생

일본은 1910년 한국을 합방한 후 식민지정치를 실시하면서 그에 반대하는 자는 가차 없이 감옥으로 보냈다. 총독부 경무국은 데라우지 총독암살음모 사건을 조작하여 기독교인과 애국자들을 혐의자로 몰아 검거하였다. 소위 105인 사건이라는 것이다. 많은 학생들이 해외로 망명처를 찾아 나섰다. 젊은 지식인들이 미국유학의 큰 꿈을 안고 국경을 탈출하여 도망치지만 그것은 생명을 담보로 한 모험이었다. 하지만 당시에 있어서의 미국유학은 주권회복과 근대국가를 실현해 보려는 청년학생들의 애국심에서 우러나온 유일한 소망이기도 하였다.

1916년에 도미 유학하였던 장리욱 박사는 그의 회고록에서 그 때의 소감을 다음과 같이 말해주고 있다. "우리는 조국광복을 위하여 싸우면서 배워야 한다는 집념으로 사선을 넘어 유럽과 미국으로 도망하였다." 어쨌든 이 시기에 많은 학생들이 해외로 탈출하였던 것이다. 김원용은 '재미 한인 50년사'에서 한일합방 1910년 후 1918년까지 8년 동안에 망명 출국하여 여권 없이 도미한 학생들은 그 수가 541명이었다고 하였다. 그리고 그들의 취학성적은 대학 졸업생이 20%에 불과했다고 기록하고 있다.

재미한인들은 한일합방 후 1921년까지 건너온 유학생들을 가리켜 신도학생이라고 하였다. 신도학생이란 1910년대에 국경을 탈출 중국을 거쳐서 여권 없이 무작정 도미한 학생들을 두고 말한 역사적인 용어이다. 이 신도학생들은 미국유학의 목적이나 도미경로와 배일사상에 있어서 3.1운동 이후에 도미한 학생과는 현격한 차이를 보였다. 그러므로 신도학생들은 그 후에 일본여권을 가지고 도미한 유학생과는 확실히 구별되어야 한다는 것이다. 사실 1910년 이후 중국의 상해를 거쳐 건너온 한인들은 거의 밀입국자였다.

1910년대에 미국에 유학한다는 것도 어려운 일이지만 정작 도미하였어도 보호를 받을 길이 없고 다른 나라 사람들과 같이 이민보호협회 같은 것을 만들 처지도 못되었다. 그러나 재미동포들은 일찍부터 동족의 단결과 안전 그리고 발전을 위하여 통일된 자치단체의 필요성을 느껴왔다.

1910년 조국이 일본에 합방되자 재미한인 동포들 사이에는 항일 독립운동을 명분으로 하는 공감대가 형성되어 갔다. 그러자 유지들은 종래의 모든 단체를 통합 1912년 2월에 대한인국민회를 결성하고 그 본부를 미주 본토 샌프란시스코에 두기로 하였다. 하와이, 미주, 시베리아, 멕시코 등 4개 지역에 지부를 두어 해외한인동포의 안녕과 발전을 주관하는 자치 단체로 출발하였으며 미국에 있어서의 회원은 3,200명에 달했다.

1913년 6월의 어느 날 한인노무자 11명이 캘리포니아 주 리버사이드에 있는 과수원에 일을 하려고 갔다가 백인노동자들에게 구타를 당하는 사건이 발생했다. 주미일본공사는 이 사건을 가지고 미국 정부에 강력히 항의하고 나섰던 것이다. 이와 같은 사실을 알게 된 대한인국민회는 미국 국무장관에게 서신을 보내어 "한인은 결코 일본 국민이 아니며 한인문제는 대한인국민회가 나서서 해결할 것이므로 일본공사가 관여할 바가 아니다"라고 하면서 한인문제는 대한인국민회에 교섭해 줄 것을 요구했다.

이에 대하여 브라이언 국무장관은 1913년 7월 2일자로 다음과 같은 확인서를 대한인국민회장 이대위 앞으로 보냈던 것이다.

"한인은 일본인이 아니라는 대한인국민회 총회장의 전보를 받았다. 그 전보의 내용은 재미한인은 대개 한일 합방 전
  에 한국을 떠난 사람들이고 한일합방을 인정하지 않으며 일본정부와 관계가 없고 일본 관리인의 간섭을 받지 않겠
  다고 한다. 이로부터 재미한인에게 관계되는 일은 공사를 막론하고 일본정부나 일본관리를 통하지 않고 한인 사회
  (대한인국민회)와 직접 교섭할 것이다."

이 같은 소식이 대한인국민회가 발행하는 '신한일보'를 통하여 국내에 알려지자 뜻 있는 청년학생들은 다투어 중국으로 탈출, 미국 행을 택했다.

"그런데 일본은 해외로 빠져나가는 한인학생들을 막기 위하여 1915년 행정명령으로 한인학생의 미국유학은 완전히
  봉쇄해 버렸다. 경계가 삼엄한 압록강을 건너서 중국으로 도피한다는 것은 생명을 건 모험이 아닐 수 없었다. 더구
  나 여권도 없이 무턱대고 미국에 간다는 것은 천지신명의 도움이 없이는 불가능한 일이라고 생각되었다."

일본은 1914년 제1차 세계대전이 일어나자 한국인이 만주와 중국에 여행하는 것마저도 엄격히 감시하면서 철저히 검색하였다. 만주와 중국 그리고 노령의 연해주로 건너간 한인들이 그곳에서 항일구국단체를 조직하여 독립운동을 전개하기 때문인 것 같다.

1915년 5월 27일자 '보민한신(재중한인신문)'에 유학생금지라는 제목 하에 다음과 같은 기사가 실려 있다. "일본
  은 조선을 강점한 후 법률을 정하여 한국인으로 하여금 그 나라를 떠나 구미각국에 유학하는 것을 허가치 않으므
  로... 근일 한인학생 3명이 미국에 유학하기 위하여 노비를 마련해가지고 여권을 신청한 즉 일본정부는 이를 허가치
  않았더리."

일본은 한일합방을 일시동인(一視同仁)이라는 구호로 내세웠지만 그와는 반대로 조선에 식민지 정책을 펴면서 헌병을 풀어 강압정책을 실시하고 한국의 문화를 완전히 말살하려고 하였다. 총독부는 사립학교의 설립을 민족사상의 온상이라고 하면서 그 설립을 불허하였고 한인의 해외유학을 완전히 차단하였다. 그러한 와중에서도 해외로 빠져나가는 유학생은 1914년부터 1916년 사이에 그 절정을 이루었다. 미국에 유학하려면 우선 중국의 상해로 탈출하여 거기서 미국으로 가는 배편을 얻어 밀항하는 것이 가장 효과적인 방법이었다.

상해로 가는 데는 안동과 봉천을 거쳐 천진 상해로 통하는 안봉선과 남만주철도 그리고 호한철도를 이용해야 하는데 만주는 중국영토였지만 남만주철도 연변의 일정구역이 일본 관할 지역이었기 때문에 안동 이북에 있어서도 일본헌병의 감시와 조사가 심했다.

망명인사와 해외유학생을 뒤에서 도와 온 비밀결사가 있었다. 상해임시정부의 전신이라고 할 수 있는 동제사가 그것이다. 동제사는 한일 합방 후 중국에 망명한 애국지사들이 상해에 모여 조직한 비밀결사로 최초의 회원은 박은식, 신규식, 신채호, 김규식, 문일평, 여운영 등 20여 명이었다. 이 동제사가 1919년 3.1운동 후 상해에 수립된 임시정부의 모체인 것이다. 동제사는 중국과 만주 그리고 국내요로에 점조직을 가지고 해외로 망명해 오는 애국인사와 해외유학생들을 안내하여 상해로 안전하게 올 수 있게 하였다.

동제사는 이 일을 위하여 상해, 봉천, 천지, 안동, 신의주, 평양, 개성 등지에 점조직으로 연락망을 가지고 있었다(중국 관내 한국 독립운동단체 연구, 김희곤 저 45-54p). 동제사가 배치한 국내외에 걸친 구성원은 20여 명인데 그 중 18명이 기독교인이었으며 목사가 3명이나 포함되어 있었다. 본국과 만주지방에 배치된 동제사의 조직원으로 개성에 손전도 목사가 있었고 신의주와 안동에는 이휘림과 박광이 있었으며 봉천에는 석탑교회와 장행섭이 있어 그 책임을 맡고 있었다.

3) 3.1 운동 이후의 유학생

1919년 3월 1일 서울 태화관에서 독립선언서가 발표됨과 동시에 만세시위 운동이 대대적으로 일어났다. 총독부는 헌병과 경찰을 풀어 강압적으로 진압하려 하였으나 독립운동은 전국적으로 확산되면서 민족해방운동으로 확대되어 갔다. 일본은 격분한 한인의 감정을 달래고자 무단정치를 잠시 중단하고 문화정치로 그 정책을 바꾸었다. 일본정부는 전 해군대신이었던 사이도 마고도를 조선총독으로 보내왔다.

사이도 총독은 서울에 부임하자 곧 헌병정치제도를 폐지하고 언론, 출판, 집회의 자유를 어느 정도 허용하는가 하면 문학과 예술 활동도 허용하였다. 그리고 고등보통학교 제도를 실시하여 각 도청 소재지에 중등학교 과정의 교육이 실시되고 또한 대학(경성제국대학교)을 설립하였다. 이와 동시에 한인의 해외여행제한을 완화하여 미국, 유럽여행과 유학을 허용하는 한편 해외여행에 따른 여권 발급도 총독부 경무국에서 대행하는 관대함을 보였다.

3.1 운동의 목적이나 성과는 그런 것에 있는 것이 아니었다. 그보다도 놀라운 일은 3.1 운동 후 기독교 신앙운동이 한반도에서 무섭게 일어났다는 사실이다. 기독교야말로 한국의 진정한 독립과 통일을 시킬 수 있는 위대한 힘이며 또한 기독교야말로 한국의 미래를 위한 교육의 추진력이 되고 있다는 확신을 갖게 되었기 때문이다. (아리랑, 김산 저, 참조) 일본은 기독교국가인 미국과 유럽 여러 나라의 여론에 밀려서 조선에서의 무단 노예화 정책을 지양하고 문화 온건 정책으로 전환한다. 따라서 조선 총독부는 기독교인에 대하여 각별한 환심을 보이기 시작하였다. 그에 따라 미국 유학에 뜻을 둔 한국학생들이 미국 선교사나 기독교단체의 추천을 받아 미국 유학에 필요한 입학수속과 여권을 받을 수 있게 되었다. 이후 많은 한인학생들이 일본 여권을 가지고 미국에 오게 된다. 이때 일본여권을 가지고 도미한 유학생은(1924-1935) 도합 289명이었다고 한다(재미한인 50년사, p. 30-31참조). 이 숫자는 대한인국민회가 집계한 것이며 거기에는 중국여권을 가지고 중국인으로 가장하여 입국한 한인학생은 포함되어있지 않다.

미국은 이민으로 출발하여 풍요를 이룬 경제대국이다. 미국에 건너 가기만 하면 자유롭고 일자리를 쉽게 얻어 고학하기가 용이하다. 문제는 일본여권을 얻는 것도 어려운 일이었지만 그보다도 미국 입국 심사가 아주 까다롭고 엄격하여 큰 어려움이 따랐기 때문이다. 1891년까지는 자유이민 시대였기 때문에 문제가 없었다. 그런데 1892년부터 이민법이라는 것이 새로 생겨 미국에 입국하려는 자는 누구나 검역과 지능 테스트를 받아야 했다.

4) 1930년대의 유학생

이여성 교수의 숫자조선연구에 위하면 1931년 현재 재미유학생은 493명으로 기록되어 있다. 그 숫자는 어디에 근거한 것인지 자료를 밝히지 않아 아마도조선총독부 통계 연보에 의한 것이 아닌가 보여진다. 이여성 교수는 "구미유학 중 미국유학생이 단연 다수를 접하게 된 것은 중등학교와 전문학교에서 영어를 치중한 것과 또 미국인 경영인 미션스쿨과 고학의 편이가 많은 것들이 주원인이 될 것이다"라고 지적하였다.

이여성 교수가 제시한 유학생 통계 숫자가 조선총독부 통계연보에서 얻어진 것이라면 그것은 일본여권을 가지고 도미한 유학생을 말하는 것이다. 그런데 1927년 장개석을 수반으로 하는 국민당 정부가 들어선 후 중일 전쟁이 일어난 1937년까지 많은 한인학생들이 중국에 입적하여 중국여권을 받아가지고 도미한 이가 많았다고 한다. 안승화, 주요섭, 김광원 선생들이 중국을 거쳐 1930년대에 미국에 건너왔다. 그들은 시카고 뉴욕 등지에서 학업을 마치고 고국에 돌아가지 않고 미국에 남아 있다가 제 2차 세계대전 후 보스턴으로 왔다. 1930년대에 도미한 학생 중에는 기독교 단체의 후원으로 온 유학생이 많았다. 그들 대다수는 일본여권을 가지고 왔기 때문에 법률이 정한 데 따라 필수적으로 학업을 중단 하거나 게을리 해서는 안 되며 학업을 끝낸 후에는 즉시 귀국해야 하는 단서가 붙었던 것이다. 그러나 기독교 단체의 후원으로 도미한 유학생이었기 때문에 학비나 생활비를 재단이나 학교 측으로부터 받을 수 있어 큰 어려움 없이 학업을 끝낼 수가 있었다. 그래서 취학성적이 좋아 박사학위를 받은 학생이 15%였으며, 대학 졸업생이 95%에 달하는 좋은 성적을 보였다(재미 50년사 참조).

1924년 이후에 보스턴에 온 유학생은 다음과 같다.

성명	도미연도	출신교	전공	졸업연도
김활란	1923년	보스턴대	종교철학	1926년
김형린	1923년	하버드대	심리학	1936년
김술근	1923년	하버드대	천문학	1927년
김태수	1923년	MIT	전기공학	1928년
추애경	1924년	뉴잉글랜드 컨서버토리	성악	1931년
김태선	1930년	보스턴대	1937년	
배의환	1930년	노스이스톤대	상대	1935년

일본인들이 배일이민법이라고 비난하는 1924년의 특별할당 이민법에도 불구하고 한국학생들은 중국 상해를 통하여 수단과 방법을 가리지 않고 도미하여 왔다.

성명	출생지	출신학교	미국도착	학교
안승화	평양	숭실전문	1925년	콜럼비아 대학원

| 주요섭 | 평양 | 상해호광대학 | 1930년 | 스텐포드 대학원 |
| 김광원 | | | 1923년 | 1928년 시카고 대학 |

이 시기에 한국 유학생들은 주로 교통과 공업시설이 발달한 오하이오 주 특히 시카고 지역과 미국 상업도시인 뉴욕으로 집중되었다. 그런데 1929년 이래의 대경제공황은 회복의 기세를 전혀 보이지 않았던 1936년엔 공업생산은 전년도에 비해서도 36.7%나 감소되었고 완전실업자는 1천만에 달했다. 대학교수는 도로공사장의 일용인부로 일하고 회사 사장은 택시운전수가 되었고 사업가는 길가에 좌판을 놓고 사과를 파는 상황에서 대학을 졸업하였다고 해서 동양인이 좋은 직업을 찾는다는 것은 생각조차 할 수 없는 어려운 일이 아닐 수 없다. 이 같은 어려운 시기에도 귀국할 수 없는 한인들은 미국에서 살아갈 수 밖에 없었다.

(1) 압록강 통로
중국과의 국경선을 가로지르는 장장 790Km의 압록강을 어떻게 건널 수 있는가. 압록강 철교는 1911년 한일합방 다음 해에 완공되었다. 그러나 한국 사람이 마음 놓고 건너 다닐 수 있는 다리가 아니었다. 일본은 압록강 철교 양쪽에 헌병을 배치하고 검문을 엄격히 시행했다. 전 서울대학교 총장 장리욱 박사에 의하면 1916년 미국에 유학 올 때, 아버지의 심부름으로 안동에 약을 사러 간다고 속이고 압록강 다리를 건넜다고 했다. 또 상해임시정부의 주석인 김구선생은 1919년 3월 2일에 상해로 망명길을 떠났는데 신의주에서는 재목상이라 속였고 안동에 가서는 좁쌀을 사러 왔다고 하여 검문소를 무사히 통과할 수 있었다고 하였다(백범일지).
당시에는 그래도 검문이 그렇게 심하지는 않았다. 3.1운동이 일어난 후로 망명객과 해외유학생들이 많이 국경을 탈출하자 그것을 방지하기 위해 일본은 압록강 철교에 군경을 배치하고 통행자를 조사하여 조금이라도 망명을 하거나 해외유학생이라는 냄새가 나면 가차 없이 체포하여 감옥으로 보냈다.

(2) 국경 경비
3.1 독립선언과 만세운동이 일어난 다음 일본은 한만 국경경비를 한층 강화하였다. 각 항구와 국경 요소요소에 경비병을 배치하고 검문을 철저히 하였기 때문에 국외로 탈출하는 것은 결코 용이한 일은 아니었다.

'압록강은 흐른다'의 저자 이미륵 교수는 경의전 3학년 때 3.1운동의 선동에 나섰다가 일경에 쫓기는 도망자의 몸이 되었다. 당시에 있어서 유일한 희망은 압록강을 건너 중국 땅 어디에서든지 여권을 만들어 유럽이나 미국에 갈수만 있다면 공부를 계속할 수 있지 않겠는가 하는 생각이었다. 한계정황에 놓인 그는 어머니가 싸준 양복 한 벌과 회중시계 그리고 돈뭉치가 든 보따리 하나를 받아 들고 기약 없는 망명의 길을 떠났다. 모든 일에 대처할 때 사나이답게 용감하게 행동하라는 어머니의 간곡한 타이름을 되새기면서 국경지대 압록강까지 왔다. 압록강 연안에는 도처에 갈대가 무성하여 길을 찾아나갈 수가 없을 정도였다. 국경선에는 아침부터 저녁까지 무장한 일본군 순찰대가 끊이지 않았고 강 위에는 간간히 총소리마저 들려왔다. 지극히 조심스러운 한 농부의 도움을 얻어 다음 마을까지 안내되어 어느 조그마한 초막집에 다다랐다. 거기서 사공이 배를 가지고 와서 강을 건너 줄 때까지 기다려야 했다.

그 다음날 밤에 두 학생이 찾아왔다. 한 학생은 17세도 채 안돼 보이는 중학생이었다. 그 학생은 매우 피곤해 보였으며 두려움마저 느끼고 있는 듯했다. 이제 일행은 세 사람이 되었다. 다음날 한 늙은 어부를 따라 나섰다. 달밤이라 쉽게 발견될 것 같아 떠나기를 주저하였더니 사공의 말은 달빛이 밝을 때는 오히려 국경경비가 심하지 않다고 했다. 갈대밭 사이로 가늘게 나타난 도랑길을 약 한 시간가량 걸어가 작은 숲에 이르렀다. 여기서 늙은 사공이 휘파람으로 신호하니 멀지 않은 곳에서 휘파람으로 대답이 왔다. 이윽고 두 사공이 나났다. 다시 이 사공을 따라 갈대밭 사이를 한참 더 가서야 압록 강변에 이를 수가 있었다. 그곳은 분명히 강 하구였다. 바다같이 넓어 보였다. 사공은 뗏목에 매어 있던 작은 배를 끌어내 모두 타라고 했다.

일행을 태운 작은 목선은 잔잔히 파도를 헤치고 조용히 강 위를 저어갔다. 배가 강 한복판에 이르렀을 때 몇

발의 총성이 들려왔다. 그러나 경험이 많아 보이는 사공은 그들을 보고 잠자코 있으라 하면서 그것은 철교에서 내려쏘는 경고 사격이므로 염려할 것이 없다는 것이다. 배는 한참 만에 강 건너 중국 땅에 도착하였다. 사공은 그들에게 다음 중국의 국경 도시인 안동까지 가는 길을 자세히 알려주고 되돌아갔다.

이상은 이미륵의 자전적 소설인 '압록강은 흐른다' 의 한 대목이다. 그러나 그것은 소설 중의 이야기라고 하기보다 오히려 작가 자신의 체험을 말해주는 것이라고 하기에 충분하다. 국경지대에는 일경의 경비도 삼엄했지만 안동까지 안내해 주는 비밀 조직원이 있었다는 사실을 말해주는 것이기도 하다.

(3) 안동포구

안동의 포구인 대동구에는 아일랜드계 영국인이 경영하는 이륭양행(怡隆洋行)이 있어 화물선을 가지고 월 2,3회 상해를 왕래하면서 재목과 석탄을 운반하고 있었다. 선장인 쇼(Shaw)는 한국인의 처지를 동정하여 국외로 탈출하려는 망명객과 해외유학생들이 상해로 밀항하는 것을 적극 도왔다.

안동에서 Mr. 쇼의 화물선을 타고 상해로 밀항했던 김구 선생은 그 경로를 다음과 같이 말해주었다.

"기미년 독립운동이 일어난 그 이튿날 나는 사리원으로 가서 경의선 열차를 타고 압록강을 건넜다……. 안동현에서 이레(7일)를 묵고 영국 국적인 이륭양행의 배를 타고 동지 15명과 함께 나흘만에 무사히 상해 포동마두(浦洞碼頭)에 도착했다. 안동현을 떠날 때는 아직도 얼음 덩어리가 첩첩이 쌓인 것을 보았는데 황포강가에는 벌써 녹음이 우거졌다." (백범일지, P203)

당시 해외로 탈출하는 망명인사들은 주로 봄, 여름, 가을에 떠났다.

1916년 여름에 도미 유학한 장리욱 박사는 안동에 이르러 여관에서 일러주는 대로 이륭양행을 찾아 갔으나 배는 이미 상해로 떠났다. 하는 수 없이 열차 편으로 봉천으로 가서 서탑교회의 지도를 받아 남만주 철도를 이용 천진을 거쳐 상해로 내려갔다고 했다.

1921년 국경을 탈출했던 전 보스턴 한미노인회 고문 장호근 제독은 안동에서 Mr. 쇼의 석탄배를 타고 상해에 무사히 도착하였다고 했다. 화물선에는 7,8명을 수용할 수 있는 객실이 마련되어 여행하는 데 큰 불편은

두만강 국경 경비대의
한인 검문 모습

없었다. 선임은 25원이었다. 1920년대에 25원이면 황소 한 마리 값. 화물선의 사무장은 중국 사람으로 일본에서 공부를 했기 때문에 일본말이 유창하여 망명 유학생들과 의사소통을 하는데 큰 불편이 없었다. 날씨가 좋아 파도가 높지 않을 때는 안동에서 상해까지 3일이면 도착할 수 있었다.

　1919년 4월 17일 대한민국 임시정부가 상해에서 수립되었다. 임시정부는 국내외의 공작을 위하여 비밀결사인 연통제를 조직했다. 연통제는 종래의 동제사를 한층 강화한 조직이었다. 연통제는 독립투사들의 국내침투와 정보수집, 망명객과 해외유학생들의 탈출을 도와 상해로 안내하여 왔으며 이륭양행은 상해임시정부의 활동체인 연통제를 위해 그 거점을 제공하는 역할을 했다. 그런데 불행하게도 망명객과 해외유학생을 돕던 이륭양행의 선장 Mr. 쇼는 1932년 4월 일본 경찰에 체포되었다. 그러나 그가 영국국적을 가진 외국인이라 함부로 처형치 못하고 본국으로 추방하고 말았다.

　상해에는 일본경찰이 깔려 있었고 그들의 앞잡이 특히 유학생을 노리는 사기꾼이 적지 않았다. 때문에 현금을 가지고 다니는 것이 위험하였으므로 상해에 있는 정금은행에 미리 송금하여 당좌어음으로 바꾼 다음 소지품만 가지고 떠났다. 동제사의 조직원들이 숙식처를 알선해 주고 또 여러 면에서 편의를 제공해주지만 미국 가는 선표를 제때 구하는 일과 여비가 문제인데 1920년대도 적어도 1천불을 가져야 했다. 선표를 구하지 못하면 상해에서 1년 이상 머물게 되는 경우도 있었다.

　백낙준 박사도 상해에서 2년을 허비하였다고 하는데 운이 좋아서 미국 가는 배표를 즉시 구하게 되어 여권도 없이 무조건 배에 올라탔지만, 안심할 수는 없었다. 도중 일본의 나가사키, 고베 등에서 수상경찰이 올라와 샅샅이 조사하기 때문에 선실에 숨어있거나 중국인으로 가장하여 검문을 피해야 했다. 이같이 가슴 조이는 항해는 태평양상의 하지쬬지마(八犬島)를 벗어나서야만 숨을 돌리게 되었다고 백낙준 박사는 회고했다(백낙준 박사, 회고록 참조).

(4) 샌프란시스코 항구

동양여객의 관문이라고 하는 샌프란시스코 항구, 세계에서 가장 길고 높은 다리인 금문교의 밑을 항진하면서 기착을 알리는 뱃고동 소리. 밀항하는 학생들의 심장을 빨리 뛰게 하는 긴장의 소리였을 것이다. 여권도, 학생임을 입증할만한 증명서도 가지고 있지 않은 밀입국자인 이들 학생들은 정신병, 폐결핵 등의 환자인 경우를 제외하고는 대한인국민회의 신원보증만으로 입국이 허용되었다. 특별히 이민국의 의무관인 Dr. 화이트(White)는 질병이 발견되었을 경우에도 한인학생이면 이민국의 보건소로 보내서 치료를 받게 한 다음 입국하게 하는 관용을 보여주었다. 미국의 대학은 한인학생의 입학에 있어서도 매우 친절과 관대함을 보였다. 백낙준 박사에 의하면, 1916년 6월 미국에 도착하자 캔자스의 파크 대학으로 갔는데 졸업장이나 성적증명서 같은 것은 가지고 있지 못했다. 도망 온 망명 학생들이 그 같은 증명서를 가지고 다닐 것이 만무하다. 교무처장이 학력을 묻기에 본국에서 중학교를 마치고 중국에 유학하였다는 말을 그대로 믿어주었다. 대학 2학년에 취학하라고 하기에 강의실에 들어갔으나 강의를 전혀 알아들을 수 없어서 교무처장에게 다시 부탁하여 동 대학의 부설 중학교에서 중학과정을 다시 공부하였다고 한다.

　미국 사회에서는 거짓말이 통하지 아니하며 또 자기가 한 말에 대해 끝까지 책임을 져야 하는 도의적 의무를 갖게 된다. 문제는 과연 기초교육을 받아서 대학과정의 강의를 따라갈 수가 있느냐는 본인의 실력에 따른 것이다. 그런데 한 가지 유의해야 할 것은 미국에서 고등학교 교육과정을 마치지 않은 학생은 예나 지금이나 미국의 역사와 미국문화 그리고 라틴어 과목을 이수하고 그 성적을 가져야만 대학수업이 인정되었다.

　제 1차 세계대전(1914-1918) 이후로 많은 한인학생들이 유학을 목적으로 미국에 왔다. 그것은 하와이 이민을 대신하는 민족의 이동이라고 해도 좋을 것 같다. 이곳 뉴잉글랜드는 미합중국의 발상지이며 정치, 경제, 문화 등으로 알려졌을 뿐만 아니라 하버드, MIT, Tufts, 보스턴 대학 등 유명대학이 많은 교육 도시이기도 하다. 그러나 미국 동부에 치우쳐 외진 곳이기 때문에 1910년까지만 해도 한국학생이 이곳을 찾아 유학 온 경우는 거의 찾아볼 수 없었다.

1914년경 하와이 이민자인 양유찬(梁裕燦)과 평양 숭실중학교 출신의 김계봉이 보스턴 대학 의과대학에서 공부한 것이 뉴잉글랜드 한인유학의 본격적인 시발이라고 하겠다. 그리고 1919년 이후로 보스턴 대학을 중심으로 한 한국 친구회, 보스턴 지부가 결성되었다. 한국 친구회(The League of the Friends of Korea)는 서재필 박사가 1919년 5월 필라델피아에서 조직한 친한 단체였다. 서재필 박사는 1919년 4월 14–16일 3일간에 걸쳐 필라델피아에서 한인 대의원 대회를 개최하였다. 그리고 그 회의의 명칭을 제 1차 한국의회(First Korean Congress 1919)라 하였다. 동년 5월에는 미국 인사들을 다수 초청하여 한국 친구회를 결성하였는데, 미국의 국회의원과 육해군 장성 등 유력인사들이 참가한 한국후원단체였다. 그런데 동회의 보스턴 지부가 결성된 사실은 알려졌을 뿐 구체적인 기록은 찾아볼 수 없다. '조선독립운동' 제 1권 분책, 민족주의 운동난에 '한국 친구회(The League of the Friends of Korea)'를 설명하면서 그 3항에 '매사추세츠 보스턴 지부장 미국인 박사 L. H. 뮤린'이라는 기사가 있을 뿐이다.

(5) 한국 친구회

또한 '사이도 총독의 문화정치'에는 "보스턴 대학장과 같은 유력인사가 공공연히 한국친구회의 간부가 되어 한국의 독립운동을 돕고 있다"라는 비난의 기사를 싣고 있다. 이에 미루어 보건 데 한국친구회의 보스턴 지부는 보스턴대학장이 중심이 되어 1919년 7월경에 결성된 것이 아닌가 추측된다.

한국 친구회는 한국의 독립과 외교적인 활동, 한국의 문화를 구미 각국에 선전하려는 목적으로 결성된 단체다. 보스턴에서도 3.1운동 후 친구회 운동이 전개되었던 것을 여러가지 자료에서 찾아볼 수 있다. 보스턴에서 독립운동의 전개와 함께 일어난 것이 학생운동이었다.

1923년 결성된 북미한인총학생회에 BU의 유형기와 김활란이 보스턴 대표로 참가했었으며, 이즈음에 양유찬, 김계봉, 하경덕, 김영기 등이 하버드와 보스턴 대학에서 공부하는 것을 계기로 한인 사회의 형성이 싹트게 되었다고 볼 수 있다.

재미한인의 신문이었던 '신한민보'와 북미유학생회보인 '우락기' 당시 국내신문인 '동아일보'를 통해 보도된 보스턴 한인의 실태를 보면, 1919년 이전 보스턴 BU 의과대학에서 공부한 숭실중학교 출신의 김계봉을 선두로 하와이 이민 1.5세인 양유찬, 김영기, 하버드 대학 학부 학생인 하경덕 등 겨우 4, 5명에 불과했다. 1920년에 접어들면서 하버드, BU, MIT 등 이곳을 찾는 유학생들이 급격히 증가하여 1925년까지 그 졸업생수는 20여 명에 달했다. 이상은 1921년 신이민법이 제정되기 전에 보스턴으로 와서 대학을 다닌 소위 신도학생들이다.

5) 초기 유학생의 발자취

뉴잉글랜드 이민 역사는 유학생으로부터 발전되어 왔다. 한인 미국이민의 대표적 선구자는 안창호, 이승만, 박용만 등이다. 그러나 이들은 독립운동가 또는 정치가로서는 높이 평가 받을 수 있는 존재이나 이민자로서는 결코 성공했다고는 볼 수 없다.

이민에 대한 개념부터 확실히 정리하면 "이민은 다른 지방 또는 다른 나라에 나가서 사는 사람을 말한다." 우리가 이민하기를 희망하였던 나라는 미국이다. 미국은 이민으로 형성된 나라이기에 시민은 있어도 민족은 존재하지 않는다. 미국에 이민하여 살다가 일정한 기한이 되어 시민권을 취득하게 되면 미국의 시민으로서 주권을 행사하게 된다. 그것이 아메리칸 드림 즉 미국이민의 꿈을 실현한 것이라고 볼 수 있다. 우리가 재미 한인이라고 할 때는 시민권자, 영주권자는 물론이고 정부파견의 공무원, 본국 상사의 주재원, 유학생을 포함하는 말이다. 그러나 엄격한 의미에서의 이민이라고 하면 이민한 나라에서 영구히 살다가 그 땅에 뼈를 묻는 자를 진짜 이민 즉, 필그림 파더스(Pilgrim Fathers)라고 할 수 있다.

그런 의미에서 한인 미국 이민의 선구자는 1885년 6월 미국에 망명하여 대학 교육 과정을 마친 서재필, 서광범, 변수 세 분 이야말로 한인사의 필그림 파더스라 할 수 있다.

변수 선생에 이어 네 번째로 (1932년) 미국에 귀화하여 시민권을 취득한 강용흘 교수를 언급하지 않을 수 없다. 그는 1921년에 도미하여 보스턴 대학의 학부를 졸업하고 하버드대학교 대학원에서 영문학 석사를 받은 세계적인 문학자였다.

강용흘은 1903년 함경남도 홍원에서 태어났다. 그는 기독교 계통의 함흥 영생고보를 졸업하고 18세인 1921년에 미국 유학길에 올랐다. 그는 자전적 창작소설인 '초당'에서 언급하기를 어렸을 때 조국이 일본 제국에 합방되어 식민지 정치 하에서 고통을 당했던 고국의 현실과 미국에 유학할 계획을 가지고 국경을 탈출하려다가 체포되어 당한 고통을 진술하게 말해주고 있다. 그는 두 번에 걸쳐서 압록강 도강에 도전했었으나 결국 실패하고 감옥생활을 하다 미국 선교사의 도움으로 미국에 입양하는 고아를 데리고 도미하게 되었다고 한다. 이는 소설의 한 장면이지만 작가자신이 당했던 체험을 바탕으로 엮은 것이기 때문에 더욱 흥미를 갖게 한다. 그는 도미 후 보스턴 대학에 입학하여 1926년 동 대학의 의학부를 졸업하였다. 그리고 하버드 대학교 대학원에 진학, 영문학으로 전공을 바꾸어 1929년 석사학위를 받는다. 그는 자기 자신뿐만 아니라 사회일반에게 봉사할 기회를 가져보고자 과학을 택했던 것이나 자기 적성에 맞지 않아 영문학을 전공하게 되었다고 했다.

6) 초당(草堂)의 작가 강용흘

하버드 대학교 대학원을 우수한 성적으로 졸업한 강용흘은 직업을 찾아 뉴욕으로 내려갔다. 그러나 동양인에 대한 편견이 심할뿐 아니라 더욱이 경제 대공황이 밀어닥쳐 미국은 물론 전 세계가 기아에 직면한 상황이어서 직장을 구한다는 것은 극히 어려웠던 것 같다. 그는 다른 학생들과 함께 뉴욕한인교회에 의탁하여 숙식하고 있었다. 그러나 수중에 무일푼이라 배가 고팠다고 했다. 배가 고프면 영시를 외우면서 이 방 저 방을 돌아다녔다고 하니 당시의 사정이 얼마나 어려웠던 가를 알 수 있다. 그는 1931년 브리태니커 백과사전의 동양관계의 편집원으로 고용되면서 생활의 안정을 찾게 되었다. 그는 이를 계기로 동양고전과 한시를 영문으로 번역하는 문학 활동을 시작했다. 타고난 문학적인 재능을 십분 발휘할 수 있는 기회를 가지게 된 것이다.

뉴욕한인교회에 의탁하고 있을 때 룸메이트였던 오천석 박사는 강용흘의 천재적인 재능을 다음과 같이 말해주고 있다. "강용흘은 문학에 대한 재주뿐만 아니라 성경에 대한 남다른 면모가 있었다. 한밤중에 남의 방에 뛰어 들어와 잠자는 사람을 깨워 앉혀놓고 동서양의 시를 번갈아 가며 종횡무진으로 읊어 내리는 기인이었다"고하였다. 하버드 대학교의 동창생이며 뉴욕대학교 교수인 토마스 월프(Thomas Wolfe)는 강용흘을 평하기를 "강은 작가로서 태어났으며 어디서나 자유이고 정열적이었다. 그는 순진하고도 본질적인 시심과 인생을 깊이 사랑하는 천재적인 소유자"라고 하였다.

강용흘의 천재적인 재능을 높이 평가한 뉴욕대학은 그를 강사로 초빙하여 비교문학을 담당케 했다. 유색인종에 대한 차별이 심한 백인 중심의 사회에서 대학 선생이 된다는 것은 일본인 2세들도 꿈도 못 꾸던 때다. 그와 동시에 뉴욕시립박물관(Metropolitan Museum of Art in New York)의 촉탁으로 고용되어 동양명품의 해석을 담당하게 되었다. 당시에 동양인으로서 화이트칼라 직장을 가질 수 있다는 것은 쉽지 않은 일이다. 그는 생활의 안정을 얻게 되자 전부터 알고 지내던 불란서계 여성으로 웰즐리 칼리지 출신의 프란세스 킬리(Frances Keely) 양과 결혼한다. 이후 그의 문학 활동은 본 괘도에 접어들었다. 1931년 영문의 중편소설 'The Grass Roof(草堂)'를 발표함으로써 일약 미국 문단에 그 이름을 크게 떨치게 된다. 그런데 한 가지 확실히 해야 하는 것은 해방 후 김성칠 교수가 이 'The Grass Roof'를 번역 출판하면서 그 책 이름을 '초당'이라 하였다. 그런데 작가 자신의 말에 의하면 초당의 본래 서명은 'The Grass Roof'가 아니라 'Death of an Exile(유랑인의 죽음)'이었다고 한다. 그러므로 작가에 대한 연구뿐만 아니라 작품 자체에 대한 서평과 함께 서지적 검토가 있었으면 하는 아쉬움이 없지 않다. 초당이 출판되자 미국 독서계에 일대 화제를 불러일으키며 베스트셀러가 되어 미국 문단을 놀라게 하였다. 이 소설은 그 후 영. 독. 불 등 7개 국어로 번역 출판되었고 노벨상의 후보 작품으로까지 올랐었으나 국적 없는 작가이자 더군다나 동양인의 작품이라 노벨문학상 수상작품으로서는 적절치 않다고 간주되었는지도 모른다. 그런데 그의 학문적 재질을 높이 평가한 미국 문단은 그를 추천하여 1932년 미국의 시민권을 취득하게 하였다. 한국인으로서는 서재필, 서광범, 변수 다음으로 4번째 미국 시민이 되어 미국에서 생을 마쳤으며, 이 세계적인 작가는 'Who's Who in America' 와 'Twentieth Century of American Authors' 에 그의 약력과 작품을 크게 소개하고 있는데도 한국의 인명사전에서는 그의 이름 석 자도 찾아볼 수 없는 것이 유감이다.

7) 한국인 최초의 하버드 철학박사 하경덕

1916년대의 신도학생으로 하버드 대학교 학부를 졸업하고 동대학교 대학원에 진학하여 박사학위를 가장 먼저 받은 전북 익산 출신의 하경덕. 그는 전주의 신흥학교를 졸업(1913년), 이어 평양 숭실중학교(1915년 졸업)를 다녔다. 숭실중학교는 기독교 장로교 계통의 학교로 1910년 이후 많은 졸업생을 미국에 보냈다. 하경덕의 부모가 일찍부터 신학문에 관심을 보였던 집안이 분명하다. 하경덕은 숭실학교를 졸업한 다음 해인 1916년 그의 나이 18세에 도미 유학의 길에 올랐다. 그가 중국의 상해에서 차이나호를 타고 1916년 3월 30일 샌프란시스코에 상륙한 것을 보면 상해로 도피하였다가 거기서 미국 가는 배를 타고 도미한 것이 분명하다.

그는 샌프란시스코에 상륙한 후 곧 로스앤젤레스로 내려가 거기서 고등학교를 마치고 1921년 보스턴으로 와 하버드 대학교 사회학과에 입학하였다. 4년의 학부과정을 졸업한(1925년) 하경덕은 동대학교 대학원에 진학하여 1928년 한국 사람으로선 최초로 철학박사학위를 받았다. 하버드 대학교에서 박사학위를 받은 하경덕은 동대학교의 포스트닥터로서 사회학과의 연구조교로 있다가 1929년 미국에 경제공항이 밀어닥치면서 사정이 어렵게 되자 1929년 10월에 귀국하여 한국 기독교 청년회의 총무로 있다 1931년 연희전문학교의 교수에 임명되고, 1943년 연희전문학교 문과과장이 되었다.

문과과장으로 취임한지 얼마 되지 않아 수양동우회 사건으로 검거되어 옥고를 치러야 했고, 교직에서도 쫓겨났다. 학교의 관리는 일본인 학장에 의하여 운영되고 있었다. 1945년 8월 15일 조국이 해방을 맞자 코리아 타임을 발간하여 연합군에게 한국의 현실을 알리는 한편, 한미문화협회를 창립하여 한미간의 유대강화를 위하여 노력했다. 군정 하에서는 서울 신문사 사장에 취임하여 신문사 운영권을 탈취하려는 남로당 계열의 좌익 분자와 싸워야 했고 신문의 논조를 좌경으로 몰고 가려는 공산분자와도 싸웠다. 한편 월간신천지 잡지를 발간, 장차 한국에 있어서의 민주사회발전을 위한 문제점들을 논의하였다. 군정 하에서는 입법의원을 지냈고 한국합동통신사의 사장으로 한국의 언론문화를 창달하는데 크게 이바지한 한국현대 언론의 대부이기도 하다.

대한민국 정부수립 후 이승만 대통령의 미움을 받아 모든 공직에서 해직되었다. 그것은 그가 연전 교수 당시 김윤경 교수 등과 함께 흥사단에 가입했다는 사실과 하버드 대학교에서 한국 사람으로서는 최초로 박사학위를 취득했다는 이유 때문에 이승만의 질시를 받은 것으로 추측되기도 한다.

그는 후에 한국 축구협회를 조직하여 한국의 체육발전에도 힘을 기울였으며 또한 범아시아 문화인대회에 참석하여 세계 각국에 한국문화의 우수성을 알리는 한편 국제문화협회를 조직하여 세계 각국과의 문화교류에 나섰다.

1950년 6월 25일 북한 공산군의 남침으로 엄청난 피해를 받았다. 6.25 동란 중 유엔군 총사령부는 하경덕 박사를 사방으로 찾았다. 미처 남하치 못하고 서울에 남아있던 하박사는 지하에 숨어 용케 동란을 피할 수 있었다. 9.28 수복 후엔 미 국무성 촉탁으로 일본의 동경주재 연합군 총사령부에 근무하게 되었다. 이 때 하박사와 같이 연합군 총사령부에 근무한 사람으로서는 전서울대총장 장리욱 박사와 전 뉴욕 콜럼비아 대학교 동아도서관 사서 채형석 선생 등이었다.

하박사는 유엔군 총사령부에 근무한지 3개월도 못되어 병석에 눕게 되었다. 장리욱 박사는 하경덕 박사의 최후를 다음과 같이 말해주고 있다. 하박사는 6.25 동란 중에 얻은 병환으로 1950년 11월 동경의 안식교회 부속병원에 입원하여 치료를 받았으나 회복되지 못하고 다음해인 1951년 4월 향년 55세의 아까운 나이로 타계했다고 했다.

(1) 장덕수, 윤홍섭, 김우영의 우정과 갈림길

김원용씨의 '재미한인 50년사' 에 의하면 1910년부터 1920년까지 도미한 한인유학생은 541명이었다고 한다. 그러나 취학성적은 그리 좋지가 않아 대학을 졸업한 이는 20%에 불과했다. 반면에 그들의 생활 의욕은 대단하였으며 더구나 독립정신과 배일사상은 매우 강렬했다.

1930년경 일본 동경 제국대학을 졸업하고 일본 외무성의 관리로 있던 김우영(후일 만주국 안동의 일본 총영사를 지냈음)이 세계 일주 여행 중 뉴욕에 들렀다. 당시 뉴욕의 콜롬비아 대학에서 박사과정을 이수하고 있던 장덕수(동아일보의 부사장겸 편집국장)와 윤홍섭(순종황제의 처남) 두 사람이 김우영을 데리고 맨해튼에 있는 한인교회의 주일예배에 참석했을 때, 김용하라는 사람이 친교실에서 김우영을 보자 조국을 배반한 자가 무슨 낯으로 신성한 교회에 들어왔느냐고 호통을 치면서 품고 있던 칼로 김우영을 찔러 중상을 입히는 소동이 벌어졌다. 뜻밖의 봉변을 당한 김우영은 피를 흘리면서 병원으로 달아났다. 죄인이라 할지라도 성전 안에선 성직자의 동의 없이 범인을 체포하지는 못한다. 며칠 후 교인 몇 사람이 병원으로 그를 찾아가자 김우영은 자기로서는 그런 대접을 받아야 옳다고 하면서 도리어 김용하의 독립정신과 의협심을 칭찬했다고 한다. (장덕수 자서전 참조)

장덕수, 윤홍섭, 김우영 이 세 사람은 일본 유학 시 가장 친하게 지냈던 사이었다. 그 후 장덕수는 항일투쟁의 선봉인 동아일보의 부사장이었고 윤은 망국군주의 처남으로 일본 귀족의 대우를 받는다. 그리고 김우영은 침략자 일본의 관리가 되었다. 한일 합방 후 1920년대까지 도미한 학생들 중에는 경제적인 어려움으로 대학에 진학하지 못한 사람도 많았고 대학에 입학해도 고학을 하면서 졸업하기까지는 10년의 세월이 걸리기도 했다. 그들 중에는 경제적 어려움에 학업을 중단하고 노동을 하는 사람도 있었으며 스몰 비즈니스(small business)를 경영하면서 재미한인 사회의 건설과 조국광복의 후원을 위해 앞장서기도 했다.

8) 제 2차 세계대전과 보스턴 한인의 동향

제 2차 세계대전을 전후한 보스턴의 한인사정을 잘 아는 분은 없는 것 같다. 그때의 형편을 보여주는 기록도 찾아볼 수가 없다.

보스턴에 가장 먼저 와서 자리를 잡은 사람은 도날드 박이라고 한다. 한국명은 박돈욱으로 1920년부터 보스턴에 살았다고 한다. 전혜성 박사에 의하면 박돈욱은 1953년 당시 60세가 넘은 노인이었으며 이 노인은 일찍이 하와이에 이민해 왔던 사람이라고 한다. 1916년에 도미 유학한 신현모에 의하면 박돈욱은 평양 대성학교 출신으로 1920년경 인디아나주의 사우스벤드에서 학생노동자로 같이 지냈다고 한다(필부탈지, 신현모. p.57). 박돈욱은 공장이 많은 사우스벤드에 왔었으나, 취학이 어려워 대학시설이 좋은 보스턴으로 온 것이 아닌가 보인다. 뉴욕한인교회의 교인명부에 보면 보스턴에 거주하던 분들의 이름은 있었으나 유독 박돈욱의 이름은 보이지 않는다.

그는 경제 공황 시는 물론 2차 대전 중에도 여전히 보스턴에 남아 보스턴 한인의 명맥을 이은 것으로 보인다. 뉴욕에 산다는 동생이 가끔 형을 찾아 보스턴에 올라오곤 했다. 1940년 뉴욕 한인교회의 교인명부엔 '박순욱' 이라고 기록된 이름이 그의 동생이 아닌가 보인다. 그는 김태술 씨와 보스턴에서 난킹프러덕트라는 식품점을 경영했다는 것 외에는 별로 알려진 것이 없다.

성명	출신	도미연도	출신학교	출신학교	졸업년도	기타
박돈욱		1920	대성학교			1920년 보스턴
김태술	대구	1923	연전	MIT	1929	
추애경	대구	1924	일본 음악학교	NEC	1933	김태술 부인
김술근	평양	1923	연전	HARVARD	1927	1946년 군 제대

　3.1 운동 이후 1940년까지 도미 유학한 한인학생들은 대개가 전문학교 또는 대학출신으로 지식층에 속하는 청년들이었다. 이들은 1925년대에 보스턴에 유학하여 학업을 마치고도 고국으로 돌아가지 않고 보스턴에 계속 남아있던 사람들이다.

　세계 제 2차 대전 시 미국 군인으로 자원입대하여 조국의 해방과 독립을 위해 전선에서 미국의 승리를 위하여 싸운 한인학생과 초기 이민 2세들이야 말로 민족의 영웅이며 독립 유공자라고 하겠다.

　하버드 대학에서 천문학으로 석사학위를 받고 보스턴에 정착했던 김술근은 1942년 미군에 입대하여 1946년에 제대하고 보스턴으로 돌아왔다. 김술근의 미국식 이름은 영 김이었다. 제대 후 시민권 신청시 미국식으로 이름을 바꾼 것 같다. 그는 1893년 3월 15일 생으로 평양에서 태어났다. 평양에서 숭실 중학교를 졸업(1914년)하고 서울로 올라와 배재학교에 다녔다(1915년). 그 후 연희전문학교에 진학하여 1915년에 수물과를 우수한 성적으로 졸업하였다고 한다. 졸업할 무렵 3.1운동이 일어나자 데모의 선두에 섰다가 체포되어 옥고를 치른 다음 1921년 도미하였다. 시카고의 노스웨스턴 대학에서 천문학을 공부하고 (1929년 졸업) 보스턴으로 와 하버드 대학교 대학원에서 천문학을 전공, 석사학위(1932년)를 받았다. 김술근은 미일전쟁이 일어나자 뉴욕으로 내려가 1942년 미군에 지원 입대하였다. 당시 그의 나이는 43세 그는 종전 후 1946년에 제대하고 보스턴으로 돌아와 전에 다니던 뉴잉글랜드 전기회사에 근무하다 정년퇴임하였다. 그는 일생을 독신으로 살다가 1978년 1월 17일에 작고, 부르크라인 공동묘지에 안장 되었다. 그가 미군 제대군인이었기 때문인지 그의 묘소에는 성조기가 외롭게 꽂혀있는 것을 발견할 수 있었다. 그는 뉴욕한인교회 세례교인이었다고 하며 성가대원이었고 건축위원회의 의원이기도 하였다. 미군에 입대할 당시에는 피아노를 구입하기 위하여 교회에 200불을 헌금했다고 한다(뉴욕한인교회, 교인명부, 참조).

4. 1945년 이후 보스턴 한인 동향

해방 후 한국 사람이 미국에 오는 경우는 거의 한정되어 있었다. 정부 공무원, 시찰을 목적으로 한 대학 학처장, 선교사업과 관련한 기독교 목사, 그밖에 유학생들이었다. 1945년부터 1947년까지는 군정시대로 공식 기록이 없어 확인하기가 어렵다. 이때는 1924년의 이민법에 묶여 한인의 미국이민은 거의 없다. 1947년부터 국제결혼 한 한국 여성들이 미국에 이주하기 시작한다. 미국은 대전이 끝난 후 미국군인과 결혼 한 전쟁신부를 위하여 특별법을 제정, 쿼터에 관계없이 이민으로 받아들였다. 1947년에는 전쟁신부법 (War Brides Act)을 확대하여 중국, 일본, 필리핀, 한국 여성에게도 적용하였다. 서울의 주한미국 대사관의 비자발급 기록에 의하면 1948년에 46명, 1949년 40명으로 나타나 있다. 이후 국제 결혼한 숫자는 한국여성이 미국군인과 결혼하여 미국에 입적한 이는 1965년 6,423명에 달했다. 그 중 상당수가 뉴잉글랜드로 이주해 왔을 것으로 보이나 가진 통계가 없어서 자세한 것은 알 수 없다. 1950년 6월 25일 북한공산군의 남침으로 한국에서 전쟁이 일어났다. 미국은 서둘러 일본과 강화회담을 열고 1951년 9월 28일 샌프란시스코에서 미일 안보조약을 체결하였다. 미국은 한국전쟁을 수행하는데 있어 일본을 우방으로 끌어들이려는 계산이었다. 이로 인해 일본은 주권을 완전히 회복할 수 있게 되었다. 동시에 극동국 사령부가 해체되고 유엔군 사령부가 설립되었다. 세계 제 2차 대전의 원인을 제공하였다는 1924년의 긴급할당 이민법이 폐지되고 1952년에 마카란 월타 (McCarran-Walter Act) 새 이민법이 제정되었다. 이 신이민법은 긴급할당 이민법과 별 차이가 없는 것이었다. 이민을 금지하여왔던 동양인에게도 연간 100여 명이라는 할당량을 부여했다. 이 법에서 큰 의미를 보이는 것은 귀화불능인으로 간주되었던 중국인, 일본인, 한국인에게도 미국 시민권을 취득할 수 있는 권리를 부여했다. 따라서 이 법에 따라 1940년 이전에 도미하였던 한인들이 이 마카란 월타법에 따라 시민권을 획득하게 되었다.

1952년부터 1964년까지 한인의 미국이주자는 약 15,000명에 달했다. 이들 대부분은 주한 미군과 결혼하여 미국으로 오게 된 6,423명의 부인과 미국가정에 입양해 온 전쟁고아 5,348명이며 3,278명은 유학생이었다.

1950~60년대 한인 미주 이주 현황

연도	인원	연도	인원	연도	인원	연도	인원
1950	10	1954	254	1958	1,604	1962	1,538
1951	32	1955	315	1959	1,720	1963	2,580
1952	127	1956	703	1960	1,503	1964	2,362
1953	115	1957	648	1961	1,534	총계	15,049

*자료: U.S. Immigration and Naturalization Services, Annual Reports, 1950–1964

1) 초기 한인 입양아

1955년 Harry. S. Holt가 8명의 전쟁고아를 입양한 이후 1964년까지 미국가정에 입양한 고아는 5,348명이었다. 1975년의 홀트 아동복지재단의 보고에 의하면 한국고아로 뉴잉글랜드 미국인 가정에 입양한 아이는 버몬트 주 2명, 뉴햄프셔 주 8명, 메인 주 15명, 매사추세츠 주 116명, 로드아일랜드 주 10명 합계 151명으로 집계 발표되어 있다(재미한국 이광규 저, P. 300참조).

2) 1950년 이후 뉴잉글랜드 한인 유학생

1953년 한국에서 휴전협정이 체결되자 한국인의 미국이민 사정은 크게 진전되었다. 그것은 많은 학생들이 미국의 각종 장학금을 받아 유학 올 수 있었기 때문이다. 1950년 이후 보스턴에 유학한 한국 유학생은 다음과 같은 분이다.

성명	한국경력	미국경력	보스턴도착	비고
서두수	경성제대, 서울대 교수	HARVARD 초빙	1952	콜럼비아 Ph.D
주재양	서울대학교	MIT	1952	핵연료연구소
고광림	서울대 법대	HARVARD 법대	1951	주미정권공사
김성하	서울대 문리대	B.U, 남가주대학	1952	옌칭도서관 한국부
최기일	일본 중앙대	HARVARD 경제	1951	Harvard 도서관
오병헌	서울대 문리대	HARVARD 문리대	1955	고려대, 성균관대 교수
조정자	이화여대	웰즐리 칼리지	1951	
박대선	일본 관서대	BU 신학	1952	목사, 전 연세대 총장

유병천	서울대 영문학	Brown Univ.	1953	Wayne State 교수
이동일	동대문 교회	BU	1953	
김영호	서울대 치대	HARVARD 치대	1952	보스턴에서 치과 개업
이영수	서울대 화학과	Connecticut	1955	서울여대 교수
박종무	세브란스 의전	HARVARD 의대	1953	이화여대 교수
박용원	서울 문리대	웰즐리 칼리지	1953	서울여대 교수
조자룡		HARVARD 건축	1952	에밀레 박물관장
전혜성	이화여대 영문	B.U.	1952	사회학 박사
이 구	일본 학습원	MIT	1953	영친왕의 아들
임의선	세브란스	HARVARD	1953	세브란스병원장
조정현	세브란스		1953	세브란스 마취과장
한사숙			1953	조정현씨 부인
장혜원	이화대학	웨슬리안 칼리지	1953	
이수해				
황기석		Mass. General		경북의대 교수
고영희				
김하진				

1950년대의 우리나라는 전쟁과 전후 복구로 미국의 대외 원조로 힘들게 나라를 이끌어 가던 시기였다. 이 때 자비로 유학을 간다는 것은 아주 특별한 사람이 아니고서는 꿈도 꾸지 못했다. 따라서 이때의 유학생은 학교 측으로부터 전액 장학금을 받거나 그 밖에 미국 정부기관이나 대외원조기구의 장학금을 받아야만 유학을 떠날 수 있었다. 서울대 문리대 화학과 2학년에 재학 중 뉴잉글랜드 코네티컷에 있는 코네티컷여대 (Connecticut Women's College)에 전액 장학금을 받아 유학 온 이영수 전 서울여대 교수의 경우 50년대 전후반의 유학생은 거의가 남학생이었다고 한다. 이 때 유학 온 여학생들의 경우 외로움도 외로움이었지만 당시

1950년대
뉴잉글랜드 한인들

미국 사회의 유행이었던 밍크코트를 입은 여학생들의 사치풍조는 가난한 여학생에겐 견디기 어려운 환상이었다고 한다. 이교수는 미국에서 석사학위 취득 후 귀국 서울대학에 복학 박사학위를 받았다고 한다. 한편 1953년 하버드 대학에서 건축학을 공부하던 조자룡 (현 에밀레 박물관장)씨가 보스턴 지역에서 공부하고 있는 한인 학생들을 규합하여 한인 학생회를 조직하였다. 1953년 같은 해 보스턴 한인회가 발족되고 초대 회장으로 서두수 박사가 선임되었다. 1955년 서두수 박사가 하버드에서의 강의를 마치고 시애틀 워싱턴 대학으로 옮김에 따라 보스턴 한인회 기능이 일시 중단되지 않을 수 없게 되었다.

이후 보스턴 한인 사회는 사실상 한인학생회에서 주관하게 되었다. 서두수 박사가 한인회장으로 있을 때인 1953년, 1954년, 1955년엔 3번에 걸쳐 한인회 명부를 작성하였으며 그 후인 1956-1957년엔 한인 학생회에서 작성하였다. 이들 한인회의 명부에 의하여 당시 보스턴의 한인인구를 보면 다음과 같다.

연도	인구	증감	연도	인구	증감
1953	50		1954	120	+70
1955	155	+35	1956-1957	173	+18

1960년대만 해도 보스턴의 한인 사회는 매우 미약한 상태였다. 그러나 1953년 이후 보스턴 한인 사회의 발전은 유학생과 특히 하버드 대학교 옌칭연구소에 초빙된 교환 교수(visiting scholars)들이었다. 하버드 대학 옌칭연구소의 교환 교수 프로그램이 시작된 것은 1954년 교수 연구를 돕기 위한 프로그램으로 연간 30명의 교수가 초빙되었다. 한국에서는 서울대학을 위시하여 부산대, 전북대 등 국립대학과 연세대, 고려대, 이화여대, 서강대, 성균관대학, 동국대 등 사립대학에서 매년 3,4명의 교수가 하버드 대학에 와서 1년간의 연구를 마치고 돌아갔다. 그때의 보스턴 한인 사회는 아직 미약한 상태이었으므로 이곳에 거주하는 한인들이나 유학생 그리고 교환 교수(visiting scholar)들은 상호 친근감을 가지고 교제하는 돈독한 분위기였다고 한다. 더욱 보스턴 한인교회가 창립된 이후 교인이건 비교인이건 상관없이 모두가 교회에 나와 열심히 봉사했다고 한다. 전 서울대학교 총장이었던 유기천 박사, 1955년 하버드 대학교 대학원에서 교육학을 연구하던 유형진 박사 같은 분은 누구보다도 교회에 열심이었다고 한다. 1954년부터 1964년까지 교환 교수로 하버드 대학교를 다녀간 교수는 다음과 같다.

1954-1955　민영규(연세대 교수), 박용구(국제대 교수), 유기천(서울대 총장)
1955-1956　김사엽(의사), 고순덕(이화대 교수)
1956-1957　한춘섭(작고), 강병두(국민대 교수), 이광린(서강대 교수)
1957-1958　조우현(연세대 교수), 윤천주(서울대 총장)
1958-1959　차주환(서울대 교수), 김준엽(전 고대총장)
1959-1960　한동섭(고려대 교수), 김방한(서울대 교수)
1960-1961　김철준(서울대 교수), 이기문(서울대 교수), 박준규(서울대 교수)
1961-1962　길현모(서강대 교수), 배재식(서울대 교수)
1962-1963　정병욱(서울대 교수), 함홍근(이화대 교수), 이공범(성균관대 교수)
1963-1964　정도영(성균관대 교수), 최홍기(경북대 교수), 민석홍(서울대 교수)
1964-1965　김민수(고려대 교수), 박봉식(서울대 교수), 송준호(전북대 교수)

Associate visiting scholars of Harvard Yenching Institute
1961-1962　한우근(서울대 교수)
1962-1963　이숭녕(서울대 교수)

1962-1963   정재각(고려대 교수)
1963-1964   황희영(숭전대 교수)

3) 황세손 이구 미국유학

대한제국의 황태자 영친왕의 독자 이구 씨가 1953년 미국 동부의 명문 공과대학에서 건축학을 공부하고 있었다. 왕세손이 어떤 경로로 미국에 유학 왔으며 그는 왜 자기의 신분을 감추고 학교에 다녀야 했는지 당시 한국의 현대사 연구를 위해서 뿐만 아니라 뉴잉글랜드 한인사를 위해서도 알아야 할 일이라고 생각한다.

이구 씨의 미국유학은 매우 특이한 사건이 아닐 수 없다. 동양역사상 어느 제왕의 세자나 세손이 해외에 유학했다는 사실이 없다. 아마도 몰락한 황세손으로 평민으로 돌아온 처지였기 때문에 미국에 유학할 것을 결심했던 것이 아닌가 보아진다.

일본의 패망으로 대한제국의 황태자 영친왕 일가는 모두 평민이 되고 12세 어린 나이로 인질이 되어 일본 교육을 받고, 일본왕족의 서열에 있던 영친왕 일가족은 갈 곳이 없게 되었다. 조국은 해방되었다고 하지만 왕권이 복원된 것은 아니었다. 국토는 양단되어 미소 양국군의 점령으로 38선 이북은 공산주의, 이남은 자유민주주의가 시행되는 과정에서 구황실의 예우 문제는 고려의 대상이 아니었다. 일본에 주재하는 대한제국 황실의 후예들은 일본에 그대로 남아 있어야 하느냐 아니면 조국 한국으로 환국해야 하느냐의 기로에서 방황하지 않을 수 없었다. 자신들의 거취를 결정짓지 못한 그들은 일본 동경에서 이우회라는 것을 조직하여 회합을 가지고 서로를 위로하며 앞으로의 대책을 강구하였으나 무국적자일 수 밖에 없었다.

일본정부가 왕족에게 지출하던 세비도 삭감되고 그렇다고 신생 대한민국 정부가 구황실의 유지를 위하여 예산을 따로 마련한 것도 아니다. 군정치하에서 '구황실 재산관리 위원회' 라는 것이 있었으나, 이승만 정부가 들어선 후 대통령의 반대로 해체되고 말았다. 융희황제의 윤비는 낙선재로 물러났고 상궁들의 생활은 곤궁하기가 이를 데 없었다. 한편 일본 동경에 거주하는 영친왕 일가는 저택을 매각하고 대례복과 귀중품을 팔아 근근이 생활해 나가고 있는 형편으로 희망이 전혀 보이지가 않았다. 설상가상으로 영친왕은 심장병으로 고생을 하고 있었다.

이구가 미국에 유학을 가겠다고 한 것은 1950년이었다. 이구는 일본 귀족 자제들만이 다니는 학습원 출신이다. 일본에서 동경대학에 가는 것은 큰 문제가 아니었다. 더구나 하나밖에 없는 황세손을 그것도 전후의 혼란 중에 미국에 보낸다는 것은 왕비 이방자(李方子) 여사도 꺼리지 않을 수 없었다. 그런데 영친왕께서는 이구의 미국 유학에 희망을 걸어 보려는 생각이 컸던 것 같다. 해방 후의 정세로 볼 때 일본에서 대학에 진학하는 것보다 오히려 미국에 유학하는 것이 훨씬 안전하고 명분이 설 것만 같았는지 모른다. 이구는 미국의 고등학교 입학허가서까지 받아 놓은 상태였다. 이제 여권만 발급 받으면 곧 미국으로 떠날 수가 있었다. 그는 일본에선 외국인으로 등록된 상태였고 한국에서는 아직 호적이 없는 상태였다(옛날에는 왕족에 대한 호적이 없었다). 그러나 대한 제국의 황세손이므로 의당 대한민국 정부로부터 여권발급을 받기 위해 한국 정부에 여권발급을 신청하였으나 경무대의 반대로 여권신청이 기각되었다. 딱한 사정을 안 주일한국대사 김용중 씨가 자기

책임 하에 여권을 발급해주었다.

이구는 1950년 8월 3일 학습원 동기생인 후시미 히로아키(伏見 博明)와 동행하여 미국으로 왔다. 후시미는 일찍이 일본 황태자비의 제 3후보로 간택되었던 이지조 도기고의 아들로 귀족의 자제였다.

이구가 미국에 와서 어느 고등학교에 다녔는지 밝혀져 있지 않다. 그런데 고등학교에 다니는 동안 여름방학에는 아르바이트를 했었다는 말은 틀림없는 사실이다. 그는 고등학교의 좋은 성적을 가지고 1955년 9월 명문 매사추세츠 공과대학 건축과에 입학하였다. 이구가 MIT에 다닐 무렵 이미 몇몇 한인 학생들이 MIT의 대학원과 학부과정에서 공부하고 있었다. 1953년경 MIT에 교환 교수로 왔던 서울대학교 공과대학 김재근 교수는 당시 MIT 한인학생의 동태를 다음과 같이 말해주고 있다.

"MIT 대학원 과정에 서울대학교 공과대학 조선과 출신인 조영희, 김창교, FOA 계획으로 온 김정훈 군이 조선과 대학원에 재학 중이고, 하와이 출신 박관두가 토목과에서 학업을 마쳤으며 매니지먼트 코스에 이정남 군이 대학원에 있었으며, 학부과정에는 서울대학교 공대를 다니다 온 박두하 군이 화공과 3년생이었고, 이은(영친왕)의 독자 이구 군이 건축과 3년생이었으며, 조요한 군이 건축통신과 3년에 있었고, 공대기계과 3년을 다니다가 온 안병호 군이 기계과 1년생 이었으며 유완창 씨의 자제분인 유군이 1년생이고 그 밖에 또 한 사람이 있었다고 기억되는데, 이렇게 볼 때 학부과정에 6명의 한인학생이 다니고 있었다"고 하였다. 김교수는 김창교 씨가 "조선과를 나와 현재 필라델피아의 썬쉽 빌딩 컴퍼니에 근무하고 있다."고 하였다(등잔불 김재근 저. 정우사,1985 p.293참조).

그러니까 황세손인 이구 씨가 현재 뉴잉글랜드에 거주하는 조요한 사장과 같이 MIT건축과에 다닌 것으로 믿는다.

1940년 이전 MIT에 최초로 와 공부한 한인학생은 고중명 (高重明)이었다. 고중명은 개성에서 출생하였으며 그가 연전 출신인지 아니면 숭실 출신인지 확실치 않다. 1926년에 편찬된 '재미한인 학생 통계'에 의하면, MIT 공과대학 4학년으로 기록되어 있다. 그러므로 1927년에 졸업하였을 것으로 본다. 다음으로 MIT 공대를 나온 이는 숭실전문 출신인 오정수이다. 그는 1920년경 도미하여 1924년에 BU의 물리학과를 졸업하고 MIT 공과대학에 입학 1928년에 졸업하였다. 귀국 후는 모교인 숭실전문학교의 교수로 재임하다가 1945년 해방 후 미 군정청의 상공부장을 지냈으며, 대한민국 정부 수립 후는 체신부장관(1960), 상공부장관(1966)을 지냈다. 다음으로 보스턴의 터줏대감으로 알려진 김태술도 역시 평양출신으로 연희전문을 거쳐, 1932년에 MIT 공대 전기과를 졸업했다. 김태술은 학업을 마친 다음, 보스턴 다운타운에 거주하면서 식품제조회사를 설립 운영하였다.

보스턴 한인교회가 1953년 11월의 감사절에 창립예배를 보고 난 다음 촬영한 기념사진에서는 이구 씨의 모습이 보인다. 이구 씨가 미국에 유학하여 주위의 이목을 피하면서 지낸 지도 7년, 마치 러시아의 피터 대제(Peter the Great, 1672-1725)가 황태자 시절 비밀리에 독일에 유학했던 경우를 방불케 하는 일이다.

1957년 이구 씨가 MIT 공과대학 건축과를 졸업하는 날 영친왕 이은 옹과 왕비 이방자 여사는 MIT 총장으로부터 아들의 영광스러운 졸업식에 참석하여 축하해 달라는 초청장을 받았다. 그런데 두 분에 대한 도미 여권이 문제가 되었다. 이승만 대통령은 영친왕 내외에게 여권을 발급하는 것을 허락지 않았다. 그렇다면 일본 여권을 가지고 도미하는 수 밖에 없었다. 그러자면 국적을 바꿔야 한다. 왕비 이방자 여사가 일본 여성이기 때문에 일본 국적을 가지는 것은 문제가 아니었다. 그렇게 되면 비운의 황태자에 대한 대한민국 국민의 동정심을 멀리하게 되는 것이다. 김을한 씨의 조언에 따라 비상수단으로 일본 여권을 받아 미국에 온 다음 한국 국적으로 바꾼다는 것이었다. 1957년 5월 18일 하네다 공항을 출발 보스턴으로 향했다. 보스턴에 와선 미리 하버드 근처 아파트에 머물면서 졸업식을 본 다음 이곳 케임브리지에 머물다가 이구 씨가 뉴욕 맨해튼에 있는 유명한 중국계 건축설계회사 (I. M. PEI. Agency) 에 취직이 되어 세분은 뉴욕으로 내려가 아파트 생활을 시작하였다. 이에 앞서 이구 씨는 미국에 살 작정으로 이미 대학 3학년 때에 영주권을 얻어 놓고 직장을 선택했다. 이방자 여사가 손수 마련한 식사를 나누면서 세 식구가 단란한 가운데 인간다운 생활을 처음 경험해 보았다고 고백했다.

　이방자 여사는 뉴욕에 거주할 때, 이구 씨는 자기가 사귀고 있는 줄리아 뮤록크라는 독일계 미국 아가씨를
어머니께 소개시키면서 어머니 이방자 여사의 의견을 물었다. 줄리아는 보스턴 대학의 미술학과에서 실내장
식을 공부한 미모의 규수였다. 독일계 평민출신이었다고 한다.

　이방자 여사는 아들의 배우자만은 한국 여성이기를 바랐다는 것이다. 그런데 벽안의 미국 여성이고 그것도
4세나 연상인 독일계 중산층 가정의 규수였다. 하지만 이방자 여사는 아들 이구 씨의 의사를 존중하여서인지
줄리아와의 결혼을 극력 반대하지 않았던 것 같다. 결혼예식을 언제 어디서 어떻게 거행하였는지 전하는 기록
이 없어 알 수 없다.

4) 1965년 이후의 뉴잉글랜드 한인

한국 문교부가 집계한 유학생 통계에 의하면 해방 후 1967년 까지 미국에 유학한 한인학생은 6,368명 이었
다. 이때 유학한 대부분이 미국에 남았고 귀국한 사람은 6%에 불과했다. 한인 유학생들이 학업을 마치고도 귀
국하지 않는 이유는 6.25 사변과 국내 정치, 경제사정 등 여러 가지가 있겠으나 그 중에서도 한국 실정이 아직
은 높은 학문과 고도한 기술을 받아드릴 수 없는 여건이었기 때문이라고 본다. 반면 미국은 고등교육을 받은
한인 과학자들을 산업 발전에 투입할 수 있는 유리한 입장이었다. 미국에 있어서는 한인들이 미국의 주류사회
에 진입하는 것이 보다 바람직한 일이기는 하나 그보다는 한인의 미국 이주가 많이 증가되는 것이 더욱 바람
직한 일이었다. 미국과 같은 안정된 민주주의 국가에서 약소민족이 그 정치 세력을 확대해 나가는 데는 참정
권을 가진 시민권자가 다수이어야 한다. 1952년 이후 연간 이민은 100명이었다. 1965년의 신 이민법의 제정
에 따라 연간 2만 명 이상의 이민을 미국에 보낼 수 있었다. 뉴잉글랜드 사회가 본격적으로 그 성장세를 보이
기 시작한 것은 1965년의 새 이민법이 시행된 후부터이다. 그것은 비단 뉴잉글랜드뿐만 아니다. 미국 전역에
걸쳐서 아세아 계 이민이 큰 폭으로 증가 되었다는 사실이다.

　1965년 10월 3일 미국의 존슨 대통령은 뉴욕 자유의 여신상 앞에서 역사적인 이민법에 서명을 하였다. 종
래 유럽중심이며 인종차별인 할당이민법이 폐지되고 동서화합을 전제로 한 인류평등의 이민법이 통과되었다.
새로운 이민법은 인류평등의 정신에서 민족차별을 배제하고 모든 국가를 동등하게 취급하려는 전환적인 이민
정책에서 비롯된 것이라고 하겠다. 유럽에는 연간 12만 명의 이민을 허용하고 동양, 즉 중국, 일본, 한국, 필리
핀, 인도 등 아시아에는 연간 17만 명의 이민을 배정하고 있다. 미국의 역사상 이같이 전무후무한 일대변화는
제 2차 세계대전과 한국전쟁으로 백인우월주의에서 벗어나 아시아에 대한 새로운 인식에서 비롯된 것이라고
하겠다.

　이 이민법은 국가와 민족간에 차별 없이 신청하는 순서에 따라 접수심사하며 처리하도록 규정되어 있다. 그

1960년대
가을 야외예배 겸 소풍

런데 이 이민법에서는 한 나라가 연간 2만 명 이상의 이민을 보낼 수 없도록 제한을 두고 있다. 이 법이 실시됨으로서 유학생비자로 왔던 이들은 영주권을 취득하여 정착할 수 있게 되었고, 영주권을 가진 사람은 시민권을 취득하여 미국에 귀화할 수 있었다. 영주권자들은 모국으로부터 가족을 데려와 가정을 이루게 되고 시민권자는 오래도록 헤어져 있던 부모와 형제를 초청할 수 있게 되어 한인의 미국이민은 정상적으로 증가하여 1967년도에 이민비자로 입국 한 사람은 2,676명이었다. 다음해인 1968년 7월부터 미국이민을 희망하는 자가 급격히 증가하여 1만 명에 이르렀다. 1972년도에는 14,000명, 1973년에는 2만 3,000명, 1975년에는 28,000명으로 매년 큰 증가세를 보였다.

미국의 국세청이 밝힌 자료에 의하면 1966년 7월부터 1976년 9월 30일까지 이 기간에 영주권을 받아 이민 한 한국인은 모두 17만 5000명에 이른다고 하였다. 더욱이 1975년 7월 1일부터 1976년 7월 30일까지 회계연도 기간 중 이민비자를 받아 도미한 한국인은 1년간에 3만 1,077명이었다고 한다. 이후에도 매년 평균 2만 5,000명의 이민이 미국에 왔다. 1980년도의 미국 국세조사에 의한 인구구성을 보면 당시 재미한인은 354,600 명이며, 중국계는 806,000명 일본계는 701,000명, 필리핀 계는 774,700 명, 인도계는 361,500명, 베트남 계는 261,000명 등으로 한국계는 아세아 각국 중 5위에 있었다.

미국에서 한인의 세력 확대는 한인인구의 증가와 정비례하게 된다. 한인교회의 증가도 한인 사회의 성장이 없이는 불가능하다. 1965년의 신이민법이 제정된 후 뉴잉글랜드 한인의 증가추세를 보면 (미국 상무성 통계국의 인구조사) 1970년 현재 뉴잉글랜드 거주 한인 인구는 1,673명으로 주 별 분포는 다음과 같다.

메인	뉴햄프셔	버몬트	매사추세츠	로드아일랜드	코네티컷
57 명	56 명	35 명	863 명	119 명	543 명

이 통계에는 본국 파견 공무원과 주재원 그리고 유학생은 포함되어 있지 않다.

5) 1980년대의 한인

미국 상무성의 인구조사(US Census) 통계에 의하면 1980년 현재 재미한인 인구의 총 수는 36만 1,500명이며 뉴잉글랜드의 한인인구는 9,327명으로 나타나 있다. 뉴잉글랜드의 주 별 한인인구 수는 다음과 같다.

메인	뉴햄프셔	버몬트	매사추세츠	코네티컷
480 명	519 명	332 명	5,329 명	2,015 명

이 통계에 의하면 1970년의 통계에 비하여 1980년대엔 7,500명의 증가를 보이고 있다.

2000년 12월 현재 뉴잉글랜드 (코네티컷 주 포함)의 한인 총인구는 총 29,337명으로 3만 여 명에 달하고 있다. 그 중 매사추세츠 주의 한인인구는 17,369명이다. 1990년의 한인인구에 비하면 그 10년간에 5천명이 증가한 셈이다. 2000년 US Census 당시 박경민 노인대학장의 주동으로 이곳 한인회와 노인회 등이 중심이 되어 인구조사에 적극 참여 해줄 것을 선전하였으나 이곳 주재원과 유학생들이 대부분 센서스에 누락되었다. 미국인구조사국의 발표에 의하면 2000년도 현재의 미국 거주 아시아인의 총 수는 1,189만 8,828명으로 집계되어있다. 이를 국가별로 보면 다음과 같다.

중국계   237만 4,841 명
필리핀   236만 4,815 명

　　2001년 7월 현재 재미한인의 인구(주재원과 유학생을 포함)는 212만 3,116명으로 나타나 있다. 이 숫자는 본국의 외교통상부가 미국 내 11개 공관에서 통괄하고 있는 재외국민 등록현황과 여권발급 기록을 토대로 하여 작성한 것이라고 한다. 본국의 집계와 미국 국세조사통계에 차이를 보이는 것은 유학생과 주재원을 포함하지 않은 집계인 것 같다.

　　인도계　189만 9,599 명
　　한국계　122만 8,427 명
　　베트남　122만 3,736 명
　　일본계　114만 8,932 명

재미한인 인구는 2000년도 현재 122만 8천427명으로 재미아시아인 인구 중 제 4위를 정하고 있다. 그런데 재미한인 인구 중 미국 출생이 몇 명이며 본국 출생자로서 시민권을 취득한 자가 몇 명인지 집계가 나와 있지 않아 그 통계를 알 수 없다. 재미한인으로 시민권자, 영주권자를 합하여 130만에 이르고 있다는 사실이다. 이만하면 소수민족으로서도 적은 인구는 아니다.

　　1965년의 신 이민법이 제정 실시된 후 연도별 재미한인의 인구통계를 보면 다음과 같다.

년도	인구	증감
1970년	3만 4,500 명	
1980년	26만 7,600 명	231,000
1989년	61만 1,000 명	343,400
2000년	122만 8,427 명	617,427

(The World Almanac, 1991 참조)

위에서 보는 바와 같이 1980년도부터 재미한인 인구가 급격히 증가하여 1989년과 2000년 9년간에 그 배가 넘는 617,000명의 증가세를 보인다.

뉴잉글랜드 한인 인구 연도별 통계

년도	1970	1980	증감	1986	증감	2000	증감
뉴잉글랜드	1,673	8,600	1,500	18,337	9,737	29,339	11,000
매사추세츠	863	4,700	3,837	4,831	131	17,369	12,538

뉴잉글랜드 한인인구는 80년대에 5배의 증가를 보였고 2000년대는 80년대의 3배의 증가를 보이고 있다. 그것은 이곳 뉴잉글랜드에 유학 왔던 한인학생들이 대거 영주권을 취득한 때문이며 2000년대의 급격한 증가는 타지방에 거주하던 한인들이 뉴잉글랜드에서 직장을 구하거나 사업을 경영하기 위하여 이주해 온 이들이 많아진 때문이라고 본다.

맺음말

한인 이민 100년의 역사를 맞는 현재 재미한인인구는 250만을 헤아리고 뉴잉글랜드의 한인인구는 3만 명에 달하고 있다. 이러한 추세라면 2010년경에는 재미한인인구 300만에, 뉴잉글랜드 한인인구는 5만 명은 될 것이라고 보게 된다. 그런데 미국이 이라크를 침공한 후 세계각처에서 반미운동이 격화되고 있다. 그럼에도 미국 이민희망자는 줄어들지 않는다. 세계 각 나라 사람들은 왜 미국이민을 희망하고 있는가. 흔히 말하는 아메리칸 드림을 실현하기 위해서 인가, 아메리칸 드림이란 도대체 무엇을 뜻하는 것인가. 영주권, 시민권인가 아니면 일확천금의 꿈인가.

한국일보 미주본사의 논설실장 옥세철 씨는 '마지막 기독교국가' 라는 글에서 다음과 같이 결론을 맺고 있다. "…….사람들은 여전히 이 땅으로 몰려든다. 아시아에서 유럽에서 그리고 한국에서 지난 20년간 공식 이민자 수만 2천만이라고 한다. 왜 몰려들까. 풍요를 찾아서 아니 그보다는 빛을 찾아서가 아닐까." 옳은 말이다. 사람은 자유와 행복을 위하여 노력한다. 미국 이민의 목적이 자유와 평등 그리고 구원의 희망을 실현하려고 미국이민을 택하는 것이 아닌가.

한인들의 변명은 자녀 교육 때문이라 흔히들 말한다. 한국 부모들이 다투어 어린 자녀들을 미국에 조기유학을 시키는 것을 보면 그런 변명도 통할 수 있는 말인 것 같다. 반면 어떤 사람은 좀 더 잘 살아보겠다는 욕망에서 미국이민을 택하게 되었다고도 한다. 참으로 그러한가. 그러나 그것은 20세기 초기에서나 통할 수 있는 얘기일 것이다. 이민의 원대한 목표는 자녀의 교육이나 생활의 풍요를 위해서 그 목적을 구할 것이 아니라 그보다도 민족의 거주지를 확대해 나가는 역사적인 과정에서 그 진실한 의의를 찾아야 할 것 같다. 21세기에 있어서 세계화를 지향하는 이 시점에 지구촌에 사는 한민족이 크게 성장하려면 그 거주지를 세계로 확대해 나가는 것이 바람직한 일이 아니겠는가.

세계 속의 한인은 모름지기 고유의 문화전통을 굳게 유지 보존하여 민족의 근원을 상실하지 않고 우리와 어깨를 비비며 살아가는 타민족의 문화도 이해하면서 민족공동체 사회를 살아가는 것이 미국 사회의 생활상이며 새 시대의 환경변화가 아닌가. 이민 100주년을 맞는 이 시점에서 재미한인들이 가져야 할 새로운 각오가 무엇인가. 그것은 모국의 정에 연연하여 금의환향을 꿈꾸는 회귀형 이민자가 아니라 미국의 주류사회에 코리안 아메리칸, 신 한인으로서의 가치관을 확립하는 일이다.

뉴잉글랜드 6개 주 한인회와 정부기관

뉴잉글랜드 6개 주 한인 사회는 미 동부의 빼어난 자연경관과 질 높은 교육수준을 무대로 안정된 한인 사회를 형성 발전해 오고 있다.

특히 뉴잉글랜드 6개 주마다 한인회가 독립되어 한인 사회의 발전에 밑거름 역할을 하고 있다.

70년대 이전의 한인인구는 주로 유학생이 중심이 되었으며, 그 밖에 한국전에 참전했던 군인들과 국제결혼한 가족들이 거주하고는 있었으나 한인 사회를 구성할만한 구심점을 갖지 못했다. 그러나 60년대 이민법 개정으로 한인들의 이민이 본격화 되면서 그 수는 기하급수 늘어나게 되었다.

70년대 이후의 뉴잉글랜드 한인인구 분포를 살펴보면 기술직이나 의료직에 종사하는 한인 이민자들이 다수 포함되어 있다. 또한 이민 온 후 스몰 비즈니스나 단순 노동직에 종사하는 등 뉴잉글랜드 지역 한인들의 분포는 유학생 신분에서 학위 취득 후 영주권을 취득하여 미국에 정착하는 사례에 이르기까지 다양하다.
미국에 오게 된 경위를 살펴보면 국제결혼으로 이곳에 먼저 정착한 한인들이 친, 인척을 초청한 경우가 많다. 이러한 연고로 뉴잉글랜드 지역에 이민 온 한인들은 시간이 흘러 시민권을 취득하고 친인척들을 초청하게 된다.

그러나 뉴잉글랜드 지역은 교육도시답게 우수한 대학들로 유학이나 연구차 방문한 교수들이 많아 그들이 비록 이곳에 정착하여 한인 사회에 참여치 않는다 해도 한인 사회의 질적 성장에는 많은 기여를 하고 있다.

한인인구가 급격히 증가하자 로드아일랜드를 비롯하여 각 주에 독립된 한인회가 발족되기 시작했으나 그 역사가 짧고 뉴잉글랜드 한인회와의 연계성을 비추어 볼 때 뉴잉글랜드 한인회가 모태가 되었다.

1. 뉴잉글랜드 한인회

인류는 가족을 이루고 그것이 발전하여 사회를 형성하는 것은 당연한 이치다. 인간사회가 풍요하고 안전한 생활을 가지기 위해서는 공동체의 협력과 그 질서를 유지하기 위하여 유능한 지도자를 필요로 하게 된다. 보스턴 지역에 한인이 와서 본격적으로 자리를 잡기 시작한 것은 1953년이다.

뉴잉글랜드 한인회가 결성될 당시 이곳 보스턴의 한인인구는 60명에 불과했다. 그런데 50년이 지난 2003년 현재 매사추세츠 주의 한인 인구는 3만 2천 424명이다(한인회 자체조사). 미국이 독립한 후 1790년에 처음으로 실시한 인구조사에서 보스턴의 전체 인구가 3만 3천 787명인 것에 비추어 그레이터 보스턴의 한인인구는 결코 적은 수가 아니다.
주미 한국대사관이 1985년 4월 1일 현재로 집계한 미국 내의 한인회는 125개다. 이 중에는 명칭만 가지고 이

끌어가는 한인회도 없지는 않다. 그러나 한인회장은 그 지역 동포에 의하여 선출된다는 점에서 미국의 행정부
는 물론 본국에서도 그 지역 재미한인 동포를 대표하는 단체로 인정을 하고 있다. 이곳 보스턴에 한인회가 처
음 창설된 것은 1953년이다.

뉴잉글랜드 한인회는 처음 보스턴 한인교회를 중심으로 형성되었다. 처음에 모인 한인 동포들은 매사추세
츠 주 거주 한인뿐 아니라 멀리 코네티컷 주에서도 모였으나 모이는 인원은 40여 명에 불과했었다.

```
1) 초창기              (1953년- )
2) 한인학생회의 대행기 (1960년- )
3) 재건기              (1970년- )
4) 성장기              (1983년- )
5) 발전기              (2000년- )
```

1) 초창기

1903년 한인이 최초로 미국에 이민한 이래 한인교회가 중심이 되어 한인 사회가 형성 발전되어 왔다. 뉴잉글
랜드 한인회가 이곳 보스턴에 처음 창립될 때에도 한인교회에서 탄생했다.

1953년 11월 24일의 감사절 날 전 연세대학교 총장 박대선 목사의 인도로 보스턴 대학교 마쉬채플(Marsh
Chapel) 지하실에서 보스턴 한인교회의 창립예배를 보았다. 이것이 한인교회가 뉴잉글랜드에 세워진 효시이
다. 이 교회의 창립을 계기로 당시 뉴잉글랜드에 거주하던 한인들은 주일마다 교회에서 친교를 나누는 동안
한인회의 구성문제도 자연히 논의되어, 당시 하버드대학교 연경연구소 초청으로 한국어강좌를 담당하고 있던
전 서울대학교 교무처장 서두수박사가 전체 뉴잉글랜드 거주 한인명부를 작성하여 배포함으로써, 사실상 한
인회장의 역할을 담당했었다. 그러나 한인회의 회칙이나 조직도 갖추어지지 못했던 명칭뿐인 단체여서 이곳
보스턴 한인동포들의 행사는 교회가 중심이 되어질 수 밖에 없었다.

당시 한인수는 1955년 3월에 발행된 한인명부에는 155명이 수록되어 있으며 이때에 처음으로 The Korean
Society of New England라는 영어명칭이 표시됐다. 그후 서두수박사가 1955년 시애틀의 워싱턴대학으로
전근함으로 인해 한인회 활동도 중단되고 말았다.

2) 한인 학생회의 대행기간

보스턴은 미국 교육문화의 발상지이며 정치, 경제의 중심지이다. 따라서 이곳 뉴잉글랜드 한인 사회는 유학생
중심으로 형성된 사회라는 특성을 보여주고 있다. 1953년 하버드대학교 대학원 과정인 디자인스쿨에서 공부
하고 있던 조자룡의 주장으로 몇몇 학생이 모여 보스턴 한인학생회를 조직하고, 같은 해 10월에는 이곳 보스
턴 지역에 거주하는 한인동포와 유학생 43명의 명단을 작성하였다. 이것이 뉴잉글랜드 한인회를 대신하여 한
인회와 보스턴 학생회가 발족된 경위이다.

1950년경 보스턴 지역에 거주하는 한인은 50명 가량 이었다. 1952년 보스턴에 온 김영호 박사에 의하면
1954년 가을학기가 되자 40여 명의 한인학생들이 기록되어 한인 사회는 새로운 한인회를 일으켰다고 했다.

한인회의 재건 당시 이사장을 맡았던 고 안창수박사에 의하면 1956-1957년에는 한인회가 없는 상태임으로
학생회에서 한인회를 주도하였고 인명부도 만들었다. 학생회는 그 명칭을 'New England Korean Students
Association' 이라 했다. 1953년부터 1965년까지는 한인 사회에는 이렇다 할 활동이 없었다. 더구나 1955년
서두수 박사가 워싱턴대학으로 떠난 후 한인의 명단작성마저 중단되었다. 당시는 하버드대학교에 온 비지팅
스칼라와 연구교수 그리고 유학생들이 대다수였다. 이때에 한인학생회가 한인회의 활동을 대신해 왔었다. 한

인 사회의 활동은 3.1절 기념행사와 8.15 경축행사가 주요행사였으며, 봄, 가을로 야유회를 개최하는 것이 고작이었다. 이때의 사정을 초대이사장을 지낸 안창수 박사에 의하면 1964년 한인회 활동은 없었으며 학생회에서 한인 사회의 여러 행사를 주도하고 있었다. 한국에서 김생려를 단장으로 하는 아리랑 악단이 1965년에 보스턴 공연을 오게 되자 공연을 교섭하는 과정에서 한인 사회 전체를 대표하는 기관단체가 있어야겠다는 취지에서 당시 뉴욕 총영사관 관계자와 이곳 한인 사회 유지들이 논의하여 당시 Tufts 대학교 교수로 있던 최영하를 한인회장으로 추대하였다. 1966년엔 MIT의 이태영이 한인회장을 맡았으며, 황재영(1966-1967), 고광종(1970-1971) 등이 차례로 회장을 맡았다. 그때까진 회칙이나 임원진도 정해져 있지 않았다. 한인 사회의 연중행사 문제로 한인회와 한인 학생회간의 약간의 마찰이 있기도 했다. 1967년 고광숙 학생회장 때 한인 사회의 분열을 막기 위해 Brookline 보스턴 한인교회에서 열린 한인회 총회에서 학생회를 한인회 산하에 두기로 하고 뉴잉글랜드 학생회는 해산한다는 합의를 보았으며, 학생회가 발행하던 한인명부는 1968년도부터 The Korean Society of New England로 발행하게 되었다.

강홍렬 (1972-1973) 회장 때 한인회 정관을 만들고 간사와 이사제도를 신설했다. 이 정관은 교포수가 2000명에 달하였을 무렵 1972년 10월 14일 MIT에서 150명가량이 모인 총회에서 통과되고 1973년도 회장에 강홍렬, 이사에 득표수 순으로 안창수, 김창신, 김영호(치과), 홍순성, 황재영, 조해영 등이 선출되었다. 같은 해인 11월 3일에 열린 제 1회 이사회에서 1973년 초대 이사장에 백린이 선출되었다.

1973년 이후 보스턴 한인 사회의 모든 행사는 한인회가 주관하였고 한인동포의 명부도 작성하였다. 한편 1965년의 신 이민법이 제정 실시되면서 한인의 미국이민은 크게 늘어나 보스턴의 한인인구도 날로 배가되는 추세를 보였다.

3) 재건기

뉴잉글랜드 한인회가 제도화 되면서 한인 사회의 내분도 원만히 해결되고 행사와 활동이 단일화 되었다. 1975년에 들면서 이곳에 유학한 이들이 대거 시민권을 받아 안주하게 되며 종래 유학생 중심이었던 한인 사회가 한인 미국 시민권자와, 영주권자로 대체되면서 한인회의 변화를 일으키게 된다. 한인회는 2세들에 대한 한글교육과 한국의 역사와 문화전통을 전수하는 한글학교 설립을 위해 1975년 뉴튼 커뮤니티 센터에 한인학교를 신설하고 주정부로부터 법인체 인가를 받았다. 그것은 한인학교 교가의 첫 구절에 '우리는 어디서나 대한의 아들 딸'이라는 노래가 한국인의 정체성을 잘 반영해주고 있다.

한인학교의 설립은 한인 사회의 희망이었으며 한인회 최대의 사업이었다. 그러나 재정문제로 개교 10년만에 중도 폐교되었고, 그 설립동기와 발전에 대해서는 백린의 한인학교 10년사에 자세히 언급되어 있다.

(1) 첫 번째 한인회장 경선

당시 한인회는 동포사회의 환심을 얻지 못했으나 12대 한인회장 선거때 비로소 동포들의 주목을 받았다. 남궁연과 박춘호의 경선에서 처음으로 한인회장 선거 운동이라는 것이 있었다. 통신투표였지만 선거분위기는 매우 조용하고도 엄격하였다. 남궁연이 절대다수의 득표로 제 12대 한인회장에 당선되면서 한인회에 대한 인식은 점차 고조되었다. 더욱이 남궁연 한인회장과 박경민 이사장의 협력은 한인회의 존재를 드러나게 했고 한인회관 건립 추진위원회의 활동이 대표적인 예이다.

(2) 한인회관건립 추진위원회 구성

1977년의 한인회 이사회에서 남궁연 한인회장과 박경민 이사장을 주축으로 한인회관 건립 추진위원회를 구성했다. 한인회관 건립 취지는 한인회가 자체 사무실을 가져야 하며 미 주류사회와의 교류를 위해서도 자체 건물이 필요했기 때문이다. 남궁연 회장과 박경민 건립추진위원장은 7만 달러의 약정금을 모금하였으며 10년간의 사업계획을 수립 후 1985년까지 26,315 달러를 적립하게 되었다. 한인회관 건축위원회의 모금과정에 있어서도 마찰이 없었던 것은 아니었다. 1985년 한인회관 추진위원회는 해산되고 그 사업을 한인회 자체의 사업으로 귀속시키게 되었다. 한인회관 건립추진위원회가 발족한 후 지금까지 25년간에 걸쳐 모금하여 적립한 액수는 10만 8천 748 달러 (2001년 현재)이다.

(3) 보스턴 총영사관 개설
주보스턴 한국총영사관의 관할구역 (미동북부 56개 주)의 한인 인구는 36,091명으로 성장세를 보이고 있다. 보스턴에 한국영사관이 처음 설치된 것은 1979년이다. 초대 총영사로 함태영씨가 부임해 왔다. 이때까지 뉴잉글랜드 거주 한인들은 여권이나 비자 그밖의 필요한 서류를 뉴욕주재 한국총영사관에서 신청 또는 발급받아야 했다. 보스턴 총영사관이 설치됨으로 인해 한인회도 발전하는 계기가 되었다. 그러나 본국정부는 1982년 3월 보스턴 한국총영사관을 폐쇄하였으나, 뉴잉글랜드 한인회의 집요한 건의로 1988년 12월에 보스턴 총영사관이 재개관을 보게 되었다.

보스턴에 총영사관이 개설된 직접적인 동기는 1986년 3월 라웅배 상공장관이 이끄는 한국무역 사절단 50명이 보스턴을 방문하면서 당시 한인회장 김영곤씨를 비롯 이곳 한인 사회 인사들과의 조찬 모임을 가지면서 보스턴 총영사관 설치를 본국정부에 건의하는 계기가 되어 개설이 되었다.

4) 성장기

1983년 렉싱턴에서 태권도장을 경영하고 있던 안명식 사범이 제 17대 한인회장으로 취임하였다. 고려대학교 출신인 안명식 회장은 한국학교 교장이었던 백린과 한인회칙의 미비한 점을 보완하여 개정하는 한편 한인회보를 확대하여 계간으로 발행하는 등 한인회 발전을 위하여 많은 노력을 했다. 한인회의 회칙 제 2조에 명시된 "본회의 목적은 회원 상호간의 친목을 도모하며 회원의 복리향상과 한미문화교류와 국제친선에 이바지하는데 있다"고 되었으며 그 대상을 회원이라고 명시하고 있다. 1970년대만 해도 뉴잉글랜드에는 한인이 고작 5, 6백 명에 불과했기 때문에 회칙에서도 교민이나 동포를 대표하는 단체라고 표시치 않고 회원이라고만 하였다.

1953년 9월에 헌장을 개정하고 헌장 제 5조에 회원자격에서 정회원의 자격을 "본 회 영역 내에 거주하고 만 18세 이상의 한국인 및 한국계 미국인으로 한다"(한인회보-1983년 9월 15일자 참조)하여 그 회원을 일반 한국인과 미국 시민권 자를 총 망라하는 것으로 했다. 이때 처음으로 Korean-American (한국인 미국 시민)이라 불렀다.

여기에서 이민역사의 의미를 찾아볼 수 있고 미국 시민을 포함하는 뉴잉글랜드 거주 전체 한인동포를 대표하는 한인회의 정체성이 분명해졌다.

(1) 대한항공 007기 격추사건
1983년 9월 1일 한국의 민간 여객기인 대한항공 007기가 승객 269명을 태우고 뉴욕에서 서울로 비행하던 중, 구 소련영공 사하린 상공에서 소련 전투기의 공격으로 격추된 사건이 발생했다. 소련의 만행에 대한 국제사회의 비난은 엄청났었다. 보스턴 한인들의 KAL기 격추를 규탄하는 시위는 세계의 관심을 환기 시키는데 적지 않은 몫을 하였다. 이 성토대회는 보스턴 한인회가 창립 이래 처음 있는 일로서 그 역사성도 적지 않다.

1983년 10월 22일 소련의 화물선 노보미그레이드(Novomigrade)가 3천 톤의 합판을 싣고 보스턴 항구에 입항한다는 정보를 입수한 한인회는 긴급이사회를 열어 대대적인 궐기대회를 가지기로 결의하였다. 궐기대회는 1983년 10월 22일 보스턴 커먼에서 300여 명의 한인이 참가한 가운데 거행되었다. 이날의 소련의 만행을 규탄하는 성명서와 결의문을 백린이 작성하여 낭독하였다. 정오에는 시베리아산 합판을 주문한 Allied Plywood Co. 가 있는 다운타운으로 몰려가서 크게 시위하였다. 안명식 뉴잉글랜드 한인회장을 선두로 100여 명의 한인들은 Baltic American Freedom Leadership 회원 200여 명과 함께 "살인자 소련", "소련상품을 보이콧 한다"는 등 피켓을 만들어 보스턴 커먼으로부터 커먼웰스 애브뉴를 행진했다. 그리고 소련수상 유리 안드로포프의 초상화와 소련국기 화형식을 가졌었다. 이 날 두 차례의 시위행진이 있었는데 22일 오후 6시 30분에는 시위대 300명이 보스턴 항구로 모여 노보미그레이드 호가 입항하려던 사우스 보스턴의 캐슬 아일랜드 건너편 부두에 모여 소련상품을 보이콧 하는 격렬한 시위가 벌어졌었다. 소련을 비난하는 여론과 보스턴 한인들의 격렬한 데모로 보스턴 항에 입항하려던 노보미그레이드 호는 결국 싣고 온 합판을 하역하지 못하고 캐나다 쪽으로 회항해야 했었다.

재미 한인 사회는 조국의 힘을 배경으로 발전할 수 있었고 다행스러운 일은 뉴잉글랜드 한인 사회와 교회들이 심각한 분열상이 없이 계속 발전해 온 사실이다.

1986년도 제 20대 한인회장으로 취임한 최승훈 회장은 노스웨스턴 대학에서 원자력공학을 전공했다. 그는 매사추세츠에 이주하여 사는 동안 주 하원의원에 출마한 경력도 가진 진취적인 인물이었다. 그는 한인회장에 취임하면서 한인들이 주류사회에 참여하는 길만이 주어진 권리를 누릴 수 있다는 포부를 밝히면서 임기 내 역점 사업으로 아래 4개 항의 사업 계획을 밝혔으나 소요되는 자금 확보와 한인들의 참여의식 결여로 결실을 거두지 못했다.

그가 추진하려고 했던 역점사업은
1. 미정부와 언론기관과의 유대 강화
2. 소수 민족간의 협조 체제 구축
3. 한미 경제교류, 투자지원
4. 실업인을 위한 자체 교양강좌 등이었다.

(2) 참전용사 기념사업

한인회가 추진하는 사업 가운데 6.25 참전용사에 대한 초청 만찬이라 하겠다. 이런 사업은 예산문제로 한인회가 추진하기에는 많은 어려움이 따르고 있다. 1988년 9월 매사추세츠의회는 I-495 고속도로 중 Raynham 에서 Boxboro 구간을 한국전 참전 용사의 길로 명명하는 헌납식을 가졌다. 이 날 한인회에서는 이장군 한인 회장과 Link S. White (한국명 서승원)씨가 참석하였다.

(3) 이장군 (정영훈) 한인회장의 역활

1988년도 이장군 한인회장은 한인 사회 발전을 위해 헌신한 사람 중의 한사람이다.

이장군 회장은 자기 이름도 기억할수 없는 어린 나이에 미국인 가정에 입양되었던 사람이다. 그는 초등학교와 고등학교, 대학을 미국에서 졸업한 대표적인 한인입양 1.5세다. 그가 비록 한국말을 못하는 사람이었지만 언제나 한국인임을 자랑스럽게 여기면서 조국 대한민국에 대해 남다른 사랑을 가졌던 한국인의 후예였다.

그는 한인회 행사에는 빠지지 않고 참석하였으며 미국내 타민족 단체와의 관계나 주정부 또는 관계기관에 한인 사회 문제가 있을땐 앞장서 해결하는 일을 했다. 그는 매사추세츠주 공무원으로 근무하면서 주지사의 두터운 신임을 받기도했다. 그러나 불행하게도 어렸을때 소아마비를 앓아 신체의 일부가 부자유스러웠다.

그러나 그자신은 장애인이라는 것을 나타내지 않았으며 매사에 정열적이었다. 그가 한인회장으로 활동하던 1988년 8월 13일 네이딕 합킨톤 파크에서 개최된 제 43주년 광복절 기념식 때에는 매사추세츠 상원위원 잭 백맨(Jack Backmen)씨 부부가 참석하여 축사를 하기도 했다.

그는 임기 내에 계획했던 일을 마치지 못한 점을 아쉬워하는 고별사를 남기면서 2만 명의 한인이 한인회가 하는 일에 무관심을 갖는 일은 주류사회로부터 한인들 스스로가 인정을 받지 못하는 일이라고 각성을 촉구했다. 아쉽게도 그는 지금 고인이 되었지만 한인 입양인으로 우리사회를 위해 헌신한 업적은 오래 오래 기억되어야 한다.

1994년 한국과 일본이 공동개최한 세계 월드컵 축구대회 보스턴 후원회가 뉴잉글랜드 한인회 주관으로 결성되면서 후원금 모금의 투명성을 놓고 한인회장과 이사회간에 분쟁이 발생되었다. 한인회 이사회 측은 정세용 회장이 후원금을 관리하면서 부정이 있었다고 주장하는 반면에 정세용 회장은 한 점의 의혹이나 부정이 없이 바르게 처리 되었다고 주장하는 가운데 양측은 해결의 실마리를 찾지 못한 가운데 감정대립으로 치닫게 되었다.

한인회 이사회는 1994년 10월 15일 제 4차 정기이사회를 열고 정세용 한인회장 불신임을 가결했다. 불신임 이유는 정세용 회장이 월드컵 후원금을 소홀하게 관리하고 한인회장으로서 직무를 태만했다는 이유였다. 한인회 이사회가 정세용 회장에게 통보한 내용은:

1. 정세용 회장은 10월 30일까지 자진하여 사임 하겠다는 사직서를 제출할 것
2. 사임사퇴서가 접수되지 않을 경우 회장직은 자동 해임되며
3. 10월 30일까지 한인회에 대한 감사를 실시하니 관계서류를 이사회에 제출할 것

한인회 이사회가 요구한 사임서 제출을 정세용 회장이 거부하자 한인회 이사회는 1994년 11월 1일자로 회장직 해임을 결정하고 공고하기에 이르렀다.

그러나 정세용 회장을 불신임 하는 일은 받아들일 수 없다고 강경하게 대응하는 가운데 한인 사회 여론도 확실한 근거도 없이 추측만으로 회장을 불신임하는 일은 경솔한 처사라고 비난하는 여론이 일게 되었다. 한인회 이사회와 회장간에 대립이 격화되자 한인회 측과 이사회 고문단이 1994년 11월 신라식당에 모여 분쟁을 해소하기 위한 토의를 갖게 되었다. 이날 회의는 박경민 박사가 회의를 주재 하였으며 양측의 의견을 듣는 가운데 양측은 서로 양보하고 협조하여 해결토록 결의 하였다. 한편 한인회 이사회 측도 1995년 1월 월드컵 축구 후원금 사용은 별다른 의혹 없이 처리되었다고 발표에 이르렀다. 월드컵 후원금 1만 7천 달러는 이사회와 집행부간의 회계처리 방법의 차이에서 발생되었다고 해명하고 있다.

5) 발전기

1999년의 제 31대 한인회장 선거는 뉴잉글랜드 한인회가 창립된 이래 처음 있는 공명선거로 뉴잉글랜드 한인 역사상 가장 중요한 의미를 가진다. 30대까지의 한인회장들은 전 회장의 지명과 이사회의 추천, 또는 통신투표에 의하여 선출해왔다. 그러나 31대 회장 선출은 이병철과 안병학 후보의 경합으로 선거운동과 유세방법이 국회의원 선거를 방불케 하였고, 정견발표 태도는 공명정대하고 예의바른 이곳 한인 사회를 돋보이게 하여 한인모두가 선거에 참가했다.

총 투표 1390중 776대 601표라는 근소한 차로 이병철이 31대의 한인회장으로 당선되었다. 이병철 회장의 임기는 2년이었다. 특기할 사항은 31대부터 회장에 입후보한 자는 기탁금 1만 불을 예치해야 한다는 규정이다. 이 같은 입후보자의 기탁금 제도에 대하여는 비판의 소리도 없었던 것은 아니다. 이병철이 제 31대 한인회장으로 취임한 이후 이곳 한인들이 한인회에 대한 관심이 높았던 때라 하겠다.

이병철 회장은 취임 후 부르클라인에 사무실 (임대)을 마련했고, 사무직원을 채용하여 본격적으로 한인회를 운영해 나갔다. 연 4회 발행하던 한인회보를 격주로 발행하였다. 뉴잉글랜드의 여러 직능단체들을 한인회로 결집시켰으며, 한인회칙과 선거관리 규정을 재정비하여 한인회의 기능을 강화시켰다. 한인회의 발전은 한인 동포들의 성원과 협조도 문제되겠지만 그보다도 한인회장의 자질과 능력에 좌우된다고 보겠다. 재미한인 사회에 있어서 지금까지 한인회장에 대한 평가는 그리 좋은 편은 아니었다고 본다.

뉴잉글랜드 한인회는 1.5세의 새로운 시대를 맞이했다. 1.5세의 조영태가 제 33대 뉴잉글랜드 한인회장이 되었다. 1세대의 시대는 그 막을 내리고 1.5세의 시대가 개막됐다. 조영태 회장은 미국에서 출생한 것은 아니지만 미국에서 중학교, 고등학교, 대학을 마친 1.5세이다. 뉴잉글랜드 한인 사회의 장래는 1.5세와 2세들에게 그 바통이 넘겨졌다. 그것은 Jewish 아메리칸 커뮤니티나 Baltic 아메리칸 커뮤니티와 같이 미국의 시민사회로 Korean 아메리칸 커뮤니티로 발돋움해야 한다.

한인회가 창립된 지 반세기가 지났다. 현재로 한인회가 추진하고 있는 사업과 행사는 다음과 같다.

1. 3.1절 기념행사
2. 어린이 사생대회 및 바둑대회 후원
3. 입양아 초청 오찬 후원
4. Teen Korean-American Night
5. 6.25 참전용사 초청만찬
6. 한인회관 건립기금 마련, 골프
7. 광복절 기념행사 및 체육대회
8. 경로잔치

(2) 현 33대 뉴잉글랜드 한인회

	집행부	이사회
회장	조영태	강한일, 이문봉
수석부회장	차광현	김건진, 이병철
부회장	박승삼	김성군, 이병현
사무총장	박동철	김영기, 이정선
사무차장	김근태	김창근, 이주연
재무	조영한	남궁연, 임종덕
섭외	박순옥	노명호, 장승훈
봉사	이송미	노영석, 정연무
여성	김종미	박동철, 정정욱
경로	감한수	박승삼, 조봉준
문화	이창경	백윤기, 조영태
편집	장명술	서규택, 주봉갑
보건	이태희	손석구, 차광현
체육	이정렬	윤익중, 최동인
홍보 및 광고	김소라	이동익, 캐롤 윤
스몰 비즈니스	김영환	
학생	최수앤	

(1) 한인회장

제 1대 서두수	제 10대 김영호	제 19대 조성구	제 28대 장승훈
제 2대 고광림	제 11대 김완기	제 20대 최승훈	제 29대 안병권
제 3대 김성하	제 12대 남궁연	제 21대 김영곤	제 30대 서규택
제 4대 최영하	제 13대 김인수	제 22대 정영훈	제 31대 이병철
제 5대 이대영	제 14대 노영석	제 23대 이우조	제 32대 김영기
제 6대 황재영	제 15대 전주서	제 24대 김삼영	제 33대 조영태
제 7대 고광종	제 16대 정상무	제 25대 김성인	
제 8대 강홍열	제 17대 안명식	제 26대 김영하	
제 9대 김장환	제 18대 김창덕	제 27대 정세용	

* 명단에 22대 정영훈 회장은 이장군과 같은 사람임

(2) 이사장

안창수 (1973–1974)	김성하 (1981–1982)	한복수 (1989–1990)	한석훈 (1998)
감창신 (1975)	홍순성 (1983)	정수일 (1991)	김영기 (1999–2000)
장유상 (1976)	김철 (1984)	윤광현 (1992)	손석구 (2001–2002)
박경민 (1977)	김문소 (1985)	정세용 (1993)	노명호 (2003–2004)
배덕윤 (1978)	장세중 (1986)	최윤수 (1994–1995)	
안병호 (1979)	김문소 (1987)	서규택 (1996)	
서남표 (1980)	김창덕 (1988)	박동준 (1997–1998)	

(3) 뉴잉글랜드 한인회 발자취를 정리하면서

빈약한 예산으로 우리사회를 위해 희생의 봉사를 해 온 역대 회장단과 임원들의 노고의 발자취를 일일이 찾아내 역사의 기록으로 남기는 일이 마땅하나 자료 수집의 어려움으로 더 자세하게 밝히지 못함을 유감으로 여긴다.

다만 생업에 쫓기면서 우리사회를 위해 시간과 물질의 희생을 감당하면서 이름도 빛도 없이 봉사해 온 역대 회장단과 임원들의 노고에 깊이 감사를 드린다.

2. 메인 한인회

메인 주에 한인이 최초로 정착하게 된 경위나 기록은 정확하지 않다. 한국전 때 미군들과 결혼해서 이주하거나 미국가정에 입양한 한인들이 초기 한인거주인구로 추정된다. 이들 한인들은 서로 교류 없이 흩어져 살아왔으므로 한인 사회의 윤곽은 드러나지 않았다. 그러나 조순 국무총리가 일찍이 명문 보드인 대학(Bowdoin College)을 졸업한 것을 보면 메인 주에 한인 유학생사도 그 역사적 뿌리가 깊다.

2000년 인구조사에 의하면 약 800여 명의 한인인구가 거주하고 있으며 이중 100여 명의 유학생들이 포함돼있다. 메인 주는 비록 영토상 큰 주에 해당하나 주로 산간지역으로 이루어졌고 인구밀도가 적다. 그러므로 한인들은 직장을 구하거나 적당한 사업을 하기가 쉽지 않아 1.5세나 2세들은 주로 대도시로 이주하는 경향이 있다. 최근 미국에 간호사 부족으로 메인 주에도 한인 간호사들의 유입이 늘고 있는 실정이다.

이렇게 한인인구의 비율이 낮음에도 불구하고 1978년 메인 주의 한인들은 첫 모임을 갖고 초대 한인회장에 정철화를 추대함으로써 정식으로 발족되었다. 이는 1975년 뉴잉글랜드 한인회에서 로드아일랜드 한인회가 독립되어 발족한 이래 메인 주에도 한인 사회를 대변할만한 구심점을 찾으려는 한인들의 노력의 결실이었다. 이후 많은 역대 한인회장들과 한인들이 합심하여 새로 이주해 오는 한인들의 정착을 돕고 언어문제, 건강 문제, 가정문제뿐 아니라 어린 학생들의 학교생활 적응에도 적극적으로 봉사해 오고 있다. 또한 추석행사와 초, 중, 고등학교에 한국을 소개하고 한인들끼리 우정을 나누기 위한 여름 피크닉 및 망년회를 주관하고 있다. 현재 한인회를 이끄는 박원배 회장은 한인 사회를 위해 많은 봉사를 하고 있다.

대표적인 한인회 업적은 1983년 KAL기 격추 사건 때 메인 주 한인 한명이 포함되어 있어 소련의 만행에 항의하는 시위를 포틀랜드 시청 앞에서 대대적으로 했다. 또한 한인들과 미국인들의 서명을 받아 미국정부에도 전달했다. 또한 지난번 이민법 강화 때는 그 부당함을 주장하는 편지에 메인 주 한인들의 서명을 받아 주 상원위원이며 이민위원회 위원이었던 올림피아 스노(Olympia Snow)에게 전달하기도 했다.

적은 수의 한인들로 구성된 메인 주 한인회지만 미주 한인들의 권익을 위해 활발한 활동을 펴고 있다.

3. 뉴햄프셔 한인회

2000년 한국인구 조사에 의하면, 1800명이 거주하는 것으로 알려진 뉴햄프셔는 4계절 내내 흰 눈으로 쌓인 화이트 마운틴으로 유명한 뉴잉글랜드 북쪽에 위치한 작은 주이다. MQP (캔사스 모간 퀴트노 프레스) 조사에 의하면 미국에서 가장 살기 좋은 주이기도 하다.

포츠머스(Portsmouth) 시를 중심으로 하는 해안 지역에는 100여 세대의 한인가정이 1970년도경부터 순수 한인가정과 이중문화 가정으로 거의 반반의 비율을 이루며 거주하고 있다. 그러나 1990년 군부대 폐쇄 후 Peace International Trade port로 공항시설이 증축되어 사용되고 있는 Peace Air Force Base가 있었던 관계로 1960년대 전후부터 한인들이 거주했을 것으로 추정되고 있다.

뉴햄프셔에는 뉴햄프셔 주립대학에 한인 유학생들이 1960, 1970년대에 수학한 기록이 있지만 정확하지 않고 학위 취득 후 본국에 귀국했거나 타주로 이주한 것으로 알려지고 있다. 또한 Exeter에 있는 명문사립고인 Philips Academy에는 매년 100여 명의 한인 자녀들이 1970년대부터 유학하고 있다.

뉴햄프셔에는 구한말 우리 민족사의 큰물줄기를 바꿔놓은 포츠머스 협정(The Treaty of Portsmouth)이 열린 2개의 건물이 현존한다. 한반도에서 노일전쟁이 한창일 때 일본세력의 확장을 염려한 미국의 중재로 1905년 8월에 회담을 하면서 투숙한 Wentworth by the Sea Hotel과 협정문 서명식을 거행한 The Naval Stores Building이 존재하고 있다. 본 협정의 결과로 노일전쟁은 종식되나 일본의 한반도 식민지화의 야욕은 세계적으로 알려지게 되었다.

이렇게 근대 한국사의 굴절된 역사를 담고 있는 뉴햄프셔는 한인인구의 비율이 그다지 높지 않으나 대다수 한인들이 안정된 생활을 하고 있다. 1998년에는 뉴햄프셔 한인들의 단결과 결속을 위해 한인회의 필요성을 절실히 인식하고 독립된 한인회를 발족하기에 이르렀다. 뉴햄프셔 한인회는 현재까지 7년째 접어들었는데 한윤영 초대회장, 안남렬 2대 회장, 3대의 서일 회장에 이어 2004년 4대에 박춘근 이사장이 당선됨으로써 발전을 거듭하게 된다. 이는 6개 주 한인회 중 가장 출발이 늦어 역사는 짧지만 활동 면에서는 타주 한인회에 뒤지지 않는다.

특히 뉴햄프셔 한인회는 제 3대 서일 회장 대에 이르러 활발한 활동을 벌이게 된다. 미주 한인 이민 백주년 기념과 때를 같이하여 미 전지역에서 최초로 주정부에 2003년을 한국의 해로 정하는 결의안을 통과시켰다. 뉴햄프셔 한인회는 뉴햄프셔 지역을 대표하는 한인단체로서 이 지역의 한인교회와 한글학교 등도 한인 사회의 목소리를 모으는데 큰 역할을 보태고 있다.

4. 버몬트 한인회

버몬트에 처음으로 한인들이 살게 된 경위는 한국전쟁 직후부터이다. 이때 한국여성들과 결혼한 미국인들이 고향으로 돌아와 살면서 한인인구가 생성된 것이다. 한국전쟁 직후부터 시작된 이민은 1960년대와 1970년대를 거쳐 본격적으로 늘어나는 추세였다.

미국 통계청에 나타난 한국인의 버몬트 이민 숫자는 다음과 같다.

1959년 23명, 1964년 14명, 1969년 24명, 1974년 79명, 1975년 95명, 1980년 235명, 1990년 236명, 그리고 2000년 670명이다. 공식적인 집계를 보더라도 버몬트의 한인수는 뉴잉글랜드 6개 주의 타주에 비해 상당히 적은 편이다.

한인인구 이주 동기를 보면 첫째는 국제결혼하여 오는 경우, 둘째는 IBM 등 미국회사에 취업하여 오는 경우, 셋째는 버몬트주립대학교 (UVM), 세인트마이클대학 (St. Michael), 미들배리대학 (Middlebury College) 등 학부와 대학원에 유학 오거나 교환교수로 방문하는 경우 등이다.

그러므로 버몬트에 거주하는 실질 한인 인구수는 그리 많지 않다고 할 수 있다. 지리적으로 메인 주와 같이 산간지역으로 이루어져 주 전체의 인구비율도 적은 편이다. 더욱이 한인들이 종사할만한 직업도 그리 많지 않아 한인 인구의 유입이 활발한 편이 아니다.

버몬트의 한인회는 현재 조직되어 있지 않으나 한인교회에서 한인회 업무를 대행하고 있으며 역대 한인회 회장으로는 김보성, 김익환, 장혜숙씨 등이 있다. 버몬트 한인회가 정식 발족된 것이 아니라 몇몇 한인들이 모여 회합을 가지고 출발했다. 그러나 한인인구의 부족으로 정식 한인회로 발족되어 업무를 수행 할 만큼 발전되지 못하고 자체 해산케 되었다.

5. 로드아일랜드 한인회

로드아일랜드의 역사는 1631년 보스톤에 온 윌리암스 로저(Williams, Roger) 목사가 매사추세츠만(灣) 식민지 회사의 위정자들의 독재에 반대하여 로드아일랜드로 내려가 프로비던스를 건설한 1636년에서 시작된다. 식민지시대의 오랜 역사를 가진 로드아일랜드는 미국이 독립한 후 1780년 미국의 제 13번째의 주가 되며 50개 주 가운데 가장 작은 주이다.

1) 한인사회의 형성기

로드아일랜드 주 동남부의 나라간셋만 항내에 있는 아퀴드넥섬(Aquidneck Island)의 뉴포트는 여름의 휴양지로 유명할 뿐만 아니라 부유층들의 호화별장이 즐비하여 많은 관광객을 유치하고 있다. 또한 여기에 해군대학(Newport War College)을 비롯하여 여러 해군 훈련소가 있다. 1950년의 한국동란을 전후하여 많은 해군 장교가 이곳에 와서 훈련을 받고 돌아갔기 때문에 한국과는 인연이 깊은 곳이다.

로드아일랜드에 한국 사람이 처음 도래한 것은 1901년이다. 1897년에 유학 온 백상규가 필라델피아에서 고등학교를 마치고 1901년 로드아일랜드의 프로비던스로 와서 브라운대학교에 입학, 1905년 동대학의 무역학과를 졸업하고 귀국하였다. 이것이 한국인이 로드아일랜드에 첫 발을 디딘 역사적인 순간이다. 따라서 로드아일랜드의 한인 역사는 1901년부터 시작된 것이다. 그러나 한국의 정치상황과 여행이 자유롭지 못했던 20세기 초기에는 한인의 왕래가 거의 없었다. 그런데 이시흥이라는 학생이 1931년 브라운대학에서 과학을 공부하고 과학학사 학위를 취득한 사실이 확인 되었다. 브라운대학교 학적에 의하면 시흥의 이름이 Rhee, Siheung

Daniel이라고 기록되어 있는 것으로 보아 하와이 이민 2세일 것으로 보이며 경제공황 이후에도 미국에 영주했던 것 같다. 그래서인지 한국의 인명사전에서는 그의 이름을 찾아볼 수가 없었는데 브라운대학교 명예교수인 차승만 박사가 확인한 브라운대학 졸업생(1950년 - 1969년)에 의하면 앞서 1931년에 브라운대학교를 졸업한 이시흥의 아들 마이클 제퍼슨(Rhee, Michael Japherson)이 1951년 브라운대학의 문과를 졸업한 것으로 나타났다.

로드아일랜드의 주청소재지, 프로비던스는 뉴잉글랜드 제 2의 도시이다. 여기에 아이비리그의 하나인 브라운대학교와 로드아일랜드대학교가 학문의 전당으로 그 위용을 자랑한다. 뿐만 아니라 뉴잉글랜드 남단의 바닷가에 위치한 로드아일랜드는 미국 직조산업의 탄생지로도 유명하다. 또한 미국 동북부 대서양 편의 몇 개 않되는 Deep Sea Port 중 하나인 Newport는 미국 최고의 군항도시로 Newport War College (NWC) 산하의 4개 대학과 2개의 해군 교육기관이 있다. 특히 Naval War College는 해군만의 교육기관이 아니라 육, 해, 공, 해병대의 고급장교, FBI나 CIA의 고위층, 정부 고급대사를 비롯하여 매년 우수한 사관학교 졸업생들이 유학하여 한국의 두뇌와 용맹을 닦기도 했다.

해방 후 미군정장관 하지 중장의 정치고문으로 일시 귀국하였던 서재필 박사가 1948년 대한민국 정부 수립 후 미국으로 돌아오면서 대한민국이 파견하는 제 1차 미국유학생 40명을 인솔하였는데 이 때 전 대한민국의 국회의장 박준규가 로드아일랜드에 와서 브라운대학교에서 1950년 석사학위과정을 마치고 돌아갔다. 이것이 해방 후 한인이 남긴 최초의 발자취다.

1953년 한국전쟁이 종결된 후 많은 한국 학생들이 뉴잉글랜드를 찾아 브라운대학교와 로드아일랜드 주립대학교에서 공부하고 돌아갔다. 차승만 박사의 조사에 의하면 한인 브라운대학교 졸업생이 (1950년 - 1961년) 18명 이었다.

1950년 이후 1961년 사이 브라운대학교 한국인 졸업생은 다음과 같다.

졸업년도	학위	이름(한국어)	(영어)	전공
1905	Ph.B	백상규	Paik, Sang-Kyu	무역학
1931	Sc.B	이시흥	Rhee, Siheung Daniel	화학
1951	MA	박준규	Park, Jun-Gyu	문과
1957	BA	이마이클	Rhee, Michael Jepherson	
	MA	김옥열	Kim, Ok Yul	화학
	Ph.D	윤용구	Yoon, Yong Ku	화학
1958	BA	김진태	Kim, Chin-Tae	사회학
		이재남	Lee, Jae Nam	
	MA	이영재(유)	Yu, Yung Jai Lee	사회학
	Sc.M	한증순(윤)	Yun, Jeung Soon Han	생물학
	Ph.D	유병천	Yu, Byungcheon	영문학
1959	BA	백낙청	Paik, Nak-chung	사회학(1994 LHD)
	B.Sc	이규태	Lee, Kyu Tae	화학
1960	BA	손명현	Son, Myung Hyon	
	M.Sc	한사숙(조)	Cho, Sah Sook Hahn	생물학
	Ph.D	임보현	Yim, Bohyun	응용수학
1961	M.Sc	박홍봉	Park, Hong Bong	지질학
		윤성수	Yun, Sung Soo	물리학

Ph.D	최상일	Choi, Sang Il	화학
	김영욱	Kim, Yeong-Wook	물리학

2) 한인회의 창립과 성장

로드아일랜드가 뉴잉글랜드 한인회와는 별도로 한인회를 가진 것은 1975년이었다. 1980년 경부터 로드아일랜드를 대표하는 이사로서 김정완 (로드아일랜드 한인회 15대 회장)이 뉴잉글랜드 한인회 이사회에 빠짐없이 참석했다.

1980년 경 뉴잉글랜드 한인회 이사회가 로드아일랜드에 있는 김정완 이사댁에서 이사회를 열기도 했는데 인상에 남는 것은 큰길에서 김정완 댁으로 들어가는 길 이름이 Kim's Rd라는 도로명이 붙어있는 것을 보고 숙연하였던 것이 생각난다.

로드아일랜드 한인회가 뉴잉글랜드 한인회에서 분리된 동기를 차승만 박사는 다음과 같이 말했다.

"나는 원래부터 한인회라는 것을 탐탁히 생각하지 않았다. 그 이유인즉, 첫째, 뉴잉글랜드 한인회가 이미 있었고, 둘째, 다른 곳의 예를 보면 한인회를 만들면 공연히 싸움만 붙는다는 것이다. 그런데 마침 나의 연구실에 일 년 간 와 있던 고려대학 생화학 황우익 교수가 "지금 여기 살고 있는 분들이 생활의 기초는 잡았지만 새로 오는 사람들을 위해서는 한인회가 꼭 필요하다"고 역설하여 나로 하여금 마음을 바꾸게 하였다. 이 무렵에 김병규 선생 집에서 저녁 초대를 받았다. 이 날 황교수는 역시 같은 내용을 역설하였다. 중론이 한인회를 발기하기로 모여져서 드디어 1975년 3월 27일에 그 다음 저녁 식사를 초대한 이호영 선생 집에 모인 26명이 모두 발기인이 되어 브리스톨에 있는 브라운대학교의 하픈레퍼휴게소에서 창립대회를 갖기로 합의 했었다"

1975년 8월 16일에는 도상희 준비위원장 사회로 식을 마치고 초대 임원과 이사진을 선출했다. 회장 박요수아, 부회장 이호영, 총무 강경식, 서기 차승만, 재무 이계철, 부녀 이혜숙, 학생 김능수 등이 임원진이었다. 이사진은 도합 9명으로 도상희(이사장), 김광수, 강주홍, 박원기, 전좌근, 김성덕, 차승만, 이원중 등이다.

전문 4장 16조로 된 회칙 초안은 강경식 총무와 차승만 박사가 마련하여 이사회에 제출, 통과 되었다.

강경식 박사는 로드아일랜드 한인회의 초대 총무를 맡아 한인회 업무의 기초를 확립했으며 미동부지역 한인학교 협의회 회장, 로드아일랜드 한인학교 교장, 로드아일랜드 한인회 제 2대 이사장, 그리고 서울대학교 동창회 뉴잉글랜드 지부장을 역임, 로드아일랜드 한인 사회에 중요한 역할을 담당했었다.

1979년에는 박요수아가 다시 회장을 맡았다. 이 때 있었던 일 두 가지는 로드아일랜드 주지사 J. Joseph Garahy가 8월 15일을 'Korean Day'로 선포한 것과 유경손이 인솔하는 운경(여성) 합창단을 한국에서 초청한 것이다.

1980년에 백린이 회장을 맡았다. 임원진은 차기회장 고일석, 총무 옥동석, 서기 최의웅, 편집 조의완, 재무 박찬훈, 부녀 박현자, 학생 백재만이 맡았다. 이사진은 이사장 김관국, 선출이사 김관국, 노승팔, 박동분, 박용선, 박상무, 우종경, 임원구, 정정욱, 홍만성, 그리고 한인학교장을 강경식이 맡았다.

로드아일랜드 한인회의 특징은 정치활동 면에서 두드러진 활동을 했다. 1980년 광주항쟁 때는 전두환 전 대통령의 5.17 계엄령 확대선포에 대한 반대시위가 있었다. 30여 명의 한인 동포들이 브라운대학교에서 주청사까지 가두시위를 벌이기도 했다.

1980년에서 86년 사이에는 한인회를 중심으로 광주항쟁과 김대중 전 대통령의 인권문제를 탄원하는 서신들을 미 정계에 보내 답장을 받게 되었다. 카터 대통령, 레이건 대통령 후보와 몇몇 상, 하원 의원들은 차승만 한인회장의 서신에 우호적인 답변을 통해 관심과 지지를 전달했다.

1982년 국제 인권단체의 압력에 못이겨 김대중 전 대통령은 건강상 이유로 석방되고 미국에 망명하게 되었다. 1983년 11월 3일 로드아일랜드 한인회는 브라운대학교에서 김대중 전 대통령의 '인권과 민주주의에 대하여' 라는 제목의 강연을 주최하여 한인동포들의 조국의 민주화에 대한 애국심을 고취시켰다.

로드아일랜드 한인회는 이렇게 정치적인 관심과 활동이 뉴잉글랜드 소속 한인회 중 두드러진 전통을 갖고 발전을 거듭하여 왔으며 교회와 한글학교도 한인들의 요람 역할을 하고 있다.

제 2대 로드아일랜드 한인회 이사장이었던 강경식 박사는 1980년 이후의 한인회 활동을 다음과 같이 말했다.

"80년대 후반에 들어서면서 로드아일랜드 한인회는 기반과 전통이 쌓임에 따라 한인 교민 사회의 정규적인 행사를 연례행사로 시행하는 한편 미 주류사회의 관심사에도 점차적으로 참가했다. 한인교민사회의 정규적인 행사로는 3.1절, 6.25 한국전 추념, 8.15 광복절 행사 이외에 급증하고 있는 교민 2세들을 위한 한인학교사업 후원 그리고 추석명절에 노인잔치 등을 들 수 있는데, 이런 행사를 로드아일랜드 한인회는 80년대 후반 이후 특히 90년대 들어서면서 매년 정기적으로 해 왔다. 미 주류사회의 사업과 행사참여로는 해마다 유서 깊은 브리스톨의 독립기념일 퍼레이드 행사, 로드아일랜드 Ethnic Heritage Festival, 한국전참전용사회가 주최하는 Memorial Day 기념행사 참여, 그리고 1991년부터 행하고 있는 뉴잉글랜드 근교의 한국계 입양아들을 위한 잔치 등을 들 수 있다. 특히 1998년 7월에 당시 주미대사 이홍구 박사와 로드아일랜드 주지사 Lincoln Armond 등 한미 정부인사들의 참여하에 한인회가 한국전 참전용사 추모비 제막식을 Exeter에서 가진 후 6.25 한국전 50주년 추념행사 등에 참여했다."

3) 발전기

로드아일랜드 한인들은 1990년대에 이르러 정착기에 들어선다. 경제적인 안정을 얻으면서 한인회는 그 어느 때보다도 활발하였다.

1995년 박상무가 제 20대 한인회 회장에 취임하여 한인회의 면모를 바꾸어 문화 활동을 펴나갔다.

1995년 3월 4일 브라운대학의 솔로몬홀에서 가진 문화의 밤에는 250명이 참가 했었다. 4월 24일에 브라운 대학교 엔드루 다이닝홀에서 가진 전혜성 박사 초청강연회는 200여 명이 참석하는 성과를 가졌다. 특별히 이 시기에 가진 행사는 5월 20일의 테니스 대회와 심포지움이었다. 4월 20일 오후 6시 로드아일랜드대학교에서 가진 심포지움에는 코네티컷 주립대학교 김일평 교수의 '미국 공화당 정책과 한인사회', 하버드대학교 옌칭 도서관 역사학자 백린의 '한국역사에서 본 재미한인사회의 변화와 과정', 그리고 토론에 있어서는 김은한 박사와 로드아일랜드대학교의 김용준 교수가 참가했다. 이 날의 심포지움에는 200여 명의 회원이 참가했다.

이렇게 학생과 교수 그리고 직장인과 사업가들이 하나로 뭉쳐 연중행사를 벌이고, 체육회와 한국문화를 소개하는 축제와 강연회를 가지면서 회원 상호간의 친목을 도모하며 단결을 보였다.

2000년도의 제 25대 로드아일랜드 한인회장에 이길자 여의사가 선출되었다. 뉴잉글랜드 한인 역사 이래 여성회장이 처음 등장했다. 한인회의 업무가 중대하고 과다하였기 때문에 시간이 부적하여 산부인과를 하던 것을 산과는 그만두고 부인과만을 하면서 한인회 일에 헌신하였다.

이길자 회장의 남편 정정욱 박사도 로드아일랜드 한인회의 제 13대 회장을 지냈으며 재미한인사회의 발전을 위하여 활약했다.

이길자 회장은 재임시 격월간으로 한인회 소식지를 발간했으며, 3.1절, 광복절 행사나 환경의 날 기념강연회, 탈북자동포 구호서명운동 (UN에 청원), 5.18 광주민주화운동 20주년 기념행사, 2000년도의 UN여성대회에 참가, 로드아일랜드 한인학교를 돕기 위한 기금마련 자선음악회 등 한인회 발전을 위한 행사와 함께 한국문화를 미국 주류사회에 소개하는 행사를 적극 벌였다. 또, 이회장은 2000년도 로드아일랜드 한인회 창립 25주년 기념 문집인 '섭리'(Providence)를 발간했으며, 295가정을 수록한 한인록을 발간하고 자선음악회를 열어 5,000여 불의 금액을 모금하여 한글학교 운영과 문화 사업에 제공하였다. 특별히 미국 주류사회와 호흡을 같이하기 위하여 로드아일랜드의 에스닉 페스티벌(Ethnic Heritage Festival)에 참가하여 한국음악을 소개하는 등 한인의 위상을 드높였다. 또한 로드아일랜드 한인회관 건립을 위한 모금운동을 전개하여 많은 금액을 모금 다음 회장에게 인계 남성회장이 이루지 못했던 사업들을 과감히 추진 했었다.

　　로드아일랜드는 뉴잉글랜드에서 세 번째로 한인이 많이 사는 주다. 2000년도 인구조사에 의하면 1,560명(보스톤 한국 총영사관 제공)이며 로드아일랜드의 직능별 분포를 보면 대학교수 및 직원이 약 22명, 의사가 24명, 개인사업을 경영하는 이가 30명이다. 한인회 산하에는 6개의 단체와 종교단체가 있으며 현재 한인의 총 수는 2,000여 명에 이른다.

　　2000년 현재 로드아일랜드 한인 커뮤니티의 단체와 경제활동의 현황은 별표와 같다.

한인단체

로드아일랜드 한인학교	교장 함혜란
로드아일랜드 노인회	회장 남석철
경제인협회	회장 박성옥
골프협회	
로드아일랜드 태권도협회	회장 홍진섭
국기원 산하 뉴잉글랜드 무덕관협회	회장 이광섭
Gift Member	Guy Shaffer
Korean War Veterans	John A. Caruso

4) 로드아일랜드 한인회의 역대 회장과 이사장 명단

	회장	이사장
제 1대	박요슈아(75-76)	도상희
제 2대	이호영(77)	강경식
제 3대	이원중(78)	김석조
제 4대	박요슈아(79)	김관국
제 5대	차승만(80)	임원구/정정욱
제 6대	고일석(81)	홍만선
제 7대	공석(82)	옥동석
제 8대	이동석(83)	윤선홍
제 9대	이천각(84)	남석철
제 10대	김관국(85)	박형걸
제 11대	옥동석(86)	조면진
제 12대	온기철(87)	박상무
제 13대	정정욱(88)	이충시
제 14대	이종민(89)	변형유
제 15대	김정완(90)	이강원
제 16대	이충시(91)	오세명
제 17대	변형유(92)	김창원
제 18대	이강원(93)	남석철

제 19대	임인학(94)	김정완
제 20대	박상무(95)	김해원
제 21대	오세명(96)	김손엽
제 22대	이광섭(97)	이충시
제 23대	김손엽(98)	이동수
제 24대	이율화(99)	허영자
제 25대	이길자(00)	조명진
제 26대	전좌근(2001-2002)	
제 27대	허영자(2003-2004)	

6. 코네티컷 한인회

코네티컷은 뉴잉글랜드 6개 주 중에서 뉴욕과의 인접지역으로서 한인인구가 많고 예일대학 등 미국 내 명문 대학의 포진으로 한인인구의 증가가 괄목할만한 주다. 코네티컷 주의 한인 사회는 미국 내의 대부분의 지역과 같이 미국 유학생들이 학생회를 조직하고 유학생이 직장을 구해 사회인으로 정착하면서 발전했다. 또 1965년 미국 이민법이 개정된 후 더 많은 한인들이 이민할 수 있게 되어 한인수가 늘어나면서 자연히 지역 한인회로 발전하게 되었다.

예일대학 학생회는 1957년에 발족되었는데 그 당시 학생회원은 부인들까지 합하여 20명에 불과했다. 1950-60년대 미국유학생 중 대학을 졸업하고 한국으로 돌아가 학계, 언론계, 정계, 재계 등 각 분야에서 지도적 활동을 하는 유학생출신도 다수이다. 그 반면에 미국에 남아 학계, 의료계, 기술계, 경제계 등 전문분야에서 미국 사회에 봉사하는 한인도 상당수 있다.

예일대 한인학생회 초대회장은 법대 유학생 김진(서울대 법대교수)이 선출되었다. 1958년에는 장주언 2대 회장을 거처 1959년 제 3대 정찬현 회장 때 학생회원을 사회에 정착한 한인들과 통합하여 '뉴헤이븐 한인회' 로 개칭하여 고광림(작고)을 초대회장으로 선출했다.

반면 하트포드에는 1970년 이응림 등 20여 명의 한인들이 모여 '하트포드 한인회' 를 조직하고 문원걸을 초 대회장으로 추대했다. 2대회장은 이응림, 3대회장은 곽건용이 선임되었으나 흐지부지 되어버리고 말았다. 그 런 가운데 지난 1976년 제20대 뉴헤이븐 한인회 이홍만 회장 때 코네티컷 주 전 지역의 한인을 집결하기 위해 명칭을 '코네티컷 한인회' 로 발전시켜 현재에 이르고 있다.

2004년 현재 코네티컷 한인회는 현재 60명의 이사회로 구성되어있다. 회장의 임기는 1년이기 때문에 1년 간에 할 수 있는 행사는 제한되어 있다. 매년 봄철에 야유회와 12월에는 망년회 겸 한인회 총회를 개최한다. 야유회에는 매년 평균 300명 내지 500명의 한인들이 참가하기도 한다. 연말파티에는 매년 130명 내지 150명 이 참가하는데 200명이 참가하는 해도 있었다.

코네티컷 한인회 주최로 음악회와 문화행사도 개최하고 특히 2003년에는 미주이민 100주년 기념 심포지엄 을 개최하고 한국문화 소개와 여러가지 행사를 개최하여 국위를 선양하고 한국인의 위상을 높이기도 했다.

코네티컷 한인회에서는 1989년부터 '코네티컷 한인소식' 이라는 소식지를 일 년에 3-4 호씩 내면서 회원간 의 소식과 공지사항을 전달해 오고 있다. 1996년 제7권 1호부터는 '코네티컷 한인회보' 로 이름을 바꾸고 매년 6호를 발행한다. 그러나 격월간으로 매년 발행된 것은 아니다. 회장단의 능력과 편집인의 재량에 따라 1년에 4회 내지 6회씩 발행되는 소식지에 불과했다.

1999년 강준하 회장 때 '한인회보' (KASC Jounral)로 이름을 바꾸고 "참여와 성원으로 21세기를 준비하는 한인회"라는 슬로건을 내걸고 일대약진을 시도했다. 한인회보는 코네티컷 주의 지성인을 위한 종합잡지로 변신했으나 한인들의 소식을 전하는 '한인게시판'은 계속 유지했다. 1999년에는 제 1호와 2호가 나왔으며 2000년에는 김갑헌 편집인이 특별기획 '4.19와 4.29'(3호)와 '특별기획 6.25' 등을 게재하고 코네티컷 주의 한글학교를 많이 소개하게 되었다. 코네티컷 한인회보는 계간지로 매년 4회씩 출판되고 있으며 코네티컷 주의 소식을 전하는 동시에 지성인의 교양지 역할도 하고 있는 것이다.

1) 비즈니스에 종사하는 한인들

코네티컷 주의 한인들은 1965년 이전에 미국 유학생으로 건너와서 공부를 마친 후 직장을 얻고 정착한 사람들과 1965년 이민법이 바뀌어 인종차별적인 쿼터제가 없어지고 우선순위로 바뀐 후 한국에서 매년 2만여 명씩 미국에 이민 온 사람들 중 코네티컷 주에 정착한 사람들로 구성된다.

코네티컷 주에는 1980년대에 의류, 잡화상, 리커 스토어, 주유소, 청과상, 식품점, 델리 글로서리, 드라이클리닝, 생선 가게 등 업소들이 생겨나기 시작했다. 1992년부터는 세탁업이 주류를 이루기 시작한다. 또한 뉴욕에서 9.11 사태가 일어난 후 뉴욕의 한인들이 살기 좋다는 코네티컷 주로 이주해 오면서 네일 살롱과 미용원이 늘어나기 시작하여 500여개의 네일 살롱이 생기고 한인이 운영하는 세탁소는 350개로 증가했다.

한인들이 증가함에 따라 보험관계, 금융대리업, 부동산, 몰게이지 융자 등 비즈니스뿐 아니라 전문직 종사자들도 다양해지면서 한국식당과 한국식품점도 늘어나고 있다. 코네티컷의 한인 비즈니스가 수적으로 증가하면서 업종도 세분화되고 전문화되는 경향으로 변화되고 있다.

미국정부의 2000년도 인구조사에 의하면 코네티컷 주의 한인인구는 7,064명이고, 평균 연령은 27.8세이다. 이것은 전국의 한인 평균연령(32.4)보다 5세가 젊다. 코네티컷 주에는 25세-35세 청년들이 34.6%이고 65세 이상 노인들은 3.9%에 불과하다. 따라서 통계에 의하면 코네티컷 주에는 청년층이 노인층보다 더 많다. 남자는 3,048명이고 여성은 4,016명으로 여성이 더 많다. 특히 45-54세의 여성들이 많이 살고 있다.

한국출생 한인들 중 55%는 미국 시민권자이다. 71.5%의 코네티컷 주의 한인들은 1990년부터 2000년 3월 사이에 정착했다. 39%는 영어를 전혀 못하며 한인들의 교육수준은 매우 높은 것으로 나왔다. 23.8%는 대학원 및 전문분야 학위가 있고, 33.2%는 대학졸업이다. 고등학교이하의 교육을 받은 한인은 9.4%이며, 고등학교 이상 전문대학 등의 고등교육을 받은 한인은 31.6% 즉 3분의 1은 고등학교 이상의 교육을 받았다.

2) 코네티컷 한인들의 지적 요람

코네티컷 주는 미국 동부에서도 문화와 예술의 전당이라고 알려져 있다. 따라서 예술인, 문인들이 많이 살아 미국의 지적세계에 막대한 영향을 미치고 있다. 또한 명문 사립 고등학교와 명문대학이 많이 있기도 하지만, 특히 예일대학을 중심으로 여러 종합대학에서 동양학을 개설하고 동양문화와 언어교육에 중점을 두고 있다.

뉴헤이븐의 동암연구소는 센트럴 코네티컷 주립대 고광림 교수(1979년 작고)와 그의 부인 전혜성 박사가 사재를 내서 1985년에 설립한 사설연구소이다. 동암연구소는 뉴헤이븐에 소재해 예일대 방문학자 또는 교환학생으로 오는 한인교수들을 초빙하여 한국의 정치, 경제, 문화, 역사 등 다양한 분야의 강연도 듣고 또 학술회의도 개최하면서 뉴헤이븐의 지성인들에게 한국의 문화를 소개하는 역할을 해 오고 있다.

7. 보스턴 한인회

뉴잉글랜드 한인회가 발족당시부터 뉴잉글랜드 6개 주 지역을 대표하는 지역적 포괄성을 가졌으나 한인인구의 증가와 각 주와의 거리상의 문제로 각 주가 70년대 이후 독립된 한인회를 발족시키게 되었다. 뉴잉글랜드 한인회는 6개 주를 포함하는 본래의 의미에서 매사추세츠를 대표하는 성격을 갖게 되었다고 뉴잉글랜드 33대 조영태 한인회장은 밝히고 있다. 그러므로 보스턴 한인회는 보스턴 지역을 대표하는 한인회로서의 기능을 강화하고자 발족되었다.

보스턴 한인회는 이형재 전 체육회 회장이 정상무 전 한인회장, 이강원 뉴잉글랜드 태권도협회장, 이효원 보스턴 투데이 사장 등을 발기인으로 하여 2002년 발기인대회를 거쳐 발족되었다. 발족되기 이전부터 기존 뉴잉글랜드 한인회와의 정통성 문제로 한인 사회의 분열을 조장한다 하여 많은 논란을 제기하였다.

비록 보스턴 한인회가 순수한 의미에서 한인 사회의 발전에 기여한다 해도 이미 1950년대부터 그 역사적 뿌리를 갖고 있는 뉴잉글랜드 한인회와 별도로 새로운 한인회를 조직한다는 것은 그 목적 자체가 정당하다 할 수 없다는 이유 때문이다. 이에 뉴잉글랜드 한인회는 몇 번의 고문단 회의를 거쳐 보스턴 한인회의 발족을 인정할 수 없다고 합의하기에 이른다. 이는 뉴잉글랜드 지역의 각종 직능 단체들이 뉴잉글랜드 한인회를 중심으로 결속된다는 측면에서 보스턴 한인회는 그 정체성이 문제될 뿐 아니라 굳이 독립된 별개의 한인회로 인해 동포사회의 분열을 조장할 수 없다는데 의견이 모아졌기 때문이다.

그러나 보스턴 한인회는 동포들이 좀 더 폭넓은 선택권을 갖고 한인회 활동에 참여할 기회를 제공하고 한인 사회의 발전을 도모한다는 취지로 발족되어 제 1대 회장으로 이형재 전 체육회장이 선출되었다. 그리고 정관과 회칙을 마련하고 임원진을 구성하여 사업계획을 갖고 2003년부터 본격적으로 활동하기에 이르렀다.

8. 서부 매사추세츠

서부 매사추세츠 주 앰허스트(Amherst)와 스프링필드(Springfield) 지역에는 600여 명의 한인들이 살고 있다. 5개 대학의 2세 학생들과 유학생을 포함하여 사업에 종사하는 사람들과 대학교수들의 가족으로 구성되어 있다.

스프링필드 중심가에 처음으로 사업을 시작한 업종은 가발 가게였으며, 1975년에는 Chicopee에 동양식품이 문을 열었으며 뒤이어 Coin 세탁소와 옷가게 보석 잡화가게 그 밖에 Motel 업이 뒤따라 개업을 했다.

5개 대학 중 University of Massachussets 엔 약 300명의 한인학생이 재학하고 있으며 Smith College에 60여 명, Amherst College에 30여 명, Mt Holyoke College에 40여 명, Williams College에 25명이 재학하고 있다.

뉴잉글랜드 6개 주 한인회 발자취 정리

뉴잉글랜드 6개 주 한인이민사의 발자취를 정리하는 일에는 더 많은 자료를 찾아 역사의 기록으로 남겨야할 일이 많을줄 안다.

한인 사회 형성을 주도하고 앞장서 이끌어온 6개 주 한인회장과 임원 그 밖에 우리사회 뜻 있는 분들의 희생이 없었다면 오늘의 우리사회가 현재와 같이 존재할 수 있었을까를 생각해 본다. 어디 그뿐인가 우리사회의 크고 작은 일이 있을 때 마다 뒤에서 도와주는 사람들과 특히 지역 내 교회와 목사님들의 지도는 큰 지주가 되었으며 주류사회를 향한 길잡이가 되고 있다.

뉴잉글랜드의 각 주 한인회를 위해서 자료제공을 해주신 모든 분들께 사의를 표한다.

9. 보스턴 총영사관

1) 보스턴 총영사관 개요

현재 전 세계적으로 약 600만 명의 우리 동포들이 해외에 거주하고 있으며, 그중 90% 이상이 중국, 미국, 일본 및 CIS 독립국가연합(구 소련지역)에 집중되어 있다. 1903년 하와이 사탕수수 농장에 첫 발을 내딛으면서 시작한 미국 이민의 역사는 어느덧 한 세기가 지났으며 약 210만 명의 우리 동포들이 현재 미국에 거주하고 있는 것으로 파악된다. 조국의 정치, 경제 상황에 따른 이민과 초청 이민이 많았던데 비해 1980년대 이후에는 취업, 사업 이민이 전체 이민의 70% 정도를 차지하며 주종을 이루고 있다.

우리 동포 200여만 명이 거주하는 미국 지역에는 수도 워싱턴에 위치한 한국대사관을 비롯하여 10개 도시에 재외 공관이 설치되어 있는데, 주보스턴 총영사관은 미 북동부 지역을 관할하고 있다. 관할지역을 구체적으로 열거하면 뉴잉글랜드 5개 주(洲)인 매사추세츠, 뉴햄프셔, 로드아일랜드, 메인, 버몬트 주이며, 코네티컷 주는 뉴잉글랜드 지역에는 속하지만 지리적 인접성과 업무 연관성 등을 고려하여 주뉴욕 총영사관에서 관할하고 있다.

주보스턴 총영사관이 관할하는 뉴잉글랜드 5개 주에 거주하는 한인 동포는 35,000명 수준인 것으로 추정된다. 2000년 미연방 센서스 자료에 의하면 상기 다섯개 주에 거주하는 한인 인구는 22,688명이지만, 총영사관이 센서스를 토대로 지역 한인단체를 통해 수집한 통계를 반영하여 추산한 바에 따르면 이 지역의 한인 인구는 대략 35,000명 정도이다.

2) 보스턴 총영사관의 연혁

주보스턴 총영사관이 창설된 것은 1979년 8월이다. 보스턴 시내에 총영사관을 개설하고 함태혁 총영사가 초대 총영사로 부임하였으나, 창설한지 2년 7개월 만인 1982년 3월 정부의 외교망 재조정의 일환으로 폐쇄되었다. 1988년 서울 올림픽 이후 신장된 국력을 바탕으로 해외에 진출하는 국민이 늘어가면서 이들을 효과적으로 보호, 지원하기 위해 1989년 1월 주 보스턴 총영사관이 재개설되어 오늘에 이르고 있다.

한인 인구 분포만을 고려할 때 보스턴을 포함한 뉴잉글랜드 지역은 필라델피아나 마이애미 등 공관이 개설되지 않은 여타 도시에 비해 한인 규모가 훨씬 적다. 그럼에도 불구하고 동포인구 3만 안팎의 보스턴 지역에 공관이 개설될 수 있었던 것은 이 지역이 갖는 정치적, 학문적 특수성 때문일 것이다. 즉, 동부지역 유수 대학에 대거 포진한 지식층에 의해 주요 여론이 형성되고 미래사회를 이끌어갈 선진 학문들이 생산된다는 사실과 민주당을 중심으로 한 진보세력의 요람이라는 정치적 중요성이 고려된 것이다.

1979년 창설 및 재개설 당시 주보스턴 총영사관은 보스턴 시내 중심에 위치하였으나 1997년 조국의 외환위기 당시 예산절감을 위해 임대료가 저렴한 외곽 지역인 뉴튼으로 이전하여 현재에 이르고 있다. 뉴튼 지역은 도심과 불과 20분 정도 밖에 떨어져 있지 않으며 주차가 용이하고 사무실 공간이 넓다는 장점이 있으나, 전철이 연결되어 있지 않고 버스 노선이 많지 않아 교통편이 불편하다는 단점도 있다. 현재 대다수 국가들의 총영사관이 보스턴 시내에 모여 있고, 외교 공관은 수도(首都)에 위치해야 한다는 상징성, 그리고 한국의 위상을 고려 할 때도 총영사관을 보스턴 시내로 이전(移轉)하는 것이 바람직할 것이다.

3) 주보스턴 총영사관의 역할

우리 재외동포 정책의 기본 목표는 재외동포들의 혈통, 문화 및 전통의 뿌리가 한국에 있음을 유념하면서 거주국 내에서 안정된 생활을 영유하고 존경받는 모범적 구성원으로서 성장할 수 있도록 국제법, 국내법 및 거주국의 법과 제도가 허용하는 테두리 안에서 지원하는 것이다. 이를 위해 정부는 600만 재외 동포들의 지위 향상과 민족정체성 유지활동 지원을 주요 국정과제로 삼고 다양한 시책을 펼쳐왔다.

재외동포를 위한 노력의 대표적 성과로는 1999년 12월부터 시행 중인 "재외동포의 출입국과 법적 지위에 관한 법률"을 꼽을 수 있다. 재외동포법이 제정됨으로써 외국국적 동포와 영주권을 가진 동포들은 '재외동포'라는 신설된 체류자격을 갖게 되어 국내 출입과 취업 활동을 광범위하게 보장받을 수 있게 되었다. 또한 재외동포를 위한 전담기구인 재외동포재단(Overseas Koreans Foundation)을 97.10.30 설치하고 재외 동포사회의 발전과 권익향상을 위한 다양한 지원 사업을 전개하고 있는 것도 주요 성과의 하나이다.

미국에서 활동하는 10개의 총영사관은 지역에 따라 우선순위에 차이가 날 수 있으나 위에서 기술한 우리 정부의 재외동포 정책을 최 일선에서 수행하는 기관이다. 총영사관이 수행하는 업무를 구체적으로 나열하면 각종 한인단체 행사 지원, 동포 간 네트워크 형성, 주재국 내 친한(親韓) 인사 조성을 통한 우리 동포의 주류사회 진출 지원, 조국과의 교류 강화, 한인 2세 교육지원, 재외국민의 실태 조사, 민족문화 홍보, 정부시책 홍보, 재외 난민구호, 영사관계 각종문서의 공증과 확인, 이주(移住) 업무 총괄, 여권 발급, 비자 발급, 병역업무 대행, 호적 업무 대행 등 매우 다양하다.

그 중에서도 총영사관이 수행해야 할 가장 기본적이며 중요한 업무는 해외에 거주하고 있는 우리국민의 신변을 보호하는 것이다. 해외여행자 및 해외 진출업체의 증가에 따라 국외에 체류 중인 우리 국민에 대한 보호 활동도 강화되고 있으며, 특히 2001년 9.11 테러 이후 비상시 재외국민 보호 업무의 중요성이 더욱 부각되고 있다. 주보스턴 총영사관은 24시간 비상연락망을 가동하여 비상사태가 발생했을 경우 업무시간 이외에도 담당 영사와 연락을 취할 수 있도록 하고 있으며, 재외국민이 사건 사고가 접수되면 주재국의 치안, 사법 기관과 협력하여 신속히 대응하고 있다. 외교통상부 본부도 해외에서 발생된 우리 국민에 대한 사고에 효율적으로 대처하고 우리 국민의 보호기능을 강화하기 위하여 재외국민영사국 내에 '재외국민보호센터'를 2003.3.10부터 운영하고 있다.

그러나 재외국민 보호에 있어 영사관의 역할에는 분명한 한계가 있다. 그것은 주재국의 법체계를 존중하고 주재국 법의 테두리 안에서 해결해야 한다는 점이다. 우리 동포가 부당한 처우를 받을 경우 주재국 정부에 시정을 요구할 수 있지만, 미국의 법에 따라 적법하게 진행되는 법 집행 과정에 간섭하거나, 교민 이익 보호라는 명분으로 개인간의 분쟁에 간섭하는 것은 외교적 결례가 된다. 동포들도 이러한 한계를 분명히 알고 주재국의 법 질서를 존중하는 것이 필요하다.

미국의 동포사회는 현재 중요한 변화를 겪고 있다. 1세대에 의해 주도되었던 우리 동포사회가 점차 1.5세대 또는 2세대 중심으로 교체되고 있으며, 주류사회에 진출했거나 이를 지향하는 진취적인 동포들이 증가하고 있다. 이러한 추세는 뉴잉글랜드 지역도 예외가 아닌데 지난해 출범한 뉴잉글랜드 한인회 회장단과 이사회에 젊은 세대들이 대거 참여하게 된 것은 자연스럽고도 바람직한 흐름이라고 생각한다. 주보스턴 총영사관도 변화하는 동포사회에 눈과 귀를 열고, 건설적이고 효율적인 동포들의 조력자가 될 수 있도록 더욱 분발할 것이다.

1979년 6월	함태혁 초대총영사 부임
1982년 3월	공관폐쇄
1988년 12월	공관 재개 및 박상식 총영사(2대) 부임
1992년 3월	안종구 총영사(3대) 부임
1994년 3월	박신일 총영사(4대) 부임
1997년 3월	이 양 총영사(5대) 부임
2000년 3월	박재선 총영사(6대) 부임
2003년 9월	최원선 총영사(7대) 부임

총영사관의 주소는 'One Gateway Center 2nd floor, 300 Washington St., Newton, MA 02458' 이다.

10. 평화 통일 자문회의 보스턴 협의회

대한민국 헌법 제 92조 규정에 의거 평화통일 정책자문회의법이 공포됨을 계기로 대통령이 위촉하는 민주평화통일 자문회의가 설립되었다. 1981년 이 법의 통과와 함께 보스턴 지역에도 평통 자문회의가 설립되었으며 1993년에는 보스턴 지회로 승격, 다시 1996년엔 협의회로 승격되었다. 보스톤 자문회는 조국의 평화통일 정책 수립을 위한 대통령의 자문에 응하며 통일에 대한 협의와 역량집결을 목적으로 하고 있다.

보스턴 협의회는 뉴잉글랜드 5개 주(코네티컷 제외) 한인회와 6개의 직능단체에서 추천을 받은 지도급 인사로 구성되어 있다. 이들 위원들은 통일에 대한 의식구조를 다양한 방법을 통해 수집, 분석하고 통일의 타당성을 동포사회에 바르게 전달하는 역할과 함께 평통에 대한 지지인식을 개선해 나가고 있다. 그러나 평통을 대하는 이곳 동포사회의 시각은 부정적인 측면도 있다. 평통협의회가 합법적 국가기관으로 조국의 평화통일 기반조성을 위한 정책자문이 법적 근거라면 통일에 대한 폭 넓은 인식과 기반 조성을 다질 수 있는 전문가의 선임이 선행되어야 한다는 것이 동포사회의 주장이다.

보스톤 평통 자문회의 역대 임원

제 1, 2기 (1981-1987) 노영석, 정상무, 고일석
제 3기 (1987-1989) 노영석
제 4기 (1989-1991) 최승훈
제 5기 (1991-1993) 김성인, 박경민, 최승훈, 전주서, 이충식
제 6기 (1993-1995) 남궁연, 인준식, 이우조, 김은한, 변종화, 이천각, 정세련
제 7기 (1995-1997) 김인수, 김창덕, 김양길, 김수환, 조봉준, 최도경, 이의철, 남궁연,
이천각, 조남규, 최승훈
제 8기 (1997-1999) 남궁연, 안창수, 김창덕, 최승훈, 김양길, 감경식, 조봉준, 김수환,
김인수, 김정환, 이천각, 고일석, 정세련, 조남규, 한윤영
제 9기 (1999-2001) 장승훈
제 10기 (2001-2003) 윤관현

11. 뉴잉글랜드 한인 미국시민협회

1) 개요

(1) 설립 과정
시민협회는 미국에 이주하여 살고 있는 소수 민족인 우리 한인의 정착과 권익 신장은 이 미국을 움직이는 정치에 직접 참여하여 영향력을 행사하지 않고는 확보될 수 없다는 인식과 신념에 의해, 1989년부터 68명의 발기위원들에 의한 1년 이상의 준비 기간을 거쳐 1990년 8월 150여 명의 지역 인사가 참석한 가운데 창립총회의 개최함으로써 창립되었다.

(2) 위치, 회원 및 뉴잉글랜드 한인회와의 관계

뉴잉글랜드 전지역 (VT, ME, NH, MA, RI, CT)에서 한인들이 가장 많이 모여 살고 있는 대보스톤 지역에 사무소를 두고, 뉴잉글랜드 한인회와 상호 협조 관계를 유지하면서 권익확보의 방법인 정치 참여가 미국법에 합당하도록, 뉴잉글랜드 내의 시민권자를 정회원으로, 영주권자를 준회원으로 하고 있다. 현재 뉴잉글랜드 전지역의 한인은 30,000여 명으로 추산하고 있으며, 이 지역에서는 유일한 한인 시민 및 인권운동 단체이다.

(3) 정신

창립총회 발기문에서 표현된 정신은 "우리는 우리와 우리 자손들의 행복과 번영을 위하여 미국 시민으로서의 의무를 담함과 동시에 차별 없는 정당한 처우를 누릴 권리가 있다. 이를 달성하기 위해 단결된 힘으로 미국 정부와 사회에 우리의 입장과 주장을 분명히 하고 이를 받아들이도록 촉구하여, 핏줄을 같이한 동포를 돕고, 또한 모국인 한국이 발전하고 존경받는 나라가 되도록 기여한다"이다. 미국의 국가 이념은 민주주의이며, 민주주의는 국민이 주인이고, 대의정치제도 에 대한 적극적인 참여를 통해서 한인들이 명실상부한 '이 국가의 주인' 이 되어야 한다는 것이다.

(4) 목적

창립정신을 구체화한 본 회의 목적은 (헌장 제 3조 목적 참조)

1. 한인 미국시민의 정치 참여를 적극 권장한다.
2. 한인 미국시민의 법적 지위 향상과 권익 신장을 적극 추진하며, 시민권자의 권리를 주장하고 의무를 수행함으로써 주권자로서의 위치를 확고히 한다.
3. 한인 상호간의 유대를 강화하고, 정치, 경제, 사회적 여건을 확대하며, 사회 부조리 개선에 적극 참여한다.
4. 한민족의 역사적 전통을 유지, 보존하여 후손에 계승, 개발케 함으로써 민족적 긍지를 잃지 않게 하고, 미국사회 발전에 기여한다.
5. 한미 우호관계를 증진시킨다.

5) 사업

목적을 달성하기위한 본 회의 사업은 (헌장 제 4조 '사업' 참조)

1. 선거권과 피선거권의 행사를 권장한다.
2. 한민족과 한국의 입장을 지지하는 정치인을 지원한다.
3. 한민족의 권익에 관련된 법률의 의회 통과 및 통과 반대를 위한 합법적인 로비활동을 한다.
4. 한민족의 권익보호 및 신장을 위해 관련기관, 단체, 인사에 대한 청원서, 서신 등을 송부한다.
5. 한민족의 권익보호 및 신장을 위한 합법적 행사를 한다.
6. 한민족의 가정보호, 청소년 선도 및 노인들의 복지를 위한 사업을 추진한다.

6) 재정현황

회원 중 매년 평균 150여 명이 소정의 회비를 냈고, 25여 명이 이사회비를, 각종 찬조비를 80여 명 (또는 업소, 단체)에서 냈다. 또한 98년부터 시작된 정치인턴모금파티에서는 평균 150여 명이 참가하여 기부금을 냈다. 협회의 재정은 90년부터 94년까지는 연간 4,000 달러에 불과했으나, 95년에는 7,000 달러, 96년과 97년에는 20,000 달러, 그리고 98년에는 30,000 달러 선으로 확충되었고, 99년에는 34,500 달러였으며, 2000년에는 37,500 달러, 2001년은 31,960 달러, 2002년은 25,300 달러, 2003년은 16,902 달러였다.

2) 시민협회연혁

(1) 시민협회 활동 연혁의 주요 배경

시민협회가 창립 2년째를 맞아 활동의 걸음마를 시작할 무렵인 1992년, 한국 이민사에서 최악의 사태인 L.A. 폭동사건이 발생했다. 미국의 언론은 인종차별적인 논조로 일관했고, 공권력은 한인의 재산권과 생존권의 보호를 외면했다. 보스턴과 뉴욕 등지에서도 유사한 작은 소요가 있었다. 한인의 정치력 부재가 피해의 원인으로 진단되었고, 정치력 신장의 각성과 필요성이 대두되면서, 늦게나마 여타 지역에서도 여러 조직이 태동되고 활성화 되었다.

그 후 몇 년간 미국의 보수화 경향에 따라 소수민족의 인권을 제한하는 각종 법안들이 미국을 휩쓸었다. 인간의 가장 기본적인 권리이자 행복인, 가족들간의 상봉과, 함께 살 권리를 제한하고 뺏는 개정 이민법, 언어와 생활습관과 여건이 모두 힘들고 취약한 상황 속에서 노력하는 이민자들의 생존권을 박탈하려는 개정 웰페어법, 이민자들의 불리함을 외면하는 어퍼머티브 액션의 폐지, 민족 고유의 개성과 문화의 획일화, 이중 언어 교육 폐지 등의 법제화가 주류사회에서 제기되었다. 시민권 획득이 더욱 어렵게 되고, 수수료가 인상되고, 영주권자의 추방도 쉽도록 하였으며, 일부 혜택은 복원되었으나 아직도 표면적으로 드러나지 않는 수없는 제한과 차별의 움직임은 앞으로도 계속될 것이다.

특히 9.11 테러사태 이후의 미국의 대테러 전쟁 및 보수화로 소수민족의 권익 신장은 점점 후퇴될 조짐을 보이고 있다.

(2) 시민협회의 활동 개요 및 성과

이러한 격변하는 주변 상황 속에서 시민협회는 지난 14년 동안 여타 소수민족 인권단체와의 유대강화 및 연대, 한인 전국조직의 태동 적극 동참, 시민권 취득 독려 및 무료 워크숍의 개최, 투표 참여 및 정치인식 제고 캠페인, 한인에게 우호적인 정치인의 지원 및 한인의 정계진출 독려와 추천, 법률 로비활동, 항의운동, 웰페어 복원 및 이민법 반대 캠페인, 2세 지도자 양성 등의 활동을 펼쳐왔다. 그 활동 및 성과 몇 가지를 보면 아래와 같다.

1. 뉴잉글랜드 시민협회의 지지를 받은 클린턴 대통령은 재선된 후 감사의 편지를 보내왔으며, 97년 웰페어법의 복원을 선거공약으로 내세워 당선된 매사추세츠 주의 Weld 주지사는 Asian American Committee를 신설하여 아시안의 권익 향상에 기여하면서, 이민자로서 이민사회를 위해 공헌한 사람을 매년 수상하는 제도와 주정부 차원의 각종 복지혜택을 확충하였다.

   또한 미국의 비자 면제 대상국 프로그램에 한국을 포함시키고자 하는 캠페인에 동참한 결과 rpspel 상원의원으로부터 이를 위한 법률안을 공동 발의해 통과시켰다는 서신이 오기도 했다. 결실을 맺지는 못했으나 공석이던 주한 미대사 후임으로 워싱턴 주 전하원의원이던 폴신 박사를 추천하는 캠페인에 동참하였고, 모금파티를 통해 한인 최초의 연방하원의원이던 김창준 의원의 당선에 일조하기도 했다.

2. 주정부에 한인 추천: 매사추세츠 주 웰드 행정부는 시민협회가 추천한, 최승훈 씨를 Massachusetts Emergency Management Agency의 Radioactive Safety Board Director로 임명하였고, 김기자 씨를 Massachusetts Jobs Council에 Cellucci 부지사와 공동의장으로 임명하였으며, 이희규 씨를 Governer's Advisory Council on Information Technology의 위원으로 임명하였다. 또한 Weld 주지사를 승계한 Cellucci 주지사는 소수민족 최초로 청장급에 하워드 고(고경주) 박사를 보건부 청장에 임명하였으며, 최홍균 회장을 Asian American Commission의 Commissioner로 임명하였다.

3. 소수민족단체와의 유대 및 공조: 뉴잉글랜드 내 최대 통합소수민족단체인 Asian American Unity

Dinner(AAUD)로부터 시민권 취득 안내서 프로젝트에 2,000달러의 지원금을 수여받았으며, 김문소 고문 (전임 이사장)이 '1998년도 개인 지역사회봉사상'을 수상했고, 최홍균 (전임회장)이 AAUD의 공동의장으로 선출되었다. 또한 99년에는 AAUD로부터 '법과 생활 및 민권안내'의 책자 발간에 2,500달러의 기금을 수여받았다. 2000년에는 김양길 고문(전임회장)이 '2000년도 개인 지역사회봉사상'을 수상하는 영예가 있었다.

한인의 전국적 조직의 결성을 위한 전국 한미 지도자대회에 1차 대회부터 한 번도 빠짐없이 참여해 왔으며, Korean American Coalition(KAC), LOCA와도 긴밀한 협조관계를 유지하고 있다. 다른 소수민족 인권단체인 MIRA, ATFADV, AACA, APAAC 등에도 이사들을 파견하여 참여하는 등 정보교환과 협조, 소수민족 인권을 위한 공조체제를 유지하고 있다.

4. 한인단체와의 협조: 한인들의 주종사업인 세탁인협회는 시민협회가 지원하여 당선된 매사추세츠 행정부로부터 환경법 제정에 직접 참여하는 특전으로 사업을 보호 받았으며, 현재 주정부로부터의 긴밀한 협조는 물론, 각종 규제의 제정을 피하고 있다.

5. 한인의 인지도 및 의식 제고: 한인에 대한 인지(Recognition)의 한 증표로서 협회 회지에 실릴 정계 고위직 인사들의 격려사를 해마다 보내오고 있다. 또한 뉴잉글랜드 내 한인들의 존재, 시민협회의 존재와 활동이 주류 정치사회에 알려져 98년에는 선거에 출마하는 주요 후보마다 지지를 호소해 오고 있다. (MA 양당 두 주지사 후보, 검찰총장 후보 포함) 또한 뉴잉글랜드 한인회의 40여 년 역사상 최초의 한인회장 경성과 높은 투표율 등도 그동안 시민협회가 노력한 결과로 인한 한인들의 정치 및 참여의식 변화의 한 예라고 할 수 있다. 그러나 우리 한인의 투표율은 전국적으로 낮은 편이다. (예컨대, 이 지역의 경우, 93년도 선거에서 Lexington의 70여 한인 시민권자 중 투표한 사람은 단지 7명에 불과), 94년에는 김은한 전회장의 노고로 Lexington에서 한인이 90%의 투표율을 기록하기도 했다.

투표권유를 위해 2000년도에는 '투표, VOTE2000'을 발간하여 무료로 배포하기도 했다.

6. 각종 계몽활동: 회지를 9년간 해마다 3,000여부씩 발간하여, 지역 내 한인에게 배부하여 인식을 제고시킴은 물론, 각 인권 및 소수민족단체, 정계의 상하의원 및 주지사, 백악관에 배포하여 한인의 존재를 인지시키고 부각시키는데 노력하였다.

뉴스레터를 98년에는 5차에 걸쳐, 99년에는 3회에 걸쳐 각각 3,000여 부 제작하여 뉴잉글랜드 전역의 한인 가정에서 직접 우송함으로써 새로운 소식들을 알리고 시민권 취득, 투표권유 등의 캠페인을 전개하기도 했다.

또한 동포들의 미국 생활에 대한 적응을 돕기 위한 54쪽의 '미국법과 생활 및 민권안내서'를 99년에 3,000부 발간하여 무료로 배부하고 있다.

2000년 5월에는 한인회와 노인회 등과의 협찬으로 센서스 참여 캠페인을 전개하였다.

7. 시민권 취득 워크숍의 개최: 96년부터 시민권 취득 교육 및 필기시험을 실시한 이래 '시민권 취득 종합 안내서'를 발간하였고, 97년에 2차, 98년에 2차, 99년에 2차, 2000년에 또한 2차에 걸쳐 무료 시민권취득워크숍을 정기적으로 개최하여, 수많은 분들의 시민권 취득을 돕고 있다.

8. 2세 지도자의 양성: 2세 지도자의 양성을 위해 Political Intern 장학금의 신설과 수여를 98년에 1명으로 시작한 이래 99년에는 4명으로 확충하여, 각각 1,000달러씩의 장학금과 함께 연방 상원, 주지사, 주 검찰총장, 주 하원의원의 사무실에 한인 2세 정치인턴을 보냈으며, 2000년에는 6명의 인턴 (박아름: 보도인대학, MA 주지사, 한송이: 브랜다이스대학, MA주상원, 최은영: 하바드대학, 케리 연방상원의원, 김데이빗: 터프스대학, 케네디 연방상원의원, 벤자민 스미스: 보스톤대학 법대, MA 검찰청, 엄제임스: 터프스대학, MA 검찰청)을 각 1,000달러씩의 장학금과 함께 보냈으며 계속 인원을 확대해 나가면서 주력 사업의 하나로 추진해 나갈 예정이다.

1. 개신교

미국의 기독교 역사에 있어서 뉴잉글랜드는 빼놓을 수 없는 곳이다. 수많은 미국 기독교의 역사가 숨 쉬고 있는 곳, 신앙의 자유를 찾아 이민 온 청교도들의 시작일 뿐만 아니라 미국 국민의 영혼을 향하여 대각성의 불길을 지폈던 조나단 에드워즈의 뜨거운 믿음의 열정이 숨 쉬는 곳이고 미국 전체를 영적 불가마로 몰아넣은 전도자 드와이트 무디가 태어나고 수많은 복음전도자들이 미국을 영적 대각성의 물결로 뒤덮는 일을 시작했던 곳 뉴잉글랜드는 미국 기독교의 찬란한 꽃을 피운 곳이다. 이런 영적 분위기 속의 뉴잉글랜드에 1953년 드디어 한인 교회가 최초로 설립되고 그 후 50년이 지난 지금 뉴잉글랜드에는 50여 개의 한인교회가 세워져 한인 이민자들과 함께 희로애락을 같이하며 저들을 하나님의 말씀으로 바른 삶을 살도록 가르치며 미국 사회에 정착하도록 인도하는 등대의 역할을 감당하고 있다.

뉴잉글랜드 지역에서 첫 번째로 세워진 한인교회는 1953년 추수감사절에 박대선 목사가 중심이 되어 세워진 보스톤 한인교회이다. 그 이후 약 20년 동안은 다른 한인교회가 설립되지 않은 채 보스턴 한인교회가 보스턴과 인근의 한인들에게 위안의 장소와 새 힘을 공급 받는 영적 안식처의 역할을 감당하여 오다가 1970년대에 이르러서는 6개의 교회가 설립되는 발전을 가져오게 되었다.

보스턴 한인교회가 설립된 후 두 번째로 이 지역에 세워진 교회는 1974년 3월 17일 권진태 목사가 중심이 되어 설립된 성요한 감리교회이다. 그리고 성요한 감리교회가 설립된 2년 후인 1976년 3월 28일에는 최양선 목사가 중심이 된 보스턴 장로교회가 설립되었다. 그리고 네 번째 설립된 교회는 북부 보스톤 교회가 라영복 목사를 중심으로 보스턴 북쪽지역인 엔도버에 1978년 3월 둘째 주일에 설립되었고, 케임브리지 한인교회가 1978년 10월에 유철옥 목사가 중심이 되어 이 지역에 다섯 번째로 세워졌다. 그리고 1979년 11월 18일에는 김권찬 목사를 중심으로 하는 순복음 보스톤교회가 설립되었고 그 이후로 이곳 저곳 지역을 따라 한인들이 살고 있는 곳을 찾아 교회가 세워져 현재 약 70여 개의 한인교회가 보스턴을 중심으로 세워져 있다.

성요한 감리교회가 설립될 때에는 당시 보스턴 한인교회를 시무하던 권진태 목사가 보스턴에 감리교인들을 위한 감리교회가 필요하다고 생각되어 보스턴 한인교회의 시무를 사임하고 최초의 감리교회를 설립하게 되었고, 2년 후인 1976년에 설립된 보스턴 장로교회도 당시에 보스턴 한인교회를 출석하고 있던 장로교 목사인 최양선 목사가 역시 한국에서 장로교회를 출석하던 교인들을 주축으로 설립하게 되었다. 그 후로 한국에 있는 기독교 각 교단들이 뉴잉글랜드 지역에 선교차원에서 교회들을 설립하게 됨에 따라 20여 년 동안 하나밖에 없던 보스턴 지역의 교회가 1970년대에 이르러서는 7개로 늘어났고, 또한 1980년대에 이르러서는 15개가 더 추가된 22개의 한인교회가 보스턴을 중심으로 세워지게 되었다. 그 뒤 10년을 더 지나온 1990년대에는 20개의 교회가 더 설립되어 총 42개의 한인교회가 되었고 그 이후로 2003년 현재에 이르러서는 70여 개의 한인교회로 늘어나게 된 것이다.

이들 한인 교회들은 보스턴을 중심으로 한 메인, 뉴햄프셔, 매사추세츠와 로드아일랜드를 포함한 경우이고 코네티컷 주는 지리적 여건이 보스턴을 중심으로 한 한인사회권에서 멀어져 있어서 그 동안 보스턴 지역의 교회들과의 연합 활동은 거의 할 수 없는 여건 때문에 보스턴을 중심으로 하는 한인 교회 통계에는 포함되지 않았다. 그리고 매사추세츠 주에 포함된 교회이지만 코네티컷 주에 인접해 있는 스프링필드와 앰허스트를 포함한 매사추세츠 주 서부에 산재한 한인교회들은 코네티컷 주에 속한 한인교회들과 오히려 더 긴밀한 연합활동에 임하게 되어 실제로 서부 매사추세츠에 있는 한인교회들은 보스턴을 중심으로 하는 한인교회들과는 그리 밀접한 관계를 갖고 있지 못한 상태에 있다. 이렇게 뉴잉글랜드 지역에 교회가 점점 개척되어짐에 따라 이곳에 최초로 설립되었던 초교파 교회를 지향하던 보스턴 한인교회도 1985년 홍근수 목사가 담임하던 때에 이르러서는 미국 장로교단(PCUSA)에 가입하는 획기적인 변화를 갖게 되었고 이제는 개신교에 속한 모든 교단들의 교회가 이 지역에 자리 잡게 되어 현재에는 장로교, 감리교, 성결교, 침례교, 오순절, C&MA 등을 비롯한 10여 개 교단에 속한 교회들이 이 지역에 분포되어 있다.

1) 최초의 한인교회의 설립

보스톤 한인교회는 미주 한인교회로서는 50년의 역사와 전통을 자랑하는 뉴잉글랜드 지역의 어머니 교회와 같다고 할 수 있다. 역사학자 백린의 한인 교회 사료에 의하면 이 교회는 초기 재미 한인교회와 같이 미국 선교사의 도움이나 또는 어떠한 유지의 뜻에 따라 설립된 것이 아니라 이곳 보스턴에 유학 왔던 한 감리교회의 목사에 의하여 설립된 것이라고 다음과 같이 기록하고 있다.

"보스톤 한인교회는 1953년 11월 당시 보스턴 대학교에서 유학 중이던 박대선 목사를 중심으로 그곳 주민들이 설립한 교회이다. 이 교회는 초교파 독립 교회로서 1974년까지 그 지방 유일의 한인교회로 발전하고 봉사해 왔다."

교회 설립의 소명을 받은 박대선 목사는 "1952년에 보스턴에 와서 1년을 지나면서 곰곰이 생각한 것이 이 지역에 교회를 하나 세울 것을 생각했었다. 보스턴은 Hub라 해서 세계의 중심이며 학문적 문화적 중심지이기 때문에 앞으로 한국의 두뇌들도 미국에 오게 되면 보스턴에 많이 몰려들 것으로 예상되기에 이러한 도시에 한인교회를 하나 시작하는 것이 뜻이 있지 않겠는가 생각하고 1953년 감사주일을 기해서 한인교회를 시작했다"고 말했다.

설립자 박대선 목사는 1916년 경북 의성에서 출생하고 1940년 일본 관서학원 영문과를 졸업한 후에 1942년 동 대학원 신학과를 졸업하고 감리교 목사가 되었다. 1945-50년까지 평양 성화신학교 교수로 재직하였으며 1952년에 보스턴으로 유학을 와서 1955년에 보스턴 대학에서 신학박사학위를 받았다. 그리고 그 후 연세대학교 총장으로 재직하였다. 보스톤 한인교회는 그 창립예배를 1953년 11월 감사절 주일 보스턴 대학(BU)의 Marsh Chapel에서 가졌다. 박대선 목사는 창립예배의 현장을 다음과 같이 말했다.

"시작할 때 추수 감사절을 기해서 시작하게 되었는데 매사추세츠 주에 있는 한국인 거의 전부라고 할 수 있는 40여 명이 모여서 예배를 드렸습니다. 불신자도 있고 불교신자도 있고 천주교 신자도 오고 아주 교파의 차별이 없어 40명이 모여서 감격적으로 예배를 드린 것이 이 교회의 시작이었습니다."

이 지역에 거주하는 한인들이 모두 모여서 감사절을 축하하며 교회창립의 첫 예배를 기뻐했다. 이날은 특별히 맑게 갠 날씨로 하나님께서도 이 교회의 창립을 기뻐하시는 듯 은혜가 충만하였다. 당시의 교인 총수는 40여 명에 불과하였고 그들 대부분은 유학생이었다. 그러나 로드아일랜드, 코네티컷, 스프링필드 같은 먼 곳에서 찾아오는 교인도 있었다. 박대선 목사는 1955년 6월 보스턴 대학(BU)에서 신학박사 학위를 마치고 귀국길에 올랐다. 목자를 잃게 된 보스톤 한인교회는 한동안 설교할 목사가 없었지만 하버드 대학교 신학대학에서 박사학위 과정을 이수하고 있던 박봉랑 목사가 뒤를 잇게 되었다. 박봉랑 목사는 평남 출신으로 1943년 일본 신학교 본과를 수료하고 1948년에 조선신학교를 나와 동교의 조교수로 재직하였다(1949-1952). 그리고

1952년에 도미하여 1954
년 미국의 에즈베리 신학
대학을 졸업하였다. 그리
고 곧 보스턴으로 와서
1955년 하버드 대학교 신
학대학에서 석사학위 과
정을 마치고 계속하여 박
사학위 과정을 공부하던
중이었다(현대 한국인 명
사서, 1972, P. 66).
　박봉랑 목사가 보스톤
한인교회 담임목사로 부
임하자 교회를 케임브리
지의 하버드 대학교 정문

앞에 있는 First Church in Cambridge로 옮겼다. 케임브리지로 교회를 옮기고도 교회는 월 1회 오후 3시 40
분에 모여서 예배를 드렸다. 그것은 교인 대다수가 학생들이었고 또 가족을 가진 교인이 많지 않았기 때문에
친교시간에 의례 있어야 했던 만찬의 준비가 힘들었기 때문이었다. 교인 수는 그리 많지 않아 40여 명에 불과
했었다. 뉴잉글랜드 지역에 아직 한인교회가 하나밖에 없었기 때문에 브라운 대학, 웰즐리 대학 등 먼 곳에서
까지 차를 몰고 오는 학생도 있었다. 박 목사는 회고하기를 "설교 때마다 자리에 앉아있는 창백한 얼굴을 하고
열심히 설교를 듣던 학생들의 모습이 진지했습니다. 주일에 만나는 것이 너무나도 반가워서 헤어질 줄을 모르
고 좋아했습니다"라고 하였다. 학생들은 공부에 지치고 피로가 쌓여 교회를 찾아왔지만 거기에는 진리의 말
씀이 있고 모국의 관습이 있으며 한국말로 자연스럽게 대화를 나누면서 타향에서의 회포를 풀고 고독감을 씻
을 수 있는 친교가 있었다. 이국 땅에서 친구를 만나게 되고 새로운 사람을 사귀게 되니 서로들 위로와 격려를
주고받으면서 용기와 희망을 찾을 수 있었던 것이다. 사실 당시 한인교회는 이 지역 한인들의 믿음의 공동체
인 동시에 그곳은 보스톤 한인의 만남의 장소인 회관의 역할까지도 담당했었다. 이 때에 교회를 위하여 크게
봉사한 이들은 이곳 주민 이외에 하버드 옌칭 연구소의 초빙 교수들도 한몫을 했다. 그러던 중 1955년부터
1957년까지 2년여에 걸쳐 목회를 담당하였던 박봉랑 목사는 하버드 대학에서의 박사학위 논문작성 때문에 교
회를 사임하였다.
　그 후 박봉랑 목사의 후임으로 보스턴 대학(BU)에서 신학을 공부하던 함성국 목사가 목회를 맡았다. 함성국
목사가 목회를 담당하고 나서 교회는 Copley Methodist Church로 옮겨서 1년간 머물다가 1958년 보스턴 대
학(BU)의 로빈슨 채플로 돌아오게 되었다. 이때에 교회는 일정한 담임목사가 없이 함성국 목사, 조찬호 목사,
김영식 목사 등 세분이 협동해서 1959년까지 목회를 이끌어왔다. 아직 유급 목사를 모실 수 없었던 교회로서
는 보스턴 대학(BU)에 와서 신학공부를 하던 목사님들을 찾아 목회를 부탁할 수 밖에 없었던 것이다. 그리하
여 목사님이 자주 바뀌게 되고 교회도 새로 오는 목사의 사정에 따라 수시로 옮기게 되었던 것 같다. 당시 보
스턴 지역에 와서 공부하던 목사와 신학도로는 한승호 목사(전 국제대학 교수), 유동식 박사(전 연세대학 교
수), 이정선 박사(현 강남사회복지대학장), 이희정(전 이화대 교수)등이다.
　교회가 로빈슨 채플로 돌아온 후 교회에 나오는 교인 수는 20여 명에 불과했으며 그것도 대다수가 BU에서
공부하고 있는 학생들이었다. 그리고 이곳 BU에서 공부하고 있던 목사나 신학도들이 번갈아 가며 설교를 해
주었다. 이렇게 교인 수가 적고 또 담임목사도 없었으므로 교회는 아담한 작은 장소를 찾아 예배장소를 옮기
기로 했다. 그래서 교회는 BU 신학대학의 지하실 소강당을 빌려서 예배장소로 사용했다. 교회는 1960년대까

지 별로 부흥하지 못했다. 1963년에 이계준 목사가 담임목사로 오면서 종래 매월 한 번씩 보던 예배를 매월 두 번씩으로 늘렸다. 1964년 안상엽 목사가 담임하면서부터는 매주 예배를 드리기 시작했다. 또한 공동의회를 개최하여 교회의 헌장을 제정하였으며, 처음으로 교회예산을 책정했다. 창립된 지 꼭 11년 만에 교회가 제 기능을 찾기 시작한 셈이다. 1966년 BU 신학대학의 교수인 김광원 박사가 담임목사를 맡으면서 교인이 점차 불어나자 독립된 교회당을 가져야 하겠다는 의견이 있어 교회 건축위원회를 구성, 매사추세츠 주에 비영리 단체로 등록했다. 보스턴 한인교회는 1967년 9월 17일 현 부르크라인의 미국 제1 장로교회(The First Presbyterian Church in Brookline)의 회당을 빌려 첫 예배를 드림으로써 부르클라인(Brookline)에서 새로운 교회 사역의 막을 열게 되었다.

2) 1970년대에 세워진 한인 교회들

보스톤 한인교회가 설립된 후 약 20여 년 동안은 다른 한인교회들이 설립되지 않았다. 그러나 1970년대에 이르러서 미국 시민권자들이 한국의 친척들을 초청하는 일과 또 많은 유학생들이 보스턴에 유학하여 오고 그들이 이 지역에 정착하게 됨으로 인하여 한인들이 늘게 되었고 한국에서 신앙 생활하던 이민자들이 예배를 드리는 일에 지역적인 편리함을 위하여 지역을 따라 교회가 세워지게 되었고 또 한편으로는 자신들이 신앙 생활하던 교회의 교리적인 배경을 따라 교단을 배경으로 하는 한인교회가 세워지게 되었다. 이는 보스톤 한인교회가 초교파로 교회를 설립한 후 1985년 미국 장로교회에 가입하게 된 것과는 달리, 대개의 교회들이 처음 설립될 때부터 교단적인 배경을 가지고 교회가 설립되었다는 특징을 갖는다.

(1) 두 번째로 설립된 성요한 감리교회 (1974년 3월 17일)

1974년 3월 17일 보스턴에 두 번째 한인교회가 세워졌다. 당시 보스턴 한인사회로서는 이 성요한 감리교회의 설립이 놀라운 사건이었다고도 할 수 있다. 언제까지 보스톤 한인교회가 이 지역의 한인들에게 방주와 같고 친교의 자리였고 또한 언제나 찾아와서 한인들간의 사랑의 대화를 나누는 곳이었기 때문에, 또 하나의 교회가 설립된다는 것은 큰 사건이 아닐 수 없었을 것이다. 성 요한 감리교회의 30년 사에 의하면 당시 개척 상황을 이렇게 기술하였다.

"보스턴 지역의 특수성과 함께 이 지역 복음화의 중요성을 절실히 깨닫고 백인 사회 속에서 한인교회 개척의 사명을 안고 있던 권진태 목사는 그의 감리교 신학대학 동문이었던 송길섭 목사와 김경섭 성도와 함께 그 뜻을 모았다. 마침내 1974년 3월 17일 2시, 하나님의 섭리와 계획 가운데 Watertown에 위치한 미연합감리교회(St. John's United Methodist Church, 80 Auburn Street, Watertown, MA 02172)에서 성요한 한인 교회가 구원의 방주로서 그 복음의 닻을 내렸다. 한국에서 7년 그리고 이곳 보스턴에서 3년 3개월의 목회경험이 있으며 투철한 목회철학과 무엇보다도 남다른 사명감으로 불타는 열정적 신앙의 소유자인 권진태 목사를 초대 담임목사로 세우고 장년 40명과 어린이 13명이 감격적이며 역사적인 창립예배를 드리게 되었다. 이날 설교는 송길섭 목사가 마태복음 16장 13-20절을 본문으로 '교회의 터' 라는 제목으로 성요한 교회는 그의 사명을 깊이 깨달아 감당하는 신앙의 터가 되어야 하며 그 교회의 터를 통한 영원한 하나님의 축복이 임한다는 말씀을 전하였다."

당시 성요한 감리교회가 설립되면서 권진태 목사와 함께 첫 번 예배를 드렸던 교우들의 명단이 역시 성요한 감리교회 30년사에 실려 있는데 그 명단은 다음과 같다. 이종원, 김경섭 가정, 권순호, 윤건준 가정, 최찬혁 , 신재은 가정, 김정규, 김사라, 정성국 가정, 남궁연 가정, 김상님 가정, 박경민, 장정률 부부, 박원춘, 정명희 부부(모친 황계순 권사), 김완기, 권정자 부부, 이용식, 지정자 부부, 한홍수 부부, Rev. Arthur R. Curtis 부부, Mrs. Nancy Rodriguez, 김유순 감독 사모와 그의 아들 김광수 부부, 송길섭 목사, 김광수, 박유철, 방극규, 이철희, Mrs. 박윤진, 반주자 고준기 성도 등이었다. 이들이 모두 성요한 교회가 이 땅에 첫 발을 내딛게 된 일에 주역들이었다. 그들 대부분은 2003년 현재까지도 성요한 교회의 장로, 권사, 또는 집사로 섬기고 있다. 성 요한 한인교회라고 이름 한 것은 '성 요한' 이란 이름은 성경에서 예수님의 제자 가운데 사랑의 사도로 알려진 '요한' 의 이름을 의미하며 예수님께서 가르쳐 주신대로 성도간에 서로 사랑으로 주님을 섬기며 봉사하는 사랑의 공동체를 의미하고, '한인' 이란 글자는 인종과 문화가 다른 이곳에서 한 민족의 주체의식을 갖고 신앙생활을 소신 있게 그리고 다른 민족에게 본이 되도록 신앙의 열정을 보이는 한민족의 신앙공동체를 나타내기 위함이었다. 그러다 보니 교회당을 함께 사용하는 미국교회의 이름과 같은 교회명칭을 채택하게 되었다.

교회가 설립된 지 1년이 되는 1975년에 그 당시 보스턴지역 감리사였던 Rev. John Barclay 의 주선으로 미국 연합감리교회로부터 교회 인준을 받았고 그 해 6월 14일에는 마침내 뉴잉글랜드 연회(New England Conference)에 가입이 되었다. 그 연회에 가입되면서 교회의 정식 이름이 St. John's Korean United Methodist Church로 바뀌게 되었다. 당시 이 일이 이 지역에 귀한 일로 평가되어 Boston Globe 신문에서는 남부 뉴잉글랜드 연회가 미국 독립 200주년 기념으로 귀한 선물을 받게 되었다고 기사화하기도 하였다.

매주 토요일마다 청년들을 위한 성경공부 모임이 활성화되고 유년 주일학교와 영어권의 청년들을 위한 영어 성경 공부반이 시작되었으며 자녀들을 위한 한글교육과 한국문화는 물론 한국인의 얼과 긍지를 심어주기 위해 한글학교도 시작되었다.

교회가 설립된 때부터 하나님의 인도와 축복으로 교회는 날마다 성장하여 교인의 수가 증가함에 따라 교회 건물을 몇 번 옮기게 되었다. 첫 번 옮기게 된 곳은 교회가 설립된 후 2년 8개월 만인 1976년 6월 14일에 Newton Centre United Methodist Church(1210 Centre St., Newton Centre, MA 02159)로 이전하였고 6개월 후 Newtonville United Methodist Church(449 Newtonville Avenue, Newtonville, MA 02160)로 이주하게 되었는데 이곳에서 2년 4개월 지내는 동안 괄목할 만한 성장을 하게 되어 더 많은 교인을 수용할 수 있는 현재의 위치인 Lexington United Methodist Church(2600 Massachusetts Avenue, Lexington, MA 02421)로 1981년 5월에 이전하게 되었다.

이곳으로 이전한 성요한 교회는 편리한 교통과 편의시설, 그리고 넓은 공간을 사용하면서 빠르게 성장되었다. 1986년에 이르러서는 매 주일 예배 출석이 성인만 230명이 넘게 되는 커다란 구원의 방주의 모습을 갖추게 되었다. 그리고 1984년에 이르러서는 미국 교회와 공동건축위원회가 조직되어 교회증축과 부속건물 건축을 위한 준비 작업에 들어가 1987년 3월 15일 건축 기공예배를 드리고 그 해 연말에 공사가 완료되어 현재 아름다운 교회를 건축하게 되었다. 성요한 감리교회는 설립 당시부터 30여 년간을 사역한 권진태 목사의 탁월한 지도력에 힘입어 성장하였고 또 지역적인 편리성이 제공되어 이 지역의 교회연합집회의 모임에는 언제나 교회를 사용하도록 하여 성요한 감리교회에서 많은 연합집회를 갖는 교회로 든든히 세워졌다.

(2) 세 번째로 설립된 보스턴 장로교회 (1976년 3월 28일)

보스턴 장로교회는 1976년 3월 28일에 설립되었다. 당시 하버드 신학대학원에서 공부하고 있던 장로교 목사인 최양선 목사는 보스턴 한인교회를 출석하고 있던 중 장로교회의 필요성을 인식하고 보스턴에서 최초의 장로교회를 설립하게 되었다. 1976년 3월 21일 보스턴 최초의 장로교회를 설립하기 위하여 최양선 목사는 김문규 성도와 더불어 설립을 위한 준비모임을 가졌고 이어서 김문소, 배정삼, 정근삼, 현영우, 현철우 성도가 함께 교회 설립에 동참하게 되어 1976년 3월 28일 주일에 보스턴 장로교회 첫 예배를 드리게 되었다. 첫 예배를 드린 곳은 Waltham에 있는 미국 장로교회(34 Alder Street, Waltham, MA 02154)로 처음 드려진 예배에는 성인 18명과 어린이 7명이 참석하였다.

그 해 5월 23일에는 제 1회 공동의회를 개최하여 최양선 목사를 담임목사로 결의하고 7월 11일에 이어서 가진 임시공동의회에서는 미주 한인 장로회 미주 동부 노회에 가입하기로 결의하였다. 그 이후로 교회는 성장하여 대학생들을 위한 성경공부와 교인들의 분포를 따라 5개의 구역을 정하고 구역 성경공부가 활성화되어 멀리 우스터(Worcester) 지역에서까지 교인들이 출석하는 성장을 이루었다. 그러던 중 1985년 5월에 최양선 목사가 교회를 떠나게 되고 이어 1985년 12월에는 캘리포니아의 International Bible College & Seminary 에서 학감으로 신학교 사역을 하고 있던 전덕영 목사가 청빙되어 현재에 이르고 있다.

제 1대 담임목사인 최양선 목사는 서울대학교 종교학과를 졸업한 후 장로교 신학대학교를 졸업하고 영락교회에서 수석 부목사로 사역을 하였고 하버드대학의 신학대학원에서 공부하던 중 교회를 개척하게 되었다. 그는 뉴욕의 신학교에서 겸임 교수로 수고하면서 신학교 사역에도 힘을 기울인 분이었다. 현재는 뉴저지에서 교회를 시무하고 계신다.

(3) 네 번째로 설립된 북부 보스톤교회 (1978년)

1977년 3월 20일 미연합감리교회 소속의 라영복 목사가 보스턴 북부지역 한인 이민자들의 신앙적 구심점을 마련하고자 교회를 개척하여 로렌스 연합감리교회에서 첫 예배를 드림으로 교회가 시작되었다. 당시 개신교 한인교회는 보스턴과 케임브리지, 뉴턴 등 보스턴을 중심으로 형성되어 있었는데, 본 교회가 개척됨으로써 보스턴에서부터 멀리 떨어진 곳에 거주하는 한인들을 위한 신앙의 터전이 마련되었다. 교회 개척 후 2년이 지난 1979년 4월 1일에 Caroll 감독의 집례로 미연합감리교회 가입예배를 드리고, 공식적인 교회명칭을 '북부 보스톤 한인 연합감리교회'로 결정하였다. 그리고 1981년 9월 3일 Andover에 위치한 현재의 교회건물을 매입하고 Bashore 감독의 집례로 입당예배를 드림으로써, 독립된 교회건물을 가지고 더욱 활발한 활동을 할 수 있는 발판을 마련하였다.

교회가 설립 된 후 교인 및 한인 이민자 자녀 교육의 중요성을 인식하여, 첫 번째 사업으로 '북부 보스톤 한국학교'를 1977년 10월 2일에 시작하고, 초대 교장으로 김광원 박사를 추대하였다. 한국학교의 교육목표는 다음과 같이 정하였다. "본 한국학교의 교육목표는 재미 한민족 자자손손은 스스로가 한민족의 후예임을 명심하여 한국의 언어, 역사, 지리, 문화, 전통을 배우고 익혀서 한민족이 타민족과 다른 특성을 지닌 민족임을 깨닫고 이를 자랑스럽게 여겨 모범적인 이민 민족으로서의 정체성(Identity)을 지닌 가운데 현지 생활에 잘 적응하여 온 누리와 인류사회에 공헌하는 새 시대의 주도적인 역할을 담당하는 진취적이고 창조적인 행복한 Korean-American이 되게 함에 있습니다."

'북부 보스톤 한국학교'는 '뉴잉글랜드 한국학교'에 이은 두 번째 한국학교이며, 교회 부설로 설립된 뉴잉글랜드 최초의 한국학교이다. 올해로 개교 26년을 맞이하게 된 한국학교는 멀티미디어 시대에 맞추어 다양한 컴퓨터 프로그램을 이용한 한글 교육의 증진과 한국문화를 이해하는 터전을 마련하고 있으며, 학생들만이 아닌 학교 인근지역의 장년과 노인들을 위한 컴퓨터 교육도 실시하고 있다.

교회 건물을 구입한 이후 몇 차례의 증축공사를 거쳐 1992년 4월 26일 창립 15주년 기념사업으로서 새 교육관 건물을 완공하여 한국학교와 교회학교 교실 및 교회 사무실로 사용하게 되었다. 이로써 한국학교와 교회학교의 교육이 더욱 효율적이고 활성화되게 되었고 또한 새로 증축된 건물을 교회 창립 때부터 견지하여온 '이웃 주민과 함께'라는 공동체 의식으로 개방하여 수년간 뉴잉글랜드 한인회의 사무실과 맞벌이 부부의 어린이 교육기관인 SHED의 교육공간으로 활용할 수 있게 하였다.

이민 2세들과 영어권 교인을 대상으로 한 영어예배를 1989년 3월 5일에 시작함으로써 좀 더 다양한 대중들이 교회에 접근할 수 있는 계기를 마련하였다. 현재까지 계속되고 있는 영어예배와 더불어 2002년 9월부터는 본 예배의 동시통역을 실시함으로써, 점차 늘어나고 있는 이중문화 가정의 언어장벽으로 인한 종교생활의 불편함을 해소하는데 노력하고 있다.

그리고 교회 인근지역 한인들의 공동체에 대한 관심을 향상시키기 위하여 Andover를 지역구로 두고 있는 주 의회 의원들을 초청하여 한인사회의 관심사항들에 대하여 토론회를 개최하고 있으며, 한인 사업자들을 위한 세금보고 세미나를 개최하고 있다. 그리고 지역의 타민족과의 교류의 장을 넓히기 위하여 바자회와 야드 세일 및 결식아동 돕기 모금, 집 없는 사람들을 위한 식사제공 등을 지속적으로 실시하고 있다.

또한 다양한 선교활동에 동참하고 있다. 우선 북한을 돕는 단체인 'Christian Friends of Korea'와 'The North East Mission'에 참여하고 있으며, 국제결혼으로 이중문화 가정을 이루며 살다가 불행을 당한 한인 여성을 돕는 '무지개의 집' 활동을 지원하고 있다. 그 외에도 국내외의 여러 선교 사업을 후원하고 있으며, 특히 2001년부터는 카리브해 연안의 신생 독립국인 Belize에 단기 선교팀을 파견하고 있다. 이 교회의 설립 당시부터 지금까지 이 교회를 섬긴 목회자는 다음과 같다. 라영복, 최홍석, 김성, 이관영, 전중현, 홍석환(현재)

(4) 다섯 번째로 세워진 케임브리지 한인교회(1978년 10월)

케임브리지 한인교회는 1978년 10월 몇 사람의 뜻있는 신앙인들이 모여 한국은 물론 세계에 이바지할 그리스 도인을 양육하자는 비전을 나눔으로 시작되었다. 이들은 하버드 스퀘어에 위치한 제일교회(First Church in Cambridge, 11 den St., Cambridge)의 Allen Happe 목사의 후원아래 그 교회를 빌려 교회를 시작하였다. 창립 당시 교회 이름은 영문으로 First Korean Church in Cambridge 라고 하였다. 1978년 10월에 초대 목사로 유철옥 목사가 취임하였다. 유목사는 1년 목회 후 교회를 사임하고 1979년 12월에 로드아일랜드에 제일 교회(First Korean United Church of Christ in Rhode Island)를 개척하여 나갔다. 신학적으로 매우 리버 럴했던 유목사는 그 후 1993년에 한국 신학대학교에서 교수로 재직하다가 1995년에 작고하였다. 2대 목사는 연세대학교 신과대학 교수를 지낸 이상호 목사였다. 온화한 학자적인 성품을 가진 이목사는 1979년 9월부터 1년간 교회를 섬기다가 1980년 8월 교회를 사임하고 피츠버그의 윌리엄스 타운에서 미국 목회를 시작했다. 그 때까지 교회는 경제적으로 자립하지 못했던 것으로 알려지고 있다. 1980년 4월 교회 이름을 한글로 '케임 브리지 한인교회' 라고 정하였다. 영문표기는 과거대로 First Korean Church in Cambridge로 하였다. 그리 고 1980년 9월부터 1981년 8월까지 이명제 목사(1980.9-1980.12)와 김수환 목사(1981.1-1981.8)가 임시 목 사로 시무하였다. 그러던 중 1981년 9월에 3대 목사로 취임한 김영일 목사에 이르러 UCC(United Church of Christ)교단에 가입함으로써 비로소 교회의 모습을 갖추게 되었다. 김정준 박사의 아들인 김영일 목사는 성실 한 목회자였다. 그러나 그 역시 곧 모교인 한국 신학대학의 구약학 교수로 초빙되어 교회를 사임하게 되었다. 김영일 목사의 사임으로 후임 목사를 정하지 못한 교회는 다시 1년 가까이 표류하는 진통을 겪었다. 그 사이 이견을 가진 사람들은 따로 나가서 한빛교회를 개척하고 피츠버그에 있는 이상호 목사를 담임목사로 초빙하 였다. 그리고 교회에 남은 사람들은 1985년 7월에 김홍기 목사를 4대 담임목사로 초빙하였다. 그는 인권운동 과 활발한 사회참여를 주장하였으나 그것이 교회내의 반목을 가져오는 빌미를 제공하여 교회는 진통을 겪게 되었다. 결국 김홍기 목사는 1988년에 따로 보스톤 한인감리교회를 개척하여 나갔고, 김홍기 목사의 뒤를 이 어 김태환 목사가 1년간의 임시 목사를 거쳐 1988년 10월 16일에 5대 담임목사로 취임하여 지금껏 교회를 섬 기고 있다. 김태환 목사는 보스턴대학 박사과정에서 기독교 교육과 신약성서 해석학을 공부하였다. 교회가 갈 려나간 아픔과 후유증은 한동안 계속되었으나 김태환 목사의 지도력 아래 교회는 차차 회복되기 시작하여 1992년에는 Central Square에 있는 현재의 건물(35 Magazine Street, Cambridge, MA)과 목사관을 구입 하여 교회를 이전하면서 교회가 발전기에 접어들게 되었다.

(5) 여섯 번째로 세워진 순복음 보스톤교회 (1979년 11월 18일)

1979년 보스턴을 중심으로 뉴잉글랜드 복음화를 목적으로 세워진 순복음 보스턴 교회는 김권찬 목사가 1979 년 11월부터 1980년 11월까지 일 년간 사역을 하였고, 그 다음 2대 목사로 주선조 목사가 1980년 11월부터 1989년 11월까지 9년간을 사역하며 교회를 활성화 시켜나갔다. 그리고 3대 목사로 오만수 목사가 1년 6개월 을 시무하였으며 이재형 목사가 4대 목사로 부임한 후 1년 3개월을 시무하고 사임하였고, 1992년 6월에 김면 진 목사가 5대 담임목사로 부임한 후 지금까지 교회를 시무하며 교회의 부흥을 위해 힘을 쓰고 있다. 순복음 보스톤교회는 보스턴을 중심으로 뉴잉글랜드가 성스러운 지역이 되도록 최선을 다하고 있으며 순복음의 3박자 구원과 5중 복음을 중심으로 사역을 전개하고 있다. 영혼이 잘되고 범사가 잘되며 강건케 되는 3박자 구원과, 중생의 복음, 성령 충만의 복음, 축복의 복음, 신유의 복음, 천국재림의 복음인 5중 복음을 전파하는데 충성을 다하고 있다.

3) 각 개신교 교단별 교회 현황

뉴잉글랜드 지역에 교회들이 점점 많아짐에 따라 한인교회들은 교단에 속속 가입이 되었고 또한 교단의 선교 차원에서 처음부터 교단배경을 가지고 교회를 개척하는 경우가 많아졌다. 개 교회가 교단에 적극 가입하게 된 것은 개척교회로서 상회의 지원과 도움이 많이 필요한 탓이기도 했다. 그리고 소속감으로 인하여 안정된 교회로서의 정착이 수월하기도 했기 때문에 이곳 저곳에 세워진 한인교회들은 교단을 찾아가기도 하였고 또 교단은 지역 선교 차원에서 교회들을 설립하기도 하였다. 뉴잉글랜드 지역에는 현재 한국에 있는 기독교 교단들의 축소판이라고 할 수 있을 정도로 교회 수에 비해서는 상대적으로 교단수가 많다고 할 수 있는 상황이 되었다. 이에 각 교단 별로 많은 교회 수를 가지고 있는 순서대로 교단 별 한인교회의 현황을 알아보도록 한다.

(1) 미국 연합 감리교회(UMC) 소속 한인교회

현재 뉴잉글랜드 연회(New England Annual Conference)는 1992년부터 메인 주, 뉴햄프셔 주, 매사추세츠 주, 로드아일랜드 주, 그리고 코네티컷 주의 북쪽을 커버하고 있으며 10개 지방(10명의 지방 감리사들)으로 구성되어 있다. 1991년 12월까지는 뉴잉글랜드 지역에 3개 연회가 있었는데 메인 연회(Maine Conference), 뉴햄프셔 연회(New Hampshire Conference) 그리고 뉴잉글랜드 남 연회(Southern New England Conference)가 있었다. 1992년 1월부터 3개 연회가 통폐합하여 '뉴잉글랜드 연회'로 명명되었다. 현재 연회 내의 개체 교회 수는 약 500여 개 교회로 알려지고 있다. 뉴잉글랜드 연회의 현재 감독은 수잔 헤싱어 감독(Bishop Susan W. Hassinger)이며 연회 사무실 주소는 P.O. Box 249, 276 Essex Street, Lawrence, MA. 01842-0449에 위치하고 있다.

(가) 무지개 연합감리 교회 (Rainbow UMC)

무지개 연합감리교회는 1980년 3월에 김정숙, 김판임, 박복남, 정문희, 신봉선 등 5명의 여성이 중심이 되어 김성 목사를 모시고 Brunswick 지역에서 가정예배를 드림으로 시작되었다. 그리고 1981년 3월 1일에는 메인 한인 연합감리교회(Maine Korean United Methodist Church)로 교단에 가입하고 김성 목사를 담임자로 파송받아 Washington Avenue United Methodist Church (Portland, Maine)에서 창립예배를 드렸다. 1985년 4월 5일에 2대 담임자로 이병준 목사가 한국에서 온 후에 김형겸 목사와 이찬배 전도사가 파송되어 사역을 감당하였다. 그러던 중 1995년 7월 1일 제5대 홍석환 목사가Washington Avenue UMC(Anglo Congregation)와 Maine Korean UMC 두 교회의 담임자로 파송된 후에 1997년 5월 5일에 이르러 두 교회가 연합하는 예배를 드리고 이름을 Rainbow United Methodist Church로 변경하였다. 그리고 2002년 7월 1일 제 6대 담임목사로 김용자 목사가 New England Conference에서 대다수가 한인인 교회의 첫 한인 여성 담임자로 파송되었다. 이 교회는 Maine 주 안에 있는 교회로서는 교단에서 인정하는 유일한, 한인이 과반수가 넘는 다인종 회중으로(Multi-racial:Anglo, Afro-American, Korean, Racially mixed 2nd generation) 이루어져 있으며. 언어와 문화의 차이가 있으나 그리스도인으로서의 사랑과, 서로 이해하려는 노력과 인내심으로 다양함(diversity) 속에서 살아가는 훈련을 하는 공동체임을 자부하고 있다. 이 교회의 형편과 필요에 맞는 새로운 프로그램 개발을 위하여 의논 및 시도를 하며 점차적으로 다인종화 되어 가는 Portland 지역사회에 공헌하는 교회가 되길 희망하며 사역에 임하고 있다.

(나) 그린랜드 교회(Greenland UMC)

그린랜드 교회가 창립되기 전에는 북부 보스톤 교회의 한 속회 (화평 속회)로서 약 1년 2개월 간 격주에 한 번씩 집회를 가졌다. 당시 북부 보스톤 교회를 담임하던 라영복 목사가 81년 4월에 Peace 공군부대를 방문하여 김미숙 교우를 비롯하여 몇몇 교우들을 만났었고, 동년 5월 30일에 부대 내의 제 2 채플에서 첫 번 속회예배를 드렸다. 설교는 라영복 목사, 기도는 장명선 권사가 인도하였다. 그리고 후임자 최홍석 목사가 계속하여 화평 속회를 인도하였다.

첫 번 주일 예배는 82년 7월 25일에 10명이 모여 예배를 드렸고 그리고 창립예배는 동년 8월 1일에 드렸으며, 초창기에는 교회의 이름을 새싹 연합감리교회로 정하였는데 설교는 초대 설립자인 정광훈 목사가, 기도는 북부 보스톤 교회의 김원엽 장로께서 인도하였다. 초창기 교인들은 정목사 가족 (김정숙 사모와 두 아들 승철, 승현)을 비롯하여 김미숙, 유정예, 이묘숙, 강순덕, 김남희, 심상숙, 심만춘, 손계선, 김동숙, 정정희, 김순옥 교우 등으로 알려지고 있다.

교회가 설립된 후 1983년 3월 6일에 미연합감리교회 뉴햄프셔연회의 남 지방에 정식 가입하였고 그 해 4월 3일에는 St. John's U.M. 교회로 예배장소를 이전하였다. 그 동안 사역하던 정광훈 목사가 교회를 떠남에 따라 1985년 6월 30일에 한상신 목사가 취임하여 교회가 성장되기 시작하였다. 90년 6월 15일에는 목사관을 구입하였고 92년에는 성전대지를 구입하고 1997년 6월 8일에 성전기공예배를 드렸다. 그리고 교회이름을 새싹 교회에서 그린랜드 교회로 교회명칭을 변경하였다. 1998년 5월 3일에 역사적인 새 성전 봉헌예배를 드리게 되었고, 이 성전건축은 뉴잉글랜드(6개 주) 지역에서 최초로 한인들의 자력으로 건축한 교회라는 자부심을 가지게 하였다. 그린랜드 교회는 과수원 12.48 에이커(약 1만 5천 평)의 대지 위 중간 지점에 약 1만 2천 5백 스퀘어피트(약 380평)의 2층 건물로 건축하였다. 이 교회의 건축위원들이 약 20여 개의 교회를 돌아 본 후에 함께 연구한 구조를 가지고 교회건축의 전문인 스펜서 앤드류스 씨를 약 20여 차례 만나 검토한 후 건축을 시작하였는데 아래층에는 친교실(약 250석 규모)과 교실(6개) 그리고 최신식의 부엌시설과 음식을 보관하는 창고를 지었고 남녀 화장실에는 각각 3개씩 총 6개의 샤워실을 만들었으며 장애인들도 사용할 수 있도록 배려하였다. 그리고 하층과 2층 본당에 장애인들(Handicapped)이 이용할 수 있는 리프트 시설(Lift System)의 공간도 마련하였다. 2층(본당)에는 약 350명에서 최대 4백 명까지 수용할 수 있는 규모의 예배실이 있고 강단의 중심의 제단 벽과 교회본당 정문입구의 벽은 자연석(Granite Natural Stone)으로 쌓았으며 최첨단 영상시설(LCD Project System)과 음향시설(Sound System)을 갖추었다.

그린랜드 교회의 목회 비전은 모든 인종들이 함께 깊이 헌신하는 신앙인들로 공동체를 이룬 이중 언어 다민족 교회이다. 그린랜드 교회의 선교적 사명은 성령의 인도하심으로 영적 감성적 육신적인 문제를 해결하며 성경말씀과 성도의 교제와 신앙공동체 의식과 봉사를 통하여 전 인류를 하나님을 아는 지식으로 인도하는 데 있다. 이 교회는 뉴햄프셔 주에서 최초로 세워진 한인교회요 뉴잉글랜드에서 최초로 한인들이 건축한 교회요 미국 내 한인교회에서는 최초로 미국인교회를 개척한 교회로 인도해 주신 하나님께 감사하며 귀한 사역을 계속하고 있다.

(다) 안디옥 교회(Antioch UMC)

1982년 12월 5일에 북부 보스톤 한인 연합 감리교회의 '사랑속'을 토대로 부대 안에 있는 인디펜던스 채플에서 최홍석 목사를 담임목사로 진성인 전도사를 담임전도사로 안디옥 연합 감리교회의 창립예배를 드렸다. 그리고 1983년 5월 22일에는 교회를 인디펜던스 채플에서 레민스터 연합감리교회로 이전하고 Rev. Taylor 주재로 제1차 구역회로 모여서 진성인 목사를 담임목사로 모시게 되었다. 그리고 1985년 4월 21일 베쇼어 감독 입회 하에 남부 뉴잉글랜드연회 가입예배를 드렸고, 이어 1987년 7월 1일에는 라영복 목사가 부임하여 사역한 후 1988년 7월 1일에 안명훈 목사가 부임하였다. 그리고 1993년 8월 1일에 강명석 목사가 부임하여 현재에 이르고 있다.

(라) 보스톤 감리교회(Wesley UMC)

보스턴 감리교회는 1987년 12월 13일에 이훈제 권사 가정에서 김홍기 목사와 몇 교인들이 모여 예배를 드림으로 시작되었다. 그리고 한 달 후에는 874 Beacon St.에 위치한 Baptist Church에서 예배 및 성경공부 모임을 가졌다. 1988년 2월 23일에 New England 미연합감리교단의 개척 교회로 인준이 되었고 1988년 4월 24일에 미연합감리교 보스톤 감리교회로 창립예배를 드렸다. 그 후에 예배 장소를 Somerville의 College Avenue Church로 옮긴 후 1989년 9월 17일에 미연합감리교회의 교단가입 교회로 승격이 되었다. 그러나 1996년 4월 29일에 교단을 기독교 대한 감리회로 옮겼으나 2000년 12월 3일에 Medford에 있는 Wesley United Methodist Church 와의 통합예배를 드림으로서 교단을 미연합감리교단으로 다시 옮기게 되어 오늘에 이르고 있다. 교회는 자체 건물을 소유하고 있으며(100 Winthrop St. Medford, MA 02155) 영어권 교인과 한국어권 교인들이(Multi-Culture) 하나의 신앙공동체로서 주님의 말씀에 따라 이웃을 섬기고 있다. 이 교회를 섬겼던 역대 담임목회자로는 (1) 김홍기 목사(1987.12- 990.7), (2) 정인경 목사(1990.7-1998.4), (3) 박병윤 목사(1998.7-2000.9), (4) 김정수 목사(2000.10-현재)이다.

(마) 시온 한인 연합 감리교회(Zion UMC)

1994년 8월 7일 프로비던스 한인 연합 감리교회와 임마누엘 한인 연합 감리교회가 연합하여 시온 한인 연합 감리교회가 탄생되었는데, 1994년 11월 6일에Asbury United Methodist Church(143 Ann Mary Dr. Warwick, RI) 건물에서 115명(어른 83, 중고등부 14, 어린이 18)이 참석한 가운데, 로드아일랜드의 빛과 소금이 되는 교회라는 목표를 가지고 창립예배를 드림으로 교회 설립을 주위에 알리게 되었다. 1996년 6월 16일 연합감리교 New England 연회에서 모범적으로 성장하는 6개 교회 중 한 교회로 선정될 정도로 교회는 성장하였고 1999년 12월 26일에는Hillsgrove UMC(35 Kilvert St. Warwick, RI 02886) 건물로 이사하였다. 2001년 6월 24일 오정선 목사가 이임하고 2001년 7월 1일에 현재 담임목사로 수고하는 선우혁 목사가 부임하여 오늘에 이르고 있다.

(바) 하바드 한인선교교회(Harvard Korean Mission UMC)

하바드 한인선교교회는 하버드 대학이 있는 1555 Massachusetts Avenue 에 위치한 교회로써, 1997년 강래문 목사에 의해서 개신교 초교파로 설립되었다. 이 교회는 1997년도 7월 1일 하버드대학 신학대학원을 졸업한 강래문 목사와 12명의 학생 가족들이 시작했으며, 7월 6일 첫 성찬식을 했다. 강래문 목사는 대학 졸업 후 하버드 대학교 교목으로 한국 사람으로 처음 임명됨으로써1998년 3월에 미국 감리교 동북부 한인 선교부의 파송을 받았으며 현재는 미국연합감리교(UMC) 정회원(Elder)으로 보스턴 지역의 한인 이민지역에서 봉사하고 있다. 지금 현재는 하버드 대학교 연합 감리교 엡폴스 교회(United Methodist Epworth Church)와 같은 곳에 위치하고 있다. 현재 확인된 이 미국 교회의 한국 교포 교인을 1928년도의 방명록에서 찾아볼 수 있는데, 이승만 박사가 이곳 하버드에서 공부했을 당시(1909-1910)도 감리교 장학생으로 왔기 때문에 이곳 교회에서 예배를 드렸으리라 생각된다. 하바드 한인선교교회는 이민 교포를 위한 하나님의 사역을 적극적으로 전파하고 있으며, 그리스도 성령과 구원의 믿음 가운데 조국의 통일과 세계평화를 위해서 그리스도인들이 빛과 소금이 될 수 있는 교회가 되기를 힘쓰고 있다.

(2) 기독교 미주 성결교회 뉴잉글랜드 지역 교회

(가) 보스톤 성결교회(Boston Evangelical Church)

보스턴 성결교회는 1985년 4월 14일 Peabody의 Northshore 침례교회에서 홍성국 목사(성결)를 모시고 창조

주 하나님의 독생성자 구주 예수 그리스도를 믿는 자들이 모여 그리스도의 뜻을 배워 그 제자가 되고, 복음을 들고 사도적 신앙인이 되어 성령의 능력으로 땅 끝까지 이르러 주님의 증인이 되게 하기 위하여 예배드리고 교육하고 봉사하고 친교하며 섬기는 복음 선교 공동체를 목적으로 9명이 모여 뉴잉글랜드 한인교회의 개척 첫 예배를 드리게 되었다. 그리고 그 해 6월 30일 미국 남 침례회 뉴잉글랜드한인교회로 창립 예배를 드리다. 그리고 1988년 10월 30일에 박명수 목사가 제 2대 담임목사로 부임하여 4년간 시무 한 후 서울신학대학 역사 신학 교수로 초빙되어 교회를 사임하였다. 그리고 1992년에는 서울 장충단 성결교회 부목사로 시무하던 김세 진 목사가 담임목사로 부임하여 교회는 부흥기에 접어들게 되었다. 1996년 4월 19일에는 Woburn에 성전부 지 3에이커를 구입하여 자체 교회를 구입하게 되는 계기를 가지게 되었다. 그리고 1997년 1월 19일에는 이학 렬, 송기백 장로 장립식 및 조정복, 전명수, 신정애 권사의 취임식을 가졌고 1999년 2월 7일에 이르러는 현 베 드포드 소재 미국교회 건물을 구입하여 첫 예배를 드리는 기쁨을 가졌다(276 Old Billerica Rd., Bedford, MA 01730). 1999년 4월 18일에는 성전을 구입하여 수리한 후 성전 입당 감사예배를 드렸다. 2001년 3월 18 일에 그 동안 이 교회를 위해 헌신의 수고를 다하신 김세진 담임목사가 서울 후암백합성결교회로 부임하게 됨 에 따라 2001년 4월 26일에 제4대 담임목사로 서울 길갈 성결교회를 담임하던 김회창 목사를 담임목사로 청 빙하여 현재에 이르고 있으며 교회 부설기관으로 백합 한국학교를 운영하고 있다.

(나) 보스톤 중앙교회(Boston Central Korean Evangelical Church)

1984년 5월 13일에 성결 교단의 원로이신 한명우 목사의 지도로 공병천 성도 댁에서 장년 19명과 어린이 14 명이 모여 개척예배를 드림으로 보스톤 중앙교회가 설립되었다. 1984년 6월 3일에 예배장소를 Waban Union Church로 정하여 정기적인 예배를 드리게 되었다. 1984년 7월 8일에는 교회창립 사무총회를 개최하 고 공병근 씨가 장로로 취임하였다. 1984년 7월 22에는 김수환 목사가 담임목사로 부임하게 되어 한명우 목 사를 원로 목사로 추대하였다. 교회가 성장됨에 따라 예배당을 옮겨야 하게 되어 1984년 12월 30일에는 예배 장소를 Newton Center로 옮기게 되었다. 1986년 2월 16일에는 한글학교를 개교하였고 김수환 목사가 1988 년 6월 26일에 사임하여 정길현 전도사가 임시로 사역을 하였다. 1989년 1월 8일에 교회 정기 사무총회를 개 최하여 최치규 목사를 담임목사로 청빙하기로 하여 1989년 2월 12일에 제 2대 담임목사로 최치규 목사가 부 임하였다. 그리고 1989년 3월 20일에는 김갑동 목사를 협동 목사로 청빙하였다. 10여 년간 최치규 목사의 활 발한 목회사역으로 교회가 성장되던 중 2000년 7월 9일, 교회창립 16주년을 맞이하면서 최치규 목사가 사임 하여 선교 목사로 파송되었고 2000년 9월 4일에는 심동섭 목사가 제 3대 담임목사로 부임하였다. 그러나 교 회에 부임하여 큰 꿈을 가지고 사역에 임한 지 3개월이 지난 2001년 1월 17일 심동섭 목사가 소천하여 2001 년 4월 1일에 서은영 목사가 제 4대 담임목사로 부임하였다. 그러나 1년 여 지난 후 서은영 목사도 교회를 사 임하여 2002년 5월 5일에 당시 이화여자대학신학과 신약학 교수로 있던 조태연 목사가 제 5대 담임목사로 부 임하여 현재에 이르고 있다.

(다) 보스톤 소망교회(Korean Hope Evangelical Church Of Boston)

1986년 10월 26일(주일), 청교도의 본 고장 보스턴에 잃어버린 그 날의 뜨거운 첫 사랑을 회복하려는 믿음과 소망의 사람들이 모여 창립 예배를 드림으로써 보스톤 소망교회가 탄생하게 되었다. 이에 앞서 그 해 1월 셋째 주일에 최언집 씨 댁(Norwood)에서 당시 보스턴 대학 선교학 박사 과정에 수학하며 미국 전역을 다니며 미국 교회와 한인 교회에서 복음을 증거하던 홍성철 목사(현재 서울신학대학교 교수)를 모시고 개척 예배를 드린 바 있었다.
　　당시 복음주의적 성경 강해에 목말라 있던 보스턴의 몇몇 신자들이 홍성철 목사를 강사로 한 이 지역 어느 교 회 부흥 집회에 참석하여 큰 은혜를 받고 자신들의 사명을 깨닫게 되었다. 그들은 목사님에게 간곡히 부탁하여 몇 가정이 모여 성경 공부를 시작하게 되었는데, 이것이 교회의 모태가 되었다. 보스톤 소망교회는 처음부터 선교 지향적 교회로 출발하였다. 이런 비전은 확실한 회심 체험과 선교단체인 'Joy Mission'의 지도자로, 또 OMS(동양선교회-20세기 초 동양 선교를 시작한 미국 선교기관)의 아시아 전도 책임자로서, 그리고 태국 선교사로서의 경험에서 나온 홍성철 목사의 지도력과 그 비전을 공유한 성도들의 헌신에 의해 실현되었다.

1990년 제 1대 담임목사였던 홍성철 목사가 서울신학대학교 교수로 부임해 가면서 사임하게 되자 약 2년간의 진통 끝에 서울 장충단 성결교회에 부목사로 있던 임원준 목사를 제 2대 담임목사로 모시게 되었다. 이 때 장충단 성결교회의 지원과 본 교회 성도들의 특별 헌금으로 Waltham 지역에 위치한 Christian Science Church 건물을 구입하여 자체 성전을 소유하게 되었으며, 아울러 창립 이래 초교파 복음주의 신앙 노선을 견지하였던 이 교회는 성결교회의 '중생, 성결, 신유, 재림'의 기본 신조와 민족 교회사적 의의에 공감하고 미주 성결교회 교단에 가입하게 되었다. 1997년 5월 4일에는 교회 창립 10주년 기념사업으로 Brocton 지역에 새 소망교회를 개척하였고 지금은 목양교회(침례교회로 교단 변경)로 이름을 바꾸어 성장해 가고 있다.

1997년 8월 임원준 목사가 캘리포니아 오렌지 중앙교회로 부임하여 감으로써 같은 해 12월 27일 박찬수 목사를 제 3대 담임목사로 청빙하였다. 담임목사 교체시기에 성전 확장을 위하여 자체 성전 건물을 매각하게 되었고, 임시로 현재 주소에 위치한 미국인 교회를 빌려 쓰고 있으나 미국 교회 측의 배려로 오전에 예배를 드릴 수 있게 되었다. 그러나 그 동안 본 교회의 성장으로 인하여 교회 건물의 증축, 아니면 새로운 건물 구입의 필요성이 절실하여 성전재건위원회를 구성하고 본 위원회를 통하여 성전확장재건을 추진 중에 있다.

제 3대 담임목사가 부임한 이래 목회자의 확실한 소명의식, 십자군 전도대 사역(OMS의 재정 지원과 한국 성결교회의 인적 자원을 결합한 선교기관), 러시아 선교 활동 등을 통하여 형성된 세계 선교 비전과 복음의 열정이 보스톤 소망교회의 비전과 일치하여 교회는 더욱 선교와 전도에 힘쓰면서 계속 성장해 가고 있다. 현재 본 교회는 공식적인 직접 선교가 불가능한 중국 선교를 위하여 연변과학기술대학에 평신도 선교사(교수)를 파송 혹은 지원하고 있으며, 러시아 미르 선교회와 신학교, 볼리비아, 캄보디아, 독일의 선교사 자녀학교에서 사역하시는 선교사들을 후원하고 있다.

(라) 보스톤 사랑의 교회(Boston Korean Evengelical Church Of Love)

1989년에 이의철 목사에 의해서 교회가 개척되어 웰즐리 지역에서 사역을 감당하던 중 2000년 4월 22일에는 교회를 알링턴에 있는 침례교회 건물로 이전하여 캠퍼스 사역에 힘을 기울였다. 2002년 1월 14일 이의철 목사가 뉴저지 성결교회로 부임함에 따라 교회를 사임하고 2002년 2월 24일 감리교 목사인 송기원 목사를 청빙하였다. 그러나 2002년 8월 26일에 송기원 목사가 사임하여 2002년 9월 22일에 최형락 목사가 담임목사로 부임하여 현재에 이르고 있다. 그리고 2004년 4월 4일 교회를 웨이크필드로 이전하였다.

(마) 메인 한돌 선교교회(Handoll Evangelical Church Of Maine)

이 교회는 기독교 대한 성결교회 미주총회(Evangelical Church of America)에 속해 있는데, 미국 50개 주 가운데 성결교회가 없는 주에 교회를 세워 모든 주마다 1개 이상의 교회를 세우자는 성결교 교단의 1주(state) 1교회 운동의 일환으로 메인 주 Waterville에 당시 목사 없이 성도끼리 성경공부를 하던 가정을 대상으로 하여 최치규 목사가 창립하게 되었다. 2000년 8월 16일 메인 워터빌 성도들과 최치규 목사가 교회 개척을 협의하여 교회 설립을 계획한 후 같은 해 10월 8일에 교회 창립위원회를 구성하고 교회 이름을 기독교 대한 성결교회 메인 한돌 선교교회라 정하고 11월 5일 교회 창립예배를 1 Park St, Waterville, ME 04901에서 드림으로 교회가 설립되었고, 2001년 2월 25일에 제 1차 사무총회를 개최하여 조용욱 씨를 담임목사로 청빙하였다. 2002년 3월 11일, 메인 주 정부에 기독교 미주성결교회 메인 한돌 선교교회로 등록하였다. 한인을 위한 교회로서 한국 사람을 돕고 그들에게 하나님의 말씀을 전하기 위해서 늘 기도하고 있다.

(바) 보스톤 제일교회(First Evangelical Church of Boston)

2002년 4월 7일 보스턴 지역 중남부를 선교지를 정하고 서은영 목사가 4가정으로 개척 첫 예배를 드림으로 교회가 시작되었다. 2002년 5월 26일에는 보스톤 제일교회 창립예배 및 서은영 담임목사 취임예배를 드리게 되었다(미국 Trinity Church, Newton). 2002년 9월 22일 미국 교회 416 Washington St., Brookline, MA 02446으로 이전하였다.

(사) 코네티컷 믿음교회(Faith Evangelical Church of Connecticut)

2002년 5월 19일 이규연 목사를 중심으로 Connecticut주의 Fairfield에 있는 이규연 목사 댁에서 5가정이 모여 개척 첫 예배를 드림으로 교회가 설립되어 7월 4일 보스톤교회 지 교회로 지정되어 창립예배 및 이규연 담임목사의 취임예배를 드리게 되었다.

(아) 쳄스포드 한인교회(Evangelical Church of Chelmsford)

2003년 12월 7일 조성호 목사를 중심으로 한국 독립문성결교회 지 교회로 5가정이 모여 교회를 개척하였다.

(자) 목양교회(담임: 박요한 전도사)

1997년 5월 4일 보스톤 남부의 교회가 없는 지역에 복음을 전하기 위해 임원준 목사를 비롯한 30여 명의 신도들이 모여 박요한 전도사를 초대 담임교역자로 모시고 191 Torrey Street, Brockton, MA 02301(The Olivot Memorial Church)에서 새 소망 교회를 시작하였다. 김정희, 유종원, 정광남, 정용자와 박요한 전도사의 가족들이 모여서 하나님의 뜻대로 성도의 신앙 소원을 성취하게 하며 하나님과 사람 앞에 성실한 크리스천을 양육한다는 목적을 가지고 설립되었다.

(3) 미주 한인 예수교 장로회(KAPC)

미주 한인예수교 장로회는 남미와 중미를 포함한 미주전체에서 20개 노회 560개의 한인교회로 구성되어진 미주에서 한인교단으로서는 제일 규모가 큰 교단이다. 그 중에서 뉴잉글랜드 노회는 1996년에 뉴욕노회로부터 분립되어 설립되었다.

(가) 보스턴 장로교회(Korean Presbyterian Church in Greater Boston)

최양선 목사의 후임으로 청빙된 전덕영 목사가 교회에 부임한 후 보스턴 장로교회는 다시 처음 개척했을 때의 열정이 회복되어 점차 부흥 성장하게 되었다. 전덕영 목사가 부임했을 당시 1985년 12월 마지막 주일 교인 수가 38명이었으나 일 년이 지난 후에는 그 숫자가 70여 명으로 늘어났다. 이에 교회는 앞으로 교회의 성장 가능성을 확인하고 더 넓고 큰 교회당을 찾아 1987년 5월 첫 주일 Newton 에 있는 UCC 소속 교회로 600석의 예배실과 인근에서는 3번째로 좋은 파이프 올갠을 가진 Newton United Congregation Church(218 Walnut St. Newtonville, MA) 건물로 이주하게 되었다.

　교회를 이전한 후에 교회는 점점 더 부흥되었다. 매년 교인의 수가 배로 증가하였다. 교회가 커짐에 따라 그 동안 미루어왔던 당회를 구성해야 할 필요가 있어서 드디어 1989년 2월 19일 임시 공동의회에서 안수집사였던 송남수, 강신후씨를 장로로 피택하고 그 해 10월 29일에는 보스턴 장로교회 최초로 송남수, 강신후 씨의 장로 장립과 김경모씨의 장로 취임식을 가지게 되었다. 이로서 보스턴 장로교회는 교회 설립 13년 만에 당회를 조직하게 되었고, 그 다음 주일인 11월 5일 주일 오후 5시 30분에 보스턴 장로교회 제1회 당회를 개최하게 되었다.

당회가 조직된 후로 교회는 더욱 조직적으로 활발하게 움직였다. 교인의 수는 매년 배로 증가되었고 더욱이 2세들을 복음화 하기 위한 캠퍼스 선교가 활기를 띄우게 되어 교회는 대학 청년들이 많이 모이게 되었다. 당시 금요 성경공부에는 100여 명 이상의 학생들이 모여 찬양과 기도에 힘썼고, 새 학기가 시작되는 9월, 10월에는 교회를 찾아오는 대학생들의 수가 매주일 300여 명이 넘었다. 이에 교회는 1991년 4월에 영어 예배부를 신설하여 대학생들을 위시한 영어권 교인들을 위한 영어 예배부를 조직하고 영어로 예배를 드려야 하는 한인 2세들을 위한 사역에 힘을 기울이게 되었다. 1993년에 이르러서는 예배에 참석하는 성인 교인들의 숫자가 500여 명에 이르렀고 교회는 교육을 위해 모자라는 교실을 미국교회와 의논하여 증축하고 각 교육 부서에는 담당교역자 외에 또 한 명의 보조 전도사를 두어야 할 만큼 모든 부서가 부흥하였다.

영어예배와 대학 청년부에 참석하는 숫자가 300여 명에 달하게 되어 교회는 2세들의 리더십을 개발하는 일과 대학원을 졸업하고 일반인이 되어 교회를 앞장서서 섬겨야 하는 사람들이 한인교회의 시스템 속에서 잠재력을 발휘하는 일에 소극적인 것을 감지하여 드디어 영어 예배부를 독립된 교회로 설립하기로 하고 1994년 7월에 새언약 장로교회(New Covenant Presbyterian Church)라는 이름으로 보스턴 다운타운의 중심지인 Boylston Street에 미주에 있는 한인 교회로서는 최초로 2세들을 위한 영어권 교회를 교회에서 분립하여 설립하게 되었다.

보스턴 장로교회 제2대 담임목사로 부임한 전덕영 목사는 한국의 연세대학교에서 학부와 대학원을 졸업하고 총회신학교 대학원을 졸업한 후에 미국으로 건너와 캘리포니아 신학대학원에서 공부하며 또한 신학교 교수로 재직 중 보스턴 장로교회의 청빙을 받아 이민목회의 사역에 임하게 되었다. 보스턴 장로교회는 이민자들을 위한 사역과 더불어 대학교들이 즐비한 보스턴에 공부하러 오는 2세들과 한국에서 온 유학생들을 위한 캠퍼스 사역에 힘을 기울여 1994년 당시 영어 예배부는 300여 명이 출석하는 큰 모임으로 자랐고 한국에서 온 유학생들로 구성된 유학생부도 100여 명 이상이 출석하여 활발하게 복음운동을 전개하여 보스턴 지역의 각 대학 캠퍼스마다 기도모임을 조직하여 매 주일 한 번씩 각 캠퍼스 별로 각 캠퍼스의 복음화를 위해 기도운동을 벌이며 캠퍼스 사역의 일대 전환기를 이루기도 하였다.

그리고 또 한편 영적으로 많이 메말라 있는 보스턴에 지역 복음화를 위한 영적 각성의 기회를 갖기 위해 1994년 부활절을 기하여 불신자 1000명을 초청하여 저들에게 기독교를 소개하는 집회를 갖기로 계획하고 당시 한인예배에 출석하는 성도 300여 명이 3명씩 전도하여 1000명을 부활절에 초청하여 예배를 드리도록 하는 총동원 전도운동을 실시하였다. 1994년 1월부터 3개월 동안 교인들은 정말 전도에 열심이었다. 모든 성도들이 말 그대로 전도하는 일에 총동원되었다. 3개월을 집중적으로 전도한 결과 인간의 힘으로는 불가능할 것처럼 보였던 불신자 한인들과 이런 저런 일로 교회를 멀리 떠나있던 한인들 1000명에게서 부활절 예배 초청에 응하여 참석하겠다는 자필 초청 수락서를 받게 되었다. 그러나 막상 당일에는 300여 명이 참석하지 못한 채, 700여 명만이 부활절 주일 예배에 참석하여 '부활의 종교로서의 기독교' 라는 복음의 말씀을 듣고 많은 분들이 결신하는 아름다운 일이 있었다. 1000명이 부활절 예배에 참석하기로 하였으나, 당일 부활절이 한 시간 앞당겨지는 서머타임이 시작하는 날이어서, 참석하기로 했던 분들 중에서 한 시간 빨라진 시간에 적응하지 못하여 300여 명이 참석하지 못하게 된 것은 조금 유감스러운 일이었다. 당시 보스턴 일대의 한인 식당과 마켓, 그리고 각 한인 학생들이 있는 캠퍼스에는 보스턴 장로교회 교인들의 전도하는 모습을 쉽게 볼 수 있을 정도로 당시 3개월간의 보스턴 한인들을 위한 집중전도는 이 지역 한인사회의 복음화를 위한 한 획을 긋는 소중하고 아름다운 시간이었다.

교회가 계속 성장하여감에 따라 임대하여 집회를 갖는 일에 자주 미국교회와 어려움을 겪게 되었다. 학생들의 교육을 위해 경비를 들여 지하실에 3개의 교실을 더 증축하기도 하였지만 교회가 성장할수록 미국교회의 견제가 점차 눈에 띄게 나타나게 되어 자체 교회를 가져야 할 필요가 생기게 되었다. 이에 교회 건축위원회는 자체 교회당 건물을 구입하기 위해 교회건물을 알아보는 중, 1997년 1월에는 역사적인 보스턴 마라톤이 출발하는 지점에 위치한 합킨턴 제일 회중교회(First Congregation Church of Hopkinton, 2 Main Street,

Hopkinton, MA 01748)를 현찰로 구입하여 이주하게 되었고, 그 동안 10여 년간 교회가 있던 뉴턴에서 합킨턴으로 옮김에 따라 영어이름을 Korean Presbyterian Church in Greater Boston으로 변경하였다.

새로운 지역에서 새로운 사역을 감당하게 된 보스턴 장로교회는 매년 4월 3차 월요일에 거행되는 세계적인 보스턴 마라톤 대회를 후원하는 교회가 되었고, 보스턴 마라톤에 참여하는 정규선수들(프로선수)이 출발시간까지 몸을 풀며 휴식하는 일을 위해 교회 체육관을 무상으로 사용토록 하고, 또한 보스턴마라톤에 참여하는 한인들에게 각종 필요를 제공하는 사역도 감당하고 있다. 그리고 보스턴 마라톤이 출발하는 날 아침에 마라톤에 임하는 사람들과 관광객들을 향해 교회 정문 앞에서 30분간의 전도 집회를 매년 갖고 있다.

보스턴 장로교회는 해외선교에도 큰 관심을 가지고 여러 선교사와 협력사역을 하는 중에 1999년에는 복음의 불모지인 라마불교의 원산지 티베트에 부부선교사를 자체적으로 파송하였고, 매년 여름 방학기간을 이용하여 단기 선교 팀이 단기 선교사로 파송되어 선교사역을 감당하고 있다. 특히 유학생 사역과 2세들을 위한 캠퍼스 사역에 앞장섬으로 인해 유학생들을 위한 늘푸른 교회의 설립과 2세들을 위한 새언약 장로교회를 설립하였을 뿐 아니라, 보스턴 근교에 위치한 대학 캠퍼스를 중심으로 교회가 세워져야 할 필요가 있는 곳을 찾아 교회를 개척하여 지역 복음화에 힘을 기울이고 있다. 그동안 이 교회를 통해서 개척되거나 개척되는 일에 보스턴 장로교회가 도왔던 교회들은 '앰허스트 한인교회', '프로비던스 캠퍼스 장로교회'(Providence Presbyterian Campus Church), 다트머스 칼리지가 있는 곳의 '레바논 한인교회', '뉴햄프셔 장로교회', '한마음교회', '새 언약 장로교회', '늘푸른 교회' 등이 있다.

(나) 앰허스트 한인교회(Amherst Korean Church)

앰허스트 한인교회는 1988년에 당시 앰허스트에 소재한 매사추세츠 주립대학에 재학 중이던 박사과정에 속했던 여러 명의 교우들이 모여서 바람직한 교회를 구상하며 기도하던 중 보스턴 장로교회와 기도의 연결을 가지고 당시 보스턴 장로교회에서 전도사로 사역을 하던 손경호 전도사를 파송하여 달라는 요청과 함께 세워지게 되었다. 앰허스트 칼리지와 매사추세츠 주립대학 앰허스트 캠퍼스, 그리고 스미스 칼리지가 근접해 있는 이곳은 유학생들을 위한 사역과 한인 2세들을 위한 사역지로서는 절대 빼놓을 수 없는 지역이었다. 이곳에 교회가 세워진 후로 교회는 점점 성장하여 캠퍼스 사역뿐만 아니라 이민자들에게까지 사역의 확대를 이루었다. 첫 번 목회자이던 손경호 목사가 캘리포니아로 이주하게 되어 당시 뉴저지의 안디옥 장로교회의 부목사로 있던 김한요 목사를 2대 목사로 모셨고, 김한요 목사가 하트포드 장로교회로 부임한 후에는 한국의 복음성가 가수로 활약하던 손영진 씨의 남편인 정철웅 목사가 시무하였다. 그리고 황문영 목사가 그 뒤를 이어 현재까지 사역에 충성하고 있다.

(다) 보스톤 서부 장로교회(Boston-West Presbyterian Church)

보스톤 서부 장로교회는 1995년 10월 22일에 The First Baptist Church of Weston(657 Boston Post Road, Weston, MA 02493)의 건물을 빌려 김학수 목사 가정과 성인 7명(김병국, 김유경, 이형주, 이명규, 김일희, 동인숙, 지미숙)과 그들의 자녀 8명으로 설립이 되었다. 보스톤 서부 장로교회는 일반적인 교회활동(예배, 성경공부, 구역모임, 기도회 등)과 더불어 2세들을 위한 한글학교를 운영하고 있으며 인도네시아에서 사역을 하는 서은경 선교사를 지원하고 있다. 교역자들은 목사 1명과 전도사 2명이 있다.

(라) 뉴햄프셔 장로교회(New Hampshire Korean Presbyterian Church)

뉴햄프셔 장로교회는 1994년 6월 5일에 당시 맨체스터 장로교회를 담임하던 이상욱 목사가 하나님이 기뻐하시는 교회를 설립하기 위해 보스턴 장로교회의 지원을 받아 뉴햄프셔 한인교회라는 이름으로 설립되었다. 그리고 하나님이 기뻐하시는 교회를 세우기 위한 부단한 노력을 감당하면서 교회가 성장되어 오던 중 이상욱 목사가 중국선교사로 자원함에 따라 한국으로 귀국함으로 1995년 4월부터 장의한 목사가 담임목사로 사역을 감당하고 있다. 1996년 1월에는 교회이름을 뉴햄프셔 장로교회로 변경하여 장로교회의 보수적인 교리체계로 사역을 감당하고 있다. 1996년 3월에는 한인학교를 시작하여 괄목할 만한 영향을 지역에 끼치고 있으며 이 교회는 하나님께 영광 돌리기 위해 지역 사회를 위한 교육과 구제에 많은 힘을 쏟고 있다. 그리고 교회의 가장 중요한 영혼 구원과 변화되고 성숙한 기독교인의 삶에 모든 관심을 기울이고 있다.

(마) 레바논 한인 장로교회(Lebanon Korean Presbyterian Church)

레바논 한인 장로교회는 New Hampshire 서쪽 Vermont 경계와 인접해 있는 지역에 위치하고 있다. 한인들이 많이 살고 있는 지역은 아니지만 최근 도시가 성장함에 따라 학교나 병원 연구소, 그리고 개인 사업 등으로 이 지역으로 이주하는 한인들이 많아지고 있다. 현재 교회는 레바논이 아닌 Dartmouth College가 있는 Hanover 타운에 위치하고 있다.

교회의 시작은 1993년 9월에 이 지역 살고 있던 교포들이(재환영, 신용철, 최연현, 김성은, 정인재, 송효섭) 모여 성경공부를 시작함으로써 비롯되었다. 그 후 1994년 1월 2일에 재환영 장로 댁에서 첫 예배를 드렸고, 같은 해 1월 23일부터 맨체스터 한인 장로교회 이상욱 목사의 인도로 Dartmouth College의 Rollins Chapel 에서 매주 예배를 드렸다. 처음에는 맨체스터 한인 장로교회에 소속이었고, 이상욱 목사가 맨체스터 한인 장로교회를 사임하고 뉴햄프셔 장로교회를 설립함에 따라 뉴햄프셔 장로교회의 지교회 소속이 되었다.

이후 이 지역의 한인들과 Dartmouth 대학의 교포 자녀들을 하나님 말씀으로 목양해야 할 필요에 따라 이 지역에 독립된 교회를 세우기로 결정하였고, 1994년 12월 30일에 보스턴 장로교회에서 파송한 김성택 강도사를 담임교역자로 모시고 뉴햄프셔 장로교회에서 독립하여 레바논 한인 장로교회로 이름하였다. 1995년 1월 에는 Dartmouth College에 재학 중인 교포학생들을 위해 영어예배를 시작하였고, 보스턴 장로교회(전덕영 목사 시무)의 후원으로 1995년 5월 27일에 창립예배를 드렸다. 1998년 6월에 김성택 목사가 사임하고, 같은 해 9월 이국진 목사가 담임목사로 부임하여 2000년 7월까지 시무하였다. 이후 권혁진 전도사가 같은 해 7월 에 부임하여 2002년 11월에 목사안수를 받은 후 본 교회 담임목사로 사역하면서 부흥되고 있다.

레바논 한인교회는 뉴햄프셔 서북지역의 유일한 한인교회로 Lebanon과 Hanover 지역의 교포들뿐만 아니라, 뉴햄프셔 주와 버몬트 주의 여러 지역에 산재해 있는 한인들에게도 복음이 전해지길 기도하고 있다. 주일 예배는 오전 10시에 한국어 예배, 12시에 영어 예배를 드리고 있다. 영어 예배는 Dartmouth College 학생들을 중심으로 Campus 사역에 중점을 두고 있으며, 한인 2세뿐만이 아니라 이 지역의 타문화 민족을 위한 공동체로 사역하고 있다. 한인들의 복음화와 Campus 복음화를 통해 주님의 교회가 든든히 서가길 기도하고 있다.

(바) 보스톤 산성교회(Fortress Korean Presbyterian Church Of Boston)

보스톤 산성 장로교회는 1996년 9월 22일 주원열 목사와 몇 성도들에 의해서 보스턴 지역의 복음화와 세계선교를 목적으로 111 Mt. Auburn Street, Watertown, MA 에 설립되었다. 1대 주원열 목사의 사임으로 신언동 목사가 2대 담임목사로 사역을 활발하게 감당하고 있으며 교회의 사역의 목표를 그리스도복음 선포와 선교, 신앙인격 함양, 애국애족의 정신 고취를 위해 힘쓰고 있다.

(사) 늘푸른교회(The Evergreen Church Of Boston)

1997년 봄, 미주 한인 예수교 장로회 소속 뉴잉글랜드 노회에서는 보스톤 시내에 유학생 선교를 위해 교회를 세우기로 결정하였고, 당시 보스턴 장로교회의 교육목사로 섬기던 홍원철 목사가 자원하여 유학생 선교에 헌신하기로 하였다. 당시 보스턴 장로교회가 뉴턴에서 합킨턴으로 교회를 옮기면서 보스턴 지역에 유학생들의 사역을 위한 교회설립을 계획하고 있던 중, 보스턴 장로교회가 속한 미주한인예수교 장로회 뉴잉글랜드 노회에 의뢰하여 노회와 함께 유학생들을 위한 교회를 설립하게 된 것이다. 이 교회가 설립될 당시 보스턴 장로교회는 늘푸른교회의 설립을 발표하고 교우들 중에서 자원하여 유학생 선교에 임해 주기를 광고하여, 유학생들 대부분과 열심히 교회를 섬기며 신앙생활 하던 교인들 중에서 유학생 선교에 기쁨으로 동참하기를 원한 최용하, 김세희 목사 부부, 남병호, 임희재 부부, 박진흠, 윤희경 부부, 방선욱, 김원희 부부, 김제인, 구본선 성도 등이 함께 참여하여 1997년 7월 6일 주일에, Brookline 소재 All Saints Parish를 교회당으로 정하고 첫 예배를 드렸다. 당시 보스턴 장로교회는 늘푸른교회의 사역을 위해 선교헌금은 물론, 교회가 시작하는 일에 필요한 교회의 장비를 제공하여 교회의 사역을 시작하는 일에 어려움이 없도록 하였다.

원래 보스톤 늘푸른교회의 설립 목적대로 유학생 선교에 박차를 가하기 시작한 것은 1999년 봄, 대학 청년부의 명칭을 '푸른 우리'로 명명한 이후였다. 이때부터 미혼 청년들의 수가 가정을 가진 어른들의 수보다 훨씬 많아지기 시작하였다. 보스톤 늘푸른교회는 2003년 4월 현재, 계속해서 유학생과 젊은이 선교에 주력하며 '전도와 양육과 파송'의 사역 목표를 가지고, 성도 한 사람 한 사람을 예수 그리스도의 제자로 세워 세상에 파송하는 사역을 감당해 나가고 있다. 보스톤 늘푸른교회는 주님의 몸 된 교회들과 합력하여 주님 오시는 그 날까지 이 사명을 신실하게 감당할 것을 목표로 열심히 사역에 임하고 있다.

(아) 보스톤 열린 교회(Boston Open Door Korean Presbyterian Church)

보스톤 열린 교회는 하나님께 예배하고 예수 그리스도의 복음을 전파하고 성도간의 교제와 이웃에 대한 봉사를 그 설립 목적으로 2000년 6월 보스톤 산성교회를 설립하여 꾸준히 성장시켰던 주원열 목사에 의해서 설립되었다. 현재 62 Thornton Rd. Chestnut Hill, MA 02467 에 있는 미국 교회에서 예배를 드리고 있다.

(자) 보스턴 언약교회(Boston Korean Covenant Church)

2001년 3월 25일 최요섭 목사 외 7인이 Rugles Baptist 교회에서 첫 예배를 드림으로 교회가 시작되었다. 그 해 5월에는 남명환 목사가 공동목회자로 시무를 시작하고, 김영민 전도사가 사역에 임하게 되었다. 그 해 6월 3일에 2명에게 첫 번 세례식을 거행하였고 그 해 8월에는 담임목사인 최요섭 목사가 북방선교에 헌신하게 됨으로, 교회는 남명환 목사가 담임하여 오늘에 이르게 되었다. 그리고 그 해 11월에는 최요섭 목사를 본 교회 북방 선교사로 파송하였고 교회는 미주 한인 예수교 장로회(KAPC)에 가입하기로 결의하여 미주한인예수교 장로회 뉴잉글랜드 노회에 가입하였다.

보스턴 언약교회는 하나님 중심, 성경 중심, 교회 중심으로, 그리스도를 모시고 하나님의 자녀로서 예배와 교제를 회복한 사람들이 그리스도를 모시지 않은 사람들에게 복음을 전파하도록 가르치며 힘쓰는 것을 목적으로 목회하고 있으며 연중 3차의 세미나와 수련회를 통해 영혼과 몸을 훈련하고, 성경 통독과 정기 기도회 등 전도와 교제를 위한 소그룹 활동으로 개개인의 신앙을 바로 세우고, 보내든지 가든지 선교에 주력하는 교회가 되도록 주력하고 있다.

(4) 순복음 교회

이 지역에 세워진 순복음교단에 속한 교회는 세 교회로 김면진 목사가 시무하는 순복음 보스톤교회와 김정대 목사가 시무하는 새생명교회, 그리고 박헌영 목사가 시무하는 순복음 성령교회이다. 이 교회들은 모두 여의도 순복음 교회의 지교회들로 출발하였으나 김정대 목사가 시무하는 새생명교회는 이제는 여의도 순복음교회와는 직접 연관이 없이 독립된 교회의 형태로 순복음 교회의 성격을 유지하면서 사역을 감당하고 있다.

(5) 기독교 대한 감리회

기독교 대한 감리회 미주 선교연회의 뉴욕 북 지방에 속해있는 뉴잉글랜드지역의 기독교 대한 감리교회들은 모두 11개 교회이다. 하나님의 도우심으로 타 기독교 교단의 여러 교회들과 함께 뉴잉글랜드지역 지역 복음화의 일익을 잘 담당하고 있다. 이 지역의 기감 교회들로는 이추실 목사가 시무하는 코네티컷의 페어필드에 위치한 팔복 선교교회, 안대원 목사가 시무하는 로드아일랜드 상동교회, 이성조 목사가 시무하는 뉴턴에 위치한 아름다운 교회, 알스턴에 위치한 이병성 목사가 시무하는 보스턴 선교교회가 있으며 김광식 목사가 시무하는 라이코스교회, 이승욱 전도사가 시무하는 보스턴 하나교회, 그리고 강덕신 목사가 시무하는 버몬트에 위치한 벌링턴 한인교회 외에 다음의 교회들이 이 지역에서 사역을 감당하고 있다.

(가) 뉴잉글랜드한인교회(KMC of NE)

1998년 7월 12일(둘째 주일)에 배영선 유정례 집사 가정에서 17명이 모여 첫 예배를 드림으로 교회가 시작되었다. "하나님이 기뻐하시는 교회를 이루자"는 교회 창립 목적과 함께, '반석 위에 세운 교회'(마태복음 16:16-19)의 제목으로 최창섭 장로가 말씀을 증거하였다. 두 주일 예배 후, 최창섭 장로 가정으로 예배 처소를 옮겨 예배를 드리다가 1998년 10월 4일(첫째 주일)에 현재의 예배 처소인 St. Luke's and St. Margaret's Episcopal Church (5 St. Luke's Road, Allston, MA 02134)에서 예배를 드리게 되었다. 그 후 유경렬 전도사(나사렛 교회 소속)가 설교자로 청빙되어 수고하다가(1998년 10월 18일 셋 째 주일부터 2000년 4월 23일, 부활주일까지) 김지호 전도사가 2000년 4월 30일에 초대 담임자로 청빙되어 사역에 임하고 있다. 2000년 5월 11일에는 민병렬 감리사를 모시고 뉴잉글랜드 한인감리교회 조직 구역회가 구성되었으며, 뉴욕지방 실행위원회 인사위원회에서 본 교회와 김지호 전도사를 담임자로 인준하고 본 교회에 파송함으로 정식으로 기독교 대한감리회 미주선교연회 뉴욕지방 뉴잉글랜드한인구역 뉴잉글랜드 한인감리교회로 등록 절차를 마치게 되었다(2000년 5월 30일). 2000년 12월 31일에는 첫 당회가 모였으며, 2001년 12월 7일에 비영리단체로 교회를 등록하였다.

(나) 좋은 교회(Good KMC)

좋은 감리교회는 1999년 1월 22일에 설립되었다. 이 교회는 교회 설립 목적을 다음과 같이 피력하였다.

"워싱턴 DC를 미국의 정치적 수도라고 한다면 보스턴은 미국의 정신적 수도라고 할 수 있다. 초창기 신대륙 이민자들이 메이플라워를 타고 도착한 곳이 보스턴 남동쪽에 위치한 플리머스이다. 이곳에는 미국의 뿌리를 확인해보려고 하는 여행자들의 발걸음이 끊이지 않는다. 초기 청교도 이민자들의 뿌리라고도 할 수 있는 유서 깊은 지역 보스턴은 또한 세계적인 학문의 중심도시로 인정 받고 있다. 좋은 교회는 이와 같이 미국의 정신적 중심지인 보스턴에 위치하고 있기 때문에 이곳에서 공부하는 한인 학생들과, 거주하는 교포들에게 복음을 전하는 것을 사명으로 한다. 이런 사명감을 가지고 공부하는 학생들을, 그리고 이곳에 거주하는 교포들을 그리스도의 제자로 훈련시켜 자신이 소속될 지역 공동체 속에서 영향력 있는 크리스천이 되도록 양육시킨다. 이러한 영향력 있는 크리스천이 많을수록 교회는 사회를 변화시킬 수 있는 힘을 갖게 된다. 그러므로 좋은 교회의 비전은 사회를 변화시키는 좋은 기독교 문화를 창출해 내는 것이다라고 밝히고 있다."

(다) 반석교회(담임: 최영호 목사)

현재 뉴햄프셔 주의 Londonderry에 자리하고 있는 반석감리교회는 1983년 10월에 뉴햄프셔 주의 Salem의 UMC교회에서 당시 북부 보스턴 연합감리교회의 부교역자로 섬기던 정광호 목사가 개척 목사가 되어서 창립되었다. 다음 해인 1984년까지 교회학교 및 각 속회가 조직되어 예배드리고 여선교회, 남선교회가 조직되었고, 찬양대 및 한글학교까지 조직되어 하나님께는 물론 지역사회까지 섬기게 되었다. 1984년 5월에는 정식으로 UMC교단에 가입 하게 되어 KUMC교회가 되었다. 제 2대 송병혁 목사 때인 1996년에는 예배 처소를 Salem에서 Windham으로 옮겨서 주일예배를 드리다가 그 해 11월에 UMC교단을 탈퇴하고 KMC교단으로 가입하기를 온 교회가 결의했으나 제 3대 김기천 목사 때인 1997년 1월에야 KMC교단에 가입하게 되었다. 1998년 3월에는 Windham의 미국인 장로교회를 떠나 Londonderry의 건물 한 채를 매입하여 교회로 꾸미며 현재까지 예배를 드리는데, 본 교회는 이것으로 이민교회의 자체건물 시대를 열었다.

제 4대 최영호 목사 때인 2000년 4월에는 Condominium 한 채를 Derry에 매입하여 지금까지 담임교역자 사택으로 사용하고 있으며, 2003년 10월에는 본 교회 창립 20주년을 맞아 찬양대의 은혜롭고 아름다운 찬양들을 중심으로 '창립 20주년 기념 감사 예배'를 드리고, 무궁화 5그루와 단풍나무 1그루로 기념 식수했으며, 신앙지인 '반석' 회지의 창간호를 발행했다. 계속해서 반석교회는 어제나 오늘이나 영원토록 동일하신 하나님의 은혜와 사랑 속에서 예배, 선교, 교육 봉사의 사명을 잘 감당하고 하나님께서 기뻐하시는 주님의 교회를 이 시대와 이 지역에 세워 나가기 위해 항상 믿음으로 기도하고, 서로 사랑하고 섬기며, 희생하고 헌신함으로 참으로 아름다운 교회를 만들고 세워 나갈 것이다.

(라) 메인 제일교회(담임: 김정재 목사)

메인 제일교회는 미국의 북동부 끝에 자리 잡은 메인 주의 중심도시인 뱅골이란 도시에 위치하고 있다. 미국 북동부 지역인 메인 주를 중심으로 예수 그리스도의 복음을 전하므로 이곳에 있는 한인들은 물론 다문화에 속한 영혼들을 구원하는 것을 목적으로 교회는 설립되었다. 이곳 교회는 교회가 창립되기 오래 전부터 있었던 선교적 배경을 가지고 있다. 일찍이 1987년 어느 날 기독교 대한 감리회에 속한 무지개 감리교회의 담임목사였던 이병준 목사에 의해서 이 지역 선교활동이 시작되었다. 이목사는 자신이 목회하던 메인 주의 포트랜드라는 도시에 위치한 무지개 감리교회를 목회하던 중 약 2시간 자동차로 북상하여 뱅골이란 도시를 주변으로 한인들이 흩어져 있다는 소식을 접하였다. 그들 대부분은 그곳에 위치하고 있는 공군부대의 속한 군인가족들이었다. 지금은 공군부대가 철수하여 많은 사람들이 이사를 갔지만 그 당시 이목사는 군인가족들을 중심으로 한인 30여 명을 규합하여 정해성 성도의 가정에서 첫 예배를 드리기 시작하였다.

이목사는 한 달에 한번 토요일 오후 3시에서 정기예배를 드리었으며 약 일 년이 지난 후 예배를 두 주에 한 번씩 드리게 되었고 얼마 후에는 매주 토요일 예배를 드리게 되었다. 약 7년 동안 이렇게 예배를 드리다가 결국 이목사는 뉴욕으로 청빙을 받아 이곳을 떠나게 되어서 드리던 예배는 중단되었다. 이후 김형겸 목사와 이천배 목사, 홍석환 목사 등 포트랜드의 무지개교회에 담임으로 부임한 목사들이 간헐적으로 최선을 다해 찾아와 예배를 인도해 주었으나 오래가지 못하고 다시 중단되게 되었다.

그러던 중 뉴햄프셔의 당시 뉴버드 한인 연합감리교회(New Bud U.M.C., 지금은 그린랜드교회)를 담임하고 있는 한상신 목사는 이곳에 지속적인 선교활동이 필요하다는 소식을 우연히 듣게 되어 1996년 9월 17일 메인주 뱅골시로 첫 전도활동을 시작한다. 그는 그 해 10월 19일(토) 오후 3시에 역시 정해성 성도의 집에서 20여 명의 성도들이 모여서 첫 예배를 드리기 시작하여 비록 지역적으로 자동차로 4시간가량 떨어진 지역에 위치하고 있었지만 선교에 대한 열정으로 한 달에 한 번씩 방문하였고 이후 자신의 교회에서 사역하고 있던 최정렬 전도사와 김사무엘 전도사를 교대로 파송하여 예배를 드리게 하였다. 이때는 이미 공군부대가 다른 곳으로 이전하므로 인해서 군인가족 대부분이 떠나간 상태였지만 이미 은퇴한 군인가족들을 중심으로 다시 예배를 드리기 시작한 것이다.

한 목사는 뱅골 위성도시인 브루어에 위치한 브루어 미국연합감리교회의 건물을 빌려서 토요일 드리던 예배를 주일 오후 드리기 시작하였으며 한 달에 한 번씩 드리던 예배를 매주 드리는 등 교회의 규모를 갖추려고 노력하였다. 교회이름을 북부 메인교회로 명명하였다. 그리고 1999년부터는 김사무엘 전도사를 파송하여 교회의 담임을 맡도록 하였다. 김사무엘 전도사는 1999년 3월 1일 기독교대한감리회에 북부메인교회라는 이름으로 교단편입을 완료하였고 같은 해 10월 첫째 주일 30여 명의 성도들이 모인 가운데 창립예배를 드리며 초대 담임목사로 부임하게 되었다. 김 목사는 교회가 창립된 이후 주변에 소재한 허슨 칼리지와 메인대학에서 유학생활을 하거나 연구 활동을 하고 있는 한인들을 선교대상으로 삼아 주중 성경공부 프로그램을 만들어 선교사역을 펼치었다. 교회이름을 현재의 메인 제일교회로 정정하였고 속회활동을 시작하였고 여선교회를 조직하였다. 이어서 현재의 담임자인 김정재 목사가 2002년 9월 2대 담임목사로 부임하여 속회활동을 강화하고 동시통역기를 사용하여 이중언어예배를 시작하였으며, 주일학교를 조직하였고 새벽기도회와 금요기도회를 시작하여 기도와 성경 읽기를 강조하며 태신자운동과 이슬비 편지 쓰기 운동을 통하여 영혼을 구원하는 사역에 힘을 모으며 현재에 이르고 있다.

(6) 미국 장로교(PRESBYTERIAN CHURCH OF USA)

(가) 보스턴 한인교회(담임: 이영길 목사)

보스턴 한인교회는 보스턴 지역에 첫 번째로 세워진 교회로 이미 설립되었을 때의 교회의 모습을 앞에서 알아본 대로 해가 갈수록 교회는 부흥하고 성장하였으며 현재 예배를 드리는 장소로 이전 한 후에는 괄목할 만한 성장을 가져왔다. 보스톤 한인교회는 1967년 9월 17일 현재의 위치인 32 Harvard St. Brookline, MA 02445로 옮겨서 첫 예배를 드렸다. 그 때의 참석인원은 약 60명이었고 예배 후 기념 촬영도 하였다. 1968년 5월 공동의회에서 새 헌장이 통과되므로 교회분란이 표면화되면서 부목사였던 이상훈 목사가 담임목사가 되었다. 1969년 5월 공동의회에서 장년층이 제출한 새 헌장이 통과되므로 김광원 목사가 다시 담임목사가 되었다. 그리고 1971년 권진태 목사(현 성요한 감리교회 담임목사)가 담임목사가 되면서 비로소 Full Time으로 담임목사가 시무하게 되었다. 예산도 $3,000 미만이던 것이 $6,000로 배가 되었다. 이 해에 현 여선교회의 전신인 여신도회가 발족되었다(회장: 고준기).

1971년에 본 교회 Newsletter를 발간하였고 1972년 2월에는 본 교회 주일학교를 개교하였다. 1974년 3월 권진태 목사가 사임하고 1974년 5월에 김갑동 목사가 취임했다. 그러나 1977년 12월 김갑동 목사가 사임한 후로 약 10개월 간 Interim 목사들이 강단을 맡아 수고하였다(노정선 목사, 유철옥 목사, 함성국 목사). 1977년에는 청년회도 발족했다. 그리고 그 해 홍근수 목사(현 서울 향린교회 담임목사)가 본 교회의 담임목사로 오게 되었고 1978년 12월 17일에 본 교회 창립 25주년 기념 및 홍근수 담임목사 취임예배를 드렸다. 1979년에는 현재 매년 발간하고 있는 Pilgrim의 전신인 계간 Pilgrim을 창간했다. 1980년에는 교회규칙(Bylaw)을 개정하고 장로, 권사, 집사의 제도를 채택함으로써 교회의 운영을 제도화하기 시작했다. 장로를 세워서 당회를 구성하여 치리의 민주화를 시도했다. 이에 따라 본 교회가 처음 세운 장로는 김갑성 장로(은퇴 장로), 이덕희 장로(타 교회로 이명), 장태인 장로(타 교회로 이명) 세 분이다.

1983년에는 교회 창립 30주년 기념 예배를 드렸다. 그리고 1985년 10월 28일 창립 이래 무소속 독립교회에서 미국 장로교로 교파를 확정하였다. 교회 명칭은 한국어로는 미국 장로교 보스톤 한인교회, 영어로는 The Korean Church of Boston, Presbyterian Church U.S.A)라고 했다. 교회 운영을 제도화하면서 미국 장로교의 체제를 갖추게 되어 1985년 11월 23일 교회 창립 32주년 기념일에 미국 장로교 가입 후 처음으로 장로 9명, 권사 1명, 집사 24명을 안수하고 임직 시켰다.

1986년 미국 시민권자인 홍근수 목사가 서울 향린교회 담임목사로 시무하기 위하여 서울로 돌아가게 되어 그 후임으로 채위 목사가 위임되었다. 1988년 6월에 김정선 장로가 한글 공부반을 정비해서 '보스톤 한인학교'(현재는 보스톤 한국학교)라고 명명했고 그 당시 뉴욕 한국영사관에 정식으로 등록하고 재미한인학교 협의회에도 가입했다. 1989년 3월 5일 본 교회 영어예배를 창립하였다. 담당자는 당시 보스턴 대학교에서 공부하던 김중대 목사(현 Bethany Christian Fellowship of Brookline)였고 16명으로 시작하였다. 1993년에는 교회 창립 40주년 감사예배를 드렸다. 그리고 1994년 5월에는 채위 목사의 이임예배를 가졌다.

1995년 6월 약 1년간의 전교인의 기도와 노력 속에서 청빙 위원회(위원장 : 김성빈 장로)의 추천과 공동의회의 승인으로 현재의 이영길 담임목사가 위임되어 6월 1일부터 시무하게 되었고, 6월 18일에 보스톤 노회의 주관으로 위임예배를 드렸다. 그 이후부터 오늘까지 본 교회는 계속 외적, 내적으로 성장하여 본 교회의 발전을 대비한 장기 대책위원회도 구성하여 교회의 이전도 구상하였으나 보스톤 노회의 적극적인 주선과 진지한 후원으로 현 교회당의 건물 소유권을 Brookline 제일 장로교회(The First Presbyterian Church in

Brookline)로부터 1997년 9월에 인수받았다. 드디어 소망하던 자체성전을 가지는 기쁨을 누리게 되었다.

2003년은 교회가 창립 50주년을 맞이하면서 첫 희년 기념행사에 대한 본격적인 작업을 시작했다. 몇 가지 행사를 계획하고 일을 추진하기로 하여 그 기쁨을 이 지역의 교회와 교민들과 함께 나누기로 하였다. 교회는 해마다 성장하며 지역사회와 해외 선교지를 섬기는 교회로 든든히 세워져 가고 있다.

(나) 퀸지 영생교회(담임: 강준모 목사)

퀸지 영생 장로교회의 설립은 이 지역 한인들에게는 슈바이처와 같은 사랑으로 봉사했던 의사요, 또 한편 하나님의 은혜에 젖어 평생을 감사하며 찬송의 생활로 살았던 박요슈아 목사의 헌신의 제물로 세워진 교회이다. 퀸지 영생교회에 대해서 박 목사는 이렇게 그 교회이름을 설명하였다.

"퀸지는 마을 이름이며 영생은 세상을 사랑하시는 동시에 우리들, 이민해온 우리 동포들을 사랑하셔서 독생자 예수님을 우리에게 주셨고 '그를 믿는 자마다 멸망치 않고 영생을 얻게 하려 하심이니라' 고 그 영생의 말씀을 증거하는 것이 바로 우리 영생교회의 설립목적이라고 하였다. 영어로 쓰면 Young은 젊다는 뜻이요 Sang은 Latin어로 피를 의미하는 것이니 Young Blood 가 바로 젊은 예수님의 십자가에서 흘리신 피로서 영생교회에 나오는 모든 사람은 예수님의 피로 구원을 얻게 되는 것이고 이로서 영생의 길을 걷게 되는 것이라고 하셨다."

박요슈아 목사는 그의 일생의 염원인 이 땅에 옮겨온 우리 겨레를 위한 전도의 기초가 되는 한인 교회를 설립하려고 그의 일생의 청사진을 그려놓고 있었다. 그가 일생동안 의사 개업을 하던 Providence(RI)에서 개업을 줄이면서 한인교회를 시작하였다. 그리고 보스턴 근처의 Hingham으로 자녀를 따라 이사한 후 퀸지 마을에 있는 First Presbyterian Church에서 꿈에 그리던 퀸지 영생 장로교회를 시작하게 된 것이 1987년 1월 18일이었다.

그는 자주 한국 '함흥' 에서 태어나 이제는 미국의 '흥함' 에 와서 평생소원이었던 한인교회를 시작하게 되었다고 말하면서 모든 정성과 노력을 다하고 기도로서 이 교회가 이루어지게 되었다고 늘 감사하곤 하였다. 1986년 12월에 The First Presbyterian Church 의 담임목사이신 Robert Kvam 목사와 합의를 본 후 당회를 거쳐 교회 모든 시설을 공동 사용할 수 있게 허락을 받아 퀸지 영생 장로교회가 창립되게 된 것이다. 일찍이 그는 돐이 되기 전에 부친을 잃은 후 정말로 하나님, 예수님을 당신의 친아버지로 마음속에서 또 행동 속에서 절실히 느끼고 살아온 분으로 그의 모든 설교는 아버지의 사랑, 예수님의 사랑을 찬양하는 기쁜 복음전파에 전념하고 있었다. 그는 괴로우나 즐거우나 설교할 때는 환한 빛을 그의 얼굴에서 더듬어 볼 수 있었고 그 때마다 기쁨과 감사가 하나로 뭉쳐진 삶을 살았다.

그는 1987년 1월 18일을 교회 창립일로 정하였고 목회가 계속될수록 영생의 열매가 맺혀나갔다. 그래서 운영위원회가 열리고 각 부서가 활발하게 움직여 나갔다. 여선교회, 남선교회, 청년회, 상록회, 주일학교, 한국학교, 성가대, 영상 비디오 등 맡은 바 직책대로 향기를 뿜기 시작하였다. 처음 예배시에는 다섯 명이던 교인들이 몇 주일 안에 두 배가 되고 일 년 후에는 열 배로 늘어났다. 현재 활동 교인 106명, 어린이, 청년회를 합하여 약 200명의 성도로 자라났다. 퀸지영생교회는 1987년 1월 18일에 창립하여 그 해 9월 20일에 평신도 협의회에 가입하였고 1989년 5월 22일에 보스톤 노회(Presbyterian Church of USA)에 정식 가입하였다.

설립자 박요슈아 목사(1987년 1월 18일-1995년 4월23일)를 비롯하여 이 교회를 섬겼던 교역자들은 윤사무엘 목사, 주승중 목사, 김경진 목사, 한진환 목사, 박상근 목사가 있었고 지난 1997년 이후로 강준모 목사가 담임목사로 섬기고 있다. 강준모 목사는 연세대학교 신학과와 연세대학교 대학원 신학과(조직신학전공)를 졸업하고 한국의 한신대학원과 보스턴 신학대학원에서 공부하였다.

(다) 밀알 한인 장로교회(담임:김윤진 목사)

밀알 한인 장로 교회는 2001년 4월 1일에 이동승 목사가 주축이 되어 설립되었다. 밀알교회 라는 이름은 예수님의 말씀 "한 알의 밀이 땅에 떨어져 죽지 아니하면 한 알 그대로 있고 죽으면 많은 열매를 맺느니라."(요

12:24) 에서 나왔는데 이 지역 사회에 한 알의 밀알이 되어 많은 천국의 열매를 맺고자 하는 소망이 담겨져 있는 이름이다. 밀알 교회는 김윤진 목사를 2001년 10월에 담임목사로 모시고 이 지역에 아직도 예수님을 모르거나 영적으로 방황하는 사람들에게 예수 그리스도의 지상명령을 성취하는 것을(마28:18-20) 교회의 사명으로 믿고, 그 사명에 초점을 맞추고 있다. 그리고 2001년 7월 8일 PC USA에 가입하기로 결정하여 2002년 6월 8일에 PC USA 교단에 정식 가입이 되었다.

(7) 침례교

(가) 버클랜드 침례교회(담임: 폴 김 목사)

버클랜드 침례교회(Berkland Baptist Church, BBC)는 미국 남침례교단 소속의 교회로 1981년 3월 1일 '21세기 지도자 양성' 이라는 비전을 품고 이사야서 54장 2,3절 말씀인 '네 장막을 넓히라' 는 말씀에 순종하여 캘리포니아 주에 있는 버클리 대학 근처에서 다섯 명으로 시작되어 10년 동안 사역을 하던 중, 1991년 1월 창립자 폴 김 목사와 김근하 전도사는 하나님의 특별한 부르심을 받고 순종하여 보스턴에 지교회를 개척하게 되었다고 한다. 그리고 하나님의 말씀에 순종하여 사역을 하였을 따름인데 지금은 미국내외로 약 2천여 명의 대가족으로 성장하는 교회가 되었다고 한다. 그리고 이 중에 반 이상이 한국인들이 아닌 다인종이기 때문에 미국 내는 물론 해외 BBC 에서도 주로 영어로 사역을 감당하고 있다고 한다. 버클랜드 침례교회는 주님 다시 오시는 그 날까지 21세기를 짊어지고 나갈 하나님의 사람들, 지도자 양성에 계속 헌신할 것이다.

(8) C&MA(CHRISTIAN AND MISSIONARY ALLIANCE)

(가) 시온성 교회(담임: 정경조 목사)

1987년 6월 7일, 성령강림주일에 정경조 전도사를 목회자로 하여 10여 명이 첫 예배를 드리고 교회이름을 로웰 한인교회로 하였다. 첫 번 예배를 드린 장소는 당시 태권도장을 경영하던 안남열 태권도장에서 가졌다(1519 Middlesex St., Lowell, MA).

1987년 7월 5일, N. Chelmsford의 Vinal Square에 있는 Congregational Church의 소 Chapel에서 예배를 드리기 시작하여 그 해 10월 11일, 300여 명의 축하 손님들과 함께 창립예배를 드렸다. 그리고 1991년 8월 4일에는 예배장소를 현재의 장소(Immanuel Baptist Church, Bedford)로 옮기고 교회 이름을 보스톤 시온성교회로 바꾸었다.

1996년 10월 15일, Bedford의 교통 좋은 위치에 3에이커가 되는 성전 건축 부지를 구입하였고 2000년 5월에는 뉴잉글랜드 지역 평신도협회 주최로 사업인 전도대회(강사: Stanley Tam)를 주관하였다. 보스톤 시온성교회는 현재 1300여 명의 선교사를 54개국에 파송하면서 세계선교에 앞장서고 있는 얼라이언스 교단(C&MA:Christian &Missionary Alliance)에 소속되어 있고 이 교단의 한인총회는 약 65개의 교회로 구성되어 있다. 얼라이언스 교단의 사중복음(중생, 성결, 신유, 재림)은 한국 성결교단의 사중복음의 기원이며 한국 순복음교단의 5중복음의 모체가 되기도 하였다. 얼라이언스 교단은 찬송가 작자로서도 유명한 장로교 목사 A.B. Simpson 박사에 의해 초교파적 선교연합체로 1897년에 출발하였다가 후에 교단으로 발전하였는데 전 세계의 얼라이언스 가족은 2.5백만 정도이다. 현재 이 교회 출신으로 두 가정이 선교지에 나가 있고(인도: 강영중, 윤경숙 선교사, 우즈베키스탄: 고세중, 유광진 선교사) 다른 한 가정(강태수, 박샌디)이 선교사(중국) 훈련을 받고 있다.

이 교회는 성령세례, 충만을 강조하는 복음주의 신앙노선에 서서 지역부흥과 세계 선교를 지향하는 신사도 운동에 적극 동참하고 있으며, 목회의 4대 목표는 '전도, 선교, 교육, 치유' 이다. 중점적인 사역 목표로는 이민자와 유학생들을 전도하여 제자로 훈련하며, 영어사역, 선교. 다민족 전도, 제자화를 이루고 있다.

이 교회의 담임인 정경조 목사는 서울대학 공대를 졸업한 엔지니어로 해군 기술장교와 KIST의 연구원으로 재직하였고 보스턴으로 유학하여 1976년에는 Tufts 대학교에서 기계공학 박사학위를 받고(Ph.D) GTE 연구소에서 연구원으로 활동하기도 하였다. 그러던 중 1982년에 사역자로서의 소명을 받아 신학교에 입학하여 공부한 후 1987년에 Gordon-Conwell 신학교를 졸업하고 1988년에 얼라이언스 교단에서 목사안수를 받은 분으로 엔지니어에서 사역자로 변신한 특별한 소명을 받은 목사이다.

(9) 미주한인 장로회

(가) 케임브리지 연합 장로교회(담임: 김영호 목사)

케임브리지 연합 장로교회는 현재의 담임목사인 김영호 목사가 성태현 (김애순) 집사의 가정과 더불어 시작하였다. 1994년 2월 셋째 주 주일날 현재의 위치인 Arlington 에서 개척 예배를 드림으로써 교회가 시작되었다. 교회를 설립하기 1년 전에 하나님으로부터 교회를 개척하라는 사명을 받았고, 사명을 받은 그 날 이후부터 성태현 집사(Cambridge 거주)의 아파트에서 매주 목요일 밤 개척 준비 기도회를 1년 동안 가졌다. 예배당을 케임브리지에서 찾으려고 했지만 찾지 못하였기에 부득이 알링턴 하이츠에 있는 St. Paul Lutheran Church 의 교회 건물을 빌려서 쓰게 되었다. 본 교회가 창립된 이래로 지금까지 미국 교회와는 좋은 관계를 맺으면서 함께 성장하고 있다. 본 교회는 1994년 봄 노회가 열렸을 때에 미주 한인 장로회 뉴욕 노회에 가입을 하여 그 때 이후로 본 교회는 미주 한인 장로회 뉴욕노회의 지교회가 되었다.

케임브리지 연합 장로교회의 사명은 잃어버린 영혼들을 찾아 구원하고, 그들을 훈련시켜서 성숙한 그리스도의 제자가 되게 하고, 세상을 섬기며 하나님 나라를 확장하기 위하여 그들을 세상으로 파송하는 것이다. 이 교회는 이 비전을 이루기 위하여 첫 번째 단계로 모든 성도들에게 전 인격적으로 하나님을 만나는 일이 일어나도록 하며, 두 번째로 개개인의 삶과 직업과 학문의 영역 속에서 하나님께서 주신 비전과 사명을 깨닫게 하는 일을 할 것이며, 세 번째로 철저한 신앙 훈련을 통하여 평신도 지도자로 준비되게 하여서 하나님께서 보내시는 곳(회사, 연구소, 학교, 사업장)으로 가게하며 거기서 세상을 섬기며 하나님 나라를 확장하는 사명을 감당하도록 하는 것이다.

(10) 연합 그리스도 교회(UNITED CHURCH OF CHRIST)

(가) 로드아일랜드 제일 한인교회(담임: 신중현 목사)

로드아일랜드 제일 한인교회의 시작은 미국제일장로교회내의 한인 예배부가 설립되면서 시작되었다고 볼 수 있다. 당시 한국 서울 성남교회의 초대 장로였던 의사 박요수아가 1955년 도미하여 1960년 프로비던스에 있는 제일 장로교회(The First Presbyterian Church, William Silbert 목사)에 한인으로 처음 등록하여 장로로 시무하게 되면서 한인 교인들이 점차 모이기 시작했다. 한인 교인 수가 점차 많아지면서 예배시 동시통역기를 사용해 설교를 듣게 하였는데 당시에 도상희 장로가 동시 통역자로 수고하였다. 박요수아 장로와 도상희 장로 인도로 함성국 목사를 모시고 한인 성경공부반을 시작하였고 그 후 박원기 목사, 김용준 교수가 강사로 수고하였다. 이후 1977년 노정선 목사가 유니온 신학교 재학 시 미국 장로교회 부목사로 취임하여 본 예배 동시통역과 한인 예배부의 설교, 심방, 성경 공부 등 제반 책임을 맡았다. 한인 예배부에 전담 목사를 모시게 되어 교인들의 기쁨은 말로 할 수 없었다. 한인 예배부에는 성가대가 조직되었으며 최선행이 수고하였다. 1978년 초 노정선 목사가 뉴헤이븐 교회로 이임하고 이 해 가을 미 연합교회 부목사이며 캠브리지 한인교회를 설립한 유철옥 목사가 담임목사로 부임하였다. 날로 발전하는 한인예배부가 수적(60여 명)으로나 재정적으로 미국 교회의 큰 비중을 차지하게 되면서 한인 교인들간에 독립하여 교회를 따로 운영하자는 의견이 있던 차 유목사가 한인 예배부의 독립적 재정과 운영방안을 당회에 건의한 것이 화근이 되어 유목사의 계약연장이 중단되고 한인 예배를 위한 예산을 삭제한다는 말을 듣고 대부분의 한인들이 발기인으로 서명하고 독립교회를 세우게 되었다. 이것이 제일 한인교회의 전신이다.

1979년 12월에 크랜스톤에 있는 Woodridge Congregational Church, UCC(546 Budlong Road, Cranston, RI 02920)로 예배 장소를 옮겨 36명이 첫 예배를 드리고 교회명칭을 로드아일랜드 제일한인교회로 결정하고 운영위원회를 조직했으며 이 지역에서 가장 큰 믿음의 공동체로 한인사회의 관심과 축하 속에 교회가 시작되었고 1980년 6월 1일 창립 축하 예배를 드렸는데 김광원 목사의 설교, 차승만 교수의 축사와 옥인걸 교수의 축가가 있었다.

교단 가입을 결정할 때 유 목사가 가입되어있는 연합교단에 교인공동회의에서 27대 9표로 가입하기로 결정되어 1980년 8월에 가입하여 뉴잉글랜드에서 연합교단에 가입한 첫 번째 한인교회가 되었다. 진보적이고 지성을 중요시하는 유철옥 목사의 성향에 따라 홍근수 목사 유동식 교수, 한완상 교수, 이승만 목사들이 초청되어 사경회나 강연회를 가졌다.

교회가 시작된 이래 5년 동안은 연합교단식의 운영위원회로 교회를 운영하였는데 많은 새 교인들이 입교하면서 장로 집사제도를 원해 1985년 4월 14일 공동 회의에서 채택, 장로 집사를 투표로 선출하여 1985년 6월 2일 창립기념 예배 때 안수 및 취임식을 거행했다. 한국 장로인 김관국은 시무 장로로 미국교회 안수집사였던 정정욱은 한국교회에서 안수 받은 시무 장로 제1호가되었고 한국 권사인 김옥춘, 오명순, 원금녀가 권사로 취임하였고 문기덕, 오세명, 윤선홍, 이계철, 주창준, 조명진, 김원옥, 김낸시, 이길자, 이혜숙, 한문혜가 집사로 안수 받았다. 제 일대 운영위원장에 김관국 장로, 제2대에 정정욱 장로, 여선교회 초대 회장에는 이덕자 2대는 이길자가 봉사했고 교회 살림 교회 밖의 구제 자선사업에도 적극적이었다.

유철옥 목사는 서울문리대 철학과에서 학사, 석사 학위를 취득한 후 1961년에 매사추세츠의 앤도버 뉴턴 신학교를 수학하고 1962년부터 65년까지 버지니아 주 리치몬드에 있는 유니온 신학교에서 신학사를 받고 보스턴 대학에서 조직신학석사와 철학 박사 학위를 받았다. 미국 연합교단 안수 목사인 그는 미국연합교회에서 15년간 담임목사, 부목사로 봉사하고 1978년 캠브리지 한인교회를 창립하고 로드아일랜드 제일 한인교회 창립 후 5년 동안 목회하며 교회의 정체성인 연합교단 정신을 뿌리내리게 하였는데 즉 개인의 영적 구원과 사회구원을 동시에 중요시하여 Radically inclusive, Justice oriented, Spiritually alive 가 그 주된 표어였다. 목회 방향은 상당히 지적이며 진보적이어서 보수성을 가진 한인 교인들에게는 거부감을 느끼기도 하였지만 고지식하며 순수한 성품으로 국제 결혼한 교인 또 언어의 장애로 불편함을 느끼는 한인들의 법적 문제 통역을 비롯한 초기이민사회에 개인적으로도 숨은 봉사를 많이 했다.

그 후 1985년 유철옥 목사가 뉴저지 버겐 장로교회로 전임하고 1986년에 보스턴 신학대학에서 목회학 박사과정에 있던 감리교단의 최종식 목사가 부임하였는데 그 역시 상당히 리버럴한 신학과 목회방침으로 징을 쳐서 경건한 예배의 시작을 하기도 했다. 교회의 사회 참여와 역사의식을 강조하여 1987년 2월에는 고 박종철 추모예배를 가졌고 같은 해 6월 창립기념축하공연으로 김지하 작 '금관의 예수' (목요연극단)를 공연하였다.

1991년 6월에 최종식 목사가 사임하고 한국으로 귀국하고 같은 해 애틀랜타에 있던 오정선 감리교단 목사가 보스턴 신학대학 박사과정에 등록하고 본 교회에 취임하여 젊은 열정으로 목회를 한 결과 교회가 급격히 더 부흥하는 듯해 교인 수가 120명이 넘게 되었고 하버드 신학교의 지관해 전도사가 교육전도사로 부임하여 성경공부와 교육에 더욱 활기를 띠게 되었는데 그때 오 목사는 프로비던스에 있는 한인 감리교회와 연합교단으로 뿌리내린 본교회의 통합을 무리하게 시도하다 교인과의 마찰과 갈등이 생겨 본 교회 교인 40명 정도가 나가서 Warwick에 임마누엘 한인 감리교회를 창립한 후 곧 프로비던스 한인 감리교회와 통합하여 1994년에 시온 한인 연합감리 교회를 만들었다. 본 교회는 교회분립으로 아픔과 혼돈의 와중에서 목사 청빙을 시도하던 중 잔여 교인의 절반인 40명이 또 갈라져 나가 침례교단 서영주 목사와 교회를 창립하여 로드아일랜드 중앙교회를 만들었다. 그때 본 교회 공동회의에서 정식 결정된 캐나다 토론토의 캐나다 연합교단 정동석 목사는 갑작스런 교통사고로 못 오게 되었고 한국 신학대학을 졸업하고 기독교장로회의 소속이며 1994년 미네소타의 연합교단 신학교에서 박사과정에 있던 박승환 목사를 청빙하게 되었다. 일 년 동안에 교회가 세 등분으로 나누어지고 십 년 이상 친교 하던 정든 교우들과 등을 지며 로드아일랜드 한인 사회에 수치스러운 교회사를 남기며 작은 한인사회에 분열을 가져오게 한 이 사건으로 특히 모체인 제일 한인교회에 남아 있는 성도들의 가슴은 아픔으로 멍이 들고 슬픔으로 헤어 나가기 힘들었는데 온 성도들이 합심하여 기도 생활을 하며 주님을 의지해 앞을 보고 정진할 수밖에 없었다. 그 후 1999년 8월 박승한 목사가 사임하여 그 후임으로 한국 장로교 신학 대학을 졸업한 장로교 출신인 신중현 목사는 서울 영락 교회 부목사를 거쳐 캐나다로 이주하여 토론토 한인 장로교회에서 시무하다 이곳에 2000년에 취임했다. 로드아일랜드 제일한인교회는 하나님의 거룩하신 섭리에 따라 설립되어 로드아일랜드의 여러 한인교회 중 그 모체가 되게 하시고 지금껏 복음 사역을 감당하도록 인도하셨다.

(나) 케임브리지 한인교회(담임: 김태환 목사)

앞에서 이미 언급된 이 교회는 유학생들을 위한 전문 사역에 큰 획을 긋고 크리스천 문화개발과 젊은이들을 세계선교에 눈을 돌리게 하는 원대한 사역 목표를 가지고 사역에 임하고 있다. 이 교회는 다음과 같은 사역의 목표를 가지고 힘차게 사역을 감당하고 있다.

1) 영성(靈性, Sprituality)을 추구하는 교회

이 교회가 내걸고 있는 모토는 '말씀과 기도로 교회의 영광을 회복하는 교회' 이다. 현대 교회가 교회 본래의 모습과 능력을 상실했다고 보고 그리스도의 몸으로서의 교회의 영광을 회복하고자 한다. 예배를 통한 하나님의 말씀의 선포는 목회의 가장 중요한 부분을 차지한다. 그리고 새벽기도회 또한 본 교회가 주력하고 있는 중요한 사역 중 하나이다. 주일을 제외하고 매일 새벽 5시 35분에 새벽기도를 드린다. 8년째 드리고 있는 사순절 40일 새벽기도회에는 전 교인이 참석하여 뜨겁게 기도하며 하나님의 은혜를 사모한다.

2) 인재(人才)를 양성하는 교회

이 교회는 인재 양성에 주력한다. 요셉과 다니엘과 같이 하나님의 경륜으로 세상을 경영할 수 있는 사람을 기르는 것이야말로 조국과 세계를 위한 교회의 사명으로 보고 있다. 이런 의지의 표현으로 교회에서는 해마다 10여 명의 장학생을 선발하여 장학금을 지급한다. 유년부와 중고등부, 청년부로 구성되어 있는 주일학교는 각 부서마다 헌신적인 교사들이 섬기고 있다. 특히 중고등부는 미국에서 십대를 지낸 1.5세 교사들이 자원하여 봉사하고 있다. 청년부는 지도 목사를 중심으로 회장단과 13개 팀에 천부장, 백부장, 십부장 제도를 도입하여 팀 별로 성경을 공부하면서 그리스도 안에서 교제를 나누고 있다. 그 외 결혼한 부부들을 위한 청장년 1부와 2부가 있다. 25년 동안 이 교회는 수많은 인재들을 배출했다. 이들은 한국과 미국 전역의 학교와 직장에 흩어져 빛과 소금이 되어 그리스도의 사랑과 섬김의 정신을 실천하고 있다.

3) 하나님의 선교에 헌신하는 교회

전 교인이 하나님의 선교에 헌신하는 삶을 살도록 주력하고 있다. 특히 1998년 북한의 식량 사정이 악화된 것을 계기로 북한 선교에 힘쓰고 있다. 현재는 북한 새별군(옛 이름은 아오지)에 있는 새별 초등학교의 점심 급식을 담당하고 있으며, 최근 몇 년 째 조선족 청년과 지도자, 탈북자 선교를 위하여 단기 선교 팀을 파송하고 있다. 이 교회에서는 각자에게 맞는 다양한 선교의 삶을 교인들에게 이해시키기 위해 선교사들을 초청하여 자주 선교세미나를 열고 있다. 이와 동시에 보스턴 인근의 유학생이 7~8천명에 달하고 있으며, 이중 10% 정도가 교회에 나가고 있다는 사실에 주목하고 보다 효과적이고 적극적인 학원선교의 방법을 모색하고 있다.

4) 크리스천 문화를 주도하는 교회

(1) 성가대와 앙상블(Choir & Ensemble); 최고 수준의 찬양을 하나님께 드림을 목적으로

한다. 2001년에는 이 지역 '교회협의회 주최 한인교회 성가대 초청 음악회'에서 The Best Choir로 선정된 바 있다. 그리고 보스턴 대학에서 주최하는 Martin Luther King Jr. 기념식에 2년 연속 초청되어 매스컴으로부터 격찬을 받은바 있다. 이곳 NEC와 보스턴 대학, Berklee 등 음악학교에서 수업하고 있는 본 교회의 앙상블 역시 정평이 나있다. 앙상블 멤버들은 '나에게 주신 음악적인 탤런트를 하나님께 드리자'는 마음으로 봉사하고 있다. 최근에는 핸드벨 콰이어가 조직되어 교회 행사 때마다 귀한 찬양을 드리고 있다.

(2) 경배와 찬양(Praise & Worship) ; 1993년에 찬양 팀이 결성되어 지금까지 매주 금요일 저녁마다 경배와 찬양을 인도하고 있으며 주일 대 예배 때도 은혜로운 찬양을 인도하고 있다.

(3) 연극과 뮤지컬(Drama & Musical); 1998년에 교회 내에 문화부가 창설된 이래 해마다 연극이나 뮤지컬을 공연하고 있다. 지금까지 공연한 작품들은 '나사로 이야기'(1996), '조선의 별'(1997), '전도사와 건달들'(1998), '선물'(1999), '전도사와 건달들 2'(2000), '영문 밖의 길'(2001), 'Godspell'(2002) 등이며, 올해는 창립 25주년 기념 공연을 준비하고 있다. 공연 때마다 참석자들로부터 아마추어 수준을 뛰어 넘은 공연으로 호평을 받고 있다.

(4) 바디 워십(Body Worship); 3년 전에 바디 워십팀 '다윗처럼'이 창단되어 매년 성황리에 공연하고 있다. 최근 2년 연속 '증인들의 고백'을 공연한바 있다. 그 외 바디 워십팀은 대외적으로도 많은 활약을 하고 있다.

(5) 하버드스퀘어 노방전도(The Street Evangelism in Harvard Square); 해마다 9월에 전도부와 성가대 앙상블, 바디 워십팀, 경배와 찬양 팀이 연합으로 하버드 스퀘어 노방전도를 하고 있다. 공연을 보기 위해 모인 사람들에게 전도부원들이 나가 전도한다.

(6) 안녕하세요?; 해마다 9월에 이 지역에 새로 공부하러 온 사람들을 초대하는 교회적인 축제이다. 초대되어 온 학생들에게 이 지역과 교회를 소개하고 자연스럽게 복음과 접할 수 있는 기회를 만들어 주는 행사이다.

(7) 웹 미니스트리(Web Ministry) ; 5년 전부터 교회 내에 미디어부가 조직되어 교회 웹 사이트를 관리하고 있다. 주일 예배 동영상과 설교문을 올리고 각부서의 게시판을 관리한다. 지금은 교회 내의 다양한 정보와 의사소통이 교회 홈페이지(www.firstkoreanchurch.org)안에서 이루어지고 있다.

5) Loaves & Fishes Meal Program

Loaves & Fishes Meal Program 은 본 교회에서 실시하고 있는 밀프로그램이다. 성경에 있는 오병이어의 말씀대로 Homeless 들을 예수 그리스도의 정신으로 섬기는 프로그램이다. 처음에는 120명, 많게는 150명까지 인근의 많은 homeless 들에게 음식을 제공했으나 지금은 지역의 급격한 변화로 말미암아 70-80명 정도에게 식사를 제공하고 있다. 봉사자는 모두 volunteer로 운영하고 있다.

이 교회에게 주님이 주신 비전은 4가지로 생각한다. 첫째는, 한국교회의 전통 속에서 그리스도의 정신으로 연합하여 복음주의 신앙공동체를 이루는 것이다. 둘째는, 그리스도의 제자로서 교회의 영광을 회복하는 일에 참여하는 것이다. 셋째는 하나님의 선교에 헌신하는 것이다. 넷째는 조국과 세계를 위해 봉사할 인재를 배출하는 것이다. 이 교회는 산 위에 있는 교회가 되기를 원한다. 산 위에 있는 동네가 숨기지 못한다는 말씀처럼 이 교회는 세상을 섬기는 산 위의 교회가 되기를 원한다. 이 교회는 이를 위해 말씀과 기도사역에 더욱 힘쓸 것을 다짐하며 사역에 임하고 있다.

(다) 보스톤 새누리 교회(담임: 이정순 목사)

보스톤 새누리교회는 1994년 10월9일 몇몇의 한인들이 미국연합그리스도교회(United Church of Christ)의 정신을 충실히 구현하는 교회를 만들기 위해 케임브리지의North Prospect United Church of Christ에서 창립예배를 드림으로 시작되었다. 1997년 4월 27일 미국연합그리스도교회 매사추세츠 컨퍼런스에 회원교회로 정식 등록하였다. 이후 하바드 한인 교회라는 이름으로 지속되어 내려오다가 1999년 7월 목회자의 갑작스런 귀국과 창립 멤버들의 대거 이주로 많은 어려움에 처하게 되었다. 그러던 중 1999년 12월 이정순 목사가 부임하여, 다시 교회를 활성화하기 시작했고, 교단의 개척교회 지원프로그램을 정상화시켜 교회를 운영해 나갔다. 이후 2000년 6월에 정식으로 IRS와 주정부에 비영리기관으로 교회가 등록되었다. 2000년 7월1일에는 교회를 재 창립하는 정신으로 하나님께서 이루시는 새 하늘과 새 땅을 상징하는 '새누리' 라는 이름으로 교회 이름을 바꾸기로 결의하였으며, 웹사이트를 개설해 인터넷 선교를 시작하였다. 하지만 보스톤 새누리교회는 이민자 가정보다는 청년 학생들 중심의 소규모 미자립 교회라는 특수성과 임대교회의 한계로 계속 어려움을 겪게 되었다. 따라서 새로운 활로를 모색하던 중 같은 교단의 미국교회인 First Congregational Church of Waverley와 연합하여 다인종, 다문화 선교에 힘쓰기로 결정하고, 2001년 6월 1일 교회를 Belmont로 이전하였다. 이후 2002년 1월에 보스톤 새누리교회는 미국인교회와 공식적으로 하나의 교회를 이루기로 전교인 만장일치로 결의하였고, 이후 자체교회당에서 영어를 주 언어로 하여 다양한 인종들을 대상으로 선교에 힘쓰고 있다. 현재 보스톤 새누리 교회는 First Congregational Church of Waverley-Senuri라는 영문 이름을 가지고, 그리스도의 참된 사랑 안에서 인종간의 화해와 평화를 추구하는 교회가 되고자 노력하고 있다.

(11) 초교파 교회들

(가) 로드아일랜드 교회(담임: 서영주 목사)
로드아일랜드 중앙교회는 서영주 목사 외에 34명의 성도들이 모여서 말씀으로 배우고 가르치며 2세 교육에 전념하는 교회, 사랑으로 하나 되어 서로 섬기며 배가로 성장하는 교회, 성령의 능력으로 복음을 전하고 선교에 앞장서는 교회를 목적으로 1994년 3월 25일 111 Harris Ave. Providence에 설립되었다. 이 교회는 설립된 후 10여 년간 담임목사의 탁월한 지도력 아래 온 교우들이 힘을 합해 복음전도에 앞장서서 괄목할 만한 성장을 가져왔고 336 Greenwich Ave. Warwick, RI 02888 에 자체 건물을 구입하여 이전 한 후로 지역의 교민들과 공부하러 오는 유학생들과 교포학생들을 위한 영혼의 안식처로 사명을 감당하고 있다.

(나) 구세군 보스톤 한인교회(담임: 박명수 사관)
하나님의 인간구원의 목적을 선포하고 보다 더 나은 삶을 위한 선도와 교육 그리고 병원, 숙박소, 알코올 중독자를 위한 재활원, 중고품 수집판매업소, 탁아소, 일시 보호소 등 모든 구세군의 사회사업과 긴밀한 관계를 갖고 교포사회에 봉사하고자 미국 구세군 한인사역 컨설턴트인 김종원 사관의 요청과 미국 구세군 매사추세츠 지방 본영의 후원으로 1999년 9월 1일에 설립되었다. 그리고 교회 초대 담임목사로 한국 구세군에서 파송된 박명수 사관이 사역을 감당하여 오고 있다.

(다) 시온 교회(담임: 이문주 목사)
지상에 있는 하나님의 참된 교회는 한 분 하나님과 그리스도를 예배하기로 고백하는데 있으며 세례를 받음으로써 신앙생활을 시작하고 그리고 성찬에 참석함으로써 그들의 하나 됨을 교리와 사랑으로 증거하는 데 있으며 주님의 말씀에 동의하고 그리스도께서 세우신 말씀을 사역하는 일을 맡아 수행하는 것이다. 이 사명을 감당하기 위하여 어느 지역이던지 믿는 자들이 모인 곳에는 교회가 세워지게 되었다. Greenfield, MA 지역에 시온 교회가 설립된 것도 바로 이 일을 이루기 위한 것이었다.

시온 교회를 세움에 있어 담임목사인 이문주 목사는 Valley forge 신학대학을 졸업하고 Springfield, MA에 있는 제일교회에 부목사로 있었다. 그 당시 개척교회로서 목사가 2인이 있다는 것은 복음 사역에 낭비가 될 수 있다는 생각을 갖고 예수님의 지상 명령인 (행1:8) "오직 성령이 너희에게 임하시면 너희가 권능(權能)을 받고 예루살렘과 온 유대와 사마리아와 땅 끝까지 이르러 내 증인(證人)이 되리라 하시니라" 는 말씀과 (마28:19-20) "그러므로 너희는 가서 모든 족속으로 제자를 삼아 아버지와 아들과 성령의 이름으로 세례를 주고(20) 내가 너희에게 분부한 모든 것을 가르쳐 지키게 하라 볼 지어다 내가 세상 끝 날까지 너희와 항상 함께 있으리라 하시니라" 라는 성경 말씀을 마음에 되새기며 선교적인 사명을 갖고 개척 교회를 준비하기에 이르렀다.

먼저 이목사는 1987년 5월 1일부터 가정에서 개척교회 준비 기도를 하기 시작하였다. 어느 지역에 교회를 세워 복음을 전하여야 할 것인가? 생각하며 마음에 하나의 원칙을 세웠다. 그것은 사도 바울이 초기 복음 사역에 (롬15:20) "또 내가 그리스도의 이름을 부르는 곳에는 복음을 전하지 않기로 힘썼노니 이는 남의 터 위에 건축하지 아니하려 함이라"는 말씀을 근거로 한인교회가 없는 지역을 찾기로 한 것이었다. 그러나 대부분 도시에는 이미 한인교회가 세워져 있었다. 그러던 중 2-3년 전에 우연히 들었던 기억이 되살아났다. 그린필드에 한인이 세 가정이 있는데 교회에 몇 번 나왔지만 지금은 나오지 않고 있다는 말이 생각났다. 마음에 그 곳에 있는 3명의 한인들이지만 복음을 들려줄 기회를 주어야겠다는 뜨거운 사명이 일어나기 시작하여 하루는 그린필드 지역을 방문하여 혹시 예배처소를 미국교회에 빌릴 수 있나 해서 찾았지만 빌릴만한 교회가 없었다. 그러던 중에 그린필드 지역에서 아주 가까운 곳인 미국 회중 교회 교인이며 스프링필드 교회에 어머니를 모시고 나온 집사가 있었다. 그 분을 통하여 Millers falls 교회에서 예배를 드릴 수 있는 시간의 기회를 얻게 되었고 1987년 8월 23일 8명이 모여 첫 예배를 드렸다. 지역적으로 한인이 없는 관계로 생활 속에서 받는 심령에 곤고함을 가정 같은 교회를 세움으로 신앙으로 성장함과 권면과 위로가 넘치는 공동체로 세워야 하겠다고 생각하였다. 주일 예배가 시작된 첫 주일 그 주간부터 구역 예배를 드리기 시작하였다.

그 해 1987년 11월8일 창립예배를 드림으로 시온 한인교회가 공식적으로 알려지고 미국 나사렛 교단에 개척교회로서 회원교회가 되었다. 개척한지 2개월이 지날 무렵 장년 성도 25명 정도가 되었고 이 성도 가운데 형제 또는 부모가 이민을 오면서 신앙을 갖게 되고 전도하기 위해 보통 한 시간에서 두 시간 거리의 한인이 있는 곳에는 찾아가 불신자들을 만나 예수 그리스도를 전하고 하나님께 예배 드리도록 교회에 출석하도록 종용하였다. 교회는 차츰 성장하기 시작하였다. 1990년에는 교회가 안정되어 초창기 교인이었던 강숙자 집사와 이연순 집사를 권사로 취임하게 되었다. 개척한지 10년 만에 1997년에 교회를 짓기로 하고 그린필드에 땅 1.8 에이커를 구입하여 교회건물을 지으려고 땅을 정리하고 설계를 하던 중 그린필드의 Main Street에 미국 교회 건물이 나와 성도들은 마음이 하나 되어 1999년 3월 1일 구입하고 14일 첫 예배를 드리게 되었다. 그 해 10월 10일 교회는 입당예배와 이만종 장로의 취임과 김태모 집사와 정진항 집사를 안수 집사로 임직 하고 송필선 집사, 최상희 집사, 오순애 집사를 권사로 취임하였다.

(라) NMH 한국교회(담임: 한태국 목사)

Northfield Mount Hermon School은 대학 진학을 앞두고 있는 9학년부터 12학년 남녀 학생들을 지도하고 있는 사립 고등학교로서 지금으로부터 약 120여년 전(1880년)에 뉴햄프셔와 버몬트를 경계로 하고 있는 Massachusetts의 Northfield에 세워졌다. 이 학교의 설립자는 미국 기독교사에서 빼놓을 수 없는 위대한 복음 전도자이며 최초로 YMCA에서 Sunday School Teacher's Conventions를 발족하여 전 세계의 기독교 교육에 지대한 영향을 끼친 평신도 전도자인 무디(Dwight L. Moody)이다. 그는 두 개의 기독교 학교를 세웠는데 그 중 하나는 시카고에 있는 Moody Bible Institute이며 다른 하나는 NMH 한국교회(Northfield Mount Hermon Church)가 사역하고 있는 Northfield Mount Hermon School이다.

이 학교는 D. L. Moody 선생이 자라난 고향에 세워졌기 때문에 그의 생가(박물관)와 무덤 등을 보기 위해서 그를 사랑하는 전 세계의 기독교인들의 발길이 연중 내내 끊이지 않고 있다. 그러나 특이한 것은 그 동안 세월은 흐르고 바뀌어서 이 학교의 설립자이자 위대한 예수 그리스도의 복음 전도자인 Moody선생의 취지와는 달리 자유주의(Liberalism), 상대주의(Relativism), 그리고 Post-Modernism 등의 강한 영향을 받아 이 학교는 순수한 기독교 정신을 상실하게 되어 미국 내의 많은 기독교인들의 마음을 아프게 하던 중, 본 NMH 한국 교회가 하나님의 섭리 가운데서 순수 그리스도의 복음을 들고 다시금 이 학교의 캠퍼스에 들어간 것이다.

Northfield Mount Hermon School에는 2001년도에만도 72명의 한인 학생들이 재학하고 있었는데, 이들을 전도하고 또 그리스도의 말씀으로 양육하기 위해서 당시 Gordon-Conwell 신학대학원에 재학하고 있던 한태국 전도사, 김중인 집사, 그리고 하정태 집사 등이 주축이 되어서 그 해 10월 14일 오후 5시에 Sage Chapel 에서 총 19명(학생 10명 포함)이 모여서 첫 예배를 드린 후 지금까지 계속해서 학교 스케줄에 따라서 매 주일 예배를 드리고 있다.(매 주일 약 12명-20명 참석 중)

NMH 한국 교회는 고국을 떠나서 공부를 하고 있는 어린 학생들에게 그리스도를 전하고 또 말씀으로 양육을 하여서 그들의 영혼을 구원하고, 또 기독교 정신을 바탕으로 한 우리나라의 훌륭한 차세대 일꾼을 많이 양성함에 있다. 그리고 더 나아가서는 이렇게 복음으로 변화된 한국 학생들의 영향을 받아서 미국에서 가장 전통 있는 이 기독교 학교가 다시금 전에 가졌던 순수한 신앙으로 되돌아가서 모든 학생들에게 참된 기독교 교육을 시키는 훌륭한 학교가 되기를 목표로 하고 있다.

4) 뉴잉글랜드 각 기독교 단체의 발족
(남전도 연합회, 교역자연합회, 교회협의회, 장로협의회 등)

(1) 평신도 협의회
1980년대에는 교회가 많이 설립되게 되면서 평신도들의 활동도 활발해져 갔다. 그리고 기독교 단체가운데 교회협의회가 세워지기 이전부터 이미 평신도 협의회가 발족되어 평신도들의 교회 연합 활동이 활발하게 전개되기도 하였다. 1980년에 시작이 된 평신도 협의회는 매년 정기적인 연합활동을 전개하였다. 연합 활동의 중요한 한 부분은 교회 협의회가 출범하기 전까지 매년 부활절연합 새벽예배를 주관하였고 가을에 지역의 모든 교회들이 연합하여 야외예배를 드리며 친교를 다지는 일이었다. 그리고 공병근 장로가 회장으로 있던 1987년에는 평신도들의 신앙생활을 안내하는 평신도연합회의 회지도 2회 발간되어 평신도들의 교회생활과 힘든 이민생활을 신앙으로 이겨내도록 안내하는 역할을 하였다.

평신도연합회에서 수고했던 회장들의 이름은 일일이 열거할 수 없지만, 당시 이 지역에 교회가 설립된 순서로 교회의 평신도 대표가 회장직을 수행하였고, 부활절 연합 새벽예배와 가을 교회 연합 야유회도 회장이 소속된 교회가 행사를 주관하였다. 평신도 협의회는 1988년에 교회협의회가 설립되면서 교회협의회가 각 교회의 목사와 평신도 대표로 구성되게 됨으로 인해 평신도 협의회가 주관하였던 연합 사업을 교회협의회로 이관하였고 그 동안 이 지역교회의 연합활동에 큰 수고를 했던 평신도협의회의 사역을 마감하였다.

(2) 뉴잉글랜드 교회협의회
뉴잉글랜드 교회협의회의 발족은 이 지역의 교회들에게 지역 복음화를 위한 구심점이 되어 교회가 연합하여 지역 복음화를 위해 큰일을 하는 계기가 되었다. 뉴잉글랜드 교회협의회가 설립된 것은 1988년 8월 7일 저녁 7시 30분 성요한 교회에서 '교회 협의회 발족 준비위원회'를 만들고 발족 준비위원으로 김갑성 장로, 김원엽 장로, 정용국 권사, 라영복 목사, 이상호 목사, 한상신 목사(6명)를 선출하여 그들에게 교회협의회의 창립총회를 준비하도록 하였다. 교회협의회 발족 준비위원들은 그 뒤로 몇 차례에 걸쳐 회의를 가졌고, 한상신 목사가 초안한 회칙 초안을 다듬고 총회 시일과 장소를 결정하여 드디어 1988년 10월 23일 오후 6시 성요한 교회에서 역사적인 설립총회를 가지게 되었다.

교회협의회 설립위원회는 교파간의 협력과 교역자와 평신도간의 단합에 중점을 두면서 협의회가 이 지역의 한인 사회에 기여할 수 있는 연합 사업에 큰 도움이 되는 기관이 되도록 하는데 힘을 기울였다. 드디어 각 교회로 통고한 뉴잉글랜드 교회협의회 창립총회가 1988년 10월 23일 오후 6시에 회집되어 18교회 29명의 교역자와 평신도 대표가 모여서 개최되었다. 창립총회의 임시 사회자로 당시 한빛 교회를 시무하던 이상호 목사를 선출하고 이상호 목사가 뉴잉글랜드 교회협의회 창립총회를 개회한다고 선언한 후 성요한 교회의 평신도 대표인 정영국 권사를 서기로 선정하였다. 그리고 참가한 회원이 각자 자기 교회의 명칭과 창립시기, 그리고 교파 및 교회 출석인원 등을 간단히 소개하도록 하였다. 이어서 창립총회에 참석한 교회가 18개 교회요 담임목사와 평신도 대표 29명이 참석하였음을 확인하였다. 이어서 서기 정영국 권사에 의해서 준비위원회의 경과보고가 있었고, 본 회의를 발기총회로 할 것인가의 여부를 놓고 의견을 나눈바 만장일치로 발기총회로 진행할 것을 결정하였다. 그러나 발기총회 순서를 가지기 전에 회장선거를 먼저 하자는 제의가 있었으나 통과되지 않았으며, 이창주 목사의 동의로 준비위원회가 준비한 순서대로 회의를 진행할 것을 결의했다. 그리고 김홍기 목사의 동의에 의하여 이상호 목사가 임시의장을 맡을 것을 만장일치로 가결하여 이상호 목사의 사회로 회칙 초안을 축조심의하였고 준비위원회가 초안하여 제출한 회칙을 수정하여 수정 변경된 회칙을 뉴잉글랜드 교회협의회 회칙으로 채택할 것을 만장일치로 가결하였다.

드디어 초대 회장단을 선출하게 되어 회장선출 방법을 의논한 바, 회장은 1차 투표로 최다 득표자 2명을 회장후보로 선정하고, 그 두 사람을 2차 투표에 붙여 2차 투표에서 최다 득표자를 회장으로 선출하는 것으로 가결하였다. 선출방법을 결정한 후 1차 투표를 실시한 바 이상호 목사(한빛교회)와 전덕영 목사(보스턴 장로교회) 두 사람이 최다 득표자가 되어 2차 투표에서 이상호 목사를 회장으로 선출하였다. 이어서 부회장 선출은 회장이 연합감리교의 목사인 것을 감안하여 비 연합감리교의 교직자 1명과 평신도 대표 1명씩을 각각 투표하여 최다 득표자로 선정할 것을 가결하고 투표에 임하여 교역자로는 전덕영 목사, 그리고 평신도 대표로는 김갑성 장로(보스톤 한인교회)가 최다득표자가 되어 목사 부회장에 전덕영 목사를 그리고 평신도 부회장에 김갑성 장로를 선출하였다. 그리고 회칙에 의해 실행위원회를 두기로 하여 각 교파에서 실행위원을 다음과 같이 선정하였다. 김원엽 장로(연합감리교), 채위 목사(장로교), 정경조 목사(침례교), 이창주 목사(감리교), 그리고 성결교단에서는 참석하지 못하였으므로 정경조 목사에게 성결교에 배당된 실행위원 선정을 위촉하였다. 그리고 그 외의 임원과 부장은 회장단과 실행위원회에게 일임하기로 하고 창립총회를 폐회하였다.

◈ 당시 회장단과 실행위원회가 선정한 임원 및 각 부장 명단은 다음과 같다.

회장	이상호 목사
부회장	전덕영 목사, 김갑성 장로
총무	전중현 목사(로드아일랜드 한인교회)
서기	김태환 목사(케임브리지 한인교회)
실행위원	김원엽 장로, 채위 목사, 이창주 목사, 정경조 목사
선교부장	김성 목사(북부 보스톤 한인교회)
교육부장	홍성철 목사(보스톤 소망교회)
사회부장	송병혁 목사(셀렘반석교회)
음악부장	송남수집사(보스턴 장로교회)
출판부장	임동환 목사(레민스터 순복음교회)

창립총회가 있은 후 일 년 뒤에 제2회 총회가 개최될 때에 발간된 뉴잉글랜드 교회협의 회보 창간호에 창립총회 회장인 이상호 목사는 다음과 같이 인사말씀을 게재하였다.

〈인사말씀〉

주님의 사랑 안에서 뉴잉글랜드에 사시는 회원 교회 교우 여러분께 문안을 드립니다. 뉴잉글랜드 지역에 한인 교회 협의회가 새로이 발족하게 된 것을 진심으로 축하 드립니다. 뉴잉글랜드 안에 있는 모든 교파와 교회가 그리스도 안에서 한 몸을 이루고, 모든 교우들이 한 형제자매의 친밀한 사이라는 정신 아래서 본 협의회가 조직되었습니다. 본 협의회가 설립된 것은 본 협의회를 통해서 교파간의 협력과 교역자와 평신도 사이의 긴밀한 단합이 이루어질 것을 목적으로 하고 있습니다. 그러므로 모든 교회가 힘을 합하여 이 지역에 있는 한인 사회에 크게 기여하며 또 이 연합사업을 통하여 선교와 지역 사회봉사에 큰 성과를 거두게 되기를 진심으로 바라 마지않는 바입니다.

특별히 이 협의회 발족을 위해서 준비위원으로 피선되어 많은 시간을 바치신 김원엽 장로님, 김갑성 장로님, 정용국 권사님, 그리고 한상신 목사님, 라영복 목사님께 치하를 드리는 바입니다. 특별히 수고하신 정용국 권사님과 한상신 목사님께 특별한 감사를 드립니다. 교역자와 평신도의 보다 가까운 협력과 단결을 위해서 수고 해주신 전 평신도 협의회장 김섭 권사님과 전 교역자협의회장 김성 목사님께 심심한 감사를 드리는 바입니다. 〈뉴잉글랜드 지역 한인교회협의회 회장 이상호 목사〉

◈ 당시 창립총회에 참석했던 교회와 교역자 및 평신도 대표는 다음과 같다.

교회	교역자 대표	평신도 대표
한빛 교회	이상호	
평화 교회	윤사무엘	신광성
보스톤 한인교회	채위	김갑성
북부보스톤 한인교회	김성	김원엽
뉴런던 한인 감리교회	고호균	정종화
뉴잉글랜드 한인교회	박명수	송기백
보스톤 한인 감리교회	김홍기	이인호
레민스터 순복음교회	임동환	
새싹 교회	한상신	
셀렘 반석교회	송병혁	
로드아일랜드 상동교회	이창주	
프로비던스 한인교회	전중현	이원중
성요한 연합 감리교회	권진태	정영국
보스톤 중앙교회	공병근(대리)	정진기
우스터 한인교회	라영복	김응진
앰허스트 한인교회	손경호	최성락
보스턴 장로교회	전덕영	
로웰 한인교회	정경조	

◈ 당시 창립총회에서 채택된 회칙은 다음과 같다.

제1장; 명칭

　본회는 뉴잉글랜드지역 한인교회협의회(The Council of Korean Churches in New England, CKCNE)라 칭한다.

제2장; 목적

　본회는 뉴잉글랜드 지역 한인교회간의 친선과 연합사업 및 선교에 기여함을 목적으로 한다.

제3장; 회원교회와 교회대표 자격, 권한 및 임무

　1) 본회는 뉴잉글랜드 지역에 있는 한인교회로 구성하고 신입회원은 임원회와 실행위원회의 결정에 따른다.

　2) 협의회의 회원은 회원교회의 담임 교역자와 평신도 대표 각 1명으로 한다.

　3) 본회의 재정은 회비와 기부금으로 충당한다.

　　4) 회원교회의 대표는 선거권과 피선거권을 갖는다.
제4장; 조직
　　본회는 다음과 같은 임원 및 실행위원을 두며 임기는 1년으로 하고 1차 중임할 수 있다.
　　1) 회장 ; 회장은 본회를 대표한다.
　　2) 부회장 ; 부회장은 회원교회의 교역자 1명과 평신도 대표 1명으로 한다.
　　3) 부회장은 회장을 보좌하며 회장 유고 시 임무를 대행한다.
　　4) 총무 총무는 본회의 제반 사항을 기록보관하며 통신 연락업무를 수행한다.
　　5) 회계 회계는 본회의 재정을 관리한다.
　　6) 본회는 실행위원회를 두며 각 교파 대표 1명씩으로 구성한다.
　　7) 부서는 필요 시 임원회에서 결정하며 실행위원회의 인준을 받는다.
제 5장: 회의
　　1) 정기총회는 매년 5월에 소집한다.
　　2) 임시총회는 임원, 실행위원 및 과반수 회원의 요청에 따라 소집한다.

　　이와 같이 결정된 회칙을 따라 교회협의회는 활발한 활동을 진행하여 나갔다. 회장단은 열심을 가지고 자주 모여 회의를 가지며 지역의 연합 사업을 구상하며 그 실행을 위해 힘을 다하였다. 당시 제2회 총회가 모였을 때 총무 전중현 목사는 다음과 같이 총무 보고를 하였다.

　　"현 임원진은 7개월간의 짧은 임기 동안에 기초 작업의 사명을 생각했습니다. 함께 상의하고 결정하는 민주적인 참여를 위해 3번에 걸친 임원, 실행위원 및 부장 연석회의를 가졌습니다. 여기서 모든 교회를 통해서 평신도와 교역자가 합심하는 일을 생각했고 사업도 생각했습니다. 첫 번째 사업으로 3월 26일(부활주일) 보스톤 한인교회에서 부활절 새벽예배를 이종성 박사님을 모시고 250여 명의 성도들이 함께 모여 뜻있는 축하예배를 가졌습니다. 협의회지 창간호는 주소록을 겸하여 내게 되었습니다. 회원교회를 아시는데 도움이 되시기를 바랍니다. 초대 임원진은 앞으로 크게 발전하는 본 협의회를 위한 밀알로서 우리 사명을 다하려고 합니다. 특별히 솔선수범하여 주신 회장 이상호 목사님, 부회장 전덕영 목사님, 김갑성 장로님과 서기, 회계로 수고해주신 김태환 목사님께 감사 드립니다."

　　창립총회가 있은 후 1년 후에는 교회협의회에 가입한 교회는 25교회로 늘어났다. 당시 이 지역에 있던 한인 교회 대부분이 가입하였는데 그 교회들은 다음과 같다.
　　1) 북부 보스톤 한인 연합감리교회(김성 목사, UMC)
　　2) 보스톤 소망교회(홍성철 목사, 독립교회)
　　3) 평화교회(윤사무엘 목사, 미주한인 장로교회)
　　4) 보스톤 한인교회(채위 목사, PCUSA)
　　5) 케임브리지 한인교회(김태환 목사, UCC)
　　6) 한빛 연합감리교회(이상호 목사, UMC)
　　7) 안디옥 한인 연합감리교회(안명훈, UMC)
　　8) 레민스터 순복음교회(임동환, 순복음)
　　9) 성요한교회(권진태 목사, UMC)
　　10) 로웰 한인교회(정경조 목사, C&MA)
　　11) 보스톤 중앙교회(최치규 목사, 성결교)
　　12) 보스턴 장로교회(전덕영 목사, 미주예장)
　　13) 순복음 보스톤교회(주선조 목사, 순복음)

14) 퀸지 영생 장로교회(박요슈아 목사, PCUSA)

15) 보스톤 한인감리교회(김홍기 목사, UMC)

16) 뉴잉글랜드 한인교회(박명수 목사, 남침례교)

17) 우스터 한인교회(라영복 목사, UMC)

18) 서부메스 한인 연합감리교회(김성혁 목사, UMC)

19) 앰허스트 한인교회(손경호 전도사, 미주예장)

20) 제일교회(최종식 목사, UCC)

21) 로드아일랜드 상동 감리교회(이창주 목사, KMC)

22) 프로비던스 한인교회(전중현 목사, UMC)

23) 새싹 연합감리교회(한상신 목사, UMC)

24) 셀렘반석교회(송병혁 목사, UMC)

25) 뉴런턴 한인 연합감리교회(고호균 목사, UMC)

◆ 창립임원회가 실행위원회의 허락을 받아 진행한 첫 번째 행사들은 다음과 같다.

1) 회원교회 주소록 발간(1988년 12월)

2) 부활절 연합예배(1989년 3월 26일, 보스톤 한인교회)

3) 청소년 하기수련회(1989년 7월)

4) 교회음악지도자 수련회(1989년 7월)

5) 연합전도집회(1989년 8월, 보스턴 장로교회)

제 2차 교회협의회 정기총회는 협의회가 설립된 지 7개월 만인 1989년 5월에 초대 목사 부회장인 전덕영 목사가 시무하는 보스턴 장로교회에서 개최되었다. 그리고 회장에 라영복 목사를 선출하고 전덕영 목사를 목사 부회장으로, 김원엽 장로(북부보스톤교회)를 평신도 부회장으로 선출하였다. 그리고 윤사무엘 목사(평화교회)를 총무로, 한상신 목사(새싹교회)를 서기 및 회계로 선출하였다. 그리고 제2기 실행위원으로는 채위 목사(장로교), 고호균 목사(연합감리교), 이창주 목사(대한감리교), 최치규 목사(성결교), 정경조 목사(C&MA), 김태환 목사(UCC), 박명수 목사(침례교), 임동환 목사(순복음) 등 8명을 선출하였다.

제 2기 교회협의회에서는 1989년 7월 15,16일 양일 간 성요한 감리교회에서 중국 연길 기독교회의 수석 장로인 김원배 장로를 초청하여 중공선교 연합전도대회를 개최하였는데 연인원 200여 명이 참석하고 중국선교를 위해 $1,000을 헌금하였다. 그리고 뉴욕성서교회를 담임하고 있는 김상모 목사를 초청하여 제1회 교협 연합전도대회를 개최하였는데 1989년 8월 25일부터 27일까지 3일간 보스턴 장로교회에서 연인원 750명이 참석하는 성대한 집회를 가졌다. 제2기 교회협의회의 임기 동안 교회협의회에 메인 한인교회(이병준 목사)와 사랑의 교회(이의철 목사)가 가입하여 27개 교회로 늘어났다.

제 3기 교회협의회에서는 전덕영 목사를 회장으로 선출하고 목사부회장에 최치규 목사(보스톤중앙교회), 평신도 부회장에 김원엽 장로(북부보스톤 한인교회)를 선출하였다. 그리고 총무에 한상신 목사(새싹 교회)를 서기에 김섭 권사(셀렘 반석교회), 회계에 송기백집사(성요한 교회)를 선출하였다. 이때부터 평신도 임원들이 늘어나 그 동안 교역자가 담당했던 서기와 회계직을 평신도 대표들이 담당하게 되었다. 실행위원으로는 손경호 목사(장로교), 정경조 목사(C&MA), 안명훈 목사(연합감리교), 이창주 목사(대한감리교), 박명수 목사(침례교), 이의철 목사(성결교), 최종식 목사(UCC), 박요슈아 목사(PCUSA)를 선출하였다.

이후 뉴잉글랜드 교회협의회는 해가 거듭될수록 점점 더 많은 교회가 참여하게 되었고, 그 활동범위도 확대되어 매년 부활절 연합예배 시간에 이 지역에서 학교를 다니면서 교회를 잘 섬기는 대학생들에게 장학금을 지급하며 격려하는 일도 하게 되었다. 뉴잉글랜드 교회협의회가 창설된 지 어언 16년이 되었다. 그 동안 이 협의회를 위해서 힘써 수고한 역대 임원들의 수고를 기억하지 않을 수 없다. 그들의 수고가 있었기에 이만큼의 교회연합이 이루어지게 되었다는 것을 잊지 않아야 할 것이다.

◈ 역대 교회협의회 임원 명단

	회장	부회장	총무	서기	회계
초대 (88-89)	이상호	전덕영, 김갑성	전중현	김태환	김태환
2대 (89-90)	라영복	전덕영, 김원엽	윤삼열	한상신	한상신
3대 (90-91)	전덕영	최치규, 김원엽	한상신	김 섭	송기백
4대 (91-92)	최치규	송병혁, 김갑성	이의철	송기백	김창욱
5대 (92-93)	송병혁	정경조, 김경모	김태환	송기백	김창욱
6대 (93-94)	정경조	권진태, 박석만	임원준	임원준	김철연
7대 (94-95)	김 성	이의철, 송기백	강명석	박대위	김문소
8대 (95-96)	이의철	김태환, 김문소	김세진	김경진	김병철
9대 (95-96)	김태환	임원준, 김병철	강명석	김정대	김정대
10대 (97-98)	임원준	한상신, 김병철	김정대	서영주	정석호
11대 (98-99)	한상신	김세진, 정석호	박계칠	홍원철	이학렬
12대 (99-00)	김세진	강명석, 박대위	서영주	주원열	임병규
13대 (00-01)	강명석	서영주, 정수일	홍원철	강준모	이문봉
14대 (01-02)	서영주	권진태, 이문봉	강준모	최영호	송기백
15대 (02-03)	권진태	김태환, 송남수	최영호	박찬수	정수일
16대 (03-04)	김태환	전덕영, 임병규	김회창	김면진	정수일
17대 (04-05)	전덕영	강준모, 신 호	조태연	최영호	정수일

(3) 뉴잉글랜드 교역자 협의회

뉴잉글랜드 교역자 협의회는 뉴잉글랜드 지역 교역자와 사모님들의 친목을 도모하고, 지역사회를 이끌어나갈 지도적 소임을 다하기 위한 정보의 교환과 지역 사회를 위한 기도회를 갖는 목적으로 1989년 12월에 발족되었다. 그 동안 이 모임에는 한인교회를 시무하는 교역자들뿐 아니라 미국교회를 시무하거나 또는 학교에서 교수로 있는 분들까지도 참여하는 아름다운 협의회로 자라왔다. 이 모임은 목사님들이 속한 교단과 교파를 초월한 교제의 모임으로 매월 1회의 정기 모임과 각종 세미나 및 수련회, 친교 모임, 기도회 등으로 모여왔다. 그리고 매년 5월에 개최되는 총회를 통해 회장과 총무가 선출되어 이 지역 교역자들간의 친교와 지역교회를 위한 기도운동과 한인사회 활동을 적극 돕는 기관으로 사명을 감당하고 있다.

◈ 교역자 협의회 역대 회장단 명단

	기간	회장	총무
1대	1985.12~1986.12	권진태 목사(연합감리교)	김홍기 목사(연합감리교)
2대	1986.12~1987.12	주선조 목사(하나님의 성회)	배현찬 목사(장로교)
3대	1987.12~1988.12	김 성 목사(연합감리교)	한상신 목사(연합감리교)
4대	1988.12~1989.5	라영복 목사(연합감리교)	김태환 목사(UCC)
5대	1989.5~1990.5	채 위 목사(미국 장로교)	김태환 목사(UCC)

6대	1990.5~1991.5	이창주 목사(기독감리교)	이의철 목사(성결교)
7대	1991.5~1992.5	고호균 목사(연합감리교)	정인경 목사(연합감리교)
8대	1992.5~1993.5	최치규 목사(성결교)	안명훈 목사(연합감리교)
9대	1993.5~1994.5	전덕영 목사(장로교)	강명석 목사(연합감리교)
10대	1994.5~1995.5	한상신 목사(연합감리교)	김세진 목사(성결교)
11대	1995.5~1996.5	박종선 목사(연합감리교)	임원준 목사(성결교)
12대	1996.5~1997.5	임원준 목사(성결교)	김정대 목사(하나님의 성회)
13대	1997.5~1998.5	강명석 목사(연합감리교)	손창희 목사(연합감리교)
14대	1998.5~1999.5	이의철 목사(성결교)	손창희 목사(연합감리교)
15대	1999.5~2000.5	김태환 목사(UCC)	강준모 목사(장로교)
16대	2000.5~2001.5	박병윤 목사(기독감리교)	주원열 목사(장로교)
17대	2001.5~2002.5	김 폴 목사(남침례교)	홍원철 목사(장로교)
18대	2002.5~2003.5	김회창 목사(성결교)	서은영 목사(성결교)
19대	2003.5~2004.5	이영길 목사(미국 장로교)	서은영 목사(성결교)

5) 각 지역별 종교 현황

(1) 메인 주의 한인교회

(가) 메인 제일 한인 연합 감리교회(담임: 김정재 목사)

1980년 3월 메인 뱅골 신학교에서 공부하던 김성 신학생의 가정 예배지도로 시작하였다. 1981년 신학교 졸업과 동시에 뉴잉글랜드 미 연합교회 Bashore 감독이 김성 목사를 본 교회 담임목사로 파송하게 되어 미연합교회 워싱턴 교회 건물을 빌려 정식으로 창립하였다. 한인 증가와 자녀들의 주일학교 교실 부족으로 다른 교회로 이전하였으나 초창기의 워싱턴 교회와 합쳐 1987년 메인 한인 연합 감리교회라는 간판을 내리고 무지개 교회로 새로이 탄생하게 된다. 2001년 숙원 사업이던 교회 교육관 증축사업을 완성 함으로서 인종에 관계없이 하나님 앞에 평등하다는 예배를 드리게 된다. 그리고 홍석환 목사가 100여 명의 신자들을 인도하며 목회활동을 펼치다가 2003년에 북부보스턴 연합감리교회로 부임하여 현재는 김정재 목사가 시무하고 있다.

(나) 메인 한돌 선교교회(담임: 조용욱 목사)

(다) 무지개 교회(담임: 김용자 목사)

(2) 버몬트 주의 한인교회

(가) 한인교회

버몬트의 한인교회는 기독교 대한 감리회 벌링턴 교회가 1991년 3월 3일 첫 예배 후 같은 해 5월 5일에 창립 예배를 드렸다. 교회의 시작으로는 몬트리올에서 유건원 선교사와 이희재, 유정숙, 이수진 신도가 창립을 도왔고 역대 담임목사로는 1대 김종명, 2대 최영호, 3대 조계찬 목사가 있다. 그리고 1995년에는 UMC 교회가 생겼는데 담임목사로는 1대 김귀덕 목사에 이어 2대에 양철희 목사가 있다.

(나) 호머 벤자민 허버트 목사(Reverend Homer Benjamin Herbert,1863-1949)

버몬트 주에는 비록 한인교회가 두 곳 밖에 없지만 구한말 조선의 자유와 독립을 위해 헌신한 버몬트 주 출신 미국인 목사인 '호머 벤자민 허버트'(Rev. Homer Benjamin Herbert)를 기억해야 할 것 같다. 웨스트민스터

사원보다는 한국 땅에 묻히고 싶다는 유언을 남기고 한국 땅에 잠든 허버트 목사는 1863년 미국 동부 버몬트 주의 시골마을에서 태어났다. 목사를 꿈꾸며 뉴욕의 유니온 신학교에 입학했던 그는 1886년 한국 최초의 교육기관인 육영공원의 교사로 조선과 운명적으로 만나게 된다. 그는 목사가 되어 감리교 선교교회가 한성에 세운 삼문 출판사 사장으로 조선의 계몽운동에 앞장섰으며 1895년 을미사변 이후엔 고종의 신변보호를 맡기도 했다. 한성기독교 청년회 초대회장으로 사회개혁 운동에도 헌신을 하였다.

1905년 을사보호 조약이 체결되자 미국대통령 루즈벨트에게 을사보호 조약이 총칼의 위협으로 체결되었으므로 무효라는 고종황제의 뜻을 전달하려 하였으며 1907년 헤이그 만국평화 회의 때에는 고종의 신임장을 받아 이준열사와 함께 회의에 참석해 조선의 주권회복을 세계에 알리려고 하였다. 한국의 독립운동을 위한 모든 일이 실패하자 그는 1908년 매사추세츠 주 스프링필드에 정착하여 목사로 활동하면서도 이승만과 함께 조선 독립 후원회를 조직하여 조선의 독립을 위해 애를 썼다. 1949년 7월 86세의 나이로 독립된 제2의 조국인 한국을 방문한 그는 다음 달 서울 청량리 위생병원에서 일생을 마쳤다. 유해는 그의 소원대로 서울 양화진 외국인 묘지에 안장되었는데 한국정부는 그가 한국에 끼친 지대한 공적을 인정하여 1950년 3.1절 기념식 때 대한민국 건국훈장 태극장을 추서하였다.

(3) 로드아일랜드의 한인 교회

(가) 한인 교회

한국 서울 성남교회에서 초대 장로로 있던 박요슈아가 1955년 의사로서 도미, 1960년 프로비던스 (Providence)에 위치한 장로교회(The First Presbyterian Church, William Silbert 목사) 장로로 시무하게 되었고 도상희, 임순성, 정정욱 등이 이 교회에 출석하게 되었다. 이 교회에 출석하는 한인 교인 수가 점점 많아지면서 80여 명에 달하자 미국 교인과 예배를 같이 드리면서 동시통역을 사용했으며 그 후에는 예배 후 한인들만을 위한 2부 예배와 성경 공부를 따로 시작하게 되었는데 박요슈아 장로, 박원기 목사, 김용준 교수 (URI), 함성국 목사 등이 이 일에 수고하였다.

1979년 9월 2일, 서울 상동 감리교에 시무하던 이창주 목사가 이 지역에 정착하면서 262 Academic Avenue, Providence에 로드아일랜드 한인 교회(감리교)를 설립(1979년 12월)했다. 한편 미국 교회의 한인 예배부를 위해서 부임한 유철옥 목사가 미국 장로교에서 독립된 제일 한인교회(United Church of Christ, 546 Budlong Road, Cranston, RI)를 1979년 12월에 세웠다. 유철옥 목사 후임으로 최종식 목사, 오정선 목사, 박승환 목사가 있었고 지금은 신중현 목사가 담임목사로 사역하고 있다. 그리고 1980년 11월에 박요슈아 장로와 김무용 목사가 프로비던스 연합 감리교회를 세웠다. 그리고 로드아일랜드에 한인교회가 태동되는 일에 일익을 담당한 박요슈아 장로는 약 7년간 프로비던스 연합 감리교회에서 시무하다가 매사추세츠 주의 힝햄 (Hingham)으로 이사 간 후 퀸지 영생 장로교회를 세워 사역하였다.

제일 한인 교회의 담임으로 있던 오정선 목사가 임마누엘 감리교회를 세운 후 프로비던스 연합 감리교회와 임마누엘 연합 감리교회가 하나로 합쳐 시온 한인 연합 감리교회가 세워져 1994년 11월 6일 창설되어(143 Ann Mary Brown Dr., Warwick, RI) 오정선 목사가 계속 시무하고 있다. 한편 제일 한인교회는 오정선 목사 후임을 물색하는 도중 또다시 분리되어 로드아일랜드 중앙 한인 교회가 세워지게 되었다. 이 교회의 담임목사로 서영주 목사가 초빙되어 1994년 10월 30일에 설립예배를 드리고 사역하는 중 부흥하여 336 Norwood Ave., Warwick에 자체 교회당을 구입하여 지역한인들을 섬기며 캠퍼스 사역에 헌신하며 현재에 이르고 있다.

(나) 대학생 사역을 위한 한인 2세 교회

대학생들을 위한 프로비던스 장로교회(Providence Presbyterian Church)가 브라운 대학교 내에 세워져서 지금까지 캠퍼스 사역을 감당하고 있는데, 이 교회는 보스턴 장로교회(전덕영 목사 시무)가 캠퍼스 복음화를 위한 사역의 일환으로 세운 교회이다. 이 교회는 현재 보스턴에서 2세들을 중심으로 사역 활동을 하며 고든 콘웰 신학교의 겸임 교수로 있는 스티브 엄(Steve Um) 목사가 고든 콘웰 신학교에 재학 중에 브라운 대학과 로드아일랜드 디자인대학(RISD)에 재학 중인 학생들을 중심으로 성경공부를 갖던 작은 모임이 시발점이 되었다. 이곳에 교회가 세워진 후 보스턴 장로교회에서 교육목사로 일하던 Samuel Folta(보요한) 목사가 초대 담임목사로 임명 받아 사역을 감당한 후, 중국 연변의 과학기술대학의 교수로 사역지를 옮김에 따라 Billy Park 목사가 5년 여 동안 사역을 잘 감당하여 그 동안 이 교회를 통해서 여러 명의 학생들이 신학교에 입학하고 목사가 되어 이 교회를 다시 섬기는 아름다운 사역을 감당하는 교회로 든든히 세워져 있다.

(4) 코네티컷의 한인교회

코네티컷 주에 한인을 위한 교회로는 1970년 한인감리교회가 제일 처음 생겼다. 하트포드 신학대학에 다니는 선윤경 목사와 12명의 성도들이 이응림 집에서 가정예배를 시작하여 교회로 발전한 것이다. 한인감리교회에서는 어린이들을 위한 주일학교뿐 아니라 한글학교를 운영하며 어린이들에게 한글도 가르쳤다. 한인감리교회의 제2대 목사는 하트포드 신학대학 장일선 목사고 3대는 최효섭 목사이다. 최 목사가 뉴욕한인교회 담임목사로 떠난 후 이상주 목사가 부임하여 한국식으로 교회를 운영하자 반발한 교인들의 일부는 하트포드 장로교회를 새로 세우고 분리해 나갔다. 그리고 하트포드 장로교회에도 분열이 생겨서 일부의 교인들은 하트포드 제일 장로교회를 세우고 분리해 나갔다.

두 번째로 오래된 뉴헤이븐 한인교회는 1973년에 설립되었으며 하트포드 감리교회 2대 목사인 장일선 목사가 초대 목사로 추대되었다. 뉴헤이븐에도 여러 교회가 생기고 분열의 분열을 거듭하여 2003년 현재 코네티컷 주에는 28개의 개신교 교회와 1개의 천주교가 있다.

맺음말

1953년에 뉴잉글랜드 최초의 한인교회가 설립된 이래 50년이 지났다. 우리 한민족의 미국 이민 100주년을 기념하는 성대한 행사가 캘리포니아로부터 뉴잉글랜드까지 전 미주에서 펼쳐지는 가운데 청교도들의 첫 번 정착지인 뉴잉글랜드에 세워진 한인교회들을 돌아볼 수 있는 기회가 마련된 것은 참으로 뜻 깊은 일이다. 한인교회가 세워진 지 50년이 지난 지금은 교회협의회의 집계에 의하면 50여 개의 한인교회가 보스턴을 중심으로 세워져 있고 비공식적으로 모여 예배를 드리는 교회들을 합치면 70여 개의 교회들이 세워져 있는데, 이 모든 교회들이 연합활동과 한인모임에 앞장서서 한인사회를 리드하게 되기를 바라는 마음이 있다. 그 동안 교회가 연합하여 진행하는 행사가 부활절 새벽예배와 가을에 있는 연합 부흥 집회가 있는데, 이 모임들이 교회 연합회의 행사임에도 불구하고 개별 교회의 참여가 부실한 것은 안타까운 일이다. 그 동안 교회는 많이 세워지고 교역자들도 많아졌고 교인 수도 늘었지만, 교회가 연합하는 행사는 오히려 퇴보하는 현상을 보면서, 앞으로는 개 교회들이 연합활동에 좀 더 적극적인 자세로 임하기를 바라는 마음이다.

그리고 교회가 점점 늘어나는 것은 좋은 일이지만 사역을 잘 감당하던 교회가 상처를 입으면서 분열되어 또 다른 교회가 세워지는 것은 조금 우려되는 일이다. 물론 신약 성경의 초대교회부터 교회는 성도들이 이곳 저곳으로 흩어져서 복음을 전하게 되어 전 세계로 복음이 확산되었지만, 그렇게 많지 않은 한인들이 거주하는 이 지역에서 더 이상 분열로 인한 교회 개척은 지양되어야 하지 않을까 생각된다. 그리고 이 지역의 특수한 상황을 고려하여 유학생들을 위한 사역과 한국에서 잠시 머물기 위해 이곳으로 오는 교환 교수들을 복음화 시키는 일에 좀 더 적극적인 사역의 접근이 필요하다고 생각된다. 그뿐만 아니라 타 지역에서 이곳으로 공부하기 위해 오는 한인 2세들을 위한 선교적 접근도 이 지역 한인교회들이 관심 있게 다루어야 할 일이라고 생각된다.

주님은 이 땅에 계시는 동안 회당에서 가르치시며 천국 복음을 전파하시며 병든 자와 약한 자들을 고치시는 사역을 하셨다(마4:23). 그래서 지상에 세워지는 교회들도 이 주님의 사역을 교회의 목적으로 삼고 사역에 임하고 있는바, 이 지역에 세워진 교회들도 바로 주님께서 지상에서 하셨던 이 사역을 위해 힘쓰게 되기를 소원한다. 그래서 천국 복음을 전하는 일에 힘쓰는 교회, 또 하나님의 말씀을 바르게 가르치는 교회, 그리고 이웃을 내 몸처럼 돌보는 사랑의 수고를 감당하는 교회들로 세워져서, 우리 뉴잉글랜드에 세워진 한인 교회들을 통해서 이 미주 땅에 또 한 번의 대각성의 부흥의 불길이 번지게 되기를 소원한다.

2. 천주교

1) 보스톤 한인 천주교회

천주교는 예수 그리스도께서 세우신 교회로서, 사람들이 하느님과 친밀하고 올바른 관계를 맺어 하느님 사랑과 이웃 사랑을 실천하고, 영원한 생명에 참여하게 하는데, 천주교회는 바로 이런 목적으로 모인 사람들의 공동체이며, 이 교회는 예수님과 함께 생활하던 제자들인 사도들로부터 이어오는 법통을 오늘날까지 간직하고 있다. 오늘날 전 세계 10억 명(1998년 말 통계)이상의 천주교 신자들이 같은 믿음 안에서 신앙생활을 하고 있으며, 보스톤 한인 천주교회도 보편교회에 속하는 지역교회이다.

　보스톤 한인 천주교회는 1970년 대 전후로 보스턴으로 이민을 온 몇몇 천주교 신자들의 모임으로 시작이 되었다. 처음에는 한인 의사회 회원들과 비즈니스를 하는 몇 명의 가톨릭 신자 가족들(대략 여섯 가정)이 모였는데 그 모임은 신앙뿐만 아니라 구성원들의 친목도모의 역할도 함께하게 되었다. 그러나 항상 더 깊은 신앙생활을 갈구하며 또 좀 더 많은 한인 천주교인들과의 교류를 목적으로 해서 이 모임은 점점 커지게 되었으며, 이렇게 커 가는 과정에서 이들은 미사를 봉헌해 주실 수 있고 또한 자신들의 신앙생활을 해 주실 수 있는 한국 신부님의 필요성을 절감하게 되었다. 그러던 중 마침 Milton에 있는 St. Agatha 성당에 계시는 원필호 신부님을 만나게 되었고, 원신부님을 중심으로 보스턴 지역에 한인 천주교회 창립을 논의하게 되었다. 그리고 그 계획은 1976년 7월 18일 Milton에 있던 수도회 지하실에서 구체화되었으며, 보스턴 대교구의 교구장이신 Medeiros 추기경으로부터 정식허가를 받고, 7월 25일 오후 3시, 교우 10여 가족이 모여 St. Francis(Milton 소재) 수도원에서 역사적인 첫 미사를 봉헌하였다.

　이렇게 시작된 보스톤 한인천주교회는 1976년부터 1980년까지 Francis 수도원에서 미사를 드려왔다. 그러나 교인의 인구가 불어나면서 한인천주교회는 보스턴 교구의 도움을 받아 좀 더 시설이 크고 그래서 한인 신자들이 시설을 함께 사용할 수 있는 교회로 이전하게 되었다. 이렇게 해서 St. Agatha 성당에서 1980년 7월부터 11월까지 살았으며, 80년 11월 2일 남해근 신부가 부임하면서 Cambridge에 있는 Sacred Heart 성당으로 옮겼으며 1981년 5월까지 살게 되었다. 그 후 81년 6월 19일 대구 대교구에서 곽길우 신부가 보스톤 한인 성당을 시무하기 위하여 부임하였으며, 이 때 주일학교와 사목회를 구성하여 점차 안정된 본당의 모습을 갖추어 나갔다. 뿐만 아니라 보스턴 북부와 스프링필드 그리고 로드아일랜드까지 사목 지역을 넓혔다. 1984년 7월 5일 김용효 신부가 부임하였으며, 그 해 8월 St. Brigid 성당으로 이전을 하였다. 그리고 87년 9월에는 천광성 신부가, 90년 12월에는 이재수가 부임했으며, 94년 2월에 이정추 신부가 부임했고, 96년 1월에 현재의 본당인 St. Philip Neri 성당으로 이전을 하였다. 그리고 1999년 3월부터 2002년까지 박영일 신부가 사목했으며 2003년부터 현재까지는 박승재 신부가 사목하고 있다.

　오늘의 보스톤 한인 천주교회는 보스턴 교구에서 정식으로 인정을 받은 한인 공동체로서 뉴잉글랜드 지역 한인 천주교인들이 한국말로 미사를 볼 수 있는 곳이다. 성당은 뉴턴 지역 Waban에 있지만 교우 분포는 북쪽으로 뉴햄프셔 지역과 서쪽으로 스프링필드에 이르기까지 매사추세츠 전 지역에 퍼져 있다. 2001년에 창립 25주년을 행사를 한 이 공동체엔 약 800명의 교우들이 등록되어 있으며, 한인 신자들의 정신적인 안식처 역할을 하고 있다. 뿐만 아니라 서울과 보스턴의 문화적 차이를 극복하며 한국에서 오는 이민자들을 위한 보금 자리로서 또 신자들의 신앙의 지주로서 그 역할을 다하고 있다.

보스톤 한인천주교회의 역대 회장들의 명단은 다음과 같다.

1대(1976년) 정구명(프란치스코), 2대(1977년) 한수성(베드로), 3대(1978년) 이배훈(안드레아), 4대(1979년) 김진수(베드로), 5대-8대(1980-1983년) 이재신(요셉), 9대(1984년) 김제호, 10대(1985년) 이배훈(안드레아), 11대(1986년) 이재신(요셉), 12대(1987년) 김양길(바오로), 13대(1988-89년) 이배훈(안드레아), 14대(1989-90년) 이영호(베드로), 15대(1991-92년) 김덕수(안드레아), 16대(1993-94년) 이배훈(안드레아),17대(1995-96년) 김규수(보니파시오), 18대(1997-98년) 조항록(베네딕도), 19대(1999-2001년) 김천일(차알스), 20대(01-03년) 오웅철(안드레아)

2) 로드아일랜드 한인 천주 교회

로드아일랜드 한인 천주교회는 1984년 보스톤 한인 천주교회 본당 곽길우 신부가 신자들을 모아 브라운대학 경제학과 이지순 교수를 초대 회장으로 임명하고 Hope Street., Providence에 있는 St. Joseph Church에서 첫 미사를 봉헌했다. 1994년 1월에 보스턴 본당 소속의 공소에서 분리되어 RI Diocese(교구) 직속인 독립체제로 정식으로 인가를 받고 East Providence에 있는 Sacred Heart Parish에서 동년 9월부터 전임 지도 신부 예수회 소속 우재명 신부를 모시고 있다가 지금은 Di Tullio 신부와 정대철 회장을 모시고 매주 신앙생활을 하고 있다.

3) 메인 한인 천주교 공동체

1987년 최민수 교우가 중심이 되어 가정예배를 이끌게 되었고 현재에는 한 달에 한 번씩 보스턴에서 신부가 파견되어 예배를 인도하고 있다. 약 30여 명의 성도들이 공동체를 이끌어 가고 있다.

3. 불교

1) 문수사(文殊寺) Mun Su Sa Buddhist Temple

보스턴 근교의 웨이크필드(Wakefield)시에 위치한 문수사(文殊寺)는 신심이 돈독한 지역 교민들과 유학생 및 교환교수들, 그리고 유학 온 스님들의 원력으로 창건된 사찰이다. 1992년 2월 2일 창간돼 미국 정 신의 고향이라고 할 수 있는 문화와 교육의 수도(首都) 보스턴에 뿌리를 내린 문수사는 12년 이상의 기간 동안 한국 불교의 정신을 구현하며 미국에 한국 불교를 널리 알리고 있다.

가야산 해인사로 출가해 오랫동안 수행하고 경상북도 문경 봉암사 주지를 지낸 도범(道梵) 스님이 미국에서 문수사 설립을 결심한 계기는 귀국을 얼마 남겨두지 않았던 유학생 부부의 발심 덕분. 당시 브랜다이즈(Brandeis) 대학교 박사과정에 재학 중이던 장길수 박사는 도범 스님을 찾아 1만 달러를 기탁하면서 보스턴 지역에 도량을 건설해 줄 것을 간청했다. 귀국 후 적당한 거처도 마련하지 못한 상태 에서 적지 않은 금액을 선뜻 내 놓은 유학생 부부의 간절한 뜻이 도범 스님의 마음을 움직였다.

매사추세츠주립대(UMASS) 앰허스트(Amherst)에서 종교학을 공부하던 지광(智光)스님이 도범스님을 가장 가까이서 도왔고, 김운근 거사, 관음성 보살부부가 1만 달러, 롯데식품의 김건진 거사가 1만 달러를 각각 쾌척했다. 오랜 이민경험을 바탕으로 유광조 거사가 문수사 건설과 관련한 각종 행정 및 법률적인 부분을 주도적으로 도왔으며, 많은 노보살들과 유학생 등도 문수사 창건에 물심양면으로 적극 동참했다. 오원택 거사는 초대 신도회장으로 문수사의 신도들을 대표하는 역할을 했다.

하지만 한국불교는 물론이요 세계불교의 미래를 위한 인재양성을 목적으로 그 첫발을 내디딘 문수사를 미국 내에서 가장 활발한 활동을 펼치고 있는 도량으로 성장시킨 원동력은 문수사의 일반 신도들. 92년 70 가족으로 시작한 문수사 신도 수는 98년 200가족을 넘어섰고, 현재는 250 가족이 문수사를 찾아 마음을 다스리고 부처님의 크신 뜻을 실천 하고 있다.

학생과 한국인 2세 등 젊은 신도들이 많다는 점도 중장년 층이 대다수를 차지하는 한국 의 일반 사찰과 대비되는 젊은 사찰 문수사의 특징 중 하나. 한국말로 법문을 설하지만 부처님의 가르침을 배우고자 구도 도량 문수사를 찾는 벽안의 불자들을 보는 것도 낯설지만은 않은 풍경이다. 또한 많은 한국스님들이 문수사를 거점으로 미국 유학 및 포교활동을 하고 있다.

12년의 기간 동안 보스턴 지역 유수의 교육기관에서 수학하며 문수사를 거쳐 한국으로 돌아 간 많은 인재들이 학계와 관계 및 재계 등에서 두드러진 활약을 하고 있다. 그 중에서도 지난 99년 11월 열반하신 한국 불교계의 큰 스승인 동곡(東谷), 일타(日陀) 큰스님은 인생의 마지막을 법상좌인 도범스님이 창건한 문수사에서 보내며 많은 가르침을 남겼다.

문수사는 매주 일요일 오전 11시 법회를 가지며 매주 토요일 오후 4시에는 참선 법회가 열린다. 법회 이외에도 활발한 활동이 있어 일요일 오전 11시에 법회 시간에 맞춰 어린이들에게 한글과 기본적인 불교교리를 가르치는 한글학교가 열리고 있으며, 합창단은 오후 2시부터 찬불가와 가곡을 연습하고 있다.

문수사는 한국의 이민사회에 대한 기여는 물론 미국의 지역사회에도 적극적으로 참여하고 있다. 문수사 합창단은 지난 2003년 (커플리 광장)과 2004년 (보스턴 커먼)에서 아시아지역의 모든 사찰의 참여 속에 열린 보스턴 지역 부처님오신날 합동봉축 법요식에 한국불교를 대표해 찬불가를 공연을 해 한국의 문화를 널리 알렸다. 또한 매년 웨이크필드시에서 열리는 7월 4일 미국 독립기념일 기념 퍼레이드에 농악대를 앞세워 참여해 지역주민들과의 우호증진에도 적극 기여하고 있다.

이 밖에도 문수사는 만성적인 식량난에 시달리고 있는 북한 돕기에도 앞장서고 있다. 대한불교 조계종 산하 평화통일 불교협의회(평불협)을 도와 지난 2001년 6월부터 15개월간 매달 1만 달러씩 총 15만 달러 분의 밀가루를 북한 사리원시에 있는 금강국수공장으로 보냈다.

현재 문수사는 법당증축불사를 준비하고 있다. 현재 정사각형의 형태가 아닌 법당의 구조변경 및 증축을 통해 보다 쾌적하고 편리한 법당을 마련하기 위해 실시하고 있는 불사는 2005년 말까지 3년여의 공사기간을 거쳐 완성될 예정이며 스님들은 성공적인 불사를 위해 1000일 기도정진 중이다.

(글쓴이: 도범스님)

2) 서운사(Sounsa Buddhist Temple)

주소: 3 Camp Street, Paxton, MA 01612, 전화번호: (508) 755-0212, Fax: (508) 755-0214, Email: Sounsa@fiam.net

설립목적(Mission Statement)

부처님의 가르침을 통해서 자아성장과 초월을 이상으로 삼고 이웃과 사회의 이익과 평화에 이바지 한다.

구체적인 실천 덕목

1. 이웃과 함께 조화를 이루어 서로에게 이익이 되게 한다.

2. 자신의 성장과 행복뿐만 아니라 다른 사람들의 성장과 행복에도 동일한 가치를 둔다.

3. 인간과 자연의 조화로운 삶을 위하여 자연환경을 보호한다.

설립자: 서광스님, 현성스님

설립일: 1995년 10월

주소: 10 North Main Street, Upton, MA 01568

서운사의 약사

달마사 – 설립연도 불확실함

범어사로 개칭됨–1988년 4월

서운사로 개칭–1995년 10월

임원

주지: 서광 스님

부주지: 세광 스님

재무: 현성 스님

교무: 현수 스님

신도회장: 박찬옥

총무: 신호순

도감: 이주철, 신보규

반야회장: 윤명숙

관음회장: 조복순

원주: 김정희

회원수 (연대별)

미국: 50명

한국: 30명

사업 / 활동사항

매월 정기법회 반야회, 관음회, 거사회 모임, 경전 공부, 어린이법회 및 명상지도, 다도회 상담 (개인, 집단, 부부, 유학 상담)

매주 토, 일요일 개인상담 및 집단 상담차 모임기도와 명상지도가 있음

특별활동: 여름캠프 초파일, 동지 불우이웃 돕기 및 기도백중 천도제, 각종 불교단체 및 지역 사회 활동 참여

(자료제공: 서광스님)

3) 심검도와 매스터 김창식 도사

김창식 도사는 1944년 서울에서 출생했다. 13살 때 화계사에 들어가 이성산 도사로부터 선불교를 공부하였다. 21살에 백일기도 중 큰 영감체험을 했다. 명상 중 검도의 형태가 매일 나타났고 마음의 무한대를 돌파하는 마샬아트 '심검도'를 터득하였다 한다. 심검도는 검의 비법과 호신술, 길고 짧은 막대기, 쌍칼의 형태를 포함한다. 선불교의 마음과 몸의 단련을 통한 삶을 보다 향상시키는 길이 심검도이다.

1969년에 김도사는 가르치기 시작하여 1971년에 한국심검도회를 설립한다. 일본에 초청 받아 겐도장에서 시범을 보였다. 1974년에 미국으로 온 김도사는 1978년에 미국 불교 심검도회를 1991년에 세계 심검도회를 조직했다. 1981년에 심광사 절을 보스턴 근교에 두고 교육의 장으로 삼고 있다. 1985년에 미국시민이 된 김도사는 미국과 한국에 있는 텔레비전 프로그램에서 소개되었다. 보스턴 글로브지와 보스턴 헤럴드지에도 여러 번 기사가 실렸다.

마샬아트 매스터인 김창식 도사는 책의 저자이며 시인과 서예가로도 성공했다. 심검도에 관한 책 2권, 시집 6집이 있다. 8천여 편의 시를 쓴 김도사는 그 시를 읽은 여러 방면의 사람들로부터 큰 호응을 받아 백악관과

바티칸, 영국왕실과 하버드 법대 올리버 올만 교수와 케리 상원의원으로부터 감사장을 받았다.

심검도장은 매일클래스와 숙식하며 배우는 프로그램이 있다. 매월 열리는 '달마의 얘기'의 강사이며 매주 일요일 새벽 챈팅이 절의 역할을 하고 있다.

203 Chestnut Hill Ave.

Brighton, MA 02135617-787-1506

　　　(자료제공: 심검도회)

4) 단센터(Dahn Center)

주소: 65-67 Holland St., Somerville, MA 02144, 전화번호: 617-623-3246, Fax: 617-764-1778

설립목적

천지인 정신을 바탕으로 한 한국 전통의 심신 건강법인 '단학'의 보급을 통해 세계인의 건강과 행복을 증진시키고, 인류평화에 기여하고자 함.

설립자: 전승배

설립일: 96년 10월 3일

주소: 136-73 Roosevelt Ave. Flushing, MY 11354

약사

1) 역대 임원단: 전승배, 김준승

2) 회원수: 96년-500명, 97년-1,400명, 98년-2,000명, 99년-3,000명, 2000년-4,000명, 2001년-5,000명, 2002년-6,000명, 2003년 현재-6,500명

3) 법인체: 미주 단센터 연합회

사업/활동 상황

단학 수련 보급, 현지인 단학 지도자 양성, 대체의학 관련 연구활동,

사회봉사 활동 (학교-11곳, 병원-10곳, 양로원-18곳, 교회-5곳)

(자료제공: 박영순)

제 5장 교육, 학문, 과학, 문학, 예술 | 홍순영

제 5장 교육, 학문, 과학, 문학, 예술

1. 교육을 중심으로

1) 뉴잉글랜드에 뉴코리아의 꽃을 피우자

몸은 조국을 떠나 살아가고 있지만 이 나라의 시민으로 이 나라의 주인으로 살아가야 하는 우리에겐 무엇보다도 역사의식을 잊지 않고 당당히 살아가는 Korean American의 좌표 설정이 있어야 한다. 역사를 재조명하는 현시점에서 뉴코리아는 과연 어디에 세워야 할까! 1970년 불과 30여년 전만해도 미국 각 주에 흩어져 생성된 한인 공동체는 지극히 미약한 수준의 작은 공동체를 벗어나지 못했다. 재미 한인수도 10만 명 미만으로 한인 교회수도 100여 개에 지나지 않았다. 구한말 1903년부터 1905년까지 7,200여 명의 하와이 농장취업 이민으로 시작된 한인이민이 100년의 역사를 쌓으면서 오늘의 미주 한인은 200만을 넘어서고 있는 신장세를 보여주고 있다. 교회 수도 무려 4천여 개에 이른다는 놀라운 수치가 발표되고 있다. 새 영국을 건설하겠다고 외친 청교도들의 꿈이 서린 이곳, 미 동부 허드슨강 동편 6개 주에 우리 미래의 꿈 뉴코리아를 건설하려는 구현의 꿈을 외쳐야 한다. 뉴코리아가 우리의 자랑으로 승화될 때 우리를 이 나라에 보내신 하나님의 섭리에 순응하며 살아가는 한인 공동체에 꽃을 피울 수 있다. 민족의 꿈과 미래의 초석을 쌓는 역사 발굴 사업은 우리 한인들의 희망과 꿈, 민족의 혼을 심는 자랑이 됨을 우리는 잊지 말아야 한다.

(1) 북미주 한인 유학생회

북미주에서 처음으로 유학생회가 조직된 것은 1913년 6월 4일 네브래스카 주 헤스링즈에서 박용만(朴容萬)이 주동이 되어 만든 '동미 한인유학생회'(東美韓人留學生會)가 그 효시이다. 그 후, 하와이, 샌프란시스코, 오하이오, 덴버, 일리노이, 시카고, 로스앤젤레스, 그 밖의 지역에서도 재미 한인 학생회가 여러 명칭으로 조직되었다. 이렇듯 미주 각 지역에서 여러가지 명칭으로 학생회가 발족됨으로 인해 학생회간에 유기적인 협조체제가 시급한 문제로 대두되어 1919년 9월 샌프란시스코 한인유학생회를 중심으로 한국 유학생 전체를 대표하는 학생회가 결성 되었다. 이들은 무려 1년이 넘는 준비기간을 거쳐 1921년 4월 30일 드디어 북미 한인 유학생회를 결성 그 본부를 뉴욕에 두고 회장은 이용직 부회장은 조병옥(趙炳玉)이 선임되었다.

(2) 북미 유학생회 결성 발기인 명단

하와이 지방	김길석, 주명근, 조제인
샌프란시스코 지방	김용중, 김례식, 명일선
윌로우즈 지방	최능익, 최윤호, 조종익, 최승진
로스앤젤레스 지방	주영환, 윤계운, 윤애나
팍빌 지방	백성민, 이용직

시카고 지방	강영승, 양명진, 현승염, 현정염
조지아 지방	김두화, 염광섭, 김경운
보스턴 지방	양유찬, 김계봉
워싱턴 DC 지방	임병직, 신마실라
오하이오 지방	윤영선, 하치관, 김원용, 이춘호, 이병두, 김영기
뉴욕 지방	필지성, 김용대, 윤혜렌, 조득림, 조병옥, 조정환

북미 유학생회는 1923년 5월 15일 비교적 교통이 편리한 시카고로 학생회 본부를 옮기고 정식 명칭을 북미대한 유학생회로 개명하고 회장제 중심의 운영체제를 위원회 체제로 개편하면서 1945년 해방 이전까지 이어져왔다. (회장 염광섭 , 부회장 황창하)

한편 1929년까지 유학생회가 조사하여 밝힌 유학생수는 다음과 같다.

미 본토 313명 ┃ 캐나다 4명 ┃ 하와이 155명 ┃ 총 472명

(3) 유학생의 배경과 독립운동 – 보스턴을 중심으로

대한제국의 국권이 일본에게 찬탈된 1910년에서 1930년까지 우리민족의 선각자들은 신문물을 배우는 길만이 나라를 구할 수 있다는 신념에서 영국이나 불란서, 독일, 미국으로 유학의 눈을 뜨게 되었다. 그 가운데서도 영국이나 불란서, 독일 같은 나라는 동양인의 거주나 유학이 자유스럽지 못한 탓도 있었지만 그보다는 비싼 학비부담 때문에 이들 나라 유학은 한인들에겐 별로 관심을 끌지 못했던 것이 당시의 유학 사정이었다. 반면에 미국에서의 유학은 비교적 쉬운 입학 조건과 학비 문제가 다른 나라에 비해 다소 저렴했던 것이 한인들의 미국 유학선호였다고 한다. 특히 미국은 많은 선교사를 한국에 파송한 나라로 이들 선교사들은 일본인의 한국인 탄압을 세계에 알리는 일을 했으며 한국인의 독립운동을 직접간접으로 도와주었다. 또 이들 선교사들은 한국 내에 많은 학교를 세우면서 한국인의 미국 유학을 알선하고 미국에서 학업을 마친 사람들이 돌아가 그들의 학교에서 후진을 가르치도록 지원했던 일이 한인들의 미국 유학 선호의 또 다른 이유가 되었다. 한국인의 미국 유학이 늘어나면서 일부 유학생은 학업을 끝내고 본국으로 돌아갔으나 일부 학생은 미주에 체류하면서 일본의 만행을 규탄하는 일을 벌였다. 특히 뉴잉글랜드 지역인 보스턴에서 한국인 학생들의 독립운동은 당시 보스턴 대학장과 그밖에 유력한 인사들의 한국 친구회를 설치하면서 일본을 규탄하는 운동을 전개하였다. 당시 조선 총독 사이도는 보스턴 대학장이 한국인의 독립운동을 돕는다고 비판과 항의를 한 사실이 있었다. 한편 보스턴에서의 한국 학생들의 독립운동은 1923년에 결성된 북미한인 총학생회를 발판으로 더욱 활발하게 전개 되었으며 그밖에 밝혀진 인사 가운데 양유찬, 김계봉, 하경덕, 김영기 등이 참여했다. 이렇듯 미주 내에서의 한국 학생들의 독립운동이 격화되자 일본 정부는 한국인의 미국 유학을 억제하는 정책을 펴는 일로 사실상 한국인이 미국에 올 수 없게 되었다.

(4) 인물로 본 한인 유학생(뉴잉글랜드 각 대학) (1910–1930)

성명	대학명	학위	졸업년도	성명	대학명	학위	졸업년도
백상규	Brown U	무역학	1905	최용제	BU		1926
이승만	Harvard U	철학	1911	최희송	Bredford Durffee C	구조학	
김계봉	BU	의학	1918	백성빈	Yale U	철학	
양유찬	BU	의학	1919	장진섭	BU	연구	1926
김영기	BU	사학	1921	이철원	Mt. Hermon School 중학과정		

김활란	BU	철학	1925	이승신	BU	의학	1926
유형기	BU, Harvard	신학	1925	이로라	BU	학사	1926
최윤호	BU	교육학	1925	이수남	International C		
강용흘	Harvard U	(의학)영문학	1926	임아영	NEC		1926
김술근	Harvard U	천문학	1926	하경덕	Harvard U	철학	1926
김용섭	Harvard U	1926		신형숙	BU	사회	1926
고증명	MIT	과학	1926	이경화	BU	구조	
김용성	Harvard U	학사		오기은	Allen Military School 중학과정		
정성봉	BU	신학	1926	오정수	MIT	기계	1926
양명진	BU	구조학	1926	리사 박	BU	이학	1926

2. 교육의 중심지 뉴잉글랜드

미국 역사의 중심지이며 교육, 종교가 함께 펼쳐진 뉴잉글랜드는 Hudson강 동편 유역을 중심으로 초기 영국계 이민자들이 신 영국(New England)을 세운다고 부른 이름이 뉴잉글랜드이다. 따라서 뉴잉글랜드는 법적으로 행정구역을 나타내는 명칭은 아니다. 이 나라 여명기 교육의 중심지로 형성된 동부 뉴잉글랜드에는 아이비리그(Ivy League)로 불리는 하버드, 예일, 브라운, 다트머스, 그 밖의 대학과 공학으로 유명한 MIT 대학이 자리 잡은 학문의 도시로 발전된 교육도시이다. 특히 보스턴 지역은 미국 교육의 본거지로 유명한 사립대학과 사립 고등학교가 설립되면서 미국뿐 아니라 세계 여러 나라 우수인재들이 학문과 진리탐구를 위해 몰려온 곳으로 유명하다. 이곳에서 학업을 이수한 인재들 가운데는 미국이나 세계 여러 나라에서 최고의 지성으로 정치, 경제, 사회, 문화, 종교분야에서 명성을 떨친 인사들이 많이 배출된 곳이기도 하다. 우리 한인들 가운데 초기에 이곳에서 수학한 인사 중엔 이승만 초대 대통령과 영문학을 전공한 '초당'(草堂)의 작가 강용흘, 그 밖의 인사들이 하버드 대학에서 수학하였으며, 예일 대학이나 브라운, MIT 대학에서도 미국과 한국에서 두각을 나타낸 인물들이 많이 배출되었다.

우리나라 여명기 신문물을 익히는 일이 나라를 구하는 길이라는 일념으로 머나먼 미국 땅을 찾아 학문에 전념한 선각자들의 발자취를 찾아내 오늘의 역사관에 바르게 이어지도록 정리하는 일은 참으로 뜻있는 일이다. 따라서 뉴잉글랜드 지역 내에 명문 사립학교의 전통과 변천, 미국 공립학교의 특성은 다음과 같다.

1) 학문의 요람

(1) 사립 고등학교

뉴잉글랜드 지역에는 많은 명문 사립 고등학교가 있다. 이들 사립 고등학교는 명문 사립대학과 함께 오랜 역사와 전통을 자랑하며 교육의 선진화에 앞장서고 있다. 특히 미국 내 사립 고등학교는 국제화, 과학화, 산업화에 역점을 두면서 외국 학생들에게도 입학 문호를 크게 개방하고 있다. 일반적으로 선진국의 사립 고등학교는 전통적인 학풍을 지키는 가운데 부유층이나 특수층 자녀를 위한 학교로 인식되었다. 그러나 오늘의 사립 고등학교는 교육의 세계화와 대학입시를 위한 독창적인 프로그램을 개발하면서 많은 학생을 명문대학에 입학시키고 있다.

미국 사립 고등학교 수업의 특징은 하크네스 테이블(Harkeness Table)이란 학생 중심의 독특한 수업방식에 있다. 12명 정도의 학생이 앉을 수 있는 타원형 탁상에 모여 앉아 지도교사의 질문에 서로 토론을 하면서 문제의 해답을 찾는 학생 중심의 수업 방법이 독특하다. 고교생을 대상으로 한 보딩스쿨은 입학 정원이 제한되어 입학이 그리 쉽지는 않다.

특히 초중학생을 위한 보딩스쿨은 극소수이기 때문에 외국계 초등학생이나 중학생의 입학은 쉬운 편은 아니다.

(2) 사립 고등학교별 개요

Boarding Schools in New Hampshire

학교명, 위치

1. Brewster Academy, Wolfeboro
3. High Mowing School, Wilton
5. Kimball Union Academy, Meriden
7. Phillips Exeter Academy, Exeter
9. St. Paul's School, Concord

학교명, 위치

2. Dublin School, Dublin
4. Holderness School, Plymouth
6. New Hampton School, New Hampton
8. Proctor Academy, Andover
10. Tilton School, Tilton

Boarding Schools in Maine

학교명, 위치

1. Fryeburg Academy, Fryeburg
3. Hebron Academy, Hebron
5. Kents Hill School, Kents Hill

학교명, 위치

2. Gould Academy, Bethel
4. Hyde School, Bath

Boarding Schools Vermont

학교명, 위치

1. The Putney School, Putney

학교명, 위치

2. Vermont Academy, Saxtons River

Boarding Schools in Massachusetts

학교명, 위치

1. Berkshire School, Sheffield
3. Chapel Hill-Chauncy Hall, Waltham
5. Cushing Academy, Ashburnham
7. Deerfield Academy, Deerfield
9. Groton School, Groton
11. Milton Academy, Milton
13. Noble and Greenough School, Dedham
14. Northfield Mount Hermon School, Northfield
15. Phillips Academy Andover, Andover
17. St. Mark's School, Southborough
18. Stoneleigh-Burnham School All-girls
19. Tabor Academy, Marion
21. Wilbraham and Monson Academy, Wilbraham
22. Williston Northampton School, Easthampton
23. Worcester Academy, Worcester

학교명, 위치

2. Brooks School, North Andover
4. Concord Academy, Concord
6. Dana Hall School All-girls, Wellesly
8. Governor Dummer Academy, Byfield
10. Middlesex School, Concord
12. Miss Hall's School All-girls, Pittsfield

16. Roxbury Latin High School, W. Roxbury

Greenfield
20. Walnut Hill School, Natick

Boarding Schools in Rhode Island

학교명, 위치	학교명, 위치
1. Portsmouth Abbey School, Portsmouth	2. St. George's School, Middletown

Boarding Schools in Connecticut

학교명, 위치	학교명, 위치
1. Avon Old Farms School All-boys, Avon	2. Canterbury School, New Milford
3. Cheshire Academy, Cheshire	4. Choate Rosemary Hall, Wallingford
5. Ethel Walker School All-girls, Simsbury	6. The Gunnery, Washington
7. Hotchkiss School, Lakeville	8. Kent School, Kent
9. Loomis Chaffee School, Windsor	
10. Miss Porter's School All-girls, Farmington	
11. Pomfret School, Pomfret	12. Salisbury School All-boys, Salisbury
13. South Kent School All-boys, South Kent	14. Suffield Academy, Suffield
15. Taft School, Watertown	16. Westminster School, Simsbury
17. Westover School All-girls, Middlebury	

(3) 공립 고등학교

미국의 교육제도는 고등학교까지 의무교육으로 운영되며 연방정부 보조와 주정부 시 재정으로 운영된다. 모든 고등학교는 지방정부 책임 하에 운영되고 있으며 교육 분야에 대한 정책결정은 연방정부가 제공하는 지침과 정책결정에 따르고 있다. 연방정부 지원 프로그램 중에는 장학금 융자, 장애자 지원, 직업 훈련 등이 있으며, 지방 정부 역시 지역특성에 맞는 독립된 교육 프로그램으로 운영되는 것이 특색이다. 공립학교라 할지라도 주거 환경이나 지역 특성에 따라 교육의 질이 다르게 평가된다. 미국 공립학교 제도는 세계에 떨치는 미국 힘의 근원이다.

(4) 사립대학의 분포

무릇 대학에는 대학으로서의 정신과 건학 이념이 있게 마련이다. 서구사회가 일찍 문명국으로 발돋움을 하게 된 배경도 대학에서의 연구가 산업화에 접목되면서 국가산업을 변혁시킨 촉진제가 되었다. 미국의 경우 산업화의 발달과 함께 미국 건국의 정신이라고 불리는 개척정신은 기독교 신앙과 대학 교육이 조화를 이루면서 급속도로 발전되었다. 영국과 불란서에서 불붙기 시작한 산업 혁명이 미국의 과학 문명에 접속 되면서 미국은 과학 입국으로 오늘의 세계를 이끌어가는 강대국이 되었다. 초기 미국의 과학 문화는 뉴잉글랜드를 중심으로 세워진 유명 대학에서 발전되었으며 정치, 경제, 사회, 종교 모든 분야의 지도자가 이곳 대학에서 배출되었다.

주별 명문 사립대학 목록과 개교년도

메인

보우딘 대학(Bowdoin College)	개교 1794
콜비 대학(Colby College)	개교 1813
베이츠 대학(Bates College)	개교 1855

뉴햄프셔

다트머스 대학 (Dartmouth College)	개교 1769

버몬트

미들베리 대학(Middlebury College)   개교 1800

매사추세츠

하버드 대학교(Harvard University)   개교 1636
윌리엄스 대학(Williams College)   개교 1793
앰허스트 대학(Amherst College)   개교 1821
마운트홀리요크 대학(Mt. Holyoke College) 개교 1837
웰즐리 대학(Wellesley College)   개교 1837
보스턴 대학교(Boston University)   개교 1839
터프스 대학교(Tufts University)   개교 1841
홀리크로스 대학(Holy Cross College)   개교 1843
보스턴 대학(보스턴 College)   개교 1863
매사추세츠 공과대학(MIT, Massachusetts Institute of Technology) 개교 1865
뉴잉글랜드 콘서바토리(New England Conservatory of Music) 개교 1867
스미스 대학(Smith College)   개교 1871
버클리 음악대학(Berklee College of Music) 개교 1945
브랜다이스 대학교(Brandeis University) 개교 1948

로드아일랜드

브라운 대학교(Brown University)   개교 1764
로드아일랜드 디자인대학(Rhode Island School of Design) 개교 1871

코네티컷

예일 대학교(Yale University)   개교 1701
웨스레안 대학교(Wesleyan University) 개교 1831
U.S. Coast Guard Academy   개교 1876
코네티컷 대학(Connecticut College)   개교 1911

뉴잉글랜드 아이비리그 개요

	하버드	예일	브라운	다트머스
개교년도	1636	1701	1764	1769
총 학생수	18,480	10,986	7,641	5,300
학부 학생수	6,643	5,326	5,942	4,287
동양계 학생수	19%	17%	15%	10%
총 지망자수	17,852	12,620	13,905	10,004
입학 허가수	2,150	2,522	2,952	2,163
등록 학생수	1,618	1,369	1,426	1,056
입학 경쟁률	12%	20%	21%	22%
도서관 장서	1천 2백80만	1천 200만	2백 50만	200만
한인 학생(유학)	21	18	112	4
한인 학생(동포)	104	115	32	21

* 한인 학생 수는 학생회서 밝힌 숫자임

뉴잉글랜드 사립대학 동양계 학생 (%)

학교명	비율	학교명	비율	학교명	비율
Bowdoin College	10%	Colby College	12%	Bates College	14%
Dartmouth College	10%	Middlebury College	13%	Harvard University	18%
Williams College	17%	Amherst College	12%	Mt. Holyoke College	16%
Wellesley College	25%	Boston University	34%	Tufts University	18%
Holy Cross College	9%	Boston College	27%	MIT	28%
Smith College	29%	Brandeis University	17%	Brown University	15%
Yale University	18%	Wesleyan University	11%		

뉴잉글랜드 여자 대학

Aquinas College (MA), Baypath College (MA), Elms College (MA), Emmanuel College (MA), Lesley College (MA), Mt. Holyoke College (MA), Pine Manor College (MA), Rogos College (MA), Simmons College (MA), Smith College (MA), Wellesley College (MA), St. Joseph College (MA)

(5) 공사립대학

메인

Bates College, Bowdoin College, Central Maine Technical College, Colby College, College of the Atlantic, Husson College, Maine College of Art, Maine Maritime Academy, Northern Maine Technical College, Saint Joseph's College of Maine, Southern Maine Technical College, St. Joseph's College, Thomas College, Unity College, Washington County Technical College, York County Technical College

메사추세츠

American International College, Amherst College, Anna Maria College, Assumption College, Atlantic Union College, Babson College, Bay Path College, Bay State College, Bentley College, Berklee College of Music, Berkshire Community College, Boston Architectural Center, Boston College, Boston Conservatory, Boston University, Brandeis University, Branford Hall Career Institute, Bridgewater State College, Bristol Community College, Bunker Hill Community College, Cape Cod Community College, Clark University, Conway School of Landscape Design, Curry College, Dean College, Eastern Nazarene College, Elms College, Emerson College, Endicott College, Fisher College, Fitchburg State College, Framingham State College, Gordon College, Gordon-Conwell Theological Seminary, Greenfield Community College, Hampshire College, Harvard University, Hellenic College, Holyoke Community College, Lesley University, Longy School of Music, Massachusetts Bay Community College, Massachusetts College of Art, Massachusetts College of Liberal Arts, Massachusetts Institute of Technology (MIT), Massachusetts Maritime Academy

Merrimack College, Middlesex Community College, Montserrat College of Art
Mount Holyoke College, Mount Ida College, Mount Wachusett Community College
New England School of Law, Newbury College, Nichols College,
North Adams State College, North Shore Community College,
Northeastern University, Northern Essex Community College, Pine Manor College,
Quinsigamond Community College, Radcliffe College, Regis College,
Roxbury Community College, Salem State College, Simmons College,
Simon' s Rock College, Smith College, Springfield College,
Springfield Technical Community College, Stonehill College, Suffolk University,
Tufts University, University of Massachusetts, Wellesley College,
Wentworth Institute of Technology, Western New England College,
Westfield State College, Wheaton College, Williams College,
Worcester Polytechnic Institute, Worcester State College

뉴햄프셔

Antioch New England Graduate School, Berne University,
Chester College of New England, Colby−Sawyer College, Daniel Webster College,
Dartmouth College, Franklin Pierce College, Keene State College ,McIntosh College,
New England College, New Hampshire Community Technical College System (Berlin,
Claremont, Laconia, Manchester/Stratham, Nashua, New Hampshire Technical
Institute, Pease), Notre Dame College, Plymouth State University,
Saint Anselm College, Southern New Hampshire University,
University System of New Hampshire

로드아일랜드

Brown University, Bryant College, Community College of Rhode Island,
Johnson & Wales University, Providence College, Rhode Island College,
Rhode Island School of Design, Roger Williams University, Salve Regina University,
University of Rhode Island

버몬트

Bennington College, Burlington College, Castleton State College, Champlain College,
College of St. Joseph, Community College of Vermont, Goddard College,
Green Mountain College, Johnson State College, Landmark College,
Lyndon State College of Vermont, Marlboro College, Middlebury College,
Norwich University, Saint Michael' s College, Southern Vermont College,
Trinity College of Vermont, University of Vermont, Vermont Law School,
Vermont State Colleges, Vermont Technical College, Vermont Technical College,
Woodbury College

코네티컷

Albertus Magnus College, Branford Hall Career Institute, Briarwood College,
Capital Community−Technical College, Central Connecticut State University,
Charter Oak State College, Community−Technical Colleges of Connecticut,
Connecticut College, Connecticut State University System,

Eastern Connecticut State University, Fairfield University,
Housatonic Community College, Manchester Community College,
Naugatuck Valley Community College, Norwalk Community Technical College,
Quinebaug Valley Community-Technical College, Quinnipiac University,
Sacred Heart University, Saint Joseph College,
Southern Connecticut State University, Teikyo Post University,
Three Rivers Community College, Trinity College, Tunxis Community College,
U.S. Coast Guard Academy, University of Bridgeport, University of Connecticut,
University of Connecticut at Avery Point, University of Hartford,
University of New Haven, Wesleyan University,
Western Connecticut State University, Yale University

한인 교수 현황 (2000년 북미 한인 교수 총람)

	MA	CT	RI	NH	VT	ME	총계
한인교수 수	59	20	18	4	3	1	105
주요대학별	Harvard 11	Yale 8	Brown 4	Dartmouth 2		UV 2	
	UMass 11	UConn 7	URI 11	UNH 1			
	MIT 9						
	BU 6						
	NEC 2						
	Wellesley 2						
	기타 18						
한인 재직학교 수	25	4	4	3	2	1	39
주내 대학(총) 수	72	23	9	16	19	19	158

뉴잉글랜드 지역 한인 교수

한국이름	영어이름	전공	근무처
안경원	An, Kyung Won	Physics	MIT, MA
	Bae, Frank	Law	N.E. School of Law, MA
변화경	Byun, Wha Kyung	Piano	NEC, MA
장유상	Chang, Yu sang	Mgmt, Asian	Boston University, MA
조정관	Cho, Jung Kwan	Political Sci	Yale University
조경재	Cho, Kyeong Jae	Research Sct.	MIT, MA
최성애	Choi, Anna S.	Religious study	Merrimack Coll. MA
최영체	Choi, Young Sze	Math	Univ. of Connecticut, CT
전정훈	Chun, Jung Hoon	Mech. Eng.	MIT, MA
정재식	Chung, Chai Sik	Social Ethics	Boston University, MA
두형기	Do, Hyung Ki	Pharmacy	Univ. of RI, RI
한기충	Han, Ki C.	Finance	Suffolk University, MA

한동일	Han Tong-Il	Piano	BU
장 수	Jang, Soo	Business	Univ. of NH, NH
	Kang, David	Government	Dartmouth College, NH
강재옥	Kang, Jae O	Biochemistry	Univ. of NH, NH
강경식	Kang, Kyung Sik	Physics	Brown University, RI
	Kim, Andrew	Math	Westfield St. College, MA
김병국	Kim, Byung G.	Electrical	Univ. of Mass, MA
김병훈	Kim, Byung H.	Mech. Eng.	Univ. of Mass, MA
	Kim, Byung Y.	Anesthesiology	Yale Univ. Sch.of Med, CT
김재건	Kim, Chai	Mgmt. Science	Univ. of RI, RI
	Kim, Chang G	History	Univ. of RI, RI
김종래	Kim, Chong Rae	Math	Merrimack College, MA
정형두	Chung, Hyung D.	Finance	Univ. of Bridgeport, CT
김종선	Kim, Chong Sun	Political Sci.	Univ. of RI, RI
	Kim, David	Music	Boston Conservatory
김규래	Kim, Gew Rae	Finance	Univ. of Bridgeport, CT
김희몽	Kim, Hee Mong	Art	RI College
김희숙	Kim, He Sook	Nursing	Coll. of Nursing, Univ.of RI
김현숙	Kim, Hyun Sook	Sociology	Wheaton College
	Kim, HyunYoung Chung	English	Library Quinebaug Valley, CT
김일평	Kim, Ilpyong	Political Sci.	Univ. of Conneticut, CT
김종성	Kim, Jay S.	Business	Boston University, MA
김정자	Kim, Jung Ja	Music	Boston Conservatory, MA
김준형	Kim, Jun Hyong	Microbiology	Yale University, CT
김기훈	Kim, Ki Hoon	Econonmics	Central Conn. St. Univ.
김경석	Kim, Kyung Suk	Engineering	Brown University, RI
김미경	Kim, MieKyong	Landscape	RI. School of Design
	Kim, Peter S.	Biology	MIT, MA
	Kim, Ron	Human Sci.	Greenfield Comm. College
	Kim, Sae Ja O.	Math	Univ. of Mass, Dartmouth
김순규	Kim, Soon Kyu	Math	Univ. of Connecticut, CT
김성하	Kim, Sung Ha	Library	Harvard University, MA
김준목	Kim, Thomas, J	Engneering	Univ. of RI, RI
김용준	Kim, Yong Choon	Philosophy	Univ. of RI, RI
	Kim, Yong K.	Fiber+Polymer	Univ. of Mass, MA
고유진	Ko, YuJin	English	Wellesly College, MA
	Koh, Edward T.	Anesthesiology	Univ. of Mass, MA
전혜성	Koh, Hesung, Chun	Sociology	Yale University, CT
곽홍배	Kwag, Heung B.	Hotel Mgmt	Boston University, MA
	Lee, Chong M.	Food Sci.	Univ. of RI, RI

이도희	Lee, Do Hee	Cell Biology	Harvard Medical School
이해성	Lee, Hae Seung	Elec. Eng.	MIT, MA
이희원	Lee, Hee Won	Chemistry	Univ. of Mass, MA
이종인	Lee, Jong In	Cell Molecular	Harvard Medical School
	Lee, Kang	Civil Eng.	University of RI, RI
이경달	Lee, Kyung Dall	Neurobiology	Harvard Medical School
이신화	Lee, Shin Wha	Ctr. Intl. Affairs	Harvard University
이원식	Lee, Won Sick	Management	Central Conn. St. Univ, CT
이윤선	Lee, Yoon Sun	English	Wellesley College
이영희	Lee, Young Hee	E.Asian Study	Smith College
이율화	Lee, Yul W.	Finance	Univ. of RI, RI
임진영	Lim, Chin Yeung	Quantitative Methods	Western New England Coll.
	Lim, Jae S.	Elec. Eng.	MIT, MA
민응준	Min, Eung Jun	Communications	R.I. College
	Oh, Suk P.	Anatomy, Cell Bio.	Harvard Medical School
배기태	Pae Ki Tai	Econ.	Cent. Conn. St. Univ.
박호진	Park, Ho Jin	Biology	MIT, MA
박경원	Park, Kyung W.	Anesthesia	Harvard Medical School
박이영	Park, Lee Young	Chemical	Williams College, MA
박영목	Park, Young Mok	Cell, Develop Biology	Harvard University, MA
피소영	Pi, So Young	Physics	Boston University, MA
	Rhie Young H.	Math	Springfield Coll. MA
노진주	Rho Jin Chue	Math	Univ. of Bridgeport, CT
	Seow, Gim S.	Accounting	Univ. of Conn. CT
신동석	Shin, Dong Suk	Comp. Sci.	Univ. of Conn. CT
신재균	Shin, Jae Kyoon	Biochemistry	Harvard Medical School
서남표	Suh, Nam Pyo	Mech. Eng.	MIT, MA
손문식	Son, Mun S.	Math	Univ. of Vermont, VT
	Son, Yung H.	Theraphy Rad.	Yale University, CT
설인석	Sul, In Sik	Finance	Univ. of Mass, MA
성창모	Sung, Chang Mo	Engneering	Univ. of Mass, MA
성종숙	Sung, Chong Sook P.	Chem.	Univ. of Conn. CT
성락호	Sung, Nak Ho	Chemical	Tufts University, MA
이상승	Yi, Sang Seung	Economics	Dartmouth College, NH
윤은상	Yoon, Eun Sang	Management	Univ. of Mass, MA
윤경림	Yoon, Kyung Lim, Lee	Biochem	Harvard University, MA
유준	Yu, Jun	Math	Univ. of Vermont, VT
이항	Lee, Hang		Harvard Medical School

※뉴잉글랜드 지역 내 한인 교수 현황은 북미 한인 대학교수 총람에서 발췌하였으며 총람에 누락된 분은 등재치 못했음을 밝힌다.

뉴잉글랜드 주별 한국계 학생(2002년 기준)

주별	Connecticut	Maine	Massachusetts	New Hampshire	Rhode Island	Vermont
학생수	437명	67명	2,045명	95명	332명	51명

뉴잉글랜드 지역 한인 및 유학생 통계 현황 (2004년 1월 현재)

한국정부통계	총계			매사추세츠			로드아일랜드			뉴햄프셔		
구분	남	여	계	남	여	계	남	여	계	남	여	계
동포총수	13,251	17,785	31,036	11,039	15,162	26,201	920	980	1,900	830	519	1,349
거주자격별												
시민권자	6,731	9,760	16,491	5,415	7,870	13,285	340	524	864	700	465	1,165
영주권자	3,889	5,381	9,270	3,429	4,956	8,385	260	240	500	82	16	98
체류자												
일반체류자	604	195	799	515	126	641	20	16	36	28	20	48
유학생	2,027	2,449	4,476	1,680	2,210	3,890	300	200	500	20	18	38
계	13,251	17,785	31,036	11,039	15,162	26,201	920	980	19,00	830	519	1,349
재외국민등록수	2,203	2,007	4,210	1,875	1,687	3,562	92	56	148	157	198	355

한국정부통계	총계			메인			버몬트			코네티컷*		
구분	남	여	계	남	여	계	남	여	계	남	여	계
동포총수	13,251	17,785	31,036	142	744	886	320	380	700	6,920	7,200	14,120
거주자격별												
시민권자	6,731	9,760	16,491	106	671	777	170	230	400	3,700	4,750	8,450
영주권자	3,889	5,381	9,270	28	59	87	90	110	200	2,350	1,900	4,250
체류자												
일반체류자	604	195	799	6	8	14	35	25	60	270	240	510
유학생	2,027	2,449	4,476	2	6	8	25	15	40	600	310	910
계	13,251	17,785	31,036	142	744	886	320	380	700	6,920	7,200	14,120
재외국민등록수	2,203	2,007	4,210	67	57	124	12	9	21	422	610	1,030

※직업별 구성비: 스몰 비즈니스(53%), 회사원(11%), 전문직(16%), 학생(15%), 기타(5%)

3. 2세 교육의 과거와 현재

2003년 1월 부시 대통령은 '한국의 날'을 선포하면서 미국 사회를 구성하는 많은 민족 중에도 한민족은 우수한 민족이며 타민족에 비해 교육열이 높고 미국 경제에도 많은 기여를 하고 있다고 했다. 연방 상원에서도 한인들이 이룩한 공과 노력을 소개하면서 한국의 날 선포를 위한 결의안을 통과시켰다. 비록 한인들의 이민 역사는 짧으나 이 나라를 위해 쌓아온 업적은 결코 중국이나 일본에 뒤지지 않는 것은 한민족이 가지고 있는 보이지 않는 저력이다. 이민 초기의 열악한 환경 속에서도 자녀들을 가르치는 것만이 이 나라에 뿌리를 내리고 살아갈 수 있는 길이라는 확고한 인식이 있었기에 오늘의 우리사회가 존재하는 기틀을 마련할 수 있었다. 우수한 한인 두뇌들은 미국 사회 전문분야에서도 이름을 떨치고 있다. 과학, 교육, 기술, 의학, 법률, 문화, 예술 등 각 분야에서 우수성을 인정 받으면서 미국 사회를 위해 공헌하고 있다. 이것은 이민 초기부터 일관되게 이어온 교육이란 좌표 설정이 있었기에 가능한 것이었다.

그러므로 미주 한인 이민사에서 중요 부분으로 기록되어야 할 것은 후세대를 위한 뿌리 교육의 발자취이다. 1903년 하와이에 102명의 한인들이 발을 디딘 후 그곳에서 태어난 2세들에게 한글을 가르치게 된 것이 한글 교육의 시작이었다고 하와이 한인 이민사는 밝히고 있다. 이후 한인 인구의 정착이 차츰 늘어나면서 미국 내 한인 교회를 중심으로 2세들에게 한국인의 정체성(Identity)을 심어주기 위해 본격적으로 한글과 한국 역사를 가르치게 되었다. 이렇게 2세 교육은 예나 지금이나 교회가 중심이 되어 한글, 역사, 한국의 전통문화, 태권도 등을 가르치고 있다. 그 밖에 대학 입시를 위한 SATII, PSAT 교육은 본국 정부의 관심과 국제 교육진흥원의 지원 그리고 뜻있는 분들의 후원으로 운영되고 있는 것이 오늘날 2세 교육의 현실이다. 뉴잉글랜드에는 현재 30개의 한국학교가 개설되면서 한인회와 교회, 사찰, 관할 영사관, 학부모들이 중심이 되어 다양한 프로그램을 개발하여 2세 교육과 발전에 기여하고 있다.

1) 재미 한국학교 협의회 뉴잉글랜드 지역 협의회

(1) 설립배경

뉴잉글랜드 지역은 1970년대 들어 한인 인구가 증가하면서 교회가 늘어나게 되자 각 교회는 2세 뿌리 교육에 더욱 관심을 가지게 되었다. 따라서 교회 내 한글학교의 중요성을 인식하고 한국의 전통 문화와 역사, 한글 등을 체계적으로 가르치게 되었다.

교회부설 한글학교가 늘어남에 따라 학교간의 정보와 교과 편성에 대한 상호 협조와 이해를 돕는 한국학교 협의회의 필요성이 대두되어 1987년 5월 23일 뉴잉글랜드 한국학교 이사장 김은한, 교장 김영집씨가 중심이 되어 한국 학교간의 상호 협조를 위한 모임으로 협의회가 태동하게 되었다.

이때 참석한 학교와 관계임원은 5개 학교에서 16명이다. 북부 보스턴 한국학교, 보스턴 한국 천주교회 한글학교, 케임브리지 한글학교, 보스턴 한인학교, 뉴잉글랜드 한국학교

(2) 설립 후 행사

재미 한인학교 뉴잉글랜드 지역 협의회의 행사일지는 다음과 같다.

1. 설립 후 첫 사업으로 케임브리지 한인교회에서 1987년 9월 5일 동북부지역 협의회 허병렬 회장을 강사로 초빙하여 교사 수련회를 개최했다.
2. 1988년 11월 19일 하버드 대학을 방문했던 중국 북경 민족대학 황복규 교수를 초빙하여 Lexington 소재 성요한 교회에서 2차 교사 수련회를 개최했다.
3. 1989년 6월 19일 9개 한국학교 어린이 100여 명과 교사, 학부모, 보스턴 총영사관 박상식 총영사가 참석한 가운데 어린이들의 큰 모임이 개최되었다.
4. 1988년 보스턴 총영사관 개설과 함께 한국학교 협의회 명칭을 재미 한인학교 협의회 뉴잉글랜드 지

역 협의회로 개칭하였다. 코치추엣 파크에서 8개 학교 학부모와 교사들이 참석하여 창립총회 준비를 위한 임원 선출이 있었다. 이때 선출된 임원은 다음과 같다.

    회장   김영집 (뉴잉글랜드 한국 학교장)
    부회장 김원엽 (북부 보스턴 한국 학교장)
    총무   김정선 (보스턴 한국 학교장)
    재무   곽윤희 (천주교 한국 학교장)
    감사   함혜란 (로드아일랜드 한인 학교장)

창립총회는 1989년 10월 14일 성요한 교회에서 개최되었고 재미한인학교 협의회와 뉴욕총영사관 주미한국대사관 한국 교육원에 통보되었다.

5. 1993년 함혜란 3대 회장 취임 이후에는 매년 정기적으로 교사 연수회, 학예회, 그밖에 글짓기와 사상대회를 개최하였으며 교사 연수회 연사로는 전정재, 허병열, 변종화, 이종노, 한용순(Carol Shulz)씨 등이 초청 되었다.

6. 2003년 3월 15일 성요한 교회에서 교사 연수회가 열렸다. 뉴잉글랜드 지역 협의회는 재미 한인학교 협의회 13개 주 가운데 하나로 가입되어 있다.

현재 뉴잉글랜드 지역 협의회에 가입된 회원 학교는 모두 30개 학교이며 보스턴 총영사관의 지원을 받고 있는 학교는 25개 학교이다.

뉴잉글랜드 지역 협의회 역대 회장단은 다음과 같다.

    1대   김영집   1989-1991
    2대   김원엽   1991-1993
    3대   함혜란   1993-1997
    4대   최한길   1997-2001
    5대   이주연   2001-현재

2) 뉴잉글랜드 한국학교(29개) 일람표

뉴잉글랜드 한국학교	그레이스 한국학교	남부 보스턴 한국학교
보스턴 산성 장로교회 한국학교	뉴햄프셔 한국학교	로드아일랜드 한국학교
메인 한글학교	문수사 한국학교	반석 한국학교
버클랜드 한국학교	보스턴 감리교회 한국학교	보스턴 백합 한국학교
보스턴 삼육 한국학교	보스턴 장로교회 한국학교	보스턴 중앙교회 한국학교
보스턴 한인 천주교회 한국학교	보스턴 한국학교	북부 보스턴 한국학교
성요한 감리교회 한국학교	보스턴 시온성 교회 한국학교	스프링필드 제일교회 한국학교
아카데미 한국학교	액튼 한국학교	퀸지 영생장로 교회 한국학교
안디옥 교회 한국학교	우스터 한인교회 한국학교	갈보리 교회 한국학교
시온 한국학교	제일 한인학교	

뉴잉글랜드 지역에는 사회단체나 종교기관 부설로 운영하는 한국학교와 2세 교육만을 전문으로 운영하는 독립된 한국학교가 있다. 비록 학사일정은 토요일 중심으로 수업시간과 교과과정은 비슷하나 교회 부설 한국학교는 신자들의 자녀들을 중심으로 한정된 운영인 반면에 뉴잉글랜드 한국학교는 독립된 학교로 다양한 프로그램과 독립된 운영체제로 운영되고 있는 것이 특징이다.

각 종교단체에 속한 한국학교와 뉴잉글랜드 지역 내 한국학교는 다음과 같다.

(1) 성요한 한국학교   교장: 최한길

　　연락처: 978-509-8708, 주소: 6 Gatehouse Lane, Wilmington, MA 01887, 개교: 2000년 2월 26일

(2) 산성교회 한국학교   교장: 주월영

연락처: 617-923-9581, 주소: 111 Mountain Auburn St. Watertown, MA 02472, 개교: 1997년 8월 24일

(3) 보스턴 삼육 한국학교   교장 유미옥

연락처: 781-721-5804, 주소: 4 Spring St. Stoneham, MA 02180, 개교: 1995년 11월 14일

(4) 보스턴 백합학교   교장: 김대권

연락처: 978-531-8861, 주소: 2 Dimitrios Circle, Peabody, MA 01730, 개교: 1985년

(5) 액튼 한국학교   교장: 윤상래

연락처: 978-386-5510, 주소: 54 Hosmer St. Acton, MA 01720, 개교: 1986년 11월

(6) 뉴햄프셔 한인학교   교장: 장의한

연락처: 603-437-5134, 주소: 6 Westminister Dr. Londonderry, NH 03053

(7) 남부 보스턴 한국학교   교장: 손창희

연락처: 508-697-7918, 주소: 47 Washington St. Westwood, MA 02090

(8) 그레이스 한국학교   교장: 이주연

연락처: 603-926-3411, 주소: 23 Watsons Lane, Hampton, NH 03842, 개교: 1999년

(9) 보스턴 한국학교   교장: 강상철

주소: P.O. Box 337, Billerica, MA 01984, 연락처: 978-509-8708, 개교: 1988년 6월

(10) 북부 보스턴 한국학교   교장: 최순용

연락처: 978-468-1625, 주소: 5 Laurel Dr. Wenhem, MA 01984, 개교: 1997년 10월

(11) 퀸지 한국학교   교장: 오인식

연락처: 617-770-2755, 주소: 270 Franklin St. Quincy, MA 02169, 개교: 1998년

(12) 보스턴 시온성 한국학교 교장: 정경조

연락처: 978-256-9581, 주소: 400 Great Rd. Bedford, MA 01730, 개교: 1990년 12월

(13) 문수사 한국학교   교장: 강금실

연락처: 781-224-0670, 주소: 231 Salem St. Wakefield, MA 01880, 개교: 1992년 2월

(14) 안디옥 한국학교   교장: 김경수

연락처: 978-534-0850, 주소: 63 Sacramento Dr. Leominster, MA 01453, 개교: 1989년 9월

(15) 메인 한글학교 　　　　　교장: 김광도
주소: 2 Arrowhead Dr. Brunswick, ME 04011, 개교: 1981년

3) 뉴잉글랜드 한국학교

교장: 남일, 연락처: 508-697-7918, 주소: 4 Bryant Ave. Shrewsbury, MA 01545, 개교: 1975년 9월

(1) 뉴잉글랜드 한국학교 설립 배경
뉴잉글랜드 한국학교가 설립된 것은 1975년 9월이다. 이 지역에 한인회가 정식으로 발족되고 이민자 수가 늘어남에 따라 2세들을 위한 한글 교육이 시급함을 인식하고 당시의 한인회가 학교 설립 계획을 구체적으로 추진하게 되었다. 안창수 전 교장에 의하면 교회의 주일 학교보다는 한국 문화를 가르치는 독립된 학교가 있어야 한다는 것과 한인회가 비영리 단체로서 등록하는 데는 교육 사업이 필요한 조건이 되기 때문에 한인회 산하에 한국학교를 두게 된 것이라 했다. 이런 취지에서 1975년 9월에 뉴잉글랜드 한국학교가 정식으로 설립되었다. 설립 당시의 교장은 당시 한인 회장이었던 김영호 박사다. 김영호 박사가 한인 회장의 임기 만료로1976년에 퇴임하고 안창수 선생이 한국학교 교장으로 취임하게 되었다. 당시 학교는 Newton Community Center의 건물을 빌려 수업을 했다.

　뉴잉글랜드 한국학교는 1976년부터 역사 강의를 맡아 하던 백린 교장이 1978년 3대에 취임하게 된다. 그 당시에는 이사회가 없었고 학부모회가 있었다. 학교 운영은 Tufts 대학의 김영호씨의 후원과 1년에 $1,000을 운영비로 지원한 한인회와 학생들에게 등록금을 받아 운영하게 되었다. 당시 운영 위원장이었던 이배훈 선생의 후원으로 한국학교는 점차 활기를 띄기 시작했다. 1980년 홍근수 목사의 주선으로 학교를 Newtonville에 있는 Lutheran 교회로 옮겼다. 이 당시 학생은 37명에 4반이 되었다. 그러나 2년 후 Lutheran 교회에서 렉싱턴에 있는 성요한 교회 건물로 옮기게 되었다.

　그 당시에는 Andover의 북부 한인 교회와 Brookline 교회에서 선교를 목적으로 주일 학교에서 한글을 조금 가르쳤지만 한국학교와는 성격이 달랐다. 그 당시 문교부에 정식으로 등록된 학교는 뉴잉글랜드 한국학교와 뉴욕의 뉴욕 한국학교뿐이었다.

　뉴잉글랜드 한인학교가 렉싱턴으로 이전한 후 학생 수는 48명으로 늘어나자 종래의 3개 반을 5개 반으로 확장하고 교과서에 의한 실질적인 교육을 펴나갔다. 아동의 연령과 한글 이해 정도에 따라 학년을 정하고 각 반은 2학년 과정으로 전 과정은 10학년이 되는 셈이다. 교사 수도 5명으로 증원하고 태권도 과목을 추가하면서 운영 위원회도 강화하였다. 그러나 갈수록 학생 수가 줄어 19명이 되었고 재정적으로도 힘들게 되자 한인회에서는 여러 가지 이유를 들어 한국학교를 폐교하기로 결정했다. 그러나 뉴잉글랜드 한인회가 비영리 단체로 등록하게 된 것은 한국학교 때문이었다는 반대 여론이 제기되기도 했다. 다행히도 성요한 교회에서 학교를 맡겠다고 하면서 운영에 간섭하지 않으며 이사회도 별도로 구성하고 교장 임명도 목사가 임명하지 않겠다는 조건으로 남은 운영비 $1,700과 함께 학적부와 졸업생 명단 등 일체 서류를 김영집 새 교장에게 인계하였다.

(2) 뉴잉글랜드 한국학교의 변천
뉴잉글랜드 한국학교를 1985년 가을 학기부터 성요한 교회가 인수하여 한국어 교육에 중점을 둔다는 원칙을 세우고, 황성미, 김혜영, 김경희 세 교사를 확보한 후 1986년 2월 15일에 봄 학기에 개강을 했다. 세 교사들이 30명의 학생들을 세 반으로 나누어 지도하는 가운데 이경임 선생이 한국 동요를 가르쳐 학생들이 한국의 정서도 맛보게 했다. 정해진 교과서가 없어 선생들이 여러 가지 재료들을 참고하여 교육 자료를 직접 준비하고

집에서 학생들이 한국어를 들을 수 있도록 Tape을 만들기도 했다.

　1986년도 가을 학기에는 45명의 학생들을 4학급으로 나누어 황성미, 김경희, 김영숙, 장석근 네 교사들이 지도했고 이경임 선생께서 구정 민속 행사를 위한 노래 지도를 했다. 교과서의 필요성을 인정하여 재미 한인학교 협의회에서 발간한 한국어 교재들을 유치원외에 세 학급에서 쓰게 했다. 1987년 봄 학기에는 학생 수가 더 늘어나리라고 보고 황성미, 장석근, 이건화, 이지원, 임경숙 다섯 분의 교사를 확보하고 2월 21일에 개학했다.

(3) 뉴잉글랜드 한국학교 발전

1993년 여름 제 4대 김영집 교장이 인디애나 주로 이주하게 되자 85년부터 동교에서 학생들을 가르치며 교무 주임으로 일하던 황성미 교사가 제5대 교장직을 맡게 되었다. 새 이사장에는 오래 전부터 학교 일에 헌신했던 김은한 전 이사장이 맡았고 윤용훈 박사는 총무를 자청하여 학교 일을 도와주었다. 이사회는 총 21명의 이사로 구성되었으며 학교의 건전한 운영과 발전을 위해 1989년 당시 윤용훈 이사장과 Bob Deakin 이사가 수립한 장기 발전 계획을 시행해 나가게 되었다.

　1993년 가을 학기는 68명(4살 이상)의 학생이 등록하였고 여섯 반으로 나누었다. 각 반의 이름을 동물의 크기 순서로 병아리반, 다람쥐반, 토끼반, 사슴반, 기린반, 코끼리반으로 지었다. 2시간 반 동안 하던 한국어 수업을 보다 충실히 하기 위해 3시간(오전 9시 반부터 12시 반까지)으로 연장하였고 오후에는 전부터 해 오던 태권도반을 계속해서 유지했다. 수업료는 한 학기에 $120이었다.

　학습 효과를 높이기 위해 선생님들에게 학습 지도서(교안)를 제출할 것과 수업 시작 15분전에는 학교에 나오도록 하고 매주 수업이 끝난 후에는 교무 회의 (교무주임 김우홍)를 통하여 더 나은 수업을 위한 토의 시간을 가졌다. 빠지지 않고 한국학교에 나와 열심히 공부하도록 하기 위해 개근상과 우등상 제도를 도입하고, 봄 학기부터는 장려상을 주게 되었다. 그리고 매 학기가 끝난 뒤에는 학부모들에게 성적표를 우송하고 성적표에는 학생들의 한글 실력 (읽기, 듣기, 쓰기)과 학습 태도에 대한 평가를 포함시켰다.

　학교와 학부모와의 긴밀한 협조가 학교 발전에 도움이 된다는 판단으로 학부모회(회장 이향숙)를 매달 첫 주에 개최하고, 학부모들의 다양한 의견을 수렴, 학교 소식과 함께 부모들에게 보냈다. 학부모회에서는 학생들의 안전 지도를 위하여 학부모들이 순번을 정하여 쉬는 시간에 학생들을 돌보았다.

　이전에는 8학년을 마치면 졸업을 하였으나 졸업 후 학생들의 한국어 실력이 좀처럼 향상되지 않아 교무 회의에서 10학년 이상의 학생들에게만 졸업장을 주기로 하였다. 이 결과 두 해 동안은 졸업생이 없이 종강식만 치르게 되었다.

　1994년 가을 학기에는 지역 신문에 학생 모집 광고를 내고 학부모들을 통한 홍보에 힘쓰면서 등록 학생이 96명으로 늘어나자 이를 10반 (비둘기반, 노루반, 호랑이반, 공룡반 신설)으로 나누어 가르치게 되면서 오후 한 시간씩 있었던 태권도반 외에 서예반, 무용반, 미술반을 신설하여 수업이 오후 4시 30분까지 연장되었다. 마침 한국에서 역사를 가르쳤던 선생님을 찾게 되어 상급반 학생들을 대상으로 수업 시간 중에 한국 역사를 한 시간씩 가르쳤다.

　여러 선생님들과 학부모들이 애쓴 보람으로 학교에 대한 평이 좋아졌고 1995년 가을에는 학생이 137명으로 늘어 명실공이 뉴잉글랜드의 대표적인 한국학교로 발전하였다. 고양이반, 사자반, 고래반을 신설하여 모두 13반으로 나누었다. 학부모의 학교 교육에 대한 관심을 높이기 위해 한 학기에 한번씩 (11월 첫 주와 4월 첫 주) 공개 수업을 갖기 시작하였다. 학부모들은 자녀들의 수업을 참관하면서 교육 내용 및 수업 분위기, 또한 아이들의 학습 태도를 직접 볼 수 있었다. 그리고 선생님들은 그 학기의 반 학습 계획서를 학부모들에게 주고 학부모들은 공개 수업에 관한 의견서를 학교에 내주었다.

　재미 한인학교 협의회와 SAT 추진 위원회의 지속적인 노력의 결과 한글 SAT의 실시가 확정되자 1996년 봄에는 7학년 이상의 학생들을 대상으로 협의회에서 제공한 SAT 모의고사를 실시하였고 이 해 가을에 있었던 실제 SAT 시험에서 700점 이상 받은 학생들이 여러 명 나왔다.

학교가 이렇게 발전한데는 교회 건물 사용을 배려해준 성요한 교회의 도움도 컸다. 이런 가운데 학생 수가 매 학기 계속 늘어나자 이사회서는 부족한 교실난을 해소하고 장기적인 학교 발전을 위해 학교 이전을 승인하게 되었다.

1996년 가을, 더욱 좋은 교육 환경을 갖춘 Lexington의 Clarke Junior High School 건물로 한국학교를 이전하게 되었다. 또한 학교의 발전을 위하여 독립된 이사회에 운영을 맡기었고(1986년 10월) 박경수 이사와 Bob Deakin 이사의 수고로 1988년 뉴잉글랜드 한국학교를 주 정부에 비영리 단체로 등록하게 되었다.

그 동안 무료로 사용하던 교회에서 이전하게 되니 재원 조달의 방법으로 수업료를 대폭 인상하였으나1996년 가을에는 오히려 166명의 학생이 등록하였고 이를 13반으로 나누었다. 이 해부터 가을 학기에는 단어 경연 대회를 열어 금상, 은상, 동상을 주었으며 봄 학기에는 이야기 대회를 하여 금상 수상자들은 종강식 때 발표를 하였다.

최홍균 박사의 수고로 97년 1월에는 연방 국세청으로부터 비영리 단체 (501C) 인가를 받게 되어 기부자들이 세금 공제 혜택을 받을 수 있게 되었다. 한국학교 건립의 필요성을 인식한 각 단체들은 기부를 함과 동시에 각종 자선 파티를 열어 수익금을 한국학교에 기부하게 되었다.

1998년 가을에는 175명의 학생이 등록하였고 졸업생을 포함한 10명의 보조 교사가 있었다. 남일 교무 주임의 수고로 학교 Internet Homepage(http://www.ksneusa.org)를 만들어 학교 소개와 매달 첫 주에 열리는 학부모회 모임의 소식을 비롯하여 각 학년 교과 과정, 학사 일정, 새 학기 등록, 수업 시간, 연락처, 수업료, 안전 수칙, 교사진 명단 등에 관한 자세한 정보를 알 수 있게 하였다. 10월에 열린 뉴잉글랜드 한인학교 협의회 주최 제 1회 글짓기 대회에서 많은 학생들이 참가하여 수상하였다.

위: 뉴잉글랜드 한국학교가 교사로 사용하는 오크힐 중학교
아래: 어린이 한국무용 공연

(4) 뉴잉글랜드 한국학교의 역할

황성미 전임교장의 후임으로 남일 교무주임이 1998년 제6대 교장 직에 취임하게 된다. 이즈음 Clarke 중학교로부터 "대대적인 건물 내부 수리를 하게 되어 6월 종강식이 끝난 후부터 약 2년 가까이 학교 건물을 사용하지 못 한다"는 통보를 받게 되었다.

김기석 이사장은 긴급 이사회를 소집하고 학교 건물을 찾기 위한 임시 위원회를 구성하여 학교를 알아본 결과 Newton의 Oak Hill 중학교로 이전하게 된다. 학교가 성요한 교회로부터 Clarke 중학교로 이전하는 단계에서 1차 발전을 했다면 Clarke Middle School에서 Oak Hill로 옮기면서 다시 괄목할 만한 2차 성장기를 맞이하게 된다. 30개 이상의 교실과 강당, 체육관과 운동장 등 부대시설을 모두 이용할 수 있었고 무엇보다도 지속적인 우수 교사진 확보는 뉴잉글랜드 한국학교가 뉴잉글랜드 지역 역사상 최초로 200명 이상의 학교로 성장하는 계기가 되었다.

이후 매 학기마다 최소한 10% 이상의 증가를 계속하여 1999년 초 당시 12개의 오전반과 3개 오후반에서 2003년에는 성인반과 3개의 이중 언어반인 세종반을 포함 26개 오전반과 9개 오후반에 약 300명의 학생이 공부하는 되었다. 그리하여 뉴잉글랜드 지역 한인 2세 교육의 중요한 한 축을 담당하는 대표적인 한국학교로 발전하게 되었다.

학교의 규모와 운영이 어느 정도 안정되면서 차츰 학교가 지역 사회를 위해 할 수 있는 일들을 찾게 되었다.

350명 이상 앉을 수 있는 강당과 체육관은 지역 사회의 여러 행사들을 유치할 수 있게 되었다. 또한 자체 합창단과 한국 무용단 등을 구성하여 한인 사회는 물론 Newton과 인근 지역 아시안 문화 행사와 WHFC(해외 입양아 부모 단체)의 연중행사에 참가하여 한국의 멋과 전통을 알리는 민속 사절의 역할도 하였다. 더욱이 한국에서 자녀를 입양한 부모들과 그 자녀들에게 한국의 전통과 문화, 언어 교육을 받을 수 있는 계기를 마련하기 위해 이중언어반을 '세종 과정'으로 독립 운영시키고 세종 과정 내에서도 수준과 나이를 기준으로 네 반으로 나누어 운영하여 입양 아동들은 물론 이민 2세대 부모의 자녀들까지도 교육을 받을 수 있도록 하였다.

학교가 성장하고 반이 많아짐에 따라 많은 우수한 교사들이 재직하게 되어 현재 34명의 담임교사와 5명의 보조 담임, 25명 정도의 보조 교사 학생들이 교육을 담당하고 있다. 지난 12년 동안 오후의 태권도반을 지도하고 있는 미국인 사범인 Mr. Donald Kurpis와 지난 10년 동안 교단을 지켜 온 김이선 교무주임의 경우도 한 결 같이 맡은 학생들을 위해 정성을 다하고 있다.

지난 97년 이후 우등상 제도를 없애고 각 반마다 각기 잘한 부문에 대해 상을 수여키로 한 이후 시작된 '단어 경연 대회'는 2002년 봄 학기까지 지속되었다. 그러나 단어만 암기하여 시험에 임하던 방식을 바꿔 단어는 물론 문장, 문법, 어휘력과 쓰기 실력을 함께 측정할 수 있는 다목적 시험 방식으로 차츰 바뀌게 되었다. 특히 2002년 가을 학기부터는 이름도 '우리말 평가'로 바꾸고 쓰기 능력 부문을 따로 독립시키는 등 여러 방면에서 점진적인 개혁을 시도하고 있다.

이렇게 뉴잉글랜드 한국학교는 300여 명의 학생과 우수한 교사진 그리고 좋은 교육환경을 갖추고 발전을 거듭하며 뉴잉글랜드 지역 최고의 한국학교로서 자리매김을 하게 되었는데 이는 한인으로서의 정체성을 심어주는 뿌리교육의 역할을 충실히 수행한 결과이기도 하다.

뉴잉글랜드 한국학교의 전통과 자랑거리는 무엇보다 학교의 3대 기관인 이사회, 학부모회, 교사회가 철저한 봉사 정신으로 서로 유기적으로 협력하여 학교를 발전시키는데 원동력이 되었다. 또한 뉴잉글랜드 한국학교에서 수학하고 한국에 돌아갈 경우 그 학력이 인정되는 등 질적인 면에서도 그 학습과정의 우수함을 인정받고 있다.

4) 로드아일랜드 한국학교

교장: 함혜란, 연락처: 401-274-2044, 주소: 1 Memorial Rd., Providence, RI 02906, 개교: 1978년

로드아일랜드에 한인회가 창설된 후 이세들을 위한 뿌리 교육기관이 필요했고 한인회가 주관하게 되었던 것이다. 그러다가 제 3대 이원중 회장 때에 이르러 본격적으로 한인학교 창립에 대한 작업이 시작되었다.

1) 1978년 9월부터 1979년 6월까지 초기 첫 해

제3대 이원중회장이 임명한 이천각 교장이 한인회 관할의 로드아일랜드 한인학교를 1978 년 9 월 공립학교 새 학년도 개학을 기준으로 그 첫째 토요일에 한인 사회의 큰 기대 속에 세인트 매리스 패로키알 스쿨(St. Mary's Parochial School, 80 St Mary Dr., Cranston, RI 02920)에서 시작했다.

그럼에도 불구하고 1979년 9월 학기엔 등록 학생의 숫자도 대폭 줄어들었고 한인학교 운영에 대한 한인회나 한인 사회의의 후원지지를 받지 못하고 마침내는 한인학교가 휴교되고 실제적으로 폐교 상태로 들어갔다.

2) 1980년 2월부터 1982년 말까지의 재개교 기간

한인학교가 폐교된 상태에서 해가 바뀌어 1980년 1월부터 차승만 교수가 한인회의 제5대 회장에 취임하였고 한인회 임원회와 이사회에 로드아일랜드 한인학교를 다시 개교할 것을 토의했고 브라운 대학교의 강경식 교수를 교장으로 추대하기로 결의했다.

1980년 12월엔 워싱턴 한국 대사관 모영기 교육관의 요구를 받고 강경식 교장은 재미한인 학교협의회 창립을

위하여 뉴욕 한국학교 허병렬 교장등 동북지역 한인학교 대표자들로 구성된 준비원회의 부위원장으로 참가했고, 브라운 대학교 학부형이 된 김석연 버펄로 한글학교 교장을 초청하여 한인학교 교사 연수회를 주최했다.

1981년 봄부터는 등록 학생도 60명으로 늘었고, 심선엽, 김애리배, 백태현등을 추가하여 교사진도 강화되었다. 또한 한인학교 운영위원회도 한인회 간부를 포함하여 15명 이내의 위원으로 구성하도록 한인학교 헌장 개정을 채택하여 한서동을 위원장으로 선출함으로써 한인학교는 어느 정도 안정된 궤도에 오른 듯 했다. 그러나 1983년 1월 제8대 한인회 이동석 회장이 취임하여 한인학교 운영을 한인회가 직접 할 것을 고집하면서부터 로드아일랜드 한인학교에 두 번째의 진통기간이 시작되었고 마침내 1984년 봄학기를 마치고 한인학교가 폐교상태로 돌입하게 되었다.

3) 1983년 2월 한인회 직영으로부터 1984년 6월 폐교될 때까지

한인회가 한인학교를 관할한다는 한인회 헌장을 내세워 새로 취임한 제8대 이동석 한인회장은 안광원 교장으로부터 학교 운영권을 한인회장 직영으로 바꾼다. 그리고 어려운 조건에서 학교수업을 계속해 온 강금진, 장경미, 최정희교사를 권고 사직시킨 후 한인혜와 허영자 교사로 임명하여 한인학교를 개학하였다. 그러나 1984년 9월 학기엔 한인학교를 개교하지 못했고 다시 폐교된 상태에서 1985년 1월 제 10 대 김관국 회장이 한인회를 인계 받아 취임했던 것이다.

4) 1985년 2월 재개교부터 현재까지

한인회 제10대 김관국 회장은 1985년 1월 5일 제1차 한인회 임원회에서 로드아일랜드 한인학교 재개교를 토의하고 새로운 교장으로 함혜란 박사를 만장일치로 선출했다. 한인회는 후원만 하고 한인학교가 독립적으로 운영할 수 있도록 이사회를 구성할 것을 합의함으로써 함혜란 박사가 교장을 수락하게 되었다. 학교 이사장으로 윤선홍을 선출했고 이사로서는 강경식, 최원일, 김용민, 박상무, 이종민, 김정완, 안광원, 한서동, 오세명, 짐성덕, 그리고 이창권 등 여러분을 이사로, 한인회 간부 김관국, 옥동석, 남석철(신임 10 대 한인회 이사장), 온기철(한인회 총무), 그리고 함혜란 교장을 당연직 이사로 선출했다,

4. 보스턴 한미 노인대학

1) 설립배경

1987년부터 제정하여 시행해온 보스턴 한미 노인회의 정관 제 4장 제 10조 제 1항에 '노인학교 운영'이라는 항목이 있었으나 실행되지 못하고 있던 중 1988년 초 백린 회장 주도 아래 이사회에서 정관을 개정하여 동 조항을 노인대학의 설립과 운영으로 바꾸어 오늘의 보스턴 한미 노인대학 설립이 가능하게 되었다.

2) 설립준비

1988년 8월에 개최된 한미 보스턴 노인회 제 4차 이사회에서 만장일치로 박경민 박사(뉴잉글랜드 서울대 동창회 회장)가 초대 노인대학 학장으로 선임 추대 됨으로써 이를 수락하고 노인대학 개강을 위한 제반 준비로 개강식 및 강좌계획서를 같은 해 9월에 있었던 노인대학 개강을 위한 제 5차 임시 이사회에 제출하여 이사회의 동의를 얻고 약 2개월간의 개강식 준비기간을 가진 후 드디어 11월 8일 렉싱턴에 있는 성요한 교회에서 노인대학 개강식 및 제 1회 특별 교양강좌를 갖게 되었다.

3) 설립 이념과 목적

의학의 발전과 건강에 대한 이해, 생활수준의 향상으로 노령인구의 증가는 개인적으로나 사회적, 국가적으로 여러 가지 많은 문제점을 제기하고 있다. 따라서 은퇴 후 노인들이 무엇을 갖고 어디서 무엇을 하며 어떻게 살아가야 할 것인가의 문제는 비단 미국 주류사회에서뿐만 아니라 우리 뉴잉글랜드 한인 동포사회에 있어서도 계속 늘어나는 노인층에 대한 대책이 중요한 이슈가 되지 않을 수 없다. 그러므로 보스턴 한인 노인회에서는 노인대학을 설립하여 육체적으로 건강한 노후 생활을 즐길 수 있고 사회적으로는 자활, 자생, 자립하는 노인상을 구현하려는 목적으로 노인들께 평생교육인 배움을 통한 위로와 기쁨을 드리고 젊고 건강하게 장수하는 길을 열어 드리며 가족과 사회로부터 고독과 소외감, 무관심의 대상이 아니라 사랑과 존경을 받으며 여생을 살아갈 수 있도록 도우며 이에 필요한 정보와 지식을 제공하여 노인들 스스로가 노년기를 살아가는데 무엇이 최선인가에 대한 길잡이 역할을 하는 데 있다.

4) 조직 구성

첫째. 대학 학사운영문제를 기획하고 이를 집행해 나가기 위한 학사운영위원회를 구성하였다. 둘째. 장차 후원회를 구성하여 재정적으로 자립해 나갈 수 있도록 범한인 동포사회의 협조와 후원을 요청코자 했다.

5) 입학자격

보스턴 근처에 거주하는 60세 이상의 노인뿐만 아니라 40, 50세 등의 중년 예비 노인층에게도 노인대학에 관심이 있고 참여를 원하는 분에게도 문호를 개방하고 연령의 제한을 가능한 두지 않기로 했다.

6) 강좌내용 및 계획

강좌계획 및 내용은 학사운영위원회에서 검토 결정하며 주로 노인건강, 노인복지, 노인은퇴, 제정계획, 정부보조혜택, 양로시설이용, 의료기관이용 등에 대한 안내와 해설과 미국 이민생활에서 필요한 제반 기본지식인 미국역사, 문화, 정치, 경제, 사회에 대한 해설, 교육 강의를, 그리고 종교특강, 생활영어, 건강 체조, 여가선용 및 미술, 음악, 공예 등의 취미생활 권장 및 전문인 추천 등 기타 이민 생활에 불가결 한 정보와 지식 등을 제공할 수 있는 강좌, 특강 및 강연회를 마련코자 하였다.

맨 위: 노인대학 전체 사진
중간: 노인대학 강좌
맨 아래: 노인대학 졸업식

7) 강사자격

뉴잉글랜드 미 주류 사회와 한인 사회에서 활약하고 있는 해당 분야의 권위자, 전문인, 학자, 교수 등이다.

8) 노인대학 활동 계획

노인들이 모일 수 있는 공간 (한인회관이나 노인회관 등)이 마련된다면
　　첫 번째, 노인대학 도서실 운영
　　두 번째, 체력향상을 위한 운동시설 설치
　　세 번째, 여가시간을 즐길 수 있는 오락시설 설치
　　네 번째, 컴퓨터 교육
　　다섯 번째, 건강상담소 설치 (한인의사회의 협조 하에)
　　여섯 번째, 역사적 명소안내 (교통편 제공과 자원봉사자들이 가능한 경우)
　　일곱 번째, 전문 음악인 및 교회음악인들을 초청하여 노인들을 위한 소음악회 개최
　　여덟 번째, 노인대학 글짓기대회, 체력향상을 위한 노인체육대회 (보스턴 한인체육회 협조 하에),
　　　　　　서예, 미술강습 (자원봉사자들이 가능한 경우)
　　아홉 번째, 각종 부설 연구소 설치 (필요 시 여건이 허락하면)
　　열 번째, 노인 복지증진과 노인대학 발전과 육성을 위한 범 한인 사회적 지원과 각 직능단체와의
　　　　　　적극적이고 유지적인 협조 관계유지

9) 개강식 및 제 1회 교양강좌

1998년 11월 8일 오후 5시 렉싱턴에 소재한 성요한 감리교회(담임목사 권진태)에서 노인회원, 이양 총영사를
비롯한 한인회장 및 동포사회 단체장, 유지들 약 150명의 참석 하에 김옥성 노인회 부회장의 사회로 백린 노
인회장의 신임 박경민 학장에 대한 소개인사가 있었고 이양 보스턴주재 한국 총영사의 격려사, 서규택 한인회
장의 축사, 박경민 학장의 취임인사, 권진태 목사의 축도로 개강식을 성대히 끝마치고 첫 교양강좌를 가졌다.
　강좌 내용
　　1. 늙음의 철학적 의미, 이민용
　　2. 노인병 예방과 치료, 김성열
　　3. 노인은퇴 재정계획, 김연숙
　　4. 남북통일과 해외동포의 역할, 남궁연

10) 학사운영위원회 구성

1999년 1월 8일 렉싱턴 소재 다빈식당에서 박경민, 강길원, 김성인, 권이덕, 이의인 등이 모여 박경민 학장의
주재로 노인대학의 현안문제가 토의되었다. 이 자리에서 조직적이고 구체화된 노인대학의 면모와 운영체제를
갖추기 위해 학사운영위원회를 구성하기로 하였다.
　학장: 박경민, 부학장: 강길원, 학술: 김성열, 섭외 및 홍보: 김성인, 기획: 권이덕, 출판: 이의인
　현 노인대학의 형편상 당분간은 교양강좌를 중심으로 운영하며 여건이 허락하면 후원회를 구성하여 재정을
확보하고 독립기관으로 주정부에 비영리단체로 등록하기로 하였으며 교실의 확보와 학교 버스의 운영도 연구
하기로 하였다. 대학 강좌는 당분간 각 교회에서 제공하는 장소에서 시행하며 교통편 제공도 각 교회에서 협

조를 얻기로 했다.

　또한 점차 노인대학이 다목적 기능을 갖추기 위하여 주기적인 영어강습, 시민권 취득을 위한 교육, 건강 세미나, 컴퓨터 교육, 단체여행, 더 나아가 노인아파트 알선 등 다양한 프로그램을 마련하여 이 고장 각 지역에 흩어져 있는 노인들의 구심점이 되는 '노인 센터'의 역할을 담당할 수 있도록 보스턴 한미노인회를 중심으로 이 지역 각 직능 단체들의 협조를 얻어 실행키로 하였다.

11) 보스턴 한미 노학 강좌 요람

회	일시	교회	담임	강사
1	1998.11.8	성요한 감리교회	권진태 목사	이민용, 김성열, 김연숙, 남궁연
2	1999.2.6	보스턴 한인교회	이영길 목사	이영길, 손정호, 김동희, 김순규
3	1999.5.8	보스턴 장로교회	전덕영 목사	송남수, 김동희, 윤선홍, 지현진
4	1999.8.28	퀸지 영생장로교회	강준모 목사	정태진, 전진학, 강길원, 김성군
5	1999.10.28	북부 보스턴 감리교회	전중현 목사	백린, 강길원, 김무광, 글짓기 백일장
6	2000.1.22	성요한 감리교회	권진태 목사	권진태, 최찬혁, 김은한
7	2000.3.25	보스턴 한인교회	이영길 목사	김청하, 김문소, 김명칠
8	2000.5.27	구세군 보스턴 한인교회	박명수 사관	박명수, 탁원균, 기록 영화 관람
9	2000.8.26	퀸지 영생장로교회	강준모 목사	정태진, 이진옥, 이의인
10	2000.10.28	보스턴 성결교회	김회창 목사	김창덕, 김성인, 글짓기 백일장
11	2001.1.27	성요한 감리교회	권진태 목사	박재선, 김문령, 손용진
12	2001.3.31	보스턴 한인교회	이영길 목사	김성혁, 김경애, 박영철
13	2001.5.26	보스턴 선교교회	정인경 목사	김갑주, 임나경, 정인경
14	2001.8.25	퀸지 영생장로교회	강준모 목사	이경희, 박재선, 정태진
15	2001.10.27	보스턴 성결교회	김회창 목사	진동호, 김회창, 글짓기 백일장
16	2002.1.26	성요한 감리교회	권진태 목사	김은한, 비디오 관람
17	2002.3.16	보스턴 한인교회	이영길 목사	이병국, 전인재, 서대식
18	2002.5.11	보스턴 장로교회	전덕영 목사	전덕영, 비디오 관람
19	2002.8.24	보스턴 산성장로교회	신언동 목사	이의인, 고영복, 정정욱
20	2002.10.5	북부보스턴 감리교회	홍석환 목사	제1회 졸업식
21	2003.1.25	성요한 감리교회	권진태 목사	이경해, 건강 비디오 관람
22	2003.3.29	보스턴 한인교회	이영길 목사	김형범, 신영각, 건강 비디오 관람
23	2003.5.10	보스턴 소망교회	박찬수 목사	민유선, 서일, 남궁연, 홍순영, 김성인, 조영태
24	2003.8.23	퀸지 영생장로교회	강준모 목사	이성룡, 손석구, 김봉진
25	2003.10.4	보스턴 성결교회	김회창 목사	이의인, 제2회 졸업식
26	2004.1.24	구세군 보스턴 한인교회	박명수 사관	장익경, 비디오 관람
27	2004.3.27	보스턴 문수사	도범스님	박경민, 임나경, 신영각, 도범스님
28	2004.5.15	보스턴 장로교회	전덕영 목사	최원선, 이민용, 백린, 전덕영
29	2004.8.14	북부보스턴 감리교회	홍석환 목사	홍순영, 서일, 백린, 천심
30	2004.10.2	보스턴 한인교회	이영길 목사	배요한, 김성진

1년 개근상 수상자

1999년	강경신, 강경유, 고정기, 김경모, 박병덕, 박연교, 백린, 서금순, 서정섭, 유필모, 이기상, 정성구, 정영호 (13명)
2000년	강경신, 강경유, 강판순, 고정기, 권명옥, 권정자, 김경모, 김원엽, 박병덕, 박연교, 백린, 서금순, 서정섭, 신의숙, 이기상, 이용섭, 임춘순, 정영호, 최선경 (19명)
2001년	박기식, 신희숙, 이규태, 이영순, 정성구, 주봉갑, 최선경 (7명)
2002년	고입순, 권정자, 김갑진, 김희권, 류필모, 신분순, 이영순, 이용섭, 장미용, 주봉갑, 주응희 (11명)

2년 개근상 수상자

1999년, 2000년

강경신, 강성유, 고정기, 김경모, 박병덕, 박연교, 백린, 서금순, 서정섭, 이기상, 정영호 (11명)

3년 개근상 수상자

1999년-2001년   강경신, 강성유, 김경모, 박병덕, 박연교, 백린, 서정섭, 이기상 (9명)

백일장 입상자

1999년 10월 23일	최우수작:신희숙, 우수작: 권명옥, 권정자, 가작: 김금순, 정성구, 서정섭
2000년 10월 28일	최우수작:김갑성, 우수작: 강경신, 김갑진, 가작: 고인순, 김지수, 전인재

졸업에세이 우수작

2002년 10월 5일   강경신, 김경모, 서정섭, 최선경

13) 졸업생 명단

회수	일시 및 장소	졸업생 명단
1	2002.10.5북부 보스턴 한인교회	강경신, 강경유, 고정기, 김경모, 박병덕, 박연교, 백린, 서금순, 서정섭, 이기상, 최선경 (11명)
2	2003. 10.4보스턴 성결교회	고인순, 권정자, 김문한, 김희권, 박수남, 신희숙, 윤분순, 이영순, 이용섭, 이재순, 정성구, 정용호 (12명)
3	2004. 10.2보스턴 한인교회	강정자, 김명숙, 문애도, 박기식, 장미용, 주봉감 (6명)

14) 노인대학의 지역사회 봉사활동

1. 센서스 2000년 홍보활동 (뉴잉글랜드 지역 한인 센서스 자원봉사단 참가)
2. 선거 계몽
3. 9.11 미국 국난 극복 모금사업

4. 페루 원주민 돕기 (선교의료지원)

5. 미주 한인 이민 백주년 기념 법안 촉구서신 보내기 운동 (미국 상원에 청원)

15) 인사개편

강경신 – 교무 및 서무담당　　　　2002. 1.1 발령
유필모 – 상동　　　　　　　　　　2002. 1.1 발령, 2002. 12.31사임
김희권 – 상동　　　　　　　　　　2003. 11 발령
강길원 – 부학장　　　　　　　　　2003. 12.31부 사임
권이덕 – 기획담당　　　　　　　　2003. 12.31부 사임
김성열 – 학술담당　　　　　　　　2003.12.31부 사임
이의인 – 부학장(기획,출판)　　　　2004. 1.1부 발령
김성인 – 부학장(섭외,홍보)　　　　2004. 1.1부 발령
박경민 – 학장, 학술담당　　　　　　2004.1.1부 발령

5. 뉴잉글랜드에서 이름을 남긴 학자들

뉴잉글랜드 지역은 세계 학문의 중심지로 수많은 유명 대학이 있다. 이중 40여 개의 대학에 100여 명의 한인 교수들이 재직하고 있다. 이들은 각자의 학문 분야에서 독자적인 연구 업적을 이루고 있을 뿐만 아니라, 조국 의 발전과 재미 한인 사회의 기반 구축에 기여하여 왔다. 학문에 대한 열정과 노력으로 얻은 전문 분야의 연구 및 교육 경험을 바탕으로 한인 공동체 형성에 지도적 역할을 하였으며, 한국의 정치, 경제, 사회, 역사 문제를 다양한 각도에서 접근 연구하였다. 한인 유학생들을 지도하고 한인 2세를 위한 한국학교의 설립과 육성에 적 극 참여하였다.

한인 교수들의 뉴잉글랜드 지역 진출은 1960년대 중반부터 시작되었다.

김기훈 교수는 서울대학교, New York 신학대학원, Clark 대학교, Connecticut 대학교 (경제학 박사)에서 수학한 후 1967년 Central Connecticut 주립대학교에 경제학 교수로 부임하여 한국, 일본 및 동아시아 연구 소를 개설, 경제문제 연구에 기여하였다. 그는 Columnist로 TradeKorea, The Korean Central Daily, The Korea Times, The Korean Gospel Weekly 등에 많은 글을 발표하였으며 최근에는 '물, 불, 돌과 우리의 신 앙' (2001)을 출간하였다.

김순규 교수는 경남 하동 출신으로 서울대학교 대학원을 졸업한 후 1962년에 도미, 루이지애나 주립대학교 와 미시건 대학교(수학박사)에서 수학하였으며, 1969년부터 1997년까지 코네티컷 대학교(Storrs) 수학과 교 수로 재직하며 Algebraic Topology를 연구하였다. 그는 재미 한인 과학기술자협회의 창립 멤버 및 임원으로 그리고 한미 수학자협회의 회장(1996-1999)으로 활동하였으며, 한국 정부로부터 동백장을 수상하였다.

김용준 교수는 웨스트민스터 신학대학원에서 신학석사 학위(1963)를, 그리고 Temple 대학교에서 철학박사 학위(1969)를 받은 후, 1971년 로드아일랜드 대학교에 철학과 교수로 부임하여 종교 및 철학을 연구하였다.

김재권 교수는 다트머스 대학에서 철학, 수학 및 불문학을 전공(1955)한 후, 프린스턴 대학교에서 철학박사 학위(1962)를 받았다. 20년간 (1967-1987) 미시건 대학교에서 철학 교수로 재직하였으며 1987년 브라운 대학 에 부임하여 철학과 과장을 역임하였다. 'Philosophy of Mind,' (1996) 'Mind in a Physical World' (1998) 등 의 저서를 출간하였으며, 2000년에는 한국방송공사(KBS)로부터 Compatriot's Prize를 수상하였다.

김종선 교수는 Washington 대학교 (역사학 박사)에서 수학한 후, 1965년 Rhode Island 대학교에 역사학

과 교수로 부임하여 1998년까지 고대한국사 특히 신라시대의 역사를 연구하였다.

김준목 교수는 서울대학교, Villanova 대학교, 일리노이 대학교 (기계공학 박사)에서 수학한 후 로드아일랜드 대학교에 부임하여 High Pressure Waterject Processing 분야를 연구하였으며, 최근 10여 년 동안 공과대학 학장을 역임하고 있다.

나초균 교수는 경기여고를 졸업 후 도미하여 MIT에서 Life Science Food technology, Chemical Engineering 그리고Applied Biological Science 분야에서 학위를 받고 현재 MIT에서 Biomaterial Science 정교수로 재직하고 있다. 120여 편의 논문과 20여 개의 특허도 갖고 있으며 Biomaterials Science Engineering Lab의 Director로 Malaysia-MIT Biotechnology Partnership Program의 Director이다.

오병헌 교수는 함흥 고보와 일본 후꾸오까 고보를 졸업, 서울대학교 문리대 정치학과를 졸업했다. 1955년에 도미 하버드 대학에서 학위를 받고 한국의 고려대학교와 성균관 대학교에서 정치학 교수와 동아일보 논설위원을 역임했다. 1981년 도미하여 뉴저지와 보스턴에 체제하면서 '평화통일은 가능한가' 라는 저서를 비롯하여 한. 영. 일어로 된 북한 문제 저서를 집필하고 있다.

장순 교수는 1950년대 중학교 재학 중 도미하였다. 그는 1968년에 조지타운 대학교에서 정치 역사를 전공하여 박사 학위를 받은 후 하버드 대학교의 동아시아 연구소에서 연구원으로 (1975-1999년) 그리고 레지스 대학에서 학과장을 역임하며 역사학 교수로(1983-1999) 중국의 철학, 사회 및 역사를 연구하였다.

장유상 교수는 Washington 대학교(경영학 석사 및 박사)에서 수학한 후, 보스턴 대학교에 경영학 교수로 부임하여 Asian Management Center를 운영하며 지난 30여 년 동안 한국을 비롯한 아시아 기업들을 대상으로 경영자문을 하였다.

진영선(1927-1967) 교수는 서울대학교, 스위스 연방공대, Hamburg 대학(이학박사)에서 수학하였으며, 1963년에 도미하여 Princeton 고등연구소의 연구원으로 재직한 후, 1965년부터 2년간 Brown 대학교 물리학과의 교수로 Axiomatic Field Theory를 연구하였다.

최기일 교수는 하버드 최초의 한인 경제학 박사다. 1922년 경북 삭주군에서 출생 신의주 공립 고등학교를 졸업 후 1942년 일본 게이오 대학에 입학했다. 1943년 일제의 학도병 징집을 거부한 일로 평양 인근 시멘트 공장에서 2년 동안 강제 노역을 한 경험도 있다. 해방 후엔 이승만 박사의 공보비서로 활동하다 1948년 도미하여 프린스턴 대학을 거쳐 하버드 대학교에서 박사학위를 취득하고 마이애미 대학, 우스터 대학에서 경제학과 교수를 역임했었다. 지금은 뉴튼에 거주하면서 시장경제 이론 분야에서 계속 연구 활동을 하고 있다.

뉴잉글랜드 지역 유명 대학에 재직하고 있는 한인 교수들의 학문 및 지역 사회 참여 활동을 파악하는 의미에서 한인사 발간을 위한 편집과정에서 자료 수집이 가능했던 몇 분의 유학 배경, 학문적 업적, 한인 사회에 기여와 포상 내용을 소개한다.

(1) 김일평(정치학)

김일평 교수는 서울대학교에 재학 중 6.25를 당하여 통역장교로 복무한 후(미국정부로부터 U.S. Bronze Star Medal을 받음) 1953년 미국에 유학하여 켄터키 주의 애스베리 대학(Asbury College)에서 학사 학위를 그리고 뉴욕 대학에서 정치학 석사 및 박사 학위를 받았다.

대학원 재학 중에 "한국의 재건을 위해서는 미국 정부 및 민간단체의 경제 원조가 필요하다"는 내용의 강연회를 하였으며, 하와이 동서문화센터에서 선임연구원으로, 인디애나 대학에서 정치학 교수로, 미 육군 동아시아 정보학교에서 그리고 1970년 이후는 코네티컷 주립대학(University of Connecticut)에서 동아시아 연구원 원장을 역임하며 정치학 교수로 활동하였다. 김교수는 한반도와 관련한 논문 50여 편을 비롯, 많은 연구논문과 '강대국 정치와 한반도', '북한 정치 경제 입문', '모스크바에서 북경까지', '세기의 갈림길' 등 10편의 저서를 출간하였다. 그는 하버드 대학 동아시아 연구소의 연구원으로 활동하였으며 1978년 한국인 학자로는 처음으로 북경을 방문하였다. 그는 한인 사회의 형성과 발전에도 적극 참여하여, 대학원에 재학 중이던

1960년에 이미 뉴욕 한인회의 창립을 위한 실행 위원으로 활약하였고 미국에서 최초의 한국 문화제 (Korean Cultural Festival)를 개최하였으며, 최근에는 코네티컷 주에 '한국의 날' 을 선포하도록 하는데 크게 기여하였다.

(2) 정재식(사회 윤리학)

정재식 교수는 감리교 신학대학(1955)과 연희대학교 신학대학원(1957)을 졸업하고 뉴잉글랜드 지역에 유학, 하버드 대학 신학대학원에서 석사학위(1959)를, 그리고 보스턴 대학교에서 사회 윤리 및 종교사회학 박사학위(1964)를 받았다. 졸업 후 그는 캘리포니아 대학교(Berkeley), 에모리 대학교 및 보스턴 대학교에서 5년간 (1964069), 독일의 하이델부르그 대학에서 12년 간(1969-80) 그리고 연세대학교에서 10년간(1980-90) 사회학 교수로 폭넓은 연구 활동을 하였다. 1990년 이후 현재까지 15년간은 보스턴 대학교의 신학대학원에서 사회윤리 석좌교수로 재직하였다. 정교수의 저서 중에는 한국의 사회윤리 문제를 파헤치고 대안을 제시한 '종교와 사회 변동' (1982), '현대과학과 윤리' (1988), '의식과 역사: 한국의 문화전통과 사회 변동' (1992), '전통의 연속과 변화: 도전 받는 한국 종교와 사회' (2004) 등이 한국 학계 및 오리건 종교계의 주목을 받았다. 그는 보스턴 대학교 신학대학원에서 학위 과정을 밟은 많은 한인 목회자들을 지도하였으며 한인 교회에서 초빙 설교하는 기회를 가져왔다.

(3) 변종화(화학)

변종화 교수는 경남 함양 출신으로 서울대학교를 수석으로 졸업하고 대학원에서 화학을 전공, 석사학위를 받았다. 1960년 브라운 대학교에 유학, 박사 학위를 받았으며 오리건 대학교, 미네소타 대학교, 카네기 멜론 대학교 등에서 연구 경험을 쌓았다. 1970년부터 25년 동안 매사추세츠 주립대(Lowell) 화학과 교수로 근무하면서 통계역학과 High Polymer 물리화학 분야에 30편이 넘는 논문을 발표하였다. 많은 한인 유학생을 지도하였으며, 서울대학교의 자연과학분야 육성 사업(1977-78)에도 참여하였다.

변교수는 재미한인 과학기술자 협회의 창립에 참여하여 제5대 회장(1976-77)으로 협회의 행정적, 재정적, 법적인 기초를 구축하였다. 동협회의 회보 편집위원으로 협회역사의 편찬 위원장으로 오랫동안 활동하였다. 한국의 과학기술 정책에 관심을 가진 그는 1976년 모국 방문 학술회의 개회식에서 '과학적 풍토 조성을 위한 한국의 과학 육성 방안' 을, 1993년 한민족 과학기술자 종합 국제회의에서 '국제화 시대를 위한 한국과학 기술 정책에 관한 제언' 을 발표하였다. 조선 보빙사의 행적에 관한 역사적 자료를 수집, 연구하여 '1983년의 한국 사절단의 보스턴 방문과 한미과학기술 교류의 발단' 을 한국과학사 학회지에 발표하였으며, '한국 과학기술의 대서양 교류 개관' , '국제산업박람회(1883년)' 등의 과학사 논문을 저술하였다. 또한 '한민족 국제과학 기술 회의와 남북한 과학기술 교류' 를 연변에서 열린 현대 물리학회의와 오사카에서 열린 고려학회 국제회의에서 발표하여 한반도 통일문제에 학문적으로 접근하려 하였다. 그는 한국 과학기술한림원의 회원으로 선출되었으며 한국 정부로부터 '국민훈장 동백장' (1978)과 서울특별시로부터 '광복50주년 기념 조국을 빛낸 해외동포상' (1995)을 수상하였다.

(4) 강경식(물리학)

강경식(1938-) 교수는 충남 조치원 출신으로 서울대 물리학과를 수석으로 졸업한 후 1960년 인디애나 대학교에University Fellow로 유학, 이론물리학 박사학위를 받았다. 미시건 대학에서의 연구원 경험을 거쳐 1964년에 브라운 대학에 부임하여 현재 물리학과 교수로 40년간 근무하고 있다. 브라운 대학 역사상 아시아계로는 처음으로 종신 교수가 되었으며 200여 편이 넘는 논문 및 저서를 통하여 고에너지 소립자 이론 물리학의 주류 분야에서 새로운 개념과 방법을 도입하는 등 학문적 공헌을 하였다. 특히 1970년대 초반, 이중공명 산란 진폭을 분석한 그의 입자생성이론에 관한 논문과Pomeron-Odderon에 관한 논문은 물리학 교과서에 자주

인용되는 탁월한 연구로 알려져 있다. 1978년에는 미국 물리학과 Fellow로, 1994년에는 한국과학기술 한림원 종신회원으로 추대되었다. NSF의 국제협력 연구기금을 받아 한국 과학기술원 입자물리 Group의 형성 발전을 도왔으며 서울대학교와 학자교류 프로그램을 개설, 국내 물리학자들의 브라운 대학교 방문, 연구의 기회를 마련하였다.

강교수는 프랑스의 파리 대학을 비롯한 스위스, 덴마크, 이스라엘, 독일, 영국, 이탈리아의 많은 대학과 연구소에 초빙되어 국제적으로 인정 받는 물리학자로 활약하였다. 또한 1990년에는 중국 연변 대학교에서 국제 물리학 학술대회를 순수 민간자본으로 개최, 남북간 민간 접촉을 성취시킨 첫 사례를 만들었고, 제 11대 회장을 역임하면서 재미 한인과학 기술자의 모국 방문 학술회의를 주관하였고 한국 정부의 요청으로 재미과학 기술기능자 데이터베이스 및 총람의 출판을 도왔다. 최근에는 동 협회 25주년 역사 편찬위원장으로 '한미 과학기술교류 100년과 재미과기협의 역할' 을 출판하였다. 한인 사회를 위한 봉사활동에도 적극 참여하여, 로드아일랜드 한인회의 이사장과 한인학교 교장, 재미한인학교 협의회의 회장으로 봉사했고, 서울대 뉴잉글랜드 동창회의 회장으로 장학제도 확충을 도왔다. 그는 한국 정부로부터 국민훈장 동백장(1985), 서울특별시로부터 '광복50주년 기념 조국을 빛낸 해외동포상' (1995), 로드아일랜드 주지사 표창(1981), 미시건 주립 대학교로부터 2003 Global Korea Award 등을 수상하였다.

(5) 서남표(기계공학)

서남표 교수는 1954년 그의 부친인 서두수 박사가 하버드 대학교에 한국학을 개설 강의하던 당시(1952-55) 고등학교 재학 중 보스턴에 유학 11-12학년을 마친 후 기계공학을 전공 MIT에서 학사 및 석사학위를 그리고 카네기 멜론 대학에서 박사학위를 받았다. (서두수는 서울대학교에 재직 중이던 1945년에 뉴욕에 있는 컬럼비아 대학교에 유학, 교육학 박사학위를 받았으며 시애틀의 워싱턴 대학에서도 한국학을 개설 강의하였다.)

1970년부터 MIT에 재직하여 온 서교수는 기계공학과 과장(1991-2001)과 Manufacturing Institute의 Director를 역임하였으며Design Manufacturing Tribology와 Material Processing 분야를 연구하였다. 1984년부터 88년까지는 Reagan 대통령의 임명과 상원의 인준을 거쳐 National Science Foundation Engineering분야의 특별 연구를 했으며 이 기간 동안의 연구를 통해 미국 Engineering의 체계적인 교육과 연구를 강화하는 프로그램을 완성하였다. 현재 Ralph. E. & Eloise. F. Cross 석좌교수인 그는 그 동안 300여 편에 달하는 연구논문과 저서를 발표하였으며 50여 개의 특허를 소유하고 있다.

미국의 National Science Foundation으로부터 Distinguished Service Award를, 한국방송공사(KBS)로부터 Korean Compatriot Award와 호암재단으로부터 호암상을, 영국의 Institution of Electrical Engineers로부터 International Gold Medal, 그리고 Engineering Designers Institute로부터 Millenium Award를 수상하였다.

(6) 고홍주(법학)

고홍주 교수는 예일 대학교의 법학교수, 연방정부의 고위 관료 그리고 예일 대학교 법과대학원장 등을 역임, 미국 학계에서 성공한 한국인 2세의 대표적인 예이다. 그는 1960년대 초 주미한국대사를 역임한 고광림 박사와 예일 대학에서 한국학을 강의한 전혜성 박사의 3남으로 태어났다. 하버드 대학 학부를 거쳐 영국의 옥스퍼드 대학 및 하버드 법과대학원을 졸업한 후, Harry Blackmon 대법관의 비서로, 법무부의 법률 고문으로, 워싱턴 D.C에서 변호사로 활동하였다.

1985년 이후 예일대 법대 교수로 재직하던 중 클린턴 대통령의 임명으로 국무부 인권차관보에 임명되어 상원의 청문회를 거쳐 한국계로는 제일 높은 연방관리직에 취임 2년간 근무하였다. 2000년 예일 대학교에 교수로 복귀한 후 2004년에 교수와 학생, 동문, 외부 법률가로 구성된 위원회의 추천과 총장의 임명을 거쳐 법과대학원장으로 취임하는 등 미국에서 최고로 꼽히는 법과대학원에서 학문적, 행정적 역량을 십분 발휘하고 있다.

(7) 전혜성 (동암문화연구소장)

전혜성은 경기여고를 졸업 1948년 이화여자대학 영문과 2학년에 재학 중 펜실베니아 Dickinson College로부터 전액 장학금 지원을 받아 교환학생으로 도미한 후 동대학을 졸업하고 보스턴 대학교 대학원을 졸업하고 사회학 박사 학위와 인류학 학위를 받았다. 전혜성 교수는 하버드 대학과 조지타운 대학에서 장학금을 받으면서 중국학을 연구한 후 보스턴 대학교, 예일대 법대, 알버트스 매그너스 대학에서 교수로도 재직했다. 특히 예일 대학에서는 비교문화 연구(HRAF) 부장을 역임하면서 동암문화 연구소(ERI)를 1985년에 설립하고 동 연구소 이사장과 일본 국립 민족학 박물관의 객원 교수로 재직하고 있다.

전혜성 박사가 설립한 한국학 연구소는 한국 사회에 민주주의를 알리고 미국에 유학 온 학생과 학자들, 그밖에 한국을 알기를 원하는 미국인 외교관, 선교사들에게 한국을 알리는 자료를 제공해 주는 역할도 하고 있다.

전혜성 박사와 그의 부군 고광림 박사와는 1952년에 보스턴 한인회를 조직하는 역할도 하였으며 초대 서두수 박사가 회장일 때 고광림 박사는 부회장으로 한인회 실무를 맡아 봉사할 때 부인 전혜성 박사는 당시 독신으로 방문한 교수와 학생들을 위한 힘든 뒷바라지를 해주는 역할도 했다. 그는 슬하에 4남 2녀를 둔 어머니의 역할을 감당하면서 한국인의 정체성 문제와 관련된 이미지 제고에 남다른 관심을 기울이면서 미국 사회에 우리 고유문화를 이해시키는 일에 지금도 쉬지 않고 일선에서 활동하고 있다. 그의 또 다른 업적 가운데는 예일 대학에 개설된 한국학 강좌에 참여하면서 김상순 씨와 함께 한국학을 이끌기도 했다.

(8) 고광림 (정치학)

고광림 교수는 조국이 해방되던 1945년 경성제국 대학교 법학과를 최우등으로 졸업하고 모교인 서울대학에서 교수로 재직, 1949년 도미하여 New Jersey Rutgers. 대학과 하버드 법대에서 한인 최초로 정치학과 법학 박사학위를 받았다. 고박사는 보스턴 대학 법대에서 10년간 법철학과 국제법을 강의하던 중1960년 장면 내각 때 주미 특명 전권 공사로 부임, UN과 워싱턴 D.C.에서 외교관으로 근무한 바 있다. 주미 한국대사 대리로서의 그의 역할 중에는 미국의 대한 경제 원조 증액을 위해 당시 MIT 경제학 교수였던 W.W. Roston 교수와 딘 러스크(Dean Rusk) 미 국무장관, 미 군부의Admiral Russel 경제담당 White House Security Advisor를 면담하는 등 미국의 대한 경제 원조를 위해 헌신했다.

그러나 5.16 군사혁명이 일어나자 즉시 사임하고 군사 쿠데타의 부당성을 미국 대통령 케네디와 미 상, 하 양원에 항의서를 제출하기도 했다.

고박사는 미국에 체류하면서 당시 한국인으로서는 드물게 4년간 예일 법대 교수와 10년간 HOFSTRA 교수, Central Connecticut State University에서 국제 지역학 센터 소장(1966–89)으로 20년 동안 교수로 봉직했다.

고박사는 하버드 대학 Yenching Institute 소장이었던 웨드원 라이샤워 교수를 설득, 당시 하버드 대학원에 재학하고 있던 고순덕, 오병헌, 김일평 등으로 하여금 한국의 민주주의를 위한 도서 번역을 하기도 했다. 1989년 작고하기까지 코네티컷 뉴헤이븐에 거주했으며 코네티컷 한인회장(1963–64)과 상임 이사로 지역 한인 사회 발전에 헌신적으로 봉사했다.

(9) 김상순: 예일 대학교에서 한국학 강의

김상순 교수는 경남 웅천 출신으로 이화전문학교 보육과를 졸업한 후 1937년 선교사의 도움으로 도미, National College of Education에서 학사 학위를, Columbia 대학에서 아동교육학 석사 학위를 받았다.

제2차 세계 대전 중에는 재미 한인학생 항일 운동에 참여하여 일제의 전쟁도발과 한국인 학살 만행을 규탄하는 일에 나섰으며, 독립운동 자금 마련을 위한 연극 공연과 연극대본 집필에 참여하였다. 기독교 및 민족 교육에 힘쓰면서 미동부 대한부인회를 결성하였고 윤응팔 목사와 결혼하여 한인교회 청년부와 교육부를 맡아 봉사하였다.

1955년 미 국방부가 예일 대학에 R.O.T.C 생도들을 위해 한국학 강의를 지원하게 되자 서정필, 전혜성과 함께 한국의 역사 및 언어 교육 프로그램에 참여, 1963년까지 한국학 강의를 하였다. 1970년부터 1993년까지 예일에서 한인 2세의 한글 교육에 힘썼다.

(10) 백린: 한국학 도서 관리와 한인 이민사 연구

백린 교수는 연세대학교에서 석사학위를 받은 후 서울대학교 중앙도서관에서 사서과장으로 재직하면서 6.25 동란 중에 한국의 전근대사 사료의 보존과 편찬에 공헌하였다. 그는 연세, 성균관, 이화 및 단국대학교에서 교수로 재직하면서 도서관학과의 개설에 참여하였으며 '한국의 근대사와 도서목록 해설집', '도서 분류 규정', '규장각 장서에 관한 연구' 등 30여 편의 논문을 학술지에 발표하였다.

1969년에 도미하여 하버드 대학 Yenching 도서관에서 한국학 도서 관리관으로 재직하면서 한국 관련 주요 도서를 수집, 관리하였다.

그는 뉴잉글랜드 한국학교의 설립에 참여하였고, 제 2대 교장을 역임하면서 학교의 장기적 발전을 위한 기틀을 마련하였다. 뉴잉글랜드 한미시민협회, 보스턴 한미 노인회 및 노인대학 의 설립에 적극 참여하였으며, 초기 한인 이민 관련 자료를 편집, 한국일보와 한인회보에 연재하고 있다.

6. 한국 과학기술의 수용

1) 과학기술의 변천

한국의 현대 과학기술은 서양에서 발달된 과학기술이 주체가 되고 있다. 즉 현대 과학은 서양학의 수용에서부터 시작되었으며 양국간의 교류의 역사는 아래와 같이 구분되고 있다.

제 1기　초기 서양과학과의 접촉은 17세기부터 1882년까지 중국을 통해 간접적인 접촉이 그 시초가 되고 있다.

제 2기　1883년 보빙사의 미국 파견 이후 직접적인 교류로 구분되고 있다.

제 3기　1905년 일본에 보호국이 되면서 1945년 제 2차 세계대전 종말까지 기간으로 구분된다.

제 4기　1945년 해방 이후 현재까지 미국중심의 대서양 교류기간으로 구분된다.

2) 서양과학과의 접촉

(1) 간접적 접촉

한국이 처음으로 서양과학에 접촉한 것은 17세기 조선조 중엽 중국북경을 통해서였다. 당시 한국조정에서는 조천사(朝天使)와 연행사(燕行使)라는 사절단을 북경에 파송하면서 여러 사람의 수행원이 동행했었다. 그 때 이미 서양인 선교사를 만나 서양의 과학서적과 서양에서 만든 기물을 가지고 돌아옴으로써 지식층 사이에 서양과학기술이 서서히 익혀지고 있었다.

선조 36년(1603년) 이 광정, 권희 두 사람이 명(明)으로부터 Matteo Ricci 등에 의해 북경에서 간행된 세계 지도를 가지고 온 것이 서양문물의 한국 전래의 시초라고 한다. 그 뒤 인조 9년(1631년) 정두원 등이 천리경, 자명총, 화포 등과 천문학 지리학 등의 관계서적을 입수했다.

한국의 서양과학 수용은 중국이나 일본과는 전혀 다른 특징이 있었다. 한국의 경우는 지리적 위치 때문에 중국이나 일본을 통해서만이 서양이나 서양문물을 접할 수 있었던 반면에 일본이나 중국은 서양인들의 직접적인 내방으로 서양 사람들의 출입이 잦았던 것이 원인이 된다.

(2) 직접적인 수용(보빙사의 활약)

한국은 고종19년(1882년) 조선조정과 미국정부간에 통상수교 조약을 체결함으로서 서양국가와 정식외교 관계를 수립하게 되었다. 1883년 초대 주한 미국 공사 푸트(Lucius H. Foote)가 서울에 부임한 것을 기회로 조선정부에서는 보빙사(報聘使)라는 이름의 외교사절단, 정사 민영익, 부사 홍영식, 종사관 서광범, 유길준, 최경석, 변수, 미국인 비서와 중국인 일본인 통역 1명으로 구성된 보빙사절단을 미국에 파견하였다. 보빙사절단은 미국 대통령 Chester A. Arthur에게 고종의 신임장과 국서를 증정하고 미국의 주요 도시를 방문했다. 보빙사 일행은 뉴욕으로부터 보스턴에 도착, 마침 보스턴에서 개최 중인 미국박람회와 외국박람회를 구경하고 보스턴 교외의 농장과 공업도시 Lowell의 방직공장, 제약회사 등을 시찰하고 공공기관과 교육기관을 방문하였다. 특기할 일은 1883년 보스턴 외국박람회에 조선의 물품이 전시되었다는 사실이며, 이것이 곧 서양과의 과학 교류의 직접적인 수용의 시작이었다.

(3) 군사기술과 신식훈련

1886년 미국전함 제너럴 셔먼(General Sherman)호가 대동강에서 격침되자 대원군은 기술자들을 동원 격침된 제너럴셔먼호를 한강 백사장에 인양해 놓고 여러 가지 물품에 대한 연구를 지시하면서 기술을 습득하도록 했다. 이보다 앞서 조선조정에서는 무기를 관장하는 기기국(機器局)과 무기를 만드는 기기창(機器廠)을 세운 가운데 1880년엔 미국상사 횡빈(橫賓)을 통해 4천정의 미국제 소총과 개틀링포 6문, 포탄 7천 5백 개, 레밍톤 소총 3천정, 마티니 소총 1천 정, 소총실탄 20만 개를 미국으로부터 들여왔다. 한편, 조선 조정에서는 군 장교를 양성하기 위해 사관학교 급인 연무공원(鍊武公院)을 창설하고 미국인 교관 다이(William M. Dye) 준장, 커민스(E. H. Cumins) 대령, 리(John, Lee) 소령과 닌스테드(E. H. Neinstead) 예비역 해군 대령을 초청 새 무기의 사용법과 미국식 군사훈련을 시켰다. 그러나 정부의 재정 형편과 일본의 압력으로 해산되고 말았다.

(4) 채광권 양도

미국은 한국의 광물 자원에 많은 관심을 가지면서 조선의 광산 지대를 면밀히 탐사하였다. 그들은 한국에서 금광 개발이 경제성이 있다는 판단에서 2백만 불의 차관을 약속하면서 금강 이권을 받았다. 이보다 앞서 조선정부는 알렌과 이하영의 주선으로 운산금강의 채광을 착수한 바 있었다. 그러나 미국은 착암기 등 최신장비를 가지고 채광하기 시작하여1938년까지 막대한 양의 금을 채굴하였다. 그밖에 미국은 수안금광을 영국으로부터 직산금광은 일본으로부터 이양 받아 채광하였다. 미국은 운산금광을 운영하기 위해 조선 정부로부터 많은 특혜를 받았다. 산림 벌채권, 경변철도 부설권, 그밖에 광업 기술학교를 설치하여 광산 기능공을 양성하면서 광산용 수력발전소도 건설하였다.

(5) 전기통신 철도가설

보빙사 일행이 미국에서 깊이 받은 인상은 전기였다. 1887년 미국인 전기기사 매케이(William McKay)가 경복궁 내 건청궁에 증기 발전기 2대를 설치하고 에디슨 전등 2개를 설치한 것이 우리나라에 전기가 들어온 시초가 되었다. 이어 창덕궁, 덕수궁에도 직류 발전기를 설치한 것이 두 번째 전기가 들어온 때다.

　1988년 미국의 골브란과 보스트워 전기회사가 서울시내 전차, 전등, 전화 가설에 대한 경영권을 얻어 황실과 공동출자로 한성 전기 주식회사를 세웠다. 이 회사는 같은 해 서대문 홍능 사이에 단선궤도 공사를 완성하고 동대문에 직류 발전기 1대를 설치하면서 개방전차 8대와 황실용 전차 1대를 조립하여 이듬해 석가탄일에 성대한 개통식을 가졌다. 그 후 1900년에는 동대문 발전소에 125KW 직류 교류 양용 발전기를 증설하면서 종로 일부 만가에 전등을 달게 되었다. 그밖에 전신은 미국인 회사에서 서울-의주 주간에 "서로전선"(西路電線)

을 완성했다.

우리나라에 전화가 처음 가설된 곳은 궁내부용이었다. 1898년에 전화가 가설되면서 중앙 각부서와 멀리 인천까지 개통되었다. 전선은 철선이었으며 회선은 전신과 전화를 겸용해서 썼다. 철도 시설은 일본과 미국간의 치열한 경쟁 속에 추진되었다. 운산금광 채굴권을 얻은 모스(James R. Morse)는 청일전쟁 이전부터 알렌(Allen) 공사를 통해 철도부설권을 요구해 왔었다. 당시 일본은 경부선 철도부설권을 조선정부로부터 강제로 받았으나 아관파천 이후 벌어진 경쟁 끝에 경인철도 부설권은 모스가 받게 되었다. 1896년 모스는 그 후 1년 뒤 부설권을 일본에 양도하면서 인천에서 기관차 1량과 화차 2량을 미국식 자료와 모델로 조립함으로써 광궤식 철로가 가설되었다.

(6) 초기 유학생과 과학교육

1883년 보빙사 일행이 귀국할 때 수행원 유길준은 귀국하지 않고 보스턴 소재 거버너 더머 아카데미(Governor Dummer Academy) 4학년에 편입하여 한국인 최초의 미국 유학생이 되었다. 그러나 유길준은 갑신정변이 일어났다는 소식에 충격을 받고 유럽을 거쳐 귀국길에 올랐다. 그는 천문학자 로웰과 생물학자 모스의 지도를 받았으나 과학을 배우기에는 기간이 너무 짧았다. 유길준은 귀국 후 계몽사상가로 활동하면서 서유견문 등을 저술, 과학의 중요성을 일깨우는데 이바지하였다.

보빙사 가운데 수행원으로 왔던 변수(邊燧)는 갑신정변 실패 후 일본에 망명하던 중 1886년 미국으로 건너왔다. 그는 이듬해 매릴랜드 주립 농과대학(Maryland Agricultural College)에 입학 1891년에 졸업을 함으로서 한인으로서는 첫 번째 이학사가 되었다. 졸업 후 그는 미국 농무성 촉탁으로 일하다 불의의 열차사고로 타계하고 말았다.

변수와 함께 일본에 망명했던 개화당원 서재필은 1890년 컬럼비아 대학교 의과대학(Columbia Medical College)에 입학 1893년에 졸업을 함으로서 한인 최초의 의사가 되었다. 1895년에 귀국한 그는 독립신문을 발행하고 독립협회 창설을 통해 과학계몽에 힘썼다.

여기에서 꼭 기록되어야 할 인물 중에는 처음으로 전화기 가설의 실무책임자로 활약했던 서병규(徐丙珪)박사의 공적을 잊어서는 안 된다. 서병규 박사는 1898년 6월 15일 버지니아 러녹(Roanoke College)대학을 졸업, 프린스턴 대학에서 문학박사학위를 받은 후 귀국 한성공업학교를 설립 영재교육에 힘썼으며 한말 수민원 총무국장 중추원 참의, 농상공부 공무국장을 역임하면서 개화기 우리나라 과학문물을 받아드리는데 헌신을 한 선각자이다. 프린스턴 대학 재학 중 지도교수였던 Woodrow Wilson 교수의 소개로 Michigan에 있는 Ford 자동차 창업자를 만나 자동차 공장을 돌아볼 수 있었으며 Edison 연구소도 방문하여 여러 분야의 과학문물을 익힌 것이 후일 농상공부 공무국장을 역임할 수 있었던 배경이 되었다. 그의 일생은 어지러웠던 한말 여러 관직을 맡아 나라의 개화를 위해 힘썼으며 한일합방 후엔 중국으로 망명하여 영국세관에서 일하던 중 프린스턴 대학 지도교수였던 Wilson이 미국 대통령에 당선됨을 알고 축하서신을 보내는 등 상해임시 정부를 도와 독립운동에 헌신한 애국자다.

(7) 선교사 알렌의 역할

선교사이며 의사인 알렌(Horace Newton Allen)은 한국 개화사에서 중요한 몫을 감당한 외국인 중의 한 사람이다. 알렌은 1884년 주한 미국공사관의 의사 자격으로 우리나라에 들어왔지만 사실상 선교사의 역할로 개신교 선교에 힘쓴 사람이다. 갑신정변 때 우정국에서 피습 된 민영식을 서양의술인 응급처치로 소생시킨 인연으로 고종황제의 전의가 되었으며 1885년엔 왕립 광혜원(House of Extended Grace)을 설립하게 되었다. 당시 필요한 약품과 의료 기구는 국비로 미국에서 구입하였으며 그 외 의료는 알렌이 맡았다. 후일 광혜원은 제중원(House of Universal Hopefulness)으로 이름을 바꾸면서 몰려드는 환자만도 1년에 1만 명이 넘었다고 한다. 고종황제는 알렌에게 정이품(正二品) 자헌대부(資憲大夫), 산부인과 여의사인 엘리스에게는 정이품(正二品) 정경부인(貞敬夫人)의 직첩을 내렸다.

(8) 과학기술의 교류

1945년 해방 당시의 한국 인구는 2천 5백만이었다. 그 당시 한국의 대학 출신자 가운데 이공계 대학 출신자는 불과 100여 명 내외였다고 한다. 특히 해방 직후의 혼란기와 6.25 전란을 격은 한국은 전후 복구라는 어려운 여건을 극복하는 일로 나라와 국민 모두가 어려움에 처해 있었다. 이런 가운데1959년에는 원자력 연구소가 설치되면서 기술 인력이 필요한 상황이었지만 대학시설의 파괴와 취업난 때문에 외국으로 유학을 떠나는 학생이 늘어났다. 그 중에서도 미국 대학으로 몰리게 된 이유는 장학금 제도가 다른 나라에 비해 유리했기 때문이다. 과학두뇌의 해외 유출로 1960년대 이후에 시작된 한국의 근대화 공업화 추진에 필요한 과학 인력의 부족현상이 나타나게 되었다. 부족한 과학기술 인력을 확보하기 위해 1967년에는 종합연구기관인 한국과학기술연구소(KIST)가 발족되면서 해외에 나가있는 과학기술자를 유치하는 일에 눈을 돌렸다. 또한1971년에는 재미 한국 과학기술자 협회(KSEA)가 결성되고 한국에서 필요한 전문 인력을 찾아내 한국의 연구기관이나 대학, 기업에 연계시켜주는 일을 담당해왔다. 지금도 미국에 체류하거나 거주하고 있는 한인 과학, 기술자는 5,726명으로 나타나있다. 그밖에 영국, 독일, 불란서엔 6백 명 내지 7백 명 정도가 체제하고 있다고 한다. 1985년에 집계된 자료에 의하면 재미 한인교수는 약 1,130명으로 발표되고 있으며 그 중 인문사회계 300여 명, 의학계300여 명, 이공계 500여 명으로 나타나고 있다.

(9) 남북 과학자의 접촉

남북이 분단된 이후 오늘까지 서로 접촉 없이 독자적인 길을 걸어온 남북한은 근래 변화되고 있는 국제적인 변화에 맞추어 여러 경로를 통해 접촉이 활발히 진행되고 있다. 이러한 접촉은 상호 이해를 증진시키면서 우리민족의 공동목표인 남북통일로 향하는 길이 됨을 의심할 여지가 없다.

남북한의 과학기술자의 첫 접촉은 1990년 7월 중국 길림성 연변 조선족 자치주 연길시에서 재미한인 물리학자회와 연변대학 공동주최로 현대 물리학 국제 학술대회가 열렸다. 이 회의에는 남북한 학자와 재미, 재중 한국인 학자, 중국, 한국 학자들이 한자리에 모여 학술토론을 가졌다. 여기에는 약 80여 명의 학자들이 모였으며 발표논문 수는 한국 15편, 북한 5편, 미국 10편, 중국 21편이었다. 당시 접수된 논문은 영문으로 번역되어 많은 대학 연구소와 도서관에 비치되었다. 또 한편 1990년 8월에는 일본 대한 경제 법과대학 아세아 문제연구소와 북경대학 조선 문화연구소 공동주최로 제 3차 조선학 국제학술 대회가 열렸다. 이 대회에는 남북한, 중국, 일본, 미국, 소련 등 15개국에서 약 1,100명의 학자들이 모였다. 이 학술대회는 11개 부문 중 과학기술 분야에서는 모두 57개의 발표가 예정되었으며 그 중 17개 부분은 북한학자들이 발표하게 되었으나 회의 개최에 임박하여 북한학자들은 나타나지 않았다. 과학기술은 학문분야에서도 이데올로기성이 가장 희박한 분야로 인정되고 있다.

3) 재미 한인 과학 기술자 협회

(1) 뉴잉글랜드 지부 발족과 활동

뉴잉글랜드 지부는 재미 한인 과학 기술자 협회 창립과 때를 같이하여 조직 되었다. 발족 당시 네 명의 지부장과 회원이 귀국하여 한국의 과학 기술계의 발전에 크게 기여 했다. 한편 뉴잉글랜드 지부 역시 목적의 재정립과 회원을 위한 사업을 개발하면서 2세 회원 참여를 유도하는 가운데 오늘의 발전을 이루고 있다. 재미 한인 과학기술자 협회 창립 멤버 69명 중 6,7 명의 회원이 뉴잉글랜드에 거주함으로 인해 이들 회원이 중심이 되어 1972년 2월 25일 Tufts University 의과 대학 화학교수 김영호 씨 댁에서 15명의 회원이 모여 강홍열 박사를 준비위원장으로 선임 지부 결성을 하게 되었다. 당시 지부의 회칙은 김창호 박사, 박원춘 교수, 변종화 교수 등 세 분께서 회칙 초안을 마련하는 작업을 했다. 창립 총회는 그 해 3월 25일 MIT Student Center에서 초대 본부회장 김경순 교수가 참석한 가운데 44명의 회원이 모여 지부 결성 총회를 가졌다. 지부 회칙은 16조로 조직되었으며 초창기 지부회원 가운데 15명이 뉴잉글랜드에 거주하고 있었다. 당시 발기인으로 참석하신 분은 강경식, 김영호, 김준목, 모정자, 박병준, 변종화, 서남표, 성낙호, 오윤환, 이상현, 이용식, 이종원, 조용한, 조종호, 차승만, 한승희, 강홍열 씨 등이었다. 강홍열 박사가 이끄는 1대에서는 모든 회원과 임원이 혼연일체가 되어 많은 사업을 하였다. 손으로 써서 만든 지부 소식지를 발행하면서 두 차례 이상의 세미나를 개최 하였다. 1972년 7월에 개최된 세미나에서는 한국과학원 박달조 원장과 한국 과학기술 연구소 김종련 실장이 참석 하였으며 그 해 10월에 열린 2차 세미나에서는 한국의 공업계와 과학계에 대해 4명의 회원이 발표를 하였다. 그 밖에 한국 과학연구소 심문택 소장과의 간담회가 개최되었으며 뒤이어 보스턴에서 열린 American Chemical Society Meeting에 참석한 한인 화학자들과 함께 MIT Eastgate에서 환영 만찬과 Cocktail Party를 가졌다.

(2) 1972년 이후의 활동

1972년 5월에는 본부 평의원 선거가 있었다. 이 선거에서는 지부 회원인 김창호, 서남표 회원이 선출 되었으며 강홍렬 초대 지부장은 한국 화학 연구소 부소장으로 귀국, 한국표준 연구소장을 역임한 바 있다. 강홍열 초대지부장 후임에는 Tufts 대학 의대 화학교수인 김영호 교수가 선출되었으며 전문분야의 활동이 많이 전개되었다.

첫 번째 활동으로 Material Science and Engineering Group에서는 강홍열 회원께서 Battery Technology에 관해 발표했다. 한편 이 자리에는 본국의 윤영구 원자력 연구소 소장께서도 참석하였다. 그밖에 한상준 KIST 소장, 성좌경 인하대 총장께서도 지부를 방문하였다. 특히 주목할 일은 본국 정부나 학계 연구소에서 두뇌 유치에 대한 관심을 가지면서 재미 과학 기술자 유치에 관심을 보였던 해로 기억된다.

본 지회 2대 김영호 지부장은 귀국 후 세종대 대학원장을 역임하다 1991년 11월 타계했다. 3대 변종화 지부장(Univ. of Lowell 화학과 교수)과 4대 강경식 지부장(Brown Univ. 물리학 교수)는 재미 과학 기술자 협회 창립 발기인으로 참가하셨으며 5대 및 11대 본부 회장을 역임하면서 재미 과학 기술자 협회 반전에 기여한 일꾼들이다. 6대 김광수 지부장은 New England 지역에서는 처음으로 학생 체육대회를 개최한 분으로 이름나 있다. 8대 김정완 지부장 역시 지부 내 배구팀을 조직하는 가운데 학생들과의 관계 증진에 기여한 분이다.

이 때 보스턴 대학교 한인학생회가 주최한 4회 배구대회에는 지역 15개 대학에서 19개 팀이 참가하여 열전을 치룬 경기였다. 10대 이장규 지부장은 회원간의 친목을 위한 행사에 많은 기여를 하였다. 특히 MIT에서 개최된 학생배구 대회는 500여 명의 학생이 참가하는 큰 행사를 가졌다. 그 후 이장규 교수는 서울 공대 교수로 귀국 하였으며 본국 TV에서 과학 기술 프로그램을 진행한 분으로 유명하다. 11대 김경일 지부장(Harvard 대학 건축학교수)은 후진을 위한 사회진출 세미나를 개최하면서 학계와 기업계 등에 후진들의 진출을 위한 발표회와 Job interview를 위한 많은 관심을 일깨운 분이다.

12대 김기협 지부장은 지부 최초로 골프대회를 개최하면서 회원들의 체육활동에 남다른 관심을 보였으며 지금은 선경그룹 인더스트리 연구소장을 맡고 있다. 13대 도운회 지부장은 11대에 마련된 Matrix System을 최대한 활용하면서 지부의 조직을 학생회에 적용 뉴잉글랜드 지역을 6개 학군으로 나누고 각 학군마다 학생 평의원을 임명하고 한국 과학 기술 협회의 활동과 취지를 이해시키면서 많은 활동을 하였다. 특히, Simons College 박이문 교수를 초청, 과학과 종교라는 교양강좌로 협회를 이해시키는 역할을 했던 것이 특징이다.

18대에는 보스턴에 있던 office를 Rhode Island로 옮겨 로드아일랜드 대학 토목공학 교수로 있는 이강원 지부장의 열성으로 Mt. Monadnock 하이킹 등 여러 가지 새로운 행사를 가졌다. 특기할 일은 사회 진출 세미나를 확대하면서 본국의 여러 유명 기업들의 대표자나 그 밖의 인사들을 초청 기업의 연구 활동을 이해시키는 역할을 하였다. 이 때 참석한 기업 가운데 삼성, 현대, 대우, 선경, 럭키 금성, 한화 등의 대표들이 참가 했었다는 데 큰 의미가 있다.

19대 김정선 지부장(Northeastern 대학 산업공학과 교수)은 전년도에 시작된 기업 소개와 job interview

이외에도 많은 아이디어를 도입한 분이다. 지부 활동을 회원 중심에서 2세들을 위한 연계성을 강조하면서 중고등 학생 수학 경시대회를 MIT 한인 재학생들이 중심이 되어 출제와 채점을 관리케 하고 2세 대학생들을 과학 기술자 협회에 가담시키는 큰 역할을 수행하였다. 이 대회는 보스턴 총영사관의 적극적인 관심과 후원 속에 지금도 정기 행사로 개최되고 있다. 또 한편 2세 대학생, 대학원생들의 학구열을 고취하고 서로를 이해하고 격려하는 기회를 마련해 주기 위해 Korean American Student Academic Symposium을 개최하면서 학부, 대학원 학생들이 초전도 물질, 개발, 유정공학, 생물학, 원자 물리학, 인공지능 등의 분야 연구결과를 발표하는 기회를 갖게 하였다. 특히 2세 과학자로서 MIT부설 Whitehead Institute에서 교수로 있는 생화학 분야의 Peter Kim 교수가 심사위원으로 2세 교육에 격려가 되고 있다. 그 밖의 일 기운데 회보의 내용을 쇄신하고 회원 Database를 확립하였으며 후진 양성을 위한 장학기금으로 매년 1,000불씩을 적립하는 전통을 마련하였다. 이 때 비로소 지부 재정이 1만 불을 마련하게 되었다. 20대에는 지부가 설립된 지 20주년이 되어 그 기념행사의 일환으로 Northeast Regional Conference in Science and Technology를 성대하게 가졌다.

김회준 지부장은 이재명 Connecticut 지부장, 김삼묘 Northeastern New York 지부장, 이수용Upstate New York 지부장, 백남호 Western New York 지부장의 협력 하에 9개 분과 67명의 발표자를 선정하여 학술발표회를 개최하였다. 이 행사를 통해 미 동북부에 거주하고 있는 한인 과학자들과 기술인, 학생들이 서로 만날 수 있는 기회가 되었으며, 이 기념행사에는 본부회장을 역임한 한무영, 김효근, 이기억, 함인영, 변종화, 강경식, 김순규 역대 회장들도 참석하였다. 이 기념행사를 통해 함인영 교수는 우리나라 삼국시대의 과학기술에 관해 애기를 해주었으며 그 밖에 강경식(Brown 대학)교수와 서남표(MIT)교수의 Opening Speech와 각 분과별 발표와 함께 기업체 소개가 있었다. 특별히 이 자리에 본부회장을 역임하였던 분과 그 밖의 회원들이 모여 재미 과학 기술자 협회의 과거와 미래를 돌이켜 보는 가운데 미래를 조명하는 Special Session을 가졌다. 뉴잉글랜드 지부의 활동은 지금도 활발하게 추진되면서 매월 정기적인 모임을 가지면서 새로운 발표회를 갖는 Bio Science Group의 활동이 돋보이고 있다. 지금은 본국 유전공학 연구소에서 활약하고 있는 유명희 박사를 Coordinator로 시작된 이 모임은 그 동안 김광수, 신회섭(포항공대 교수), 강철희, 김준(서울의대 암 연구소), 김성훈 박사 등 역대 Coordinator를 역임하신 분들의 수고가 있었기에 오늘에 이어지고 있다.

뉴잉글랜드 지부의 활성화와 발전은 교육과 과학의 발달을 주도한 보스턴을 비롯한 뉴잉글랜드 지역의 특성을 살려 새로운 비전과 계획이 수립될 때 더욱 발전될 것으로 기대해 본다. 현재 지부 directory에는 400여 명의 명단이 수록되어 있다. 그 가운데 재미 과학 기술자 협회에 많은 관심을 가지고 적극적으로 협회 발전에 기여하는 분들도 있다. 따라서 잠재적인 회원들을 Mobilize하면서 2세 과학자들의 참여를 확대할 때New England 지부는 더욱 발전될 것으로 기대된다.

(3) 뉴잉글랜드 지부 역대회장

강홍렬 72, 김영호 73, 변종화 74, 강경식 75, 박춘원 76, 김광수 77, 성낙호 78, 김정완 79,

김기홍 80, 이장규 81, 김경일 82, 김기협 83, 도운회 84, 김용 85, 이기웅 86, 변창연 87, 김우현 88,

이강원 89, 김정선 90, 김회준 91, 최도열 92, 원덕수 94, 이춘식 95, 신재춘 96, 조찬회 97,

신상철 98, 오승신 99, 김동우 2000, 김동환 01, 최언집 02, 김경돈 03, 조제현 04

* 뉴잉글랜드 재미 과학 기술자 협회와 뉴잉글랜드 지부에 대한 기록은 재미 한인 과학 기술자협회에서 발간한 25주년 기념 문집에서 간추려 기록했음을 밝힌다.

4) MIT 부설 링컨 연구소(Lincoln Laboratory)

MIT공대 부설로 1951년에 설립된 연방정부 재정지원의 링컨연구소(Lincoln Laboratory)는 대공방어 체계(air defence system)에 필요한 새로운 전자기기들을 속속 개발하며 그 명성을 얻기 시작하였다. 기본과학과 새로운 기술들을 동원하여 국가안보에 꼭 필요한 과제들을 해결하는 것이 이 연구소의 주된 연구 목적이다.

이러한 과제들 중에는 최초의 대공방어 체계로부터 시작하여 이제는 최신 전자기술의 집약이 필요한 우주 정찰, 유도탄 방어전략, 전투지역 정찰 및 장비식별, 통신 및 항공기 통제 등의 여러 분야가 포함되어 있다. 최초의 입안(立案)(concept stage)부터 분석 및 시뮬레이션, 장비 및 소프트웨어 개발을 거쳐 마지막으로 완전히 조립된 장비를 실제로 조작하여 그 성과를 확인하는 단계까지 일체의 공정을 포함하며, 최고의 시설과 우수한 인재들로 구성된 좋은 작업환경을 제공하고 있다.

1940년에 조립된 MIT 공대의 Whirlwind Computer를 사용하여 지상 radar와 대륙 간 대공방어 항공관제소의 network의 설계 및 견본(prototype) 제작에 초점을 맞추었으나, 여기에서 개발된 여러 가지 진보된 기술을 이용하여 radar 자료의 실시간 처리가 컴퓨터로 가능하게 되었으며, 컴퓨터의 자료 저장시설 자체도 개발하게 되었다. 이러한 기술들은 후에 비행기 및 지상 차량들의 식별 및 추적 장치들의 개발에 이용되었다. 1957년에 Millstone Hill에 세워진 radar와 최초로 전 부품을 전자제품으로 만든 디지털 컴퓨터를 사용하여 우주에 비행하는 물체의 실시간 추적을 가능하게 하였다.

이렇게 개발된 radar는 대륙 간 탄도 유도탄의 조기경보체계를 개발하기 위한 초석이 되었고 소련의 스푸트니크 인공위성을 감지, 추적하였으며 그 후에는 Cape Canaveral에서 발사되는 인공위성의 추적에 사용되었다.

1960년 초에는 국가 안보를 위하여 인공위성을 이용한 통신체계를 개발하였으며 8개의 실험용 인공위성을 발사하였고 그 중 몇 개는 아직도 궤도를 돌면서 지구와의 통신에 이용되고 있다.

1970년대에는 항공기 식별, 충돌 방어, 불순 기후 측정, 항공기의 자동 비행 등을 포함한 일반 항공관제기능 개발에 적극 참여하였고 1980년대에는 대기권의 난류 현상을 축소시키는 광학기구와 고 에너지의 laser radar 등을 개발하기도 하였다.

1990년대에는 NASA와 NOAA 등의 정부기관을 위한 계측기구 등을 개발하였으며 New Millenium Program의 일환으로 지구와 육지의 화면을 영상화하는 기기 등도 개발하였다. 이러한 여러 가지 프로젝트를 수행하며 축적된 첨단의 기술을 이용하여 기타 여러 통신기기, 고체물리학에 필요한 물질 및 이론, laser를 이용하여 인공위성의 정밀 추적을 위한 장비들을 계속하여 개발하고 있으며, digital 신호처리 이론 및 장비 등의 연구에도 박차를 가하고 있다.

초창기에서부터 한국의 우수한 두뇌들도 이 연구소에서 연구를 거듭하며 한국인의 위상을 자랑하고 있다. 그 예로 초기의 radar 개발계획에 참가하는 좋은 성과를 나타낸 홍순성 박사와 (여러 개의 radar가 현재 태평양의 Kwajalein 산호초 섬에 설치되어 있음), radar 이론으로 뒷받침하며 실제 radar의 사용에도 관여하였던 장세중 박사 등은 이미 은퇴하였고, 고체물리학에 필요한 신물질의 개발에 관여하였던 최홍균 박사는 KOPIN 회사의 기술 담당이사로 전임하였고, MIT 공대를 우수한 성적으로 졸업하고 저서도 여러 권 저술한 신동익 박사는 현재 워싱턴에서 링컨연구소와 국방부 사이의 연락책으로 일하고 있으며, 그 외에 열역학을 전공하고 우주공학과 인공위성 부문에서 열공학(thermal engineering)의 응용에 공헌하고 있는 이의인 박사와, ladar(laser와 radar의 합성어)를 이용한 관측기기의 개발에 참여하고 있는 경박사 등이 있다.

┃ 7. 문학

뉴잉글랜드 지역의 한인문학사를 살펴보기 이전에 뉴잉글랜드의 문학적 특색과 배경을 짚어 보아야 할 것이다. 뉴잉글랜드 지역은 대서양의 연안을 끼고 병풍처럼 둘러져 있어 그 어느 지역보다 자연경관이 수려하고 아름답다. 바닷가라는 특수한 환경이 주는 아름다움은 미국문학사에 획을 긋는 천재적인 작가인 에드거 엘렌 포우와 나다니엘 호돈을 탄생시켰다. 특히 주홍글씨로 유명한 나다니엘 호돈은 세일럼의 바닷가에서 성장하며 자연 속에서 인간 삶의 형태를 깊이 성찰하는 선악의 문제들을 작품 속에 많이 투영시켰다.

시와 소설, 비평 등 천재적 광기와 혼으로 미국 문학사에 가장 큰 족적을 남긴 에드거 엘렌 포우 또한 보스턴의 바닷가에서 문학적 열정과 혼의 모티브이며 그의 짧은 생 전체를 차지했던 어린 신부 에너밸리와의 사랑과 추억을 그린 불후의 명시 '애너밸리'를 탄생시켰다. 인간 불굴의 의지와 정신을 간결하고도 힘 있는 문체로 그린 소설 '백경'의 무대가 바로 멜빌의 고향이기도 한 케이프 코드라는 사실은 바다라는 배경이 작가들의 감수성과 창작 열기에 불을 지피는 기폭제가 된다. 이러한 지역 특유의 문학적 환경 위에 한인 문학인의 배출은 어느 지역보다 주목할 만하다.

한국계 미국작가로서 미국문단에 첫 선을 보인 것은 일제 치하에서 유한양행을 설립한 류일한(1895-1971)의 'When I was a boy in Korea(1928)'가 가장 앞선다고 할 수 있으나 지명도나 작품성으로 볼 때 효시는 역시 강용흘(1898-1972)의 'The Grass Roof(1931)'와 연작인 'East Goes West: The Making of an Oriental Yankee(1937)'라 할 수 있다. '초당'은 망국의 설움과 몰락하는 전통 지식인 계급에 대해 빼어난 문체와 수려한 묘사력으로 미국 문단에서 주목 받은 작품으로 도미 유학하기까지 겪었던 작가 자신의 체험을 바탕으로 생생하게 전개된다.

강용흘은 1921년 미국 유학길에 올라 보스턴 의대를 졸업하고 1926년 하버드 대에서 영문학 석사학위를 받은 후 뛰어난 영문 소설들을 발표하여 미국 문단에서 세계적인 작가로 인정 받은 뉴잉글랜드 한인 문학사의 개척자라 할 수 있다.

출간 당시 미국언론의 주목을 받았을 뿐 아니라 국내에서도 베스트셀러가 된 'The Martyred'(1964)의 작가인 김은국(1932-) 또한 뉴잉글랜드 문학사에서 빼놓을 수 없다. 김은국은 '순교자'를 통해 6.25의 비극을 기독교적 실존주의 시각으로 묘사하는 등 한국사의 가장 큰 굴절이었으며 비극이었던 6.25를 문학적 소재로 원용하여 미국 문단에 한국적 상황을 인식시키는 계기를 마련하였다. 김은국은 존스합킨스와 하버드에서 학위를 받았다. 그러나 김은국은 지명도와 작가로서의 성공에도 불구하고 말년에 거의 집필활동을 하지 않음으로써 뉴잉글랜드 지역의 한인문학의 맥을 잇지 못하고 있다.

반면 예일대를 졸업한 젊은 작가인 이창래가 소설 'Native Speaker'와 'A Gesture Life'로 각종 문학상을 휩쓸며 작품성과 작가로서의 입지에 성공을 거두며 프린스턴대 평생교수로 발탁되어 한인들의 자부심을 드높이고 있다. 재미 한인 이민 백년사에 있어 이창래는 가장 성공한 문학인이라 할 수 있다.

그러나 뉴잉글랜드 지역의 젊은 작가로서 단편집 'Yellow'로 오 헨리 문학상등을 수상하며 미 문단에 화려하게 등장한 Don Lee도 이창래 못지않은 잠재력을 가지고 있다. 이민 3세로서 미 국무성에 근무한 아버지를 따라 한국과 일본에서 유년시절을 보낸 그는 소수민족의 문화 정체성을 간결하면서도 탁월한 직관력으로 묘사하는 능력을 갖고 있다. 현재 매사추세츠의 케임브리지에서 창작 집필에 주력하며 문학지 'Ploughshares'의 편집장으로 활동하고 있다.

영자신문 Korea Times의 기자출신으로 미국에 유학와 에머슨 칼리지에서 창작으로 석사학위를 받고 하버드 래드클리프 칼리지에 연구원으로 있으며 영문으로 작품 활동을 하고 있는 정하연 또한 1세대 작가로서 두드러진다. 뉴욕 타임지에 기고하고 단편 영문소설들을 미국 문학지에 발표하기도 한 그녀는 현재 역사 속에서 살아 숨쉬는 유길준을 조명한 영문 대하소설을 준비 중이다. 정하연을 이민세대로 분류할 수는 없으나 미국문단에서 활동하는 한인 출신 작가이다.

로드아일랜드에 거주하는 한의사인 한준길 (미국명 John Han)시인도 시와 소설 등을 발표하며 꾸준히 작품 활동을 하고 있다. 그의 단편소설들이 영문으로 번역되어 'Short Story International'에 실리는 등 미국 문단에서의 활동에 주력하고 있다.

보스턴에 거주하는 써니리는 이중 언어 문학에 관심을 가지고 문학 활동을 하고 있다. 미국에서 영문 시집

(National Library of Poetry 출판사에 의해)을 출간하는 등 미국 문단에 등단한 한인 작가 중의 한 사람이다. 2004년 2월에는 영국의 노블하우스 출판 시집에 영시를 발표하는 영예도 받았다.

또한 이 지역 출신으로 한국 일간지와 문학지 등에 응모하여 작가로서 등단한 강천성 시인은 이민 백주년 기념시집 '불꽃'을 출판했다.

한국 문학과 미국 문학에 대한 문학적 성과를 고조시키며 뛰어난 한인 문인들을 발굴하고자 뉴잉글랜드 백주년 사업회는 2003년 이민 백주년 문학 콘테스트를 개최했다.

이는 미국 문화와 역사, 전통의 고장인 뉴잉글랜드 지역에 많은 우수한 한인 문인들이 배출되어 주류사회에서 한인들의 위상을 드높이는 역사적 사업으로 한글과 영문분야에서 시, 소설, 에세이 등 전 분야를 망라한 문학 콘테스트였다. 영문분야에서 2세들을 중심으로 뛰어난 잠재력을 가진 한인들이 배출되었으며 수상작은 '2003년 백주년 기념 문집'으로 출간되었다. 여기에 한글과 영문부문에서 대상을 수상한 시 작품을 소개한다.

그날이 오면 (한글시 부문 대상)
임숙현

한 빛
동방으로부터
내려 비추인가 했더니
그 빛 어느새
온 대륙을 덮고
한 물줄기
백두산 천지로부터
흘러내리는 가 했더니
그 물줄기
어느새
온 대양을 덮고

한 조그만 함성
동녘으로부터 온
먼 미세한 소리인가 했더니
그 함성
어느새
천지개벽을
울려 대었네.

우리
한 빛
한 물줄기
한 함성으로
어우러지어
그 어드메라도
우리 민족혼을 심어

그 날
한민족
한 겨레
우리 서로 얼싸안고
목 놓아 부르리라. 오 대한민국

Animals Are So Amazing (영문시 부문 대상)
김서영

Can you believe all the animals
From tiny to gigantic
Fill up the whole entire world?
From North Pole to South Pole!
Not just around here
But also EVERYWHERE!

Can you guess how many animals
There are in the whole wide world?
Just like ALL the WORDS
In ALL OUR LANGUAGES!

Can you see how specially
And colorfully designed clothes
Animals are wearing?
JUST LIKE US!

Can you imagine how many different
Kinds of actions animals do?
Lions roaring wildly
Enough to make me jump up and down.
Horses eating gently
The sweet, tender, green grass.
Monkeys swinging quickly
From tree to tree.
Alligators crawling slowly
In the icky brown swamps.
Whales swimming freely
In the pure blue-green oceans.
Rabbits hopping joyfully

Through a rainbow-colored meadow full of flowers.
Birds singing beautifully
Like a symphony played by an orchestra.
Butterflies flying near
Enough for me to touch them.
Cats napping all curled up
On their favorite red couches.

Can you think animals live helping each other
In peace and harmony?
JUST LIKE US!
Isn't it SO AMAZING
That all the animals are
SO MUCH LIKE US!

8. 하버드 한국학연구소

하버드 대학교 한국학 연구소를 다루기에 앞서 태동기부터 하버드 내의 한국학 관련 연구와 발전 과정을 짚어 보아야 할 것 같다. 하버드대에서 한국학 관련 강의가 시작된 것은 고 서두수 박사에 의해서였다.

서두수 박사는 1925년 경성제대에 입학하여 문학을 전공한 후 해방 후 서울대 교수로 재직하다 1949년 미국무부 초청 유학생으로 컬럼비아 대학에서 교육행정학 박사학위를 취득한다. 당시 미국은 한국전쟁의 발발로 한국어와 한국 문화에 대한 관심이 고조되기 시작하였다. 미국 내 최초로 컬럼비아 대학에서 유능팔 목사가 한국어를 가르치기 시작하여 한국관련 강좌의 첫 틀을 마련한다. 이에 하버드 대학에서도 한국어 및 한국 문화에 대한 강좌개설에 관심을 기울이기 시작하였다.

하버드에서 한국학이 발전된 경로는 1925년경부터 중국학과 일본학이 활발히 연구되기 시작한 이래 동양학 학자들이 중국학과 일본학에 연계해 한국학에 관심을 기울이면서부터이다. 처음부터 한국학이 독립된 연구 성과를 거치지 못한 이유도 이에 기인한다. 한국학은 중국학과 일본학과의 비교 학문적 차원에서 발전하게 된 것이다.

1926년에 하경덕, 강용흘, 김술근, 김용섭등이 하버드 학부와 대학원을 거치나 실상 하버드 내에서 한국학에 관련된 관심은 끌어내지 못했다. 1951년에는 하버드 대학원 박사과정에 입학한 최기일 박사가 1956년 한인 최초로 경제학 박사학위를 받았다. 이 무렵 고광림 박사도 한국사람 최초로 하버드 법대에서 박사학위를 받았다. 이때까지는 일본 문학 연구의 권위자였던 Elisseff교수가 당시 옌칭 연구소 소장으로 재직하면서 Reischauer교수와 함께 하버드의 동양학 연구를 선도하고 있었다. 그리고 중국학과 일본학을 연계하고 비교하기 위해 한국학 강좌개설을 서두르게 되었다. 이에 하버드 법대 대학원에 재학 중이던 고광림 박사가 서두수 박사를 추천하였고 서두수 박사는 1952년부터 한국어를 가르치게 되었다. 이때 서박사의 제자 중 한 분이 후에 한국사 교수가 된 Edward Wagner교수이다. 조선시대 역사를 전공한 와그너 교수는 정년퇴임까지 수많은 한국학 학자를 양성하며 뛰어난 학술적 업적과 연구로 미국 내 한국학 연구의 선구자로 남게 된다.

2001년 와그너 교수가 사망하자 그의 학문적 업적을 기리기 위해 하버드 한국학 연구소는 재단으로 Edward Willet Wagner Memorial Fund를 설립하여 기금을 모금하고 있다. 이 기 기금은 하버드 내 한국학 발전과 한미간의 학문 교류를 권장하고 후원한다. 특히 와그너 교수의 전공인 한국 역사에 지원을 아끼지 않고 있다. 서박사는 3년 후인 1955년부터는 워싱턴 대학(University of Washington, Seattle)에서 1977년 은퇴할 때까지 한국어와 한국문화 강의에 헌신하며 많은 한국학 관련 학자들을 배출하고 한국학 발전의 기반을 다져 놓는다. 워싱턴 대학을 한국학 관련의 명문으로 키워온 서두수 박사는 미국 내 한국학의 초석을 다지는 데 절대적인 기여를 한다. 카터 에커드(Carter Eckert) 현 하버드 한국학 연구소장, 김선주 교수 등이 이 학교 출신으로서 서두수 박사가 일궈놓은 한국학의 전통을 이어가고 있다고 할 수 있다.

1992년 한국 정부가 300만 불을 지원하고 국제교류재단에서 300만불 등을 한국학 발전을 위해 지원하는 것을 계기로 1985년부터 하버드에서 조교수로 한국사를 강의하던 카터 에커드 교수가 1993년 한국학과 정교수로 또한 한국학 연구소의 소장으로 부임하며 하버드 한국학 발전은 급물살을 탄다.

카터 에커드 연구소장은 한국학을 기존의 Fairbank Center에서 독립시켜 오늘에 이르게 하는데 주역이 된다. 특히 카터 에커드 교수는 한국 현대사 전공자로서 6.25이후 지금까지 53년간의 한미관계와 최근 북한의 핵 위기에 이르기까지 한국현대사의 질곡을 조명하고 바른 역사관을 정립하는 기관으로 하버드 한국학 연구소의 기능과 역할을 강조해 오고 있다.

이와 때를 같이해 하버드 옌칭 라이브러리의 제2대 한국관 관장이며 하버드 한국학 연구소의 이사인 윤충남 관장의 헌신적인 기금모금 사업으로 한국학은 더욱 튼튼한 재정을 뒷받침으로 발전을 거듭하기 시작한다. 윤충남 관장은 한국 정부, 국제교류재단, 재벌기업들과 하버드 출신들에게 광범위한 홍보로 하버드 한국학 발전의 중요성을 인식시켜 성공적인 기금 모금사업을 해 오고 있다.

하버드 한국학 연구소는 Carter Eckert 소장과 Edward Baker, David McCann 부소장 등이 한국학 관련의 활발한 활동을 벌이고 있다. 또한 김선주 조교수와 윤충남 한국관 관장 등이 연구에 몰두하며 스탭진으로 대학원과 학부조교와 재정담당, 프로그램 담당 등으로 구성되어 있다. 하버드의 한국학 연구의 중심지인 East Asian Languages and Civilizations Department 한국학 연구소의 절대적인 구심점 역할을 하고 있다. 한국학 전공자들이 한국학 연구소의 각종 프로그램과 연구 세미나 등으로 학업을 심화시키는 것은 당연한 일이기 때문이다. 또한 2~3년에 한 명정도로 배출되던 한국학 관련 박사학위 취득자가 2003년에 8명에 이르는 등 하버드 내 한국학 붐은 절정에 다다르고 있다. 한국문학사 전공의 John Frankl, Scott Swaner, Jiwon Shin과 한국사 전공의 Mark Byington, James Lee, Chiho Swada, Michael Kim, Christine Kim등이다.

최근 미국 내 박사학위 취득자들의 과잉공급으로 학계에 자리를 잡는 것이 용이하지 않음에도 이들 8명의 박사학위 취득자 전원은 자리를 잡기에 이르렀다. 이미 Stanford, Harvard, UC Berkely, 서울대 등에서 박사후 과정이나 강사급 이상과 조교수 등으로 가을학기를 시작했다.

하버드 한국학 연구소에는 미국의 저명한 대학에 한국학 관련의 우수한 교수진이 합동 연대하여 연구하는 개방적인 시스템을 운영하고 있으며 매년 한국의 교수들이 연구차 방문하여 머물면서 하버드 한국학 연구의 현주소를 체험하고 돌아간다. 또한 박사과정의 학생들에게 장학금을 지급하기도 하고 각종 학술 세미나와 프로그램들을 통해 한국학 발전에 기여한다. 한국의 저명한 정치가, 학자, 언론인들을 초청해 강연을 하기도 하며 한국 관련의 각종 문화행사를 통해 한국문화 소개에 길잡이 역할을 하기도 한다. 한국의 역사적 사건이나 이슈들에 대한 심도 있는 학술 토론과 발표가 정기적으로 대학원생들을 중심으로 열리는 것은 물론 문학 워크숍을 통해 한국문학 소개에 중요한 역할을 한다.

한국현대시 전공의 David McCann교수는 김소월시 연구로 시작하여 한국 현대시 번역뿐 아니라 한국시의 세계적인 잠재성을 학문적으로 접근하는데 주력하고 있다. 이는 하버드 한국학이 지금까지 주로 역사분야의 발전에만 치중한 것에 비하면 상당히 의미 있는 일이라 하겠다.

현재 박사과정에도 다수의 한국학 관련 학생들이 한국학의 발전을 위해 학문에 전념하고 있다. 그러므로 하버드 내 한국학 연구와 발전에 기여하는 하버드 한국학 연구소의 전망은 상당히 밝다고 할 수 있다.

9. 하버드 옌칭 도서관내 한국관

현재 제2대 윤충남 관장을 정점으로 발전을 거듭하고 있는 하버드 옌칭 도서관내 한국관은 각종 희귀본은 물론이고 우선 장서의 수나 규모에 있어 미국 내 대학 중에 최고라 할 수 있다. 소장 도서의 수로 보면 미 의회 도서관의 한국관이 38,033권을, 다음으로 하버드 옌칭 도서관이 22,651권으로서 2위를 다투나 실상 대학들 중에서는 최고라 할 수 있다. 비교적 한국학이 발전된 UC Berkely가 13,680권이고 University of Hawaii가 9,732권인 것만 보더라도 옌칭 도서관의 한국관 규모를 짐작할 수 있을 것이다.

하버드 옌칭 도서관은 1928년 하버드 옌칭 연구소가 설립되면서 부설 도서관으로 설립되었다. 이미 하버드 대학에선 1879년부터 중국과 무역을 하는 보스턴 상인들의 지원으로 중국학자들을 초청하여 중국어를 가르쳤고, 1914년에는 일본에서 온 동경대 교수 2명이 하버드에서 중국학과 불교학을 강의하여 동양학 연구의 토대를 마련하였다.

이들이 가져온 책들과 하버드 중앙 도서관인 와이드너 도서관에서 구입한 동양서적들이 상당수에 이르자 그 당시 중국 유학생으로 와 있던 주 가이밍이 도서관에 있는 중국과 일본 서적들을 분류하여 목록을 만들었다. 주 가이밍은 1928년 하버드 옌칭 도서관이 설립되자 초대 도서관 관장으로 취임하였다.

옌칭 도서관은 와이드너 도서관의 동양 서적들 중에서 중국 서적 4,526권, 일본 서적 1,668권을 옮겨오는 것으로 장서 수집을 시작하며 도서관으로서의 첫발을 내디뎠다. 그 후 주 가이밍 초대 관장은 중국과 일본으로부터 구입하는 장서의 수가 급증하자 동양 서적들을 분류하는 새로운 분류체계를 만들어 사용하기 시작한다. 그는 구입한 장서들 가운데 한국에서 출판된 한문고서가 다수 포함되어 있다는 사실을 발견하고 그 도서들을 따로 모아 1951년 한국부를 창설하기에 이른다. 이 무렵 서울대 문과에 재학하다 보스턴대에서 역사학을 전공하던 김성하 옌칭 도서관의 초대 한국관 관장은 옌칭 도서관에서 아르바이트를 한다. 이러한 인연으로 1955년 보스턴대 졸업 후 남가주 대학에서 도서관학 석사학위를 취득하고 1958년 옌칭 도서관의 한국관 초대 관장으로 부임한다. 김성하 초대관장은 고 서두수 박사의 사위이기도 하다.

김성하 관장은 한국관을 맡으면서 한국관련 자료들을 구입하기 위해 중국과 홍콩, 일본 등지를 방문한 것은 물론 그 자료들을 분류, 정리하는 체계적인 수서작업에 힘썼다. 김성하 관장이 1971년에 쓴 보고서에 의하면 한국관의 장서 수는 약 2만 5천 권이다. 1960년대에 들어서면서 매년 약 1,500권씩 증가했으며 정기 간행물은 남한에서 출간된 것이 523종, 북한에서 출간된 것이 41종이다.

1956년 라이샤워 교수가 하버드 옌칭 연구소의 소장이 되면서 한국관도 재정비되게 된다. 1954년 한국전쟁 중 사망한 William Hamilton Shaw의 추모기금이 한국도서 구입에 전기가 마련된 것이다. 이 기금의 도움으로 1951년 한국관 설립 시 372권이었던 한국부의 장서가 1954년에는 1,000권으로 증가했다.

1965년 주 가이밍 관장이 은퇴하자 후임으로 스탠퍼드대 후버 연구소의 부설 도서관에서 근무하던 우유진 관장이 하버드 옌칭 도서관의 제2대 관장으로 부임하게 된다. 김성하 관장은 우유진 관장에게 한국관의 도서기금 마련과 직원의 증가를 강력히 요구하게 된다. 또한 김성하 관장은 한국 정부와 언론사, 대기업 등을 상대로 기금모금 사업을 벌여 한국관의 도서비용을 위한 재정적인 뒷받침을 하는데 노력했다. 특히 1981년부터 한국 학술진흥재단의 전신인 한국 국제교육 교류협회는 매년 일만 달러씩을 한국학 자료 기금으로 지원해주었다.

김성하 관장은 체계적인 장서수집과 병행하여 자료 이용의 편이를 위해 목록편집에도 힘썼다. 1962년 자료목록 제1집이 출간되었고 1966년에 자료목록 제2집 그리고 1980년에 다시 목록 제3집을 출판하기도 했다.

한국관의 자료가 증가하고 도서관 관련 업무가 복잡해짐에 따라 고서 등을 다룰 수 있는 전문인이 필요하자 김성하 관장은 우유진 관장에게 요청하여 서울대 도서관 사서인 백린 선생을 초빙하기에 이른다. 백린 선생은 한국학 관련 서적에 해박하여 옌칭 도서관이 소장한 한국의 고서, 족보 등을 정리하는데 큰 힘이 되었고 한국어 목록 사서로서 은퇴할 때까지 18년간 근무를 했다. 그러므로 하버드 한국관이 미국 내 가장 권위 있는 도서관으로 자리 잡는데 김성하 관장과 백린 선생의 역할은 컸다.

1980년대 중반 무렵부터 도서관 업무에도 큰 변화가 이는데 컴퓨터의 보급에 따라 도서관 자료와 제반 업무 처리가 전산화가 되었다. 1988년에는 하버드 도서관의 자료검색에 온라인 시스템(HOLLIS)이 사용되기 시작했다.

김성하 관장은 동양학 학회 산하의 동양학 관련 사서들의 모임인 CEAL(Council on East Asian Libraries)의 이사직에 한국인을 포함시켰고 유럽에서 열린 한국학 학술대회에서는 한국학 관련 분과위원회를 만드는 등 대내외적인 활동을 병행하다 1989년 도서관에서 순직했다.

서울대 정치학과 출신으로 미국에서 도서관학으로 대학원을 마치고 Northwest University에서 사서로 근무하던 윤충남 현 관장이 고 김성하 초대관장의 뒤를 이어 하버드 옌칭 도서관의 한국관 관장으로 새로이 부임했다. 윤충남 제2대 관장은 전산화되고 정보화된 도서관 업무를 수행할 수 있는 첨단화된 실력과 능력으로 한국관의 질적, 양적 확장에서 괄목할만한 진전을 세웠다. 특히 한국학 연구소의 이사로서 한국학 관련 대학원생들을 지도하면서 하버드 내 한국학 발전에 큰 기여를 했다. 자료와 한국학 관련 도서들의 수집을 위해 중국과 일본 한국을 방문하여 한국학의 중요성을 인식시켰다. 윤충남 관장의 헌신적이 노력에 호응하여 한국의 대기업들과 국제교류재단 등 학술 재단들과 하버드 출신의 많은 저명인사들의 재정 지원과 매년 옌칭 도서관으로 나오는 자료구입비 10만 불 상당의 예산으로 한국관의 장서 수는 갈수록 늘어가는 추세였다.

현재 한국관이 누리는 명성과 한국관에 수많은 진귀한 장서들이 즐비하게 진열되어 한국학 연구의 요람역할을 하는 것은 바로 김성하 초대관장이 일궈놓은 토대가 윤충남 관장에 이르러 실질적인 발전의 단계에 도달했기 때문이다. 현재 소장 도서는 10만권을 넘어섰고 전 세계의 한국학 학자들은 인터넷을 통해 옌칭 도서관의 한국학 관련 자료를 모두 검색할 수 있게 되었다.

윤충남 관장은 하버드 옌칭 도서관의 한국관이 단순히 도서관의 기능을 넘어서 한국학 연구의 산실 역할을 하여 한국학 발전의 모태가 될 수 있도록 최선을 다하고 있다고 전했다. 하버드 옌칭 도서관의 한국관은 초기 중국관과 일본관의 한 부분으로 출발한 이래 비약적인 발전을 거듭하며 한국학의 발전에 기여하고 있다.

2003년 하버드의 한국학 박사학위 취득자가 8명에 이르고 갈수록 한국학 전공자들이 늘어나는 것은 옌칭 도서관의 한국관이 방대한 자료와 풍부한 학문적 노하우로 한국학 연구에 절대적인 중심역할을 하기 때문이다.

│ 10. 음악

1) 백주년 기념음악회와 관련된 음악인들

2003년 10월에 있었던 백주년 음악회로 뉴잉글랜드 극치의 음악을 보여준 뉴잉글랜드의 한인 음악 활동은 주류 한인 사회와는 관계를 거의 맺지 않았던 뛰어난 두 한인 작곡가들로부터 시작해야 하겠다.

얼 김과 도널드 서, 그들은 프린스턴 대학에서 사제지간으로 시작하여 보스턴으로 옮겨 그들의 우정을 40 여년을 지속했다. 그들은 기쁨과 슬픔, 환희와 고통, 또한 한때는 같은 빌딩의 아파트까지 나누었으며 그보다 더 큰 근본적인 것, 특히 작곡가들에게는 분리될 수 없는 인간 내면의 본연과 그것을 음악을 통해 표현할 수 있는 필요성을 동감하고 있었다.

김 을 (Earl Kim) 작곡가
하버드 대학교 음악 석좌 교수 (1920.1.6-1998.11.19)

김교수는 하와이 농장 이민자인 두 한인 사이의 3남으로 중부 캘리포니아에서 출생하였다. 그의 부모는 가게를 운영하는 한인 사회의 유지였고 1930년 대공황기 속에서 거액을 대한 여자 애국단과 흥사단에 보냈다.

최근 한국 정부는 그 들의 묘지를 국립묘지 애국지사 묘역으로 이장하도록 요청한 바 있다. 샌프란시스코에서 2년 간 살다가 로스앤젤레스에 정착한 1925년부터 가족은 한인 감리교회를 다니는데 거기서 김교수는 피아노를 처음 보고 배우고 싶어 갈망한다. 교회 반주자로부터 1년간의 초보적인 레슨을 받은 김교수는 리사이틀에서 그의 연주를 듣고 조숙한 그의 재능에 감탄하여 무보수로 가르치기로 한 선생님 Homer Grunn으로 부터 7년 동안 교습을 받았다.

LA Junior College 2년 후 UCLA로 전학하여 작곡의 거장 아놀드 숀버그로부터 음악이론과 작곡을 공부했다. 제 2차 세계대전이 시작되자 그는 미 공군 전투 정보 장교로 입대하였다. 한 번은 그를 일본 스파이로 착각한 미군 동료 병사들로부터 총대로 위협을 받으며 부대로 호송되어 온 적도 있었다. 비행 명사격수로 훈장을 받았다.

1945년 8월 10일 나가사키에 원자폭탄이 투하된 후 피해 상황을 조사하기 위해 저공비행을 하며 현지를 목격했다. 1981년 소프라노, 플루트, 비올라와 하프가 들어간 "지금과 그 때"란 곡은 베케트, 체호프, 예이츠 등의 시, 문구들을 사용해 핵전쟁에 대한 그의 항거심을 나타낸 곡으로 나가사키의 경험을 표현하였다. 1980년에는 박애주의 평화 활동에 중점을 둔 '핵무기 반대 음악인' 이란 단체를 공동 창립하여 회장으로 활약한 바 있다.

일본이 항복을 한 며칠 후, 김 교수는 처음이자 마지막으로 서울로 향했다. 비록 사흘이라는 짧은 기간이었지만 어렸을 때 부모님과 살 때처럼 그에게 고향의 따뜻함을 느끼게 하였고 이 방문은 평생 동안 그의 머릿속에 남았다. 그는 이 시절 한국의 육자배기 형식으로 한 곡을 작곡하였다.

제대 후 그는 UC 버클리로 복학하여 미국 근대 음악의 선구자인 로저 세션즈로부터 작곡을 사사하였다. 47-49년에는 Prix de Paris 수상자로 파리에서 2년 간 언스트 블라쉬를 사사한다. 1952년 버클리대의 강사가 되었으며 스승인 로저 세션즈의 초빙으로 프린스턴 대학에서 강의를 시작해서 15년간 재직하였다. 이때에 재능이 뛰어나고 정이 깊은 하와이 사람 도널드 서가 그에게 사사하고자 찾아왔던 것이다.

김교수는 1967년에 하버드의 James E. Ditson 교수로 임명되어 한인으로서는 최초로 석좌 종신 교수로 재직하였다. 그의 제자들 중에는 요요마, 한인 바이올린 주자 겸 지휘자 스커트 유, 작곡가 Jeff Nichols와 도널드 서가 있다.

1979년 세계적인 바이올린 주자 이작 펄만을 위해 바이올린 협주곡을 작곡하고 주빈 메타가 지휘한 뉴욕필 하모닉 오케스트라가 초연했다. 1983년 세이지 오자와가 이끈 보스턴 심포니 오케스트라(BSO)가 다시 이자크 펄만과 연주하여 더욱 명성을 얻었다.

BSO는 1983년에 그에게 Mark Horblit 상을 수여했다. 이 상은 코플랜드, 번스타인, 건써 슐러, 로저 세션 등의 거장에게 수여한 미국인 세계 정상급 음악인에게 주는 것이다. '놀라운 귀' 라고 동료들로 부터 인정받은 그는 간결하고 아름다운 음색을 내는 피아니스트였다. 체임버 뮤직을 부인과 순회 연주 생활을 했고 성악 앙상블 지휘도 했다.

1998년 봄에 김교수는 폐암 진단을 받았다. 그 후 그는 6개월 동안 뼈아픈 고통을 참으며 광적으로 작곡을 계속했다. 너무 심한 고통 때문에 의사들은 마지못해 모르핀을 처방 했으나 모르핀이 창조성을 퇴각시키며 의식을 흐리게 할 수 있는 염려 때문에 약한 진통제를 복용하며 그의 최후작인 'Illumination' 의 마지막 마디를 쓸 때까지 고통을 견디어 내었다. 그를 문병하러 온 음악인 친구가 곡을 본 후 곡의 완성을 확인해주자 그 때에야 펜을 놓고 견딜 수 없는 고통 때문에 모르핀 주사를 요구하였다. 다음날 김을 교수는 자택에서 78세로 세상을 마감했다. 그의 별세소식을 들은 이자크 펄만은 뉴욕타임즈에 이렇게 말했다. "작곡자, 헌신적인 스승, 특출한 음악인인 얼 김은 들어보지도 못했던, 꿈에서나 상상할 수 있는 음의 색을 우리에게 주었다. 상상력과 창조력이 탁월했던 그는 진실로 영감이 있었다."

그의 직업에 대해 김 을 교수는 이렇게 말했다. "음악은 인간이 제작할 수 있는 가장 고귀한 것이 음으로 특별히 표현되는 것이다. 한 인간으로 연주 기구를 통해 다른 사람을 감동시킨다는 책임과 비범한 인간의 표현 으로서의 음악적 이성, 그런 것이 정말로 우리를 지탱할 수 있는 의미이다. 전쟁에서 승리하는 것이 역사의 기록이 아니라 궁극적으로는 예술이 역사의 기록이다."

그의 죽음 후 이듬해에 하버드 대학에서 열린 추모 음악회에는 보스턴의 음악인들이 그의 음악을 연주했고 서울과 뉴욕에서 세종 솔로이스트가 음악회를 열었다.

한국인인 미국인 작곡자로 자신을 표현했던 그는 이민 백년사에 길이 남을 예술 창조자였고 진정한 한인이 었다. 백주년 기념 음악회에서 무반주 성악 앙상블곡 '키츠와 콜울리지에 관한 단상들'이 연주되었다.

도널드 서 (Donald Sur) 1935-1999

이민 3세인 도널드 서는 하와이에서 태어났으며 우크렐레로 음악을 알고 배우기 시작했다. 크면서 그는 가장 좋아했던 악기 만돌린과 바이올린, 베이스 그리고 피아노를 배웠다. 대학 진학을 위하여 캘리포니아로 가게 되었고, 그의 스승인 김을 교수와 마찬가지로 캘리포니아 주립대학과 UC 버클리 대학에서 학문을 익혔고 작곡을 배웠다. 김을 교수를 찾아 프린스턴 대학으로 갔으며 여기서 Roger Sessions에게 사사했다.

프린스턴 대학에서 석사학위를 취득한 그는 한국에서 몇 해를 보냈다. 여러 해 동안의 체계적이고 주도 면밀한 연구가 마침내 한국 전통음악의 전문가로서의 명성을 얻게 하였다. 몇 해 후에 그는 독자적인 연구에서 이끌어 낸 전문적인 지식과 견해로 '하버드 음악사전(the Second Edition)'에 한국전통 음악에 대한 것을 수록 삽입하는 업적을 남겼다. 그가 궁중음악 연구를 위한 Grant를 받고 서울에 체류할 때 작곡한 29개의 타악기를 위한 앙상블 곡 '붉은 먼지'라는 작품이 있다.

미국으로 돌아온 그는 또 스승인 김을 교수를 따라가 하버드 대학에서 1972년 박사학위를 취득했다. 그가 작곡한 작품들 중에서 길이나 폭, 성격 등을 놓고 볼 때 거작이라고 할 수 있는 것은 보스턴에 있는 칸타타 싱어즈의 청탁으로 작곡된 '노예제도문서'라는 오라토리오를 들 수 있을 것이다. 이 작품이 1990년에 보스턴 심포니 홀에서 초연되었을 때 그 곳에선 보기 힘든 다민족의 청중들이 가득 모여 들었고 다양한 문화를 포함하는 문화적인, 음악적인 큰 행사로 주목 받았다. 이 날 칸타타 싱어즈는 합창곡을 잘 표현하려고 단원 80명의 반, 솔로이스트 3명을 아프리칸 미국인으로 채웠고 올갠, 70명 관현악단과 극적인 효과를 내었다.

서교수는 84년부터 남북전쟁 이전 노예문서를 읽게 되면서 이에 사로 잡혔고 그 후 2년간에 텍스트 전반을 끝냈다. 칸타타 싱어즈는 매사추세츠 주 예술협회로부터 자금을 받아 서교수에게 커미션을 주게 되었다. 그 후 3년간 버지니아 예술인 단지 등을 돌아다니며 찰스턴에서 모은 오래된 원조 녹음과 스티븐 포스터의 곡들을 가지고 역사적인 작곡을 마치게 된다. 노예 주인들이 성서를 인용하여 인간이 다른 인간을 물건으로 사용한 죄과를, 노예제도를 정당화하려 했던 죄악을 질책하였다. 역사적인 현실감이 넘쳐흐르고 아름다운 선율이 과격할 만큼 대담한 음악으로 이뤄졌다.

도널드 서가 창작한 곡들은 뉴욕의 링컨센터, 런던의 BBC 라디오는 물론 서울의 국립극장 미네아폴리스의 워커 예술센터, 하와이의 Inter Arts, 보스턴 심포니 홀, 탱글우드 등 많은 곳에서 연주되었다. 하버드, 터프스, 웨슬리, 보스턴, MIT 대학 등에서 교수로서 강의를 함으로써 작곡가로서 성과를 높였으나, 김을 교수와 같은 종신교수가 아니었기 때문에 지속적, 고정적 수입이 없었으므로 평생 동안 경제적인 궁핍을 면치 못했다. 그가 숨질 때까지 상업용으로 작품이 녹음된 것이 없었다.

서교수는 겐트의 새 음악 표기회의에 참석했으며 1974년에는 네덜란드의 뮤직 컬튜라에 지휘자로 초빙되어 활약한 적이 있고 뉴욕의 아시아 회의와 WBGH 자문위원으로 일하였고, 서울의 국립음악단에서 궁중음악 연구원으로 연구에 종사한 적도 있었다.

백주년 기념 음악회에서 연주된 '꿈돌이 탄생'은 1993년 대전 엑스포에서 커미션했는데 사라장의 바이올린과 국립합창단, KBS 오케스트라가 초연했다. 기념 음악회에서 연주한 이 곡은 보스턴 심포니의 바이올린 주자 줄리엣 강의 솔로로 아름다운 바이올린 솔로와 따르는 관현, 합창은 꿈을 꾸는 듯한 6분 길이의 곡이다.

스승 김을 교수가 작고한지 6 개월 후 노예문서 2부를 작곡하고 있던 그는 암으로 64세에 이 세상과 고별하였다. 칸타타 싱어즈는 2002년 3월 T J Anderson이 작곡한 2부와 함께 서교수를 추모하는 제2 공연을 하였다. 그의 음악이 존재하는 한 그는 기억될 것이다.

보스턴 지역에서 활약하며 세계무대에서 두각을 나타내고 있는 이민 백주년 음악회에 출연한 음악가들은 다음과 같다.

한동일 (TongIl Han), 피아니스트 (Born 1941.12.4)

그의 할아버지는 함흥에서 과수원을 하였다. 1946년에 온 가족이 월남할 때는 아버지는 함흥 중앙교회 성가대 지휘자였다. 어머니는 이대 음대에서 김자경과 같이 공부하였다. 그는 한살 때에 이미 완전한 음으로 노래를 불렀다고 한다.

한국 최초로 음악 신동이라고 불리었던 피아니스트 한동일은 4세 때부터 그의 아버지로부터 피아노를 배웠다. 서울로 와서 피아노를 찾아 연습하려고 미군 공군기지에서 연습하게 되었다. 그의 뛰어난 재능을 알아본 주한 미 5 공군 사령관 사무엘 앤더슨 장군의 후원으로 그의 나이 12살인 1954년에 뉴욕으로 와서 줄리어드 음악 학교에 입학, 로시나 레빈, 이로나 카보스에게 사사했으며 음악학사와 과학 석사학위를 받았다.

16세에 이미 뉴욕 필하모닉을 비롯하여 클리블랜드 오케스트라, 덴버, 인디애나폴리스, 몬트리올과 퀘벡 심포니와 연주했으며 에드 설리번쇼, NBC의 투데이쇼에 출연했다. 1962년 모차르트백악관으로 초청되어 케네디 대통령과 국제 요인들 앞에서 연주한 바 있다. 푸에르토리코에서 그의 연주를 들은 거장 첼리스트 파블로 카잘스는 벌떡 일어나 '드물게 보는 재능' 이라고 찬사를 연발했다.

한동일은 레오나르드 번스타인이 심사위원장이었던 24회 국제 레벤트릿 피아노 경연대회에서 1위를 수상했다. 그는 샤를르 뒤뚜와, 버나드 하이팅크, 오이겐 요훔, 로버트 쇼, 데이비드 진맨 등의 거장들과 함께 뉴욕 필하모닉, 시카고 심포니, LA 필하모닉 등 미국 유명 교향악단과 협연하였으며 세계 26개국을 돌며 런던필하모닉, 로얄필하모닉을 비롯하여 세계 최고 수준의 오케스트라들과 협연했다. 아시아에서는 서울시향, KBS교향악단, 홍콩, 싱가포르, 히로시마 필 등과 협연했다.

그는 바흐, 슈베르트, 모차르트, 쇼팽, 리스트, 베토벤, 브람스, 슈만 등의 다양한 음반을 냈고, 2001년 출시된 CD는 '케네디 백악관 음악회' 라는 제목으로 드뷔시와 리스트의 곡이 포함되어 있다. 1973년 대한민국 대통령으로부터 모란상을 수여 받았다.

'한동일 피아노 Institute' 의 총책임자로 런던, 부다페스트, 보스턴, 서울, 호놀루루, 밴쿠버, 페블비치, 히로시마 지역에서 여름 피아노 페스티발을 개최했다. 2003년에는 서울의 국민대학에서 120명 이상이 참가한 피아노 페스티발을 가졌다. 인디아나 대학, 일리노이 주립대, 북 텍사스 대학교수를 거쳐 1987년부터 보스턴 대학교 음대 피아노과 학과장으로 재직하고 있다. 고문 자격으로 울산대학 학장과 히로시마 대학의 교환교수직을 역임하고 있다. 이번 백주년기념음악회에서 그는 슈베르트 즉흥곡 내림 나장조 Op.142 No. 3을 연주했다.

데이비드 김 (David Kim), Violinist

1999년부터 미국 최고 명문 교향악단 중의 하나인 필라델피아 오케스트라의 악장으로 재직하고 있는 데이비드 김은 일리노이 주 카본데일 출생으로 세 살에 바이올린을 배우기 시작했고 8살 때부터 명교수 도로시 얼레이로부터 배웠고 줄리어드 음대에서 학사와 석사 학위를 받았다. 1986년 모스코바에서 있었던 차이코프스키 국제 경연대회에서 미국인으로는 유일하게 입상하였다. 그는 크리스토프 본 도흐나니, 샤를 뒤뚜아, 볼프강

자발리쉬 등의 거장 지휘자들과 협연했다. 또 매년 필라델피아 오케스트라와 솔로이스트로 공연하고 있으며 맨해튼 음대, 커티스 음대를 비롯한 많은 음악학교에서 매년 마스터 클래스를 열어 학생들을 가르치고 있다. 1989년 로드아일랜드 주립대학 소재 킹스턴 실내악 축제를 만든 창설자이며 음악 감독인 그는 동대학 특별 초대 연주자의 직함도 가지고 있으며 2001년에는 명예 음악 박사학위를 수여 받았다. 이 축제는 티켓이 매진 될 정도로 인기를 얻고 있다.

킹스턴 체임버 뮤직 페스티발의 연계 사업으로 연례 아웃 리치 프로그램을 개발하여 지역 초등학교를 돌며 바이올린을 연주하고 고전 음악의 교육과 보급을 위해 힘쓰며 미래 청중을 배양하는 일을 하기를 12년째이며 로드아일랜드 주에서 11,000명 이상의 어린이를 위해 연주한 결과가 되었다. 그는 맨해튼 음대, 커티스 음대 를 비롯한 많은 음악학교에서 매년 마스터 클래스를 열어 학생들을 가르친다. 그는 퍼블릭 라디오에서 절찬 받은 바 있고 뉴스위크 주간지에도 기사화된 바 있다. 데이비드 김은 필라델피아 오케스트라와 매 시즌 독주 자로서 협연하며 크리스토프 본 도흐나니, 샤를르 드뚜아, 볼프강 자발리쉬 등의 거장 지휘자들과 함께 협연 했다.

김 진

Hingham 심포니 오케스트라 음악 감독 겸 지휘자로 뉴잉글랜드 최고 수준의 프로페셔널 오케스트라로 성장 발전시킨 가운데 워싱턴 D.C. 내셔날 심포니 오케스트라, 캐나다 국립 아트센터 오케스트라 등을 지휘하고 있다. 매년 미국 음악계의 떠오르는 지휘자 1명에게 주는 로버트 쇼 펠로우십의 수상자이기도 하다. 특히 뉴잉 글랜드 한인이민 100주년 기념음악회 음악감독으로 관현악단과 합창단 모집으로부터 솔로이스트 연락등과 총 지휘를 맡았다.

변화경, 피아니스트

뉴잉글랜드 콘서바토리의 피아노과 변화경 교수는 서울음대와 뉴잉글랜드 콘서바토 리 음대를 졸업 현재까지 NEC 음대 교수로 재직하면서 국제무대에서 이름을 떨치 고 있는 한인 음악인 가운데 한 사람이다. 세계 최고 권위인 차이코프스키 콩쿠르에 서 1등 없는 2등을 수상한 현 서울음대 백혜선 교수를 비롯하여 세계 유명 콩쿠르에 서 이름을 빛낸 많은 한국인 후진을 길러낸 교수이다. 변화경 교수는 보스턴 중국 문 화 재단으로부터 최우수교수상과 NEC가 최우수 교수에게 주는 '레써' 상을 받았다.

김정자

보스턴 콘서바토리 피아노과 교수이며 뉴욕 필하모닉 교향악단, 볼티모어 심포니 교향악단, 서울 필하모닉 교 향악단, 세인트루이스 실내관혁악단 및 여러 관현악단과 협연을 하였고, Kosciuszko 국제 쇼팽 경연대회에 서 입상하였으며, 카네기홀, 알리스툴리홀, 머킨홀, 메트로폴리탄 박물관 및 조단 홀에서 공연을 가진바 있다.

이미혜

Boston Chamber Music Society의 피아노 연주자이며 Kosciuszko 재단의 쇼팽 경연대회와 줄리어드 음악 경연대회에?1위로 입상하였고, 1972년 한국 전국 경연대회에서 최연소로 특상을 수상했다. 국공영 방송 프로 그램인 'Performance Today', 뉴욕시의WYC, WQXR, 보스턴의 WGBH에 방송되었다.

첼리스트 김이선

Borromeo 현악사중주단의 첼리스트이며 이화 및 중앙콩쿠르에서 입상을 비롯 뉴잉글랜드 콘서바토리에서 교수로 재직하면서 보스턴 WGBH, 프랑스 라디오, 일본 NHK방송과 뉴욕타임즈로부터 집중적이고 격렬함을 가진 연주자로 격찬을 받았으며 실내악 연주자로, 교수로 세계무대에서 크게 활동하고 있는 한인 음악가이다.

강쥴리엣
보스턴 심포니 관현악단의 부악장이며 카네기홀의 독주가 실황녹음 판매 되었다. Yehudi Menuihin경연대회
및 인디애나폴리스 국제경연대회의 1위 수상자이며 Young Concert Artist 수상자이다.

강엘리타
1997년부터 보스턴 심포니 관현악단의 단원이며 보스턴 심포니와 보스턴 팝스 관현악단의 부악장으로 임명
되었다. Julliard Concerto 경연대회에서 두 번 수상했다.

이윤아
미국과 한국에서 오페라 가수로 활약하고 있으며, 1998년 뉴욕시립 오페라단 공연 '카르멘' 에서 미카엘라로
데뷔하였다. 카네기홀에서 뉴욕 오라토리오와 함께 여러 번 공연하였고, 에이버리 피셔홀에서는 베르디의
Requiem을, National Chorale과 함께 공연하였고 Mario Lanza 경연대회와 Verismo 오페라 경연대회에서
1위를 수상한 바 있다.

2) 이민 백주년 기념 음악회 후기

기념 음악회는 역사적인 행사였고 성공한 한인의 모임이었다. 한국일보 보스턴 판에선 '한인들의 긍지를 드
높인 감동의 무대' 였다고 했다. 이 음악회를 관람했던 많은 사람들의 평은 이런 음악회가 우리 한인 사회에서
계속 이어졌으면 하는 생각을 갖게 하기도 했다.

지난 20여 년간 보스턴에서 성가대 연합합창을 비롯한 음악회가 있어 왔다. 또 1989년에 '동서 관현악단'
을 모집해서 1년에 서너 번 음악회를 개최한 일은 있었지만 순수 한인들의 음악회는 아니었다. 이번처럼10명
의 세계적인 한인 음악인이 출연하고 거의가 한인들로 구성된 오케스트라와 합창단이 2세 한인의 곡을 연주
할 수 있었던 것은 보스턴이 처음이었으며 규모나 음악인, 준비 과정 등 어느 다른 도시에서도 볼 수 없었던
일로 보스턴 한인의 자랑이 되지 않을 수 없다. 이 음악회가 있기까지의 과정을 적어 본다.

2002년 9월, 당시 교회협의회 회장인 권진태 목사가 백주년 기념으로 이 지역의 전도를 위한 합창을 중심
으로 한 음악회를 제안하였다. 송남수 백주년 기념 사업회 부회장과 조수헌씨는 이곳에 있는 음악인들을 총
망라하는 음악회를 열기 위한 공청회를 하도록 이 일을 권목사에게 부탁해 음악을 좋아하는 이들이 모일 수
있도록 해 달라고 부탁하여 11월10일 성가대 초청 음악회 자리에서 광고하고 11월17일 성요한 교회에서 준비
모임을 가졌다. 이 자리에 김진, 김유경, 김기영, 장재혁, 양태갑 등의 음악인과 그 당시 라이코스교회 김요한
목사와 교인들, 박대위, 김성인, 송남수, 조수헌씨 등이 모였다. 진지하게 가능성과 희망사항을 토론했다.
교회협의회는 백주년 기념사업을 돕고 음악회도 지지하기로 12월초 결정하고 12월18일 교회음악인과 교협
회장, 부회장, 백주년 사업회 회장, 부회장이 모여 변화경, 김진, 조수헌 씨 등을 중심으로 이 사업을 위해 새
로운 준비 단체를 만들어 추진하도록 하였다. 또 음악회를 샌더스나 죠단홀에서 하도록 하고 오케스트라 음악
과 체임버 음악, 합창, 안익태의 한국환상곡을 하도록 결정이 있었다.

3월말에 할 수도 있지 않을까 했으나 음악인들의 사정과 준비과정을 참작해서 미루기로 하였다. 2월에 만
난 회의에서 김진 씨를 음악 총책임자로 정했다.

김진은 7년 간 힝햄 오케스트라를 맡아 매년 음악회를 열어 온 지휘자이다. 그는 10여 명의 실행이사회가
있어야겠다고 했으며 조수헌 씨는 교회 음악인들과 보스턴의 관심 있는 이들에게 연락하기 시작했다. 관심은
있으나 잘 되겠는가 하는 회의적인 분들이 대부분이었다. 그래도 김유경, 장수인, 이경해, 이길자, 이효춘 씨

와 박성준, 장재혁, 김기영 지휘자들, 김진, 박경민, 조수헌 씨 등은 2003년 3월2일에 만나서 음악회 준비 이사회를 이루었다. 이 자리에서 공동회장에 박경민, 이효춘 씨를 뽑았고 Publicity 이길자, Development 이경해, Program Editor 장수인, Ensemble Manager 김유경, 총무 조수헌, 음악 총책임자 김진 씨를 선임하고 한 달에 한번 성요한교회 성가대실에서 만나 연습을 하게 되었다.

같은 마음을 가진 사람들과 전문적인 음악인이 모이는 것도 쉽지 않았다. 특히 장소를 구하는 일과 날짜를 정하는 것도 쉽지 않았다. 공연일은 10월 13일로 결정했는데 이날은 컬럼버스 데이라서 공휴일이며 월요일 날짜라서 연습할 수 있는 주말 시간을 잘 이용했다. 김진 씨는 십여 명의 음악인들에게 편지를 보내고 전화로도 연락을 취했다. 4월에 이사회로 모였을 때 이미 한동일, 데이비드 김, 변화경 씨의 참가가 결정되었다. 이후 김정자, 김이선, 이미혜, 엘리타 강, 줄리엣 강, 이윤아씨의 참가도 약속됐다. 이후 이효춘 씨는 오케

스트라 등 모든 재정 예산표와 어떻게 감당할지에 대해 계획표를 짜왔다. 그리고 한인 작곡자 김얼, 서도널드의 곡을 하도록 건의했다. 안익태의 곡은 이번 음악회엔 하기가 너무 길어 미뤄 졌다. 백주년 사업회에서도 사업 목록에 음악회를 집어넣었다. 가장 먼저 기부금을 보내준 단체는 하버드의 Korea Institute와 보스턴 이대 동창회이다.

4월부터 10월까지 이사들은 만나는 사람마다 음악회 얘기를 했고 이경해 씨를 중심으로 각 사업체마다 광고와 기부금을 부탁했다. 4월 유길준 기념비 세우는 날도 광고지를 돌렸다. 이후 포스터와 책자 발행에 대한 논의가 계속되었다. 프로그램에서부터 모든 커뮤니케이션이 영어와 한국어로 하기로 되었고 1세뿐 아니고 1.5세와 2세가 함께하는 축전의 형식을 원했다. 티켓 값도 정했고 8월부터 팔기 시작한다.

한편 편지와 전화로 광고, 기부금, 표 판매 내용을 홍보했다. 많은 한인단체와 기업체에서 광고를 결정해 주었고 음악상들이 광고를 내 주었다. 한국일보와 한인회보에 광고와 글들이 나갔다. 동창회, 교회를 통한 홍보와 티켓 판매가 적중했다. 음악회 날 판매소에서도 표가 많이 팔렸다. 천석의 티켓이 거의 다 나갔다. 합창단은 자원하는 형식으로 단원을 모았고 쉽지 않은 현대곡을 소화하려고 힘을 다했다. 아래의 분들은 이사와 관계 봉사자들이다.

이효춘 스미스대를 나와 음악을 전공했다. 한인교회 지휘도 했으며 10여 년간 보스턴의 공영 방송국 WGBH-Radio에서 매니저로 일하고 있다. 클래식 음악, 특히 얼 김, 도널드 서 작곡가들의 음악을 이해했고 백주년 음악회 공동 회장의 역할을 맡아 전문적인 성향으로 이끌어 갔다.

박경민 서울의대 출신으로 백주년 기념 사업회 회장을 역임했으며 이 음악회의 중요성을 주지하여 뉴잉글랜드 한인 문화 발전에 큰 힘을 기울였다.

이길자 이화여대 출신 의사이며 David Kim이 참가하도록 했고 한국일보와 한인회보 등에 좋은 홍보를 위해 수고 했다.

이경해 하와이대 출신으로 부동산 기업을 하는 성요한교회 교인이다. 긍정적인 성격으로 보스턴 한인 사회를 향한 이해와 보편적인 연락과 광고 주선 등 중요한 역할을 맡았다.

김유경 서울대 피아노과, NEC에서 올갠으로 석사학위를 끝내고 앤도버 소재 회중교회의 음악 책임
자로 다년간 올갠과 합창지휘를 했다. 한인 교회에서도 활동했는데 보스턴 여성합창단 지휘자
이다. 오케스트라와 합창단의 매니저로 짧은 동안에 100여 명의 단원들을 확보했다.

장수인 서울대 성악과 출신 액튼 한인교회 독창자인데 포스터와 회보 편집을 위해 처음부터 끝까지
인내심과 열정으로 봉사하였다. 체임버 합창단 매니저로 수고하였다.

조수헌 이대수학과 출신이며 장로교회 교인으로 음악에 대한 특별한 열정이 있어 교회 협의회 성가대
초청 음악회를 시작시킨 일이 있고 이번 백주년 음악회를 열도록 하는데 주력했다. 총무로 티
켓 판매 일을 했다.

장재혁 보스턴 장로교회 지휘자로 BU에서 작곡과 지휘 전공 박사학위 과정에 있다. 김진을 도와 합
창단 부지휘자로 일을 맡았고 처음 모임부터 이일을 믿고 도왔다. 팸플렛 교정과 번역에도 전
문성을 보여 주었다.

박성준 캠브리지교회 지휘자로 매주 20여 명의 오케스트라를 지휘하고 있는데 신학대학원 과정에 있
고 BU에서 작곡과 박사과정에 있다. 아티스트 프로필과 음악에 대해 박성준은 9월부터 매주
한국일보에 연재했다. 도널드 서 작품을 다시 오케스트라와 합창단 악보로 만들었다.

김기영 한양대 출신 작곡가로 보스턴 대학교 박사과정에 있다. 북부 보스턴교회 지휘자인데 처음 모
임부터 참석했다. 작곡가의 역량을 발휘해 이 음악회를 위해 한국 민요를 편곡해 교향악의 다
채로운 미와 합창의 큰 묘미를 나타냈다.

이의인 산성교회 장로로 이번에 광고 편집을 맡아 수고했다.

박대위 퀸지영생교회 장로인 인쇄사 경영자로서 음악회 책자가 잘 나올 수 있도록 많은 시간을 헌신
했다.

최승은 이대미대 출신인 그래픽 전문가로 캠브리지교회 교인이다. 책자 커버와 포스터를 만들어 주었
다. 태극기를 배경으로 한 디자인은 부드럽고 따뜻한 느낌을 주었다.

장동근 뉴욕주립대 교수로 레이아웃 디자인을 맡아주어 영, 한 책자 프로그램이 나오는 과정을 맡아
주었다.

3) 보스턴 지역의 한인 음악회

1980년대 이후 보스턴 지역의 중요 음악 활동은 다음과 같다.

    1985년 한인회 주최 음악회

        – MIT 강당에서 열렸고 변화경 지휘 한인교회 성가대가 참가했음

    1986년 한인회 음악회

        – 파인매너 대학 강당에서 열렸고 전덕영 목사 지휘 하에 연합성가대가 참가했음

    1991년 한인회 음악회

        – BU 마쉬채플에서 열렸고 이재숙 지휘하 연합성가대가 참가했음

    1993년경 시작되어 매년 봄에 열리는 서울대 음악회

        – 서울대 동창회 주최로 변화경, 황보엽 씨 등이 중심된 실내악 음악회

    1992년 이후 교회협의회 주최 성가대 초청 음악회가 매년 11월에 열림

    1992–1994년 보스턴 장로교회

    1995년부터는 케임브리지 한인교회에서 계속 열리고 있음

보스턴 한인교회 50주년 기념 음악회

　　2003년 11월 22일 오후 8시
　　현악 4중주
　　남성 복사중창
　　소프라노 독창 조유미
　　피아조 독주 백혜선
　　보스턴 한인교회 찬양대, 헨델의 '축제의 찬양'
　　지휘 변화경, 오르간 손민수

케임브리지 한인교회 25주년 기념 음악회

　　2003년 10월 26일 오후 7:30
　　바이올린 이주미
　　소프라노 이윤아
　　재즈 피아노 곽윤찬
　　케임브리지 한인교회 성가대와 기악앙상블, 지휘 박성준

4) 보스턴 지역의 한인 음악인들

2003년 백주년 음악회에서 연주와 작곡을 한 음악가들 외에 보스턴에서 뛰어난 활약을 했거나 현재 활약하는 음악인들은 아래와 같다.

　　황보엽　　　보스턴 심포니 바이올리니스트
　　김광우　　　Longy School of Music 학장
　　스코트 유　　Metamorphosen 체임버 오케스트라의 conductor, Violinist

이 지역에서 활약하고 간 음악인들

　　백혜선　　　다년간 한인교회 올갠주자로 봉사했으며 차이콥스키 경연대회 입상했음.
　　　　　　　　현 서울대 교수
　　옥인걸　　　성악가이며 다년간 로웰대 교수 역임했음
　　배덕윤　　　1년 간 관현악단을 구성하여 샌더스 극장에서 연주, 장로교회를 지휘했음
　　최시원　　　BU에서 박사학위를 했으며 한인교회에서 다년간 지휘했고 연세대 교수역임 중 작고
　　이재숙　　　성악가이며 교회지휘와 교회 음악을 위해 힘썼음

　　(음악부분 글쓴이 조수헌)

제 6장 인구 동향, 경제 및 사업 활동 | 윤은상

1. 서론: 편집 목적 및 방향

한인이 미국으로 이주하게 된 동기는 시대에 따라 변천해 왔다. 지금으로부터 120년 전인 1883년 보빙사절단의 일원으로 뉴잉글랜드 지역을 방문 후 유학생으로 체류한 유길준을 비롯하여 19세기 말에서 20세기 초 한인의 이민은 주로 서구 문명에의 접촉과 정치적 망명이 주요 동기였다. 그 후 조국의 해방과 이어지는 20세기 중반의 이민은 주로 새로운 학문 예술을 배우고자 하는 유학생들로 이루어졌다. 1960년대 이후는 아메리칸 드림을 이루는 새 삶의 터로 특히 가족의 초청을 통한 부모와 형제자매의 이민이, 그리고 한국 경제의 국제화가 시작되던 1970년대 이후는 지상사원들의 현지이주 등 경제적 동기의 이민이 늘어났다. 1980년대 이후에는 대학(원)외에 공사립 초중고등 학교로 조기유학 등 사회 문화적 동기가, 종래의 정치 경제적 이유와 혼합 복잡화하는 양상을 보이고 있다. 역사적 상황을 배경으로 이민 동기가 이렇게 다양한 형태를 보여 왔으나 시대를 넘어 이민의 공통적인 저변 목적의 하나는 '경제적인 생활 환경 및 수준의 향상' 이었다.

본 6장에서는 우선 경제활동의 주체인 한인의 인구 동태를 US Census(미 정부 인구조사) 자료를 중심으로 기술한 후 우리 한인들이 뉴잉글랜드 지역에 이민, 이주, 정착하는 과정과 상황을 경제적 관점에서 살펴본다. 특히 유학생들의 생활이 시대에 따라 변화하여 온 모습과, 이민 후 한인들이 각종 사업 분야에서 개척하고 확장하여 온 경제활동을 소개한다. 현재 거주하고 있는 한인들의 회고적 인터뷰와 현재 운영 중인 사업체에 관한 약식 설문조사에 근거하는 만큼 사료로서 갖추어야 할 일관성이 약하다. 단지 뉴잉글랜드 지역에 정착하며 우리 한인들이 보여 온 경제적 안정과 향상을 위한 노력과 그 결실을 단면적으로 편집함을 본 장의 목적으로 한다.

2. 인구 동향

1) US Census 자료로 본 한인 인구 추이와 구성

미연방정부 상무성이 실시하는 US Census 자료를 중심으로 뉴잉글랜드 지역 한인의 인구 추이 및 동향을 살펴본다. (표 1 참조). 뉴잉글랜드 지역 6개 주의 전체 한인 수는 1930년의 9명과 1940년의 15명에서 1970년에는 2,498명, 1990년에는 21,086명, 그리고 2000년에는 29,337명으로 증가했다. 2000년 Census 자료에 따르면, 미국전체의 한인 수 1,076,872명 중 뉴잉글랜드가 차지하는 비중은 2.7%이다. 주별로는 매사추세츠(MA) 주가 17,369명으로 뉴잉글랜드 지역 전체의 59.2%, 코네티컷(CT) 주가 7,064명으로 24.1%를 차지하여 한인이 집중 거주하는 지역이다. 뉴햄프셔(NH) 주는 1,800명으로 6.1%, 로드아일랜드(RI) 주는 1,560명으로 5.3%를 점하며, 메인(ME) 주는 875명으로 3.0%, 버몬트(VT) 주는 669명으로 2.3%의 한인이 거주한다.

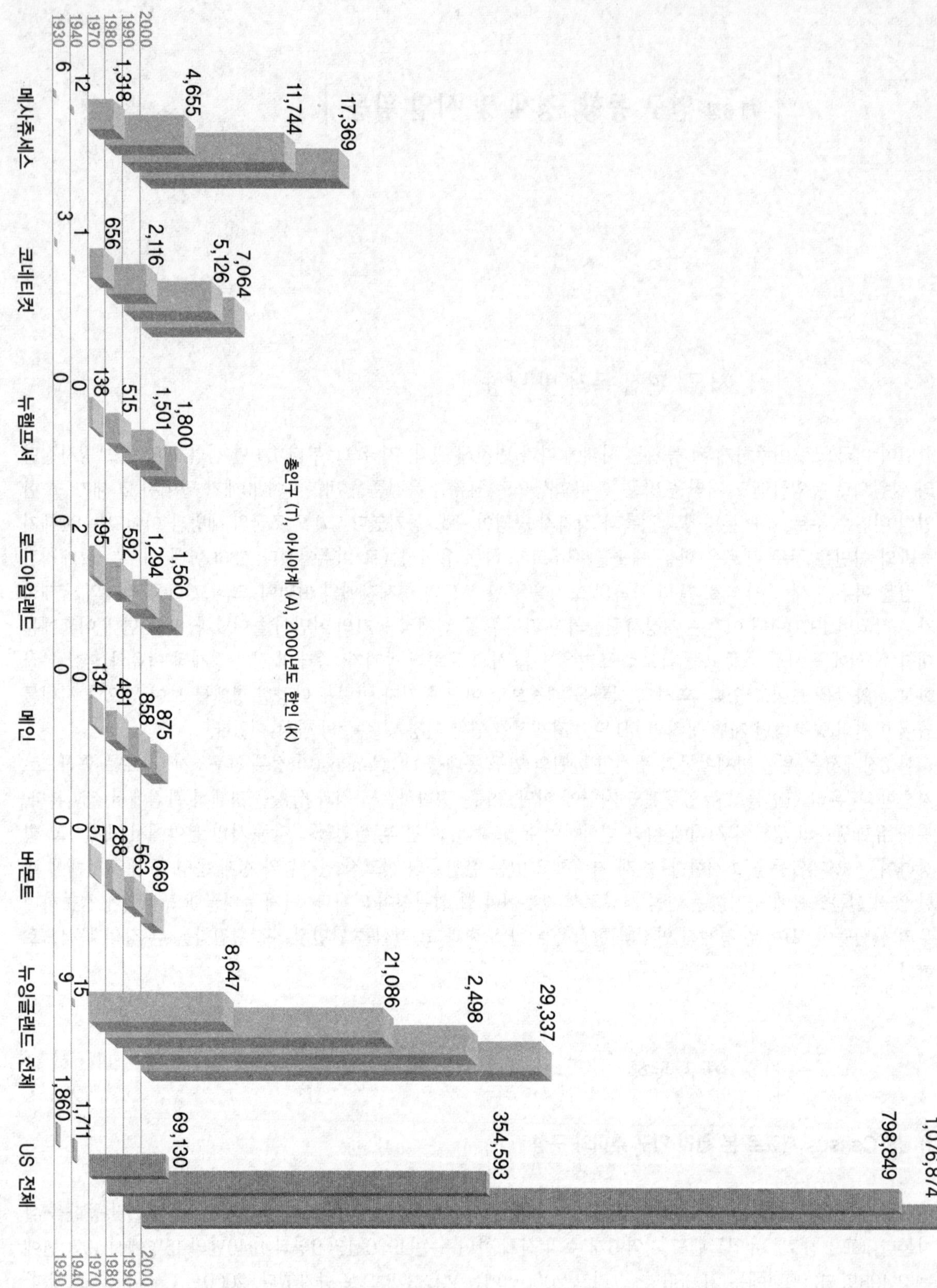

각 주에 거주하는 총 인구에서 점하는 한인의 비율을 보면 MA주와 CT주가 각각 0.28%와 0.21%로 한인이 많이 거주하는 지역인 반면 NH주와 RI주는 각각 0.15%, ME주와 VT주는 각각 0.07%와 0.11%로 비교적 적은 수의 한인이 거주한다. 그러나 각 주에 거주하는 아시아계 전체 인구와 비교한 한인의 비율을 보면 한인의

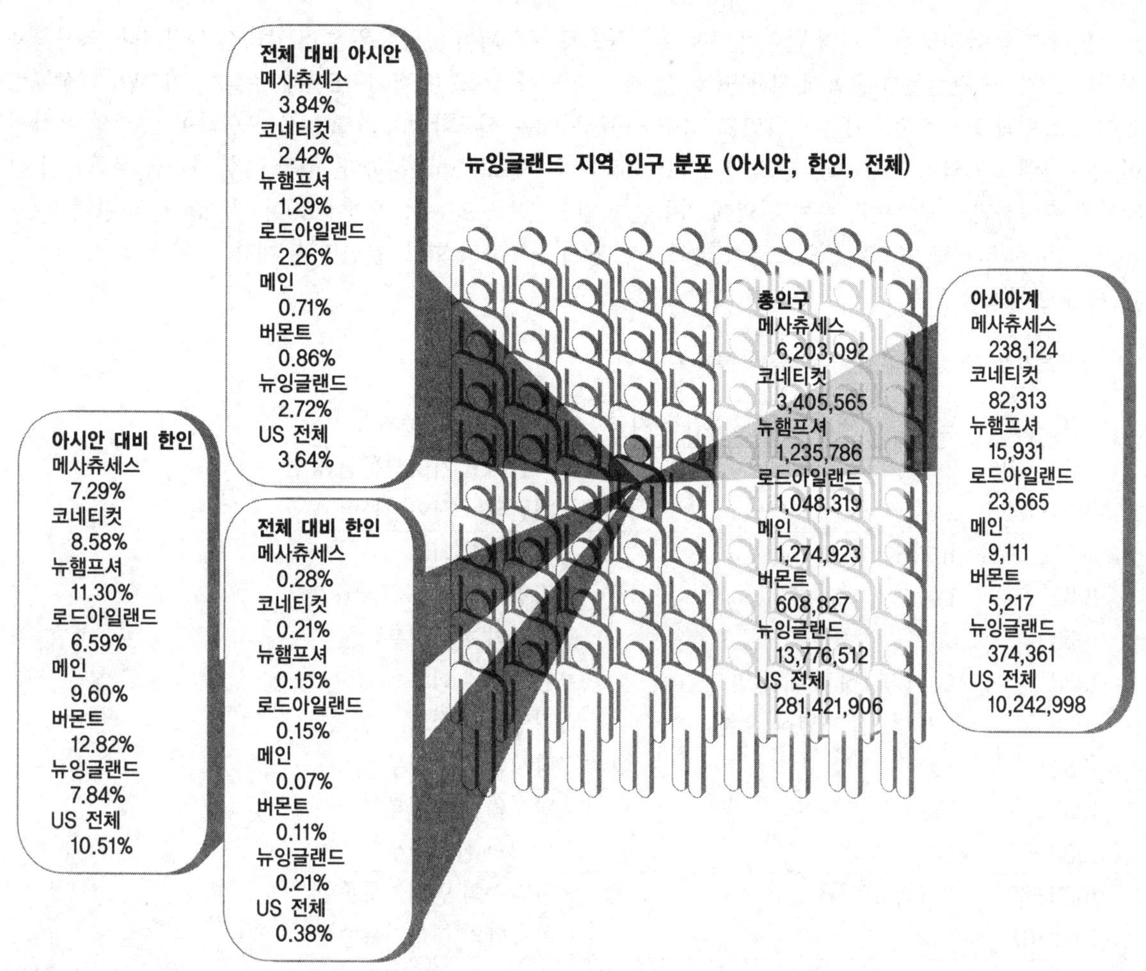

상대적 집중 거주 지역 순위가 바뀌게 된다. 즉 VT주와 NH주는 각각 12.8% 및 11.3%로 그 비율이 높은 반면 ME주와 CT주는 각각 9.6% 및 8.6%, MA주와 RI주는 각각 7.3% 및 6.6%로 낮아서 한인들의 상대적 거주선호지역이 다른 아시아인들과 비슷하지 않다.

참고로 2000년 Census 자료에 의거하여 뉴잉글랜드 지역 내 한인의 비율을 미국전체(US)내 한인의 비율과 비교하면, 미국총인구 중의 한국인 (US의 0.38% vs. NE의 0.21%), 아시아계 중의 한국인 (US의 10.51% vs. NE의 7.84%), 미국총인구 중의 아시아계 (US의 3.64% vs. 2.72%), 모든 면에서 뉴잉글랜드 지역은 아시아인의 특히 한인의 거주지로서 미국 내의 다른 지역에 비하여 선호도가 낮은 편이다. 미국에 사는 전체 한인의 수는 1930-40년의 2천명이내, 1970년의 7만여 명, 1980년의 35만여 명, 1990년의 80만여 명, 그리고 2000년의 108만여 명으로 증가하여 왔다 (표 6-1 참조). 아시아계 인구 중에 차지하는 한인의 비율은 1970년에 5.1%, 1980년에 9.5%, 1990년에 10.9%, 2000년에 10.5%로 높아져 왔다. 이런 추세가 지속될 경우 미주 내 한인의 인구는 2010년에 166만 명, 2020년에 214만 명이 될 전망이다 (Merye C. Tharp, 2001).

2) 한인 인구의 비공식적인 추정 및 집계

US Census에 의거한 인구통계는 단기 또는 불법 체류자 등을 포함하지 않을 뿐 아니라, 응답 대상자의 의도적, 비의도적인 누락으로 실제 거주자의 수를 정확히 반영치 못한다. 이를 보완하기 위해 비공식적인 자료이긴 하나 (a) 이민 초기의 문헌, 기록 및 회고 (b) 한인회의 추정 (c) 연구소의 집계 등에 나타난 한인 통계를 살펴본다.

　　이민 초기의 뉴잉글랜드 지역 한인이 주로 유학생으로 구성되어 있었음은 널리 알려진 사실이다. 역사학자 백린의 초기이민관련문헌 종합에 의하면(제1장, 초기 이민사 참조) 1983-1915년에 유길준, 이승만, 백상규 3인이 보스턴과 프로비던스에 유학하였고, 1916-1926년에는 신도학생(新渡學生)을 포함하여 29명의 유학생이 뉴잉글랜드 지역에 거주하였다. 그 후 1930-1950년의 자료는 불충분하다. 해방 이후 다시금 유학생의 선망지로 부상하면서 보스턴과 주변 지역에 거주한 한인의 수는 1951-1952년에 50여 명, 1953-54년에 100-150명, 1955-57년에 200명 선으로 점점 늘어났다 (당시 거주자의 회고, 한인명부, 대학, 병원 등의 기록에 의한 표 6-2 참조).

이민 초기 및 1950년대의 한인 수 (비공식 통계) (표6-2)

시기	보스턴 지역	프로비던스 지역	근거자료 및 출처
1983-1915	2	1	백린의 초기이민문헌 종합
1916-1926	24	5	백린의 초기이민문헌 종합
1951	10가구		전혜성의 회고
1952	13		김영호의 회고
1953	50		당시의 한인명부*
1953	40여 명 (첫 예배 모임)		안창수의 회고
1953	150 (3.1절 기념식 참석)		김영호의 회고
1954	120		당시의 한인명부*
1955	155		당시의 한인명부*
1956-57	173		당시의 한인명부*
1953-60	17 (취업의사)		안창수의 병원기록종합
1951-61	13		차승만의 대학기록종합

*안창수, '보스턴지역 한인 사회의 발전,' 지평선 창간호 및 지평선월간생활정보 (1994)

3. 보스턴 지역 한인 사회의 발전

1960년대에 결혼에 의한 이민이 나타나고, 1970년대에 간호원, 병아리 감별사 등 취업을 위한 이민이 시작되었다. 이렇게 이민한 한인들이 그들의 부모와 형제자매를 초청함으로써, 뉴잉글랜드 지역에도 한인의 수가 급증하게 되었다. 이들 초청에 의한 연쇄적인 이민의 증가는 1970년대 이후에 이루어지는 한인 사회의 경제적 공동체 형성과 스몰 비즈니스의 확대에 주도적인 역할을 하게 된다. 하버드 의대의 교수로 1950년대의 인구 자료를 조사한 안창수의 추정에 의하면 (지평선 창간호 참조), 1970년의 한인 수는 보스턴 지역에 4,000여 명, 뉴잉글랜드 지역 전체로 10,000여 명에 달하였다. 이즈음부터 유학생 아닌 한인의 수가 유학생 수를 넘어서게 되었다고 한다. 이러한 추정 한인 수는 1970년 US Census에 의거한 MA주의 한인 수 1,318명, 뉴잉글랜드 지역 전체 한인 수 2,498명에 비하여 3-4배나 많은 것으로, 당시에 실제 거주 한인인구가 다변적으로 확대하였음을 시사한다.

최근 뉴잉글랜드 한인회가 편집 발행한 한인록(2003년)에 의하면, US Census에 비하여 주별로 38%-106% 더 많은 한인이 뉴잉글랜드 지역에 거주하는 것으로 추정하고 있다 (표 6-3 참조). 즉 MA주는 24.000명으로 Census의 17,369명보다 7000명 (+38%)이, CT주는 11,000명으로 Census의 7,064명보다 4000명 (+56%) 많다. NH주는 3,100명으로 Census의 1,800명보다 1,300명 (+72%)이, RI주는 2,600명으로 Census의 1,560명보다 1,000명 (+67%) 많다. ME주는 1,800명으로 Census의 875명보다 900명 (+106%)이, VT주는

1,100명으로 Census의 669명보다 400명 (+64%)이 많다. 그리하여 뉴잉글랜드 지역 6개 주 전체는 43,000명으로 Census의 29,337명보다 13,000명 (+47%) 이상 높은 것으로 추정한다. 물론 이러한 한인 수는 추정 방법에 관한 설명이 없고, Census 수치와의 편차가 주별로 큰 차이가 나는 등 그 신빙성을 논하기 어렵다. 지나치게 높여 잡은 감도 없지 않으나, US Census가 포함하지 못하는 유학생을 포함한 일부 중장기 거주자를 고려한 것으로 해석할 수 있겠다.

한편 뉴잉글랜드 한인통계연구소가 1993년 22개 한인 단체와 20개 한인교회에 등록한 한인의 인명 및 주소를 근거로 집계한 종합한인록 (이상우 편집)에 의하면, 뉴잉글랜드 지역 등록한인 수는 8,067명으로 1990년 US Census에 의거한 한인 수 21,086명의 38%를 포함하였다. MA주는 5,007명으로 Census의 한인 수 11,744명의 43%를 포함하여 6개 주중에서 가장 높았다. CT주는 1,800명으로 Census의 한인 수 5,126명의 35%, NH주는 611명으로 Census의 한인 수 1,501명의 41%, RI주는 282명으로 Census의 한인 수 1,294명의 22%, ME주는 177명으로 Census의 한인 수 858명의 21%, VT주는 190명으로 Census의 한인 수 563명의 33%를 각각 포함하였다. 이러한 통계는 방법론상으로 볼 때, 각종 한인 단체가 정기적으로 업데이트하는 등록인의 인명과 주소를 이와 같이 주기적으로 집계하고 이를 US Census 자료와 비교하여 한인의 인구 상황을 파악할 수 있다는 점에서 가치가 있다. 이러한 통계 작성은 1993년의 첫 시도 이후 그만 중단되어 연속성을 잃고 말았다.

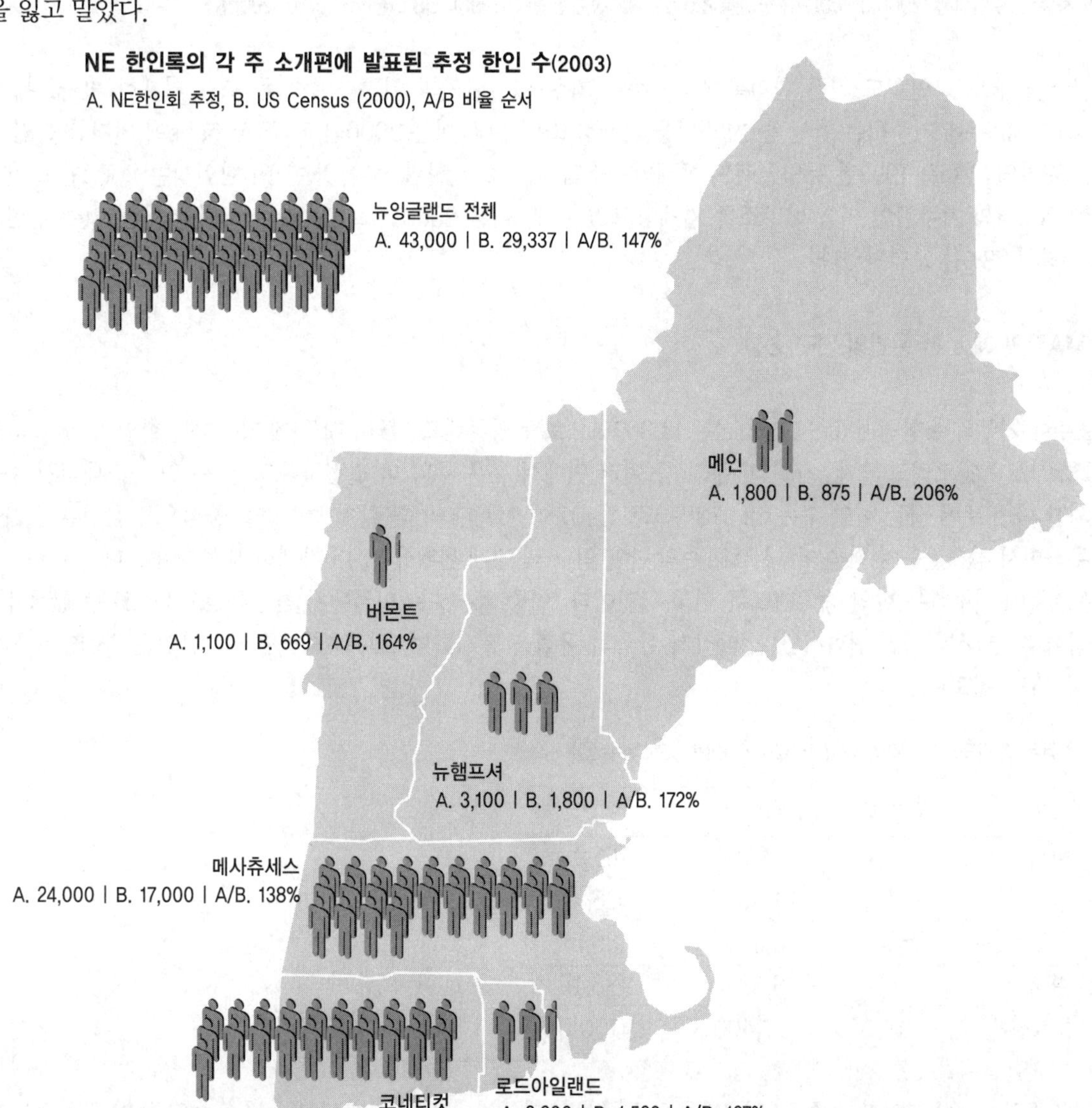

NE 한인록의 각 주 소개편에 발표된 추정 한인 수(2003)

A. NE한인회 추정, B. US Census (2000), A/B 비율 순서

*뉴잉글랜드 한인록의 각 주 소개편에 발표된 추정 한인수 (2003) – 앞 페이지 다이어그램 참조

뉴잉글랜드 한인통계자료 연구소가 42개 한인 단체 등록자를 근거로 집계한 한인 수 (1993)

	MA	CT	NH	RI	ME	VT	NE 전체
C. 등록한인 수	5,007	1,800	611	282	177	190	8,067
남자 수	2,964	1,168	289	199	76	75	4,771
여자 수	1,934	631	309	83	101	115	3,173
등록가구 수	1,950	875	243	240	117	60	3,485
D. US Census (1990)	11,744	5,126	1,501	1,294	858	563	21,086
C/D 비율 43%	35%	41%	22%	21%	34%	38%	

한인록에 이름 및 주소가 등록된 한인 수

E. 등록 한인 수 　　(MA) 1,955 (2000년) 　　　(RI) 362 (2002년)

(E/B 비율) 　　　(11%) 　　　　　　　(23%)

자료: NE 한인록 (2000, 2003), RI 한인록 (2002), NE 종합한인록 (1993), US Census (1990, 2000)

뉴잉글랜드 한인회도 최근 한인록에 MA주에 거주하는 한인의 이름과 주소를 조사 기재한 바 있다. 즉 2000년 MA주에 거주하는 한인 중 1955명을 기재하고 있는데, 이는 2000년도 US Census에 의거한 한인 수 17,369명의 11%로, 1993년 뉴잉글랜드 통계연구소의 43%보다 훨씬 적다. 또한 RI 한인회는 2002년도 한인록에 362명의 거주한인 이름과 주소를 기재하고 있는데, 이는 2000년도 US Census의 의거한 RI주내 한인 1560명의 23%를 포함하였다.

1) MA주의 예로 본 한인의 인구 현황

MA주에 거주하는 한인 수(US Census)는 17.369명으로 뉴잉글랜드 지역 6개 주에 거주하는 한인 수가 29.337명으로 59.2%, 그리고 경제, 사회 및 문화 등 여러 면에서 뉴욕 주와 더 밀접하다고 볼 수 있는 코네티컷 주를 제외한 다섯 주에 사는 한인 수는 22,273명으로 78.0%에 이른다. 이와 같이 보스턴을 중심으로 한인들이 집중 거주하면서 경제활동의 핵을 이루는 MA주의 한인 인구 및 경제 현황을 좀 더 자세히 분석하여 본다.

　　MA주에 거주하는 한인 중 61.9%는 미국 시민이다. 이중 25.4%는 미국에서 출생하였고 36.5%는 한국에서 출생한 후 미국에 이민 귀화하였다. 따라서 한국의 국적을 유지하며 MA주에 영주하는 한인은 38.1%인 셈이다 (표 6-4 참조).

MA주 한인의 국적 및 출생지 (자료: 2000년 US Census)

국적	출생지	한인수	(%)
미국		10,766	(61.9)
	미국	4,421	(25.4)
	한국	6,345	(36.5)
한국		6,634	(38.1)
MA전체		17,400	(100.0)

MA주의 5,322 한인가구 중 54%는 가족으로 구성된 가구이며 46%는 학생이나 미혼 성인 등이 구성하는 비

가족 가구이다. 한인 한 가구 당 평균 구성인의 수는 2.4 명으로 다른 아시아계와 비교할 때 일본인의 2.1명에 이어 낮은 편이다 (표 6-5 참조). MA주의 아시아계 중 가장 인구가 많은 중국인의 경우는 2.9 명, 인도인의 경우는 2.7명으로 약간 높다. 한편 베트남인과 캄보디아인은 각각 3.9명과 4.7명으로 아주 높다. 참고로 MA주 아시아계의 인구 구성을 보면 한국은 중국, 인도, 베트남, 캄보디아에 이어 5위이며 일본은 그 다음이다.

  MA주 한인의 성별 구성을 보면 남자가 44.3%, 여자가 55.7%이다 (표 6-6 참조). 0-4살 및 5-12살 그룹에서만 남자의 수가 많고 다른 연령그룹에서는 모두 여자 수가 많다. 연령분포를 보면 대학(원)생을 포함하는 18-34살 그룹이 8,451명으로 가장 큰 비중을 차지하며, 어린 세대인 0-17세 그룹이 4,145명으로 장년 이상의 세대인 35-64세 그룹의 4,256명과 비슷하다. 65세 이상의 인구는 507명이다. MA주 한인의 평균연령은 26세로 남녀간에 별 차이가 없는 것으로 나타나고 있다.

MA주 주요 아시아계의 가족 구성 (자료: 2000년 US Census)

주요 아시아 계	MA주 인구	가구평균 구성인수
Korean	17,369	2.4
Chinese	84,389*	2.9
Indian	43,801	2.7
Vietnamese	33,962	3.9
Cambodian	19,696	4.7
Japanese	10,539	2.1
Total Asian	234,047	

* Taiwanese 2,364 포함.

MA주 한인의 성별 및 연령 분포 (자료: 2000년 US Census)

연령분포	전체	남자(%)	여자(%)
MA주 한인수	17,369	7,687 (44.3)	9,682 (55.7)
0 – 4	1,153	612 (53.1)	541 (46.9)
5 – 12	1,671	848 (50.7)	823 (49.3)
13 – 17	1,321	609 (46.1)	722 (53.9)
18 – 24	3,792	1,531 (40.4)	2,261 (59.6)
25 – 34	4,659	2,147 (46.8)	2,512 (53.2)
35 – 44	2,166	927 (42.8)	1,239 (57.2)
45 – 54	1,287	479 (37.2)	808 (62.8)
55 – 64	803	355 (44.2)	448 (55.8)
65 – 74	322	132 (41.0)	190 (59.0)
75 – 84	137	36 (26.3)	101 (73.9)
85 –	48	11 (22.9)	37 (77.1)
평균(median)연령	26.3	25.9	26.6

  MA주의 한인은 보스턴 주위에 집중 거주하고 있다, 특히 대학(원)생이 많이 거주하는 보스턴과 Cambridge에 한인수가 가장 많다 (표 6-7 참조). Route 128내의 town인 Brookline, Newton, Somerville, Lexington 및 Waltham과 Interstate 495내의 town인 Wellesley와 Andover 그리고 대학들이 많이 모여 있

는 MA주 서부의 town인 Amherst에 한인들이 집중 거주하고 있다. 이들 10대 city 및 town에 거주하는 한인의 수는 MA주 전체의 47%를 점한다.

MA주 한인의 거주 지역 (자료: 2000년 US Census)

집중순위	City/Town	한인수	%
1	Boston	2,564	14.8
2	Cambridge	1,901	10.9
3	Brookline	861	5.0
4	Newton	530	3.1
5	Somerville	462	2.7
6	Amherst	448	2.6
7	Lexington	431	2.5
8	Waltham	355	2.0
9	Andover	286	1.6
10	Wellesley	266	1.5
	Others	9,265	53.3
	Total	17,369	100.0

4. MA주의 예로 본 한인의 경제 수준 현황

뉴잉글랜드 지역에 거주하는 한인의 개괄적인 경제수준을 파악하기 위하여 MA주 한인의 소득관련 Census 자료를 비교, 요약하면 표 6-8과 같다. 한인의 가구당 연간소득은 평균 (median) $40,056으로 MA주 총인구의 평균치 $50,502보다 26% 낮으며, 아시아계 인구의 평균치 $51,273에 비교하면 28% 낮다. 주요 아시아계의 가구당 소득수준을 비교하여 보면 인도인과 중국인이 높고, 일본인과 한국인이 중간 그리고 베트남인과 캄보디아인이 낮다.

한인의 일인당 연간소득은 평균 (median) $19,827로 MA주 총인구의 평균치 $25,952보다 31%나 낮다. 이는 아시아계 인구의 평균치 $21,452에 비교하여 8% 낮은 것이다. 주요 아시아계의 일인당 소득을 비교해 보면 인도인, 일본인, 중국인이 높고, 한국인은 중간이며 베트남인과 캄보디아인은 낮다. US Census Bureau가 정의하는 빈곤 가정의 비율은 한인의 경우 14.2%로 MA주 전체의 6.7% 및 아시아계의 12.4%보다 높다. 반면 정부소득보조가정의 비율은 한인의 경우 1.4%로, MA주 전체의 2.9% 및 아시아계의 4.3%보다 크게 낮다. 아마 가난하더라도 독립적으로 생활하려는 한인의 심지와 정부의 보조를 제대로 이용하지 못하는 한인의 미숙을 동시에 반영하는 것 같다.

MA주 주요 아시아계 소득수준 및 빈곤비율 비교 (자료: 2000년 US Census)

주요 아시아계	가구평균소득*	일인당소득	빈곤수지**	PAI Rate***
Korean	$40,056	$19,827	14.2%	1.4%
Asian	$51,273	$21,452	12.4%	4.3%
Chinese****	$51,708	$23,203	9.9%	2.9%
Indian	$71,265	$31,702	5.4%	1.5%
Vietnamese	$38,033	$13,522	21.2%	12.4%

Cambodian	$37,058	$10,306	24.6%	16.4%
Japanese	$42,570	$23,302	12.5%	0.4%
White	$52,445	$27,808	4.6%	2.1%
Black	$33,727	$16,011	18.3%	7.2%
Latino	$27,300	$11,963	28.5%	13.3%
Total MA	$50,502	$25,952	6.7%	2.9%

*Median **According to the determination of the U.S. Census Bureau.

***Public assistance income Rate ****Taiwanese 포함

MA주 한인의 주택 소유상황을 보자(표 6-9 참조). 주택을 보유하는 한인 5,322가구 중 29%는 자기주택을 소유하며, 71%는 타인소유의 주택을 임대하고 있다. 주요 아시아계의 자기주택 소유비율을 비교하여 보면 중국인이 51%로 특히 높은 반면, 인도인과 베트남/캄보디아인은 34-39%로 중간이며, 일본인은 25%로 한국인과 함께 낮다. 한인들이 타인주택을 임대하며 지불하는 월평균임대료는 $972로서 일본인($1,069) 및 인도인($966)과 함께 높은 반면 중국인($782), 베트남인($687), 그리고 캄보디아인($602)은 낮다. 학생들이 밀집 거주하는 보스턴지역의 높은 임대료와 Life Style의 차이 등으로 설명이 가능할 것이나 자료가 없다.

MA주 주요 아시아계의 주택 소유 및 임대 상황 (자료: 2000년 US Census)

인종별	가구 수	주택소유가구	주택임대가구	월평균임대료
Korean	5,322	1,532 (29%)	3,790 (71%)	$972
Chinese	27,512	14,099 (51%)	13,413 (49%)	$782
Indian	15,062	5,552 (37%)	9,510 (63%)	$966
Vietnamese	8,420	3,246 (39%)	5,174 (61%)	$687
Cambodian	4,055	1,361 (34%)	2,694 (66%)	$602
Japanese	4,127	1,043 (25%)	3,084 (75%)	$1,069

이상에서 살펴본 MA주 한인의 소득 및 주택소유에 관련된 자료는 우리 한인의 전반적인 경제수준이 주요 아시아계 중 그 중간에 있음을 시사한다. 미국으로의 이민과 정착의 역사가 긴 인종일수록 경제적 수준에서 우위를 보이고 있다. 이는 이민한 가족의 취업분야 및 직종이 처음에는 주로 저임금의 assembling 등 제조가공으로 시작하였다가 세월이 지나면서 관리직, 전문직, 개인사업 등 고수입 분야로 전환하여 왔음을 반영한다. 1870년대에 집중 이주한 중국인들은 당시 산업 혁명의 중심이던 Lowell-Lawrence 지역의 섬유 공장에서 생업을 시작하였다 (Shehong Chen, 2003). 1970-80년대에 가족이민으로 이주한 우리 한인들은 당시 급성장하던 보스턴 주위의 High-Tech 관련 제조업에 많이 취업하였다. 이민의 역사가 흐르면서 이들 모두 취업 및 직종을 고수입 분야로 바꾸어 왔으며, 경제수준의 향상을 이루어 왔다. 인도인의 평균적인 고소득이 그들의 전문성 직업으로 설명되듯이, 우리 한인의 경제수준도 시대에 따른 직업의 분포 변화로 분석이 가능할 것이나 이는 별도의 조사 연구를 필요로 한다.

1) 유학생 한인의 경제생활

해방 전 망명을 위해 도미한 초기 한인유학생들의 생활수준은 역사학자 백린이 한인회보에 연재한 "한인 유학생이 뉴잉글랜드 한인사에 미친 영향"에서 그 일편을 찾아 볼 수 있다 (제1장 참조). 예를 들어 1916-26년 사이에 24명의 한인 젊은이들이 보스턴 대학, 하버드, MIT, NEC 등에 유학한 기록이 있다(한인회보 17: 2003

년 8월 29일자 13면). 신도학생으로 불리는 이들은 여권도 없이 사선을 뚫고 미국까지 "...소위 망명한 학생들
이었다. 독립정신이 매우 강렬하였을 뿐만 아니라 생활 의욕이 대단하였다. 이들 중에는 경제적인 이유로 대
학에 정식 진학하지 못한 경우도 있었다. 대학에 입학하고도 고학을 하면서 졸업하기까지는 10년의 세월이 흐
르기도 했다. 이들 중에는 학업을 중단하고 노동을 하는 이도 있었다. 스몰 비즈니스를 경영하면서, 재미 한인
사회의 건설과 조국 광복운동의 후원을 위하여 앞장선 분들도 있었다."

조국의 해방 이후 1950-60년대를 거치면서 학문 또는 예술의 연마를 목적으로 한 유학생들이 이 지역으로
이주하게 된다. 주로 종교기관, 국제 자선단체, 미국인 또는 미국 군인의 후원으로 유학의 기회를 가진 이들이
대부분이었다. 브라운 대학에 약리학교수로 최근까지 근무한 차승만은 1950년 로터리클럽에서 서울 시내 10
개 대학에서 한 명씩 선발하여 제공한 장학금으로 유학의 기회를 얻었다 (지평선 월간생활정보, 1994년 11월
호 8면). 6.25전쟁 중 치과군의관으로 종사하던 김영호는 동료 미국군인 (해리스 중령)의 권유와 주선으로
1952년 하버드 치과대학에 유학할 수 있었다. 그의 회고에 의하면 1952년 당시 보스턴 지역에 13명 가량의 한
인이 거주하고 있었다. 그 중 7명이 한국으로부터 온 또는 초기 하와이 이민의 2세 유학생이었는데, 주로 결
혼 전의 젊은이들이었다. 이들 중에는 후견인 또는 후원기관의 경제적 지원과 학교에서 받는 장학금으로 기본
생활에 큰 어려움을 겪지 않는 경우도 있었다. 물론 학업에 몰두하는 것이 지상과제이었던 그들에게 지출의
기회가 정서적으로나 시간적으로 거의 없기도 했다.

유학생활의 경제적인 어려움은 1960년대 이후 지원 대학의 장학금만을 받으며 유학하는 학생들이 늘어나
면서 더욱 절실하여진다. 당시 한국은 경제상황이 극히 어렵고 (1960년 일인당 소득 $71) 국제수지의 적자로
정부가 외환을 규제하였다. 유학생에 대한 정부 장학금제도가 처음 실시된 1963년의 경우 그 지급액은 $50에
불과하였다. 1964년 정부 장학금 2기로 샌프란시스코를 거쳐 1965년 MA주의 WPI와 UMASS에 유학, 기계
공학을 전공한 김정완은 접시 닦기로 첫 아르바이트를 시작했다. 그는 그 후 여름 job으로 Hoyt회사와 인연을
맺어, Fiber Glass Drapery 세탁기를 개발하기에 이른다.

1968년 정부장학금 $100을 들고 장학생으로 Lowell Technology Institute (LTI: UMASS Lowell의 전신)
에 유학해 섬유공학을 전공한 오유한은 이발을 할 여유조차 없었다. 그런데 이것이 그를 당시 유행하던 히피
문화에 자연스럽게 (머리스타일상으로) 동화하는데 도와주었다. 당시 LTI에 유일한 한인 대학원생이던 그는
"1883년 보빙사 일행의 뉴잉글랜드 지역, 특히 박람회가 열리고 있던 보스턴과 섬유산업의 본산이었던
Lowell 방문에 관한 역사의 연구"를 발표한 바 있는 변종화와 1969년 이후 사제관계를 넘는 오랜 친분을 맺게
되었다. 당시의 유학생은 대부분 미니마트 또는 개스 스테이션에서 밤늦게까지 일하거나, 식품점에서 카트 나
르는 일 등을 하며 학업에 매진한 기억을 갖고 있다.

1971년 보스턴의 뉴잉글랜드 음악대학(NEC)에 유학하고 현재 동 대학에 교수로 오랫동안 재직 중인 변화
경의 회고는 당시의 상황을 미루어 짐작케 해주는 또 다른 예이다. "뉴잉글랜드 지역은 음악을 전공하는 학생
이면 누구나 동경하는 곳의 하나로 널리 알려져 왔다. 1960년대에 수학했던 옥인걸, 배덕윤 등의 뒤를 이어
1970년 초에도 2-3명의 음악도가 NEC에 유학하고 있었다. 당시 외환규제로 겨우 $100을 들고 유학하였다.
히피 스타일이 유행하던 당시의 캠퍼스에 유행이 훨씬 지난 높은 굽 구두에 미니스커트를 입고 (당시 한국에
서는 이것이 유행하고 있었음) 지내면서 원숭이 같은 느낌이었다. 외식하는 기회는 거의 없었고, 여학생의 경
우 미장원은 엄두도 못 내었다. 장학금 액수가 적어 생활비를 벌어야 하였는데. 동료 학생들을 위한 반주 아르
바이트가 시간당 $1.50이었던 반면, 유태인 합창단에서 반주하면 시간당 $15.00이나 벌 수 있었다. 1970년
당시, 한국으로 전화할 때 한 통화의 값은 $30 이었고, 한 달 식비는 $30 정도였다."

1970년대에 들어와 조국이 경제개발의 가능성을 보이기 시작하던 즈음부터 (1970년 일인당 소득 $203) 자
비 유학생이 나타난다. 그들은 학업과 함께 미국의 문화생활을 즐기는 여유를 보일 수 있었는데, 다수의 가난
한 유학생들과 대조되었다. 정부기관 및 공기업이 후원하는 연수, 개인 기업의 해외 지사근무 파견, 국제기관
으로부터 도입한 차관을 통한 이공계와 상경계 학생에 대한 정책적인 유학 지원 등도 당시의 이민을 촉진하는

요소로 작용하였다. 그 후 1980-90년대 그리고 21세기에 들어서는 한국에서 조기 유학 붐이 일어서 부유한 가정의 자녀를 중심으로 미국 내의 중고등학교에 취학하는 상황이 나타나고 있다. 대학(원)에의 유학도 전공 분야에서의 학위를 취득하려는 종래의 목적 외에 영어 연수나 해외여행 등을 위한 유학생이 늘어나고 있다. 자연히 그들의 경제생활은 일부 사치적 내지 향락적 수준에 이르기도 한다. 대부분의 유학생이 선배 한인들에 못지않게 학업에 몰두하고 있으나, 한국의 경제 여건 향상이 순수한 학문적 열정의 해이로 이어지는 상황도 있음은 부인할 수 없다. 1990년대 이후 경제력이 있는 이들 새로운 그룹의 유학생 및 그들의 가족은 관광 및 방문을 위하여 뉴잉글랜드 지역을 오고 가는 많은 한인들과 함께 대학가 근처의 한인 식당과 식품점의 사업에 적지 않은 영향을 주고 있다.

5. 스몰 비즈니스의 확장

1) 개관

한인의 스몰 비즈니스 운영은 1970년대 이후 가족초청 이민의 증가와 때를 같이하여 크게 늘어났다. 1993년 뉴잉글랜드 한인통계연구소의 집계에 의하면, 뉴잉글랜드 지역에 한인이 소유 운영하는 사업체는 517개이며 그 중 63%인 326개가 MA주에, 22%인 115개가 CT주에 각각 소재하고 있다 (표 6-10 참조). 또한 RI주에는 49개, NH주에는 23개의 소규모 스몰 비즈니스체가 있어, 이들 주에 거주하는 한인의 수를 반영하고 있다.

종합 한인록에 의한 1993년의 한인사업체 통계 (자료: NE 한인통계자료 연구소)

구분	MA주	CT주	NH주	RI주	ME주	VT주	NE전체
사업체 수	326	115	23	49	3	1	517
(%)	(63.1)	(22.2)	(4.5)	(9.5)	(0.6)	(0.2)	(100.0)

업종별 구성을 보면 MA주의 경우 세탁소가 95개로 제일 많고 식당, 식품점, 어류상이 각각 27개, 14개, 13개로 한인이 운영하는 스몰 비즈니스의 주종을 이루었다. 지난 10년 동안 업체의 수 및 그 구성이 눈에 띄게 변하여 2003년에는 세탁소가 315개로 3배 이상, 식당은 64개로 2배 이상 크게 늘어났다. 식품점은 5개가 증가한 반면 어류상은 3개가 감소하였다. 2003년 현재 MA주에 한인이 운영하는 태권무술도장은 23개, 미장원 및 이발소와 자동차정비 및 관련업체는 각각 12개, 그리고 학원 및 교육 관련기관은 9개, 여행사와 건축 관련 업체는 각각 8개인 것으로 집계되고 있다 (표 6-11 참조).

RI주에는 33개의 한인 자영업소 (자료: 2002년도 RI한인록)가 소재하고 있는데, 세탁소 (4개)와 식당 (3개)을 포함하여 여러 업종에 골고루 분포하여 한인 공동체의 생활에 편의를 제공하고 있다(표 6-12 참조).

MA주의 한인 운영 주요 자영업소 통계

	세탁업	식당업	태권무술	식품점	이발미용업	자동차관련	어류상	교육관련	여행사	건축관련
2003	315*	64	23	19	12	12	10	9	8	8
1993	95	27		14		6	13	1	5	

자료: 1993년도 종합 한인록 (NE 한인통계자료연구소), 2003년도 NE한인록 (NE 한인회)

*세탁업계 관계자들이 뉴잉글랜드 지역에 소재하는 500개의 세탁소 중 60-65%가 MA주에 소재할 것으로 가정하여 계산한 추정임.

년도	세탁업	식당업	태권무술	이발미용업	자동차관련	어류상	부동산	의류기타	총계
2002	4	3	1	2	1	1	1	20	33

자료: 2002년도 RI한인록

이제 세탁소, 식당, 식품점 등의 대표적인 한인 스몰 비즈니스 업종에 한인들이 진출하고 이를 통하여 미국 사회에 경제적으로 정착하여 온 과정을 인터뷰 자료를 중심으로 살펴보자.

2) 세탁업

2003년 현재 한인 소유 세탁소가 뉴잉글랜드 지역 전체에서 차지하는 비중은 약 30%에 이르는 것으로 추정하고 있다. 즉 뉴잉글랜드 6개 주에서 영업하고 있는 한인의 세탁소 수는 1970년대 말의 30개 정도에서 1980년대 중반에는 200개 이상 그리고 2000년 이후에는 500개 이상으로 증가하였다. 각 주 별로는 MA주가 뉴잉글랜드 지역 전체의 60-65%, CT주가 25-30% 각각 점하는 것으로 이야기되고 있다. 1993년 뉴잉글랜드 통계연구소가 업체 수 및 그 분포를 집계한 표 6-13 참조) 이후, 자료의 작성이 미비하여 한인의 사업 활동 분석이 어렵다. 뉴잉글랜드 세탁협회 등 한인 단체의 통계작성을 위한 노력이 아쉽다.

향후 한인 세탁업계의 자료가 구비될 때의 분석을 위하여 2000년도 U.S. Census에 의거한 뉴잉글랜드 지역의 세탁업체 및 종업원 수를 참고로 소개한다(표 6-13 참조). Dry cleaning 및 Laundry Service 분야의 사업체 수는 모두 2,543개로, MA주에 1,239개 (49%), CT주에 642개 (25%) 등으로 분포되어 있다. 스몰 비즈니스의 경우 대부분 부부가 함께 종사하는데, 이들을 포함한 총 고용인의 수는 20,922 명으로 업체 당 평균 8.2명이다. (한인소유의 세탁소는 이보다 소규모인 경우가 많다.)

이들 업체 중에 Coin Laundry를 제외한 세탁업체는 모두 1,478개로, MA주에 756개 (51%), CT주에 430개 (29%) 등으로 분포되어 있다. (한인 소유의 세탁소는 대부분 이 그룹에 속하는데, 1-2개의 Drop Shop을 동시에 운영하는 경우도 상당히 있다. 뉴잉글랜드 세탁업계 관계자가 추정하는 500개 정도의 한인업체는 이 그룹을 의미하는 것 같다.) 또한 이 중에서, 세탁 기계 설비를 갖춘 사업체는 모두 1,161개로 MA주에 590개 (51%), CT주에 342개 (29%) 등으로 분포되어 있다. (세탁업에 종사하는 한인 가정의 수 예를 들어 400가정은 이 그룹으로 비교 해석되어야 할 것 같다.)

	MA주	CT주	NH주	RI주	VT주	ME주	NE전체
세탁업 분야별 (NAICS*) 업소 수 (자료: US Commerce Dept.의 1997 Economic Census)							
Dry cleaning and laundry services (NAICS = 8123)							
업체 수	1,239	642	186	225	95	156	2,543
고용인 수	9,839	5,143	2238	1597	860	1245	20,922
Except coin-operated dry cleaning and laundry stores (NAICS = 81232)							
업체 수	756	430	89	105	46	52	1,478
Dry cleaning plants (NAICS = 8123202)							
업체 수	590	342	71	80	40	38	1,161
한인소유 업체 수 (자료: NE 한인통계연구소의 1993년 종합한인록 세탁업)							
1993	95	41	6	4			146

| (%) | (65%) | (28%) | (4%) | (3%) | . | . | (100%) |
| 2003** | . | . | . | . | . | . | 약 500 |

*NAICS = North American Industrial Classification System

**NE세탁협회 관계자의 추정

세탁업은 가족 단위의 운영이 가능하고 다른 사업에 비하여 상대적으로 영어회화의 불편이 사업에 큰 지장을 주지 않는 것으로 알려져 있다. 또한 개업 후 2-3년이 지나면 경제적 자립이 가능하고 근면과 성실로 쉽게 성공할 수 있어, 한인에게 스몰 비즈니스 분야로 각광을 받아왔다. 가족 이민이 본격화하던 1970년대에 시작하여 80-90년대를 거치면서 한인 소유의 세탁업소가 크게 증가하였다. 이민 초기 단순직종 (mechanic, assembling 등) 취업이나 다른 업종 (생선판매업, 식당업 등) 사업에서 소규모의 자본을 축적한 한인들이 이 분야로 직종전환을 많이 하였다.

뉴잉글랜드 지역 한인세탁업 진출은 1978년 정수일이 Allston에, 1980년에 김병규와 김기석이 각각 Ft. Davens와 Allston에 기존의 업소를 인수하면서 시작되었다. 이는 유태인에서 그리스인과 이탈리아인들을 거쳐 한인으로 세탁업이 이전하는 계기가 되었다. 이들 초기의 한인 세탁인들은 Dry Cleaning 기술과 관리 방법을 습득하데 큰 어려움을 겪었다. 전 소유주들이 타민족인 한인들에게는 기술을 잘 가르쳐 주지 않아서 뉴욕에서 열리는 세미나에 참석하여 배워야 하는 등 불편이 많았다. 한인들간에 서로 교육 또는 조언하는 분위기가 일면서 점차 상황이 좋아졌고, 1983년 뉴잉글랜드 세탁인 협회가 결성되면서 회원간의 상호협조가 향상되었다.

1980년대 중반은 한인 세탁 업소들이 호경기와 고수익을 만끽하던 시기로 한인들의 세탁소 인수 및 설립이 급증현상을 보였다. 2003년 현재는 500여 업소에 달하여 한인 스몰 비즈니스의 주종을 이루고 있다. 1977년 뉴잉글랜드 지역에 이민 정착한 서규택은 전자회사의 기능직, 조선회사의 용접공 등으로 일하며 힘들게 자본을 모아 1983년 세탁소를 마련하였는데 그의 회고는 다른 많은 한인 세탁인의 경험을 이렇게 대변한다. "세탁소가 잘 되지 않으면 이혼한다는 부인의 반대를 무릅쓰고 시작했지요. 전혀 세탁소 경험이 없던 우리 부부는 밤샘을 하면서 고객들과의 약속을 지켜내야 했습니다. 그런데 당시는 마침 세탁소 경기가 좋을 때여서, 순풍에 돛을 단 격으로 사업이 하루가 다르게 커갔습니다. 밤샘을 하며 힘이 들었지만, 아파트에 돌아가 돈을 세는 재미 때문에 피로를 느끼지 않았지요." (주간 코리안보이스, 1996.11.10, 6면)

1986년부터 17년 간 세탁업에 종사한 후 최근 은퇴한 이문봉은 세탁업을 하며 겪는 어려움의 예로 "세탁물에 관한 고객의 불평, 종업원의 관리와 관계 유지, 세탁설비의 잦은 고장" 등을 들면서, 사업의 성패는 이러한 문제들을 어떻게 다루는가에 달려있다고 회고한다. 최근에는 환경법 규제로 인한 비용 상승, 업소간의 경쟁으로 인한 마진의 전반적 하락, 대형 체인의 등장 등 업계 상황이 못해진 것이 사실이다. 초대 세탁인 협회 회장을 지낸 정수일의 진단에 의하면, "그러나 기술 습득이 비교적 쉬워져서 근면과 개업자금만 있으면 아직도 해볼 만한 사업이다."

1974년 가족과 함께 이민하여 중고등 및 대학교육을 받은 노명호는 1987년에 Somerville의 그리고 1990년에 Arlington의 세탁소를 구입하였다. 그는 자신이 운영하던 세탁소의 환경문제와 관련 6년 이상 보험회사와 법정 투쟁을 하는 과정에서 인체 유해물질로 알려져 있는 Perk의 사용을 줄일 수 있는 대체기술로 Wet Cleaning 연구에 몰두하게 되었다. 그는 1996년 UMASS Lowell로부터 TURI (Toxics Use Reduction Institute) Grant를 받아 "Garment Wet Cleaning" 연구 보고서를 내었으며, 그의 Arlington 세탁소는 Cleaner Technology Demonstration Site로 지정되었다. 그의 연구와 실험에 힘입어 뉴잉글랜드 지역은 환경친화 대체기술인 Wet Cleaning을 미국에서 처음으로 도입하게 되었고, 시카고, 뉴욕 등 다른 지역의 세탁소들이 유사한 기술전환을 하는데 선례가 되었다. 그는 MA 주정부가 ERP (Environment Result Program) 법규에 소규모 세탁업체의 어려운 상황을 고려하도록 교섭하였다. ERP에 의거하여 OTA (Office of

Technical Assistance)가 선정한 Licensed Inspector 6인의 한 요원으로 보스턴 대학교 학생인 최재원과 함께 선발되어 여러 세탁소를 순회하며 환경기술에 관한 정보를 제공하였다. 또한 그는 뉴잉글랜드 지역 세탁인 협회 회장으로 활약하는 등 1.5세로서 지역사회 활동에 적극 참여하고 있다.

1972년 가족의 초청으로 이민하여 대학에서 공학을 공부하고 뉴잉글랜드 지역에 정착한 조봉준은 Raytheon 회사에서의 취업 생활과 편의점 Chain인 세븐일레븐에서 사업경험을 거친 후 1988년 MA주의 Peabody에 있는 세탁소를 구입하였다. 그는 드라이클리닝 학교에 3개월 다니며 필요한 기술을 습득하고, 2개월 동안 소매 경영 교육을 받는 등 전문적 세탁업자로 스스로를 연마하였다. 그는 세탁인들간의 협력에 적극 참여하여 1992-93년에 뉴잉글랜드 세탁인 협의 회장, 2001-02년에는 전미주 세탁인 협회 회장직을 역임하였다. 그 동안의 경영 경험에 근거한 그의 세탁업계 전망은 예전처럼 밝지만은 않다. "사업체의 증가로 인한 경쟁의 고조 및 이익률의 감소와 환경법의 규제로 인한 설비구입 및 운영비용의 증가 외에, 드라이클리닝을 요하지 않는 옷감의 개발과 평상복(Casual Clothing) 유행" 등이 세탁 수요를 감소시키는 요인으로 작용한다는 것이 그의 분석이다.

2) 식품판매업

한국식품점이 뉴잉글랜드 지역에 처음 나타난 것은 1970년대 초반으로, Allston의 미림식품과 로드아일랜드의 동해식품이 그 효시였다. 60년대에 NEC에서 성악과 지휘를 전공했으며, 한국 관현악단을 창단한 바 있는 배덕윤은 1971년에 미림식품을 개업하였다. 매주 뉴욕으로 가서 쌀과 김치 등 기본적인 한국식품을 구입하여 왔는데, 일본식품을 더 많이 취급하는 상황이었다. 1970년대 중반 Ayer에 개업한 청계식품은 한인 군인가족을 주요고객으로 일주일에 하루 영업하는 소규모로 시작하였다. 그 후 소유주가 여러 번 바뀌면서 성장하였는데 최근까지도 판매고의 30%이상은 한인이 아닌 고객의 구매에 의한 것이라고 한다. 1991년 이후 이 식품점을 영업하고 있는 현 소유주의 진단이 식품업의 장래와 관련하여 의미하는 바 크다. "한국식품은 일본식품에 비하여 미국시장 확대가 어렵습니다. 그 이유의 하나는 한국음식의 요리가 복잡해서입니다. 간편한 메뉴의 개발이 필요합니다."

한인의 인구가 늘면서 중소규모의 식품점이 각 타운에 연이어 생겨났다. 1976년에는 Newtonville에 진미식품이, 1977년에는 Lawrence에 신신식품, 1982년에는 Somerville에 Reliable Market이 영업을 시작하였다. 한인업소록에 의하면 2003년 현재 보스턴 근교에 18개의 식품점이 있다. 남편은 Engineering 회사를 다니고 아내는 반지 painting을 하면서 사업 자금을 모아 1981년 식품업에 뛰어든 박동준, 김영숙 부부의 사업담이 이채롭다.

"직장을 다니면서 꼬박꼬박 모은 돈을 몽땅 투자하여 1982년 민마켓이라는 서양 Grocery를 열었습니다. 사활이 걸린 사업으로 아메리칸 드림을 이루느냐 못 이루느냐는 갈림길이었습니다. 온갖 노력을 다했으나 자존심 문제로 1년 만에 문을 닫을 수밖에 없었어요. "한국인은 개고기를 먹는다는데 개고기를 파느냐"라는 미국인 고객의 비아냥거림에 그만 자존심을 상해 어찌할 바를 몰랐지요. 한국인을 업신여기는 그들을 더 이상 상대하기가 싫어 이 서양 Grocery를 그만 닫아버리고 다시 직장에 다녔지요.

"그러나 자기 사업에 대한 미련을 버릴 수가 없었어요. 싱싱한 육류를 취급한다면 성공할 것 같다는 예감도 있었고요." 그는 1982년11월 민마켓 자리에 이번에는 동양 Grocery인 한국종합식품 (Reliable Market)을 개업하였다. "민마켓을 운영하던 시절에, 미국인들로 받은 조롱과 그때 상한 자존심 때문에 미국상품으로는 설탕, 소금, 햄 등 극소수 외에는 취급하지 않고 있습니다." 이 동양식품점은 그 후 크게 번성하였고 박동준 부부는 사업을 계속 확장하였다. 이들 부부는 1988년에 Video점, 1993년에 코리아나 식당, 1995년에는 수타국수 등 한국식 중화요리 전문의 영빈가든을 개업하는 자영사업가로 성공하였다(주간 코리안보이스, 1996.9.29, 10면). 그는 한인을 대상으로 한 사업에서 얻은 수익을 한인 사회에 환원한다는 의미에서 커뮤니티의 학생에게 장학금을 주는 등 한인 사회를 위한 봉사 사업에 적극 참여하는 개인사업인의 하나로도 알려져 있다.

3) 한국음식점

보스턴의 중심지 Cambridge의 Mass Avenue에 처음으로 한국음식점 '마쓰야'를 개업한 고인순의 회고에 의하면 식당이름을 일본식 이름인 마쓰야로 짓게 된 이유 중엔 일본인 고객을 위한다기 보다는, 당시 은행 측으로부터 생소한 한국식 이름보다는 미국인들이 쉽게 부를 수 있는 일본식 이름이 은행 융자를 받는데 유리하다는 제안이 마쓰야(Matsuya)로 짓게 된 동기라고 했다. 고인순은 한국의 이화여고를 졸업 1956년 도미하였으며 마쓰야의 개업은 1967년 1월 1일이었다.

마쓰야의 알려진 고객 중엔 닉슨 대통령 딸을 비롯해서 저명한 미국인도 많았다고 하며 한인 가운데는 김대중 전 대통령을 비롯하여 김성곤, 오치성, 그 밖의 유명 정치인과 보스턴에서 수학한 대학총장이나 교수들이 많이 찾았던 한인 유일의 한식/일식 전문 식당이다.

개업 당시 이 지역에 살았던 한인들의 기억에 의하면 30대 초반의 고인순은 재능과 미모를 겸비한 동양의 미인으로 많은 사람들의 사랑을 받았다고 한다.

마쓰야의 일본식 이름에 대해 '송옥'으로 개명하라는 한인들의 요청도 있었으나 '송옥' 보다는 마쓰야가 미국인들이 쉽게 부를 수 있어 30년 동안 마쓰야로 영업을 했다고 한다. 한편 1970년 이후 이민 문호의 개방과 함께 한식 전문 음식점이 여러 곳에 개업을 하면서 한글 이름 식당들이 늘어났다. 고향 합천에 흐르는 청계천의 이름을 딴 청계식품점 영월 고향에 흐르는 강 이름을 딴 동강식당 등이다.

그 후 1977년에는 Newton에 서울하우스, 1984년에는 아리랑식당, 1993년에는 코리아나가 문을 열었으며 최근에는 Natick에 대형 식당 Minado를 비롯한 한식, 중식, 일식 전문 음식점이 속속 늘어나 2003년 현재 54개 한인업소가 영업을 하고 있다. 최근 미국 경기의 전반적인 불경기 속에 Chinese, Japanese, Italian 스타일의 중, 대형 식당들이 늘어나 경쟁이 고조되고 있다. 식당업은 뉴잉글랜드 거주 한인수가 증가함을 배경으로 이민으로 온 한인들이 아메리칸 드림을 이룰 수 있는 스몰 비즈니스 중의 하나이다.

4) 생선판매업

생선판매업은 근면을 바탕으로 쉽게 시작할 수 있는 소규모 자영사업 중의 하나로 1980년 이후 한인들이 자본 축적의 기회로 참여하여 왔다. 1985년 Dorchester에서 생선판매업을 시작한 권복태에 의하면 보스턴 근교에 한인이 운영하는 어류상은 1985년 중반까지 3개 정도였다. 그는 1981년 한국회사의 주재원으로 뉴저지에서 3년여 근무하다 아이들의 장래에 대한 고려와 부인의 희망으로 영주권을 받고 뉴잉글랜드 지역으로 이주하였다. 우리 한인 중 적지 않은 가정이 이와 비슷한 정착과정을 거쳤다.

또한 한인회 및 한인통계자료연구소의 자료(표 6-11)에 따르면 한인이 운영하는 생선판매업소의 수는 1980년대 후반에 계속 늘어나 1993년에는 13개에 달하였다. 그 후 감소하여 2000년에는 4개로 줄었다가 최근에 다시 늘어나 2003년에는 10개로 되었다. 생선판매업소의 수가 잠시 감소했던 이유는 단기간에 자본을 축적한 한인들이, 육체적인 노동의 어려움과 임대료의 상승 등을 이유로 세탁업, 식당업 등으로 업종을 전환한 데 있다. 이 분야에서 사업이 성공하기 위해서는 주요 고객인 흑인 커뮤니티와의 협조가 극히 중요하다고 한다. 1985년 이후 20년 가까이 이 사업을 계속하고 있는 권복태, 1983년부터 5년 간 생선판매업을 하다가 1988년 식당업 (Lawrence의 요코하마 일식/한식점)으로 업종을 바꾼 전진원, 손영희 부부, 1986년부터 3년 간 생선판매업을 하다가 1989년 세탁업 (Haverhill의 New York Cleaner)으로 업종을 전환한 김창식 등이 이에 공감한다.

5) 자동차 정비업

뉴잉글랜드 지역 한인의 자동차의 수리, 판매, 견인 등 관련 분야에의 참여는 업소의 수로 1993년에 6개, 2000년에 4개, 2003년에 12개로 집계되고 있다(표 6-11 참조). 이들 중 정비업소를 운영해 온 한인들은 자동차에 관한 지식이나 운전경험 없이 이민한 한인들, 경제적인 어려움으로 오래된 중고차를 가진 유학생들이나 언어의 불편을 겪는 이민 초기의 한인들에게 적지 않은 도움을 주었다.

1975년 Andover에 가족과 함께 정착한 박석만은 한국에서의 정비공장 운영과 이민 직후 5년 간 자동차 Dealer의 정비업무 경험을 바탕으로 1982년부터 Lawrence에 위치한 Auto Body shop을 20년 이상 운영하고 있다. 그는 정착에 힘들어하는 이민초기 한인에게 일자리를 제공하고, 자동차 사고 때의 보험 청구에 관한 정보를 주며, 경제적으로 어려운 이들에게 무료로 자동차를 정비해 주고, Used Car 구입 상담을 해주는 등 주위의 많은 한인을 도운 미담의 주인공이다. 자동차 운전면허시험을 한국어로 볼 수 있도록 MA 주정부와 접촉하고 협상을 거쳐 실시토록 한 것은 이 지역 한인들을 위한 그의 기여로 특기할 만하다(아시안 저널 2/9/98 및 4/1/98).

어려서부터 배워 익힌 자동차 정비기술을 재산으로 뉴잉글랜드 지역에 이민하여 정착초기의 고생을 땀으로 극복한 후 Somerville에 자동차 정비소를 차린 손석구 또한 노력과 성실로 자립한 이민의 좋은 예이다 (주간 한국, 1997.1.4, 32면).

6) 기술개발, 상품제조 등 기업 활동

기술 및 상품의 개발과 생산 판매를 포함하는 제반 기업 활동에의 참여와 진출은, 미국의 주류사회에 진입하는 경제적인 과정의 하나로 볼 수 있다. 뉴잉글랜드 지역의 한인들이 발휘한 창의력과 기업 활동을 인터뷰 자료를 통해 소개해 본다.

1954년 오하이오 주에 유학하여 Manufacturing Engineering을 전공한 J는 1960년 보스턴의 공작기계회사에 입사하였다. 그는 1973년까지 미국 회사에서 부사장까지 승진하는 회사 경험을 닦았고, 1969년부터는 파트타임으로 1973년부터는 풀타임으로 전자제품의 조립 및 무역판매업에 참여하였다. 생산관리의 경험, 원가절감의 중요성 인식, 납품기일의 엄수, 신용을 중시하는 사업철학, 대만과 한국의 생산능력을 미국회사들에게 연계시키는 국제적 감각, 업종다변화를 통한 사업상의 위험분산 등으로 무역업을 성공적으로 운영하였다. 1965년 MA주의 우스터공대(WPI)와 매사추세츠 주립대(UMASS Amherst)로 유학하여 기계 공학을 공부하던 중 여름 Job으로 Hoyt회사와 인연을 맺어, 발명사업가로 정착한 김정완의 신기술 및 신제품 개발 이력은 유학 이민한 한인의 탁월한 창의력을 보여주는 한 좋은 예이다. 그는 1965년 학생시절 Hoyt회사의 사업으로 Fiber Glass Drapery 세탁기를 개발한 것을 시작으로 우주항공사업 Apollo13 Project를 위한 Fuel Pump를 설계하였다. Alaska Pipeline 및 Trident Submarine Project에 참여하였는가 하면, 3M회사의 사업으로 Scotch Guard Application 기술과 코카콜라사의 사업으로 recycling 과정에서 가격표 등 불순물을 제거하는 Plastic Delabeler를 개발하였다. 그는 또한 1983년에 American Dry 회사의 사업으로 Laundromat Laundry 기계를 개발 수출하는 등 수 많은 신기술과 신상품을 연구 개발하고 기업화한 뉴잉글랜드 지역의 대표적 한인 innovator이다. 미전역에 한인들이 널리 세탁업을 운영하고 있는 상황에서 한인의 세탁기 제작 및 판매 사업에의 참여가 이루어져야 한다고 그는 역설한다.

1967-68년 콜롬비아 대학과 하버드 대학에서 도시설계를 전공한 우규승은 그 후 하버드 대학의 연구원으로, 뉴욕시 정부의 도시 설계원으로 실무경험을 닦았다. 1975년 NE 지역으로 이주 정착한 그는 MIT의 교수이면서 개인 설계사무소를 운영하고 있다. 그의 창의적인 건축 설계는 1988년 한국 올림픽촌, South Carolina주의 Wheeler Hill Housing, the Whanki Museum, Harvard Faculty Housing, Metropolitan

미술관의 한국관 등 다수의 Project에 나타났다.

뉴잉글랜드 지역 한인의 기업 활동을 소개함에 있어 한국경제의 획기적인 성장과 국제화를 반영하는 한국회사의 지사활동 또한 빼놓을 수 없다. 뉴잉글랜드 한인통계자료연구소가 발행한 '뉴잉글랜드 지역 인명 및 업소록' (1993.12.31, 이상우 편집)에 의하면 1990년 이후 삼성, 대우, 현대, 효성, 희성, Leading Edge 등 6개의 한국회사가 뉴잉글랜드 지역에서 지상사 활동을 하여 왔다. 그 한 예로 1975년에 NJ주의 프린스턴 대학에 유학해서 컴퓨터 공학을 공부한 이희규는 노스웨스턴 대학과 Bell Lab에서의 근무 경험을 배경으로 1988년 삼성의 software 현지법인 설립과 운영을 도왔다. 당시 뉴잉글랜드 지역에 급팽창하는 반도체 경기를 타며, 이 현지법인은 computer system, software technology, 신상품의 개발과 시장개척 등 큰 성장을 이루었으나, 수년 후 컴퓨터 산업의 전반적인 경기침체로 말미암아 한국으로 철수하였다.

6. 전문직 분야에의 진출과 활동

뉴잉글랜드 지역 한인의 각종 전문직 진출은 의료계와 학계를 중심으로 1950년대 이후 꾸준히 이루어져 왔다. 법률, 회계 등의 분야도 90년대에 들어오면서 서서히 늘어나고 있다. 특기할 사항은 1990년대부터 한인의 2세들이 의료 및 법률 분야에 대거 진출하면서 미국의 주류 사회에 진입하고 있는 점이다. 한인 1세의 헌신적인 자녀교육 열정과 본인들이 노력한 결실인 동시에 세대가 바뀌면서 한인의 경제 사회적 수준이 약진하는 모습이기도 하다. 이들 2세들의 활동은 그들 자신이 향후 스스로 조사 편집할 것으로 기대한다. 여기서는 일부 자료의 수집이 가능한 의료, 법률, 회계 및 학문 분야에의 진출을 한인 1세의 회고적 자료와 통계를 통하여 간략히 소개한다.

한인의사가 뉴잉글랜드 지역으로 이주 이민을 시작한 것은 1950년대로, 수련을 목적으로 이루어졌다. 한인회의 초대 이사장을 역임한 안창수의 조사에 의하면 1953-60년 기간에 정식으로 수련 또는 스태프로 취직한 의사는 17명이었다(지평선 창간호, 1994, 13면). 그 한 예로 1955년 42세의 나이에 도미하여 의사이면서 목회자로 뉴잉글랜드 지역 한인을 위해 헌신적 삶을 산 박요슈아의 회고는 초기 이민 의사들의 생활수준을 짐작하게 한다. "1960년 레지던트 수련을 마치기 직전이었습니다. 주립기관 병원에서 Senior Physician으로 근무할 시작했을 때 서울로부터 식구 아홉이 이 고장으로 옮겨왔습니다. 처음 취직할 때는 연봉이 $9,400으로 한 주당 $80불을 받던 레지던트 생활에 비해 상당히 많은 수입이었습니다. 그러나 가족과 생활하기에는 그것으로 어려워 1년 후 개업을 하였고 그제야 여섯 아이의 교육을 시킬 수 있게 되었습니다."(박요슈아의 80년사)

1970년대 초까지는 한인 의사들이 대부분 수련생으로 도미하였다. 1969년에 도미한 박경민, 1972년에 도미한 주봉갑 등의 회고에 의하면 이들 의사들이 수련이 끝난 후 미국에 남게 된 것은 경제적 이유와 함께 자녀교육을 고려한 것이었다. 그 후 월남 전쟁이 한창이던 1970년대 중반에는 취업이민 비자로 미국에 오는 한인 의사들이 늘어났으며 이들은 경제 사회적으로 한인이 미국의 주류사회에 참여하는 하나의 계기의 되었다. 이들 이민의사들의 활동과 한인공동체 발전에의 기여는 제 7장에서 상술하고 있다. 참고로 한인의 의료업계 활동을 개업의사 및 치과의사, 한의사, 동물의사 등 분야별 통계는 표 6-14와 같다. 뉴잉글랜드 한인록에 의거한 이 통계는 위에서 언급한 바와 같이 각종 병원기관에서 종사하는 1세는 물론 많은 수로 추정되는 2세 의사, 치과의사들이 제외되어 있다.

의료분야의 한인 활동 통계

		의사	치과의사	한의사	수의사
MA주	2003년	8*	8	7	2
	2000년	11*	9	3	2

| | 1993년 | 13* | 5 | 2 | 2 |
| RI주 | 2002년 | 19 | | 5 | |

Source: 2003년도 및 2000년도 NE 한인록, 1993년도 NE 한인통계자료연구소의 통계, 2002년도 RI 한인록

*독립된 의료원을 운영하는 의사 수

　기관병원에 근무하는 "많은" 한인의사가 포함되지 않고 있음 (제7장 참조)

　한인의 법률 및 회계분야 참여 또한 한인 사회와 직접 관련을 갖고 있는 소수의 1세에만 한정되어 일부 자료를 찾을 수 있다 (표 6-15 참조). 지난 10년 사이에 변호사의 수는 4명에서 8명으로, 회계사는 4명에서 5명으로 늘어 도움을 찾는 한인에게 혜택을 주고 있다. 뉴잉글랜드 지역 법률 및 회계회사에서 종사하는 2세 중심의 한인이 최근 크게 증가한 것으로 알려져 있으나 자료가 없어 논의를 생략한다.

MA주 한인의 법률, 회계 분야 활동

년도	변호사	회계사
2003	8	5
1993	4	4

Source: 2003년도 NE 한인록, 1993년도 NE 한인통계자료연구소의 통계

　미국은 물론 세계의 학문 중심지로 꼽히는 뉴잉글랜드 지역에는 많은 한인이 오래 전부터 유학하였을 뿐 아니라 많은 대학에 한인 교수들이 재직하고 있다. 2000년에 발간된 북미한인교수 총람에 의하면 105명의 한인이 뉴잉글랜드 지역 내 39개 대학에 재직하고 있다 (표 6-6 참조). 주별로는 MA가 59명으로 뉴잉글랜드 지역 전체의 반 이상을 차지한다, CT주와 RI주에는 각각 20명과 18명, 그리고 NH주에는 4명, VT주에는 3명, ME주에는 1명의 한인교수가 재직하고 있다. 이 통계를 이용함에 유의할 점은 적지 않은 수의 교수들이 이 총람에 누락되어 있을 것이라는 것이다.

　학교별로는 Ivy League의 member인 하버드 대학에 11명, 예일 대학에 8명, 브라운 대학에 4명, 다트머스 대학에 2명 등 모두 25명이 재직하고 있다. 각 주의 주요 주립대학인 매사추세츠 주립대(UMASS System)에는 11명, 코네티컷 주립대(UCONN)에 7명, 로드아일랜드대학교(URI) 11명, 버몬트대학교(UV) 2명, 뉴햄프셔대학교(UNH) 1명 등 모두 30명이 재직하고 있다. 또한 MA주의 명문인 매사추세츠 공과대학(MIT)에는 9명, 보스턴 대학교(BU)에는 8명, 그리고 NEC와 웰즐리(Wellesley)에는 각각 2명씩 재직하고 있다. 이들 한인 교수들의 학문 활동과 한인공동체 발전에의 기여는 제 5장에서 상술하고 있다.

한인 교수 현황 (2000년 북미한인교수 총람)

	MA주	CT주	RI주*	NH주	VT주	ME주	총계
한인교수 수	59	20	18(30)	4	3	1	105
주요대학별	Harvard 11		Yale	8	Brown 4(10)	Dartmouth 2	
	UMASS 11	UCONN 7	URI 11(18)	UNH 1	UV 2		
	MIT 9						
	BU 6						
	NEC 2						
	Wellesley 2						
	기타 18	5	3(2)	1	1	1	

한인재직학교 수 25	4	4	3	2	1	39
주내 대학(총)수 72	23	9	16	19	19	158

* ( )는 2002년 RI한인회의 한인록에 수록된 교직원(교수 포함) 수

공학 분야의 한인 활동도 전문직에의 진출에 포함시킬 수 있다. 뉴잉글랜드 지역의 경제는 1970-80년대에 보스턴과 "Route 128" 고속도로 주변의 컴퓨터 및 군수 관계 산업을 근간으로 급성장하였다. 1990년대 초반에는 컴퓨터 분야가 잠시 침체하였으나 최근 Bio-Tech 산업 등을 중심으로 다시 회복 중에 있다. 이러한 경기의 변동과 추세를 반영하는 자료로 도심 지역의 High-Tech Job Markets 비교 통계를 들 수 있다 (표 6-17 참조). 미국 내 25개 주요 도심 지역 중에서 Boston-Worcester-Lawrence-Lowell-Brockton 지역이 1992-97년 기간에 총 Job 수에서는 Chicago, Los Angeles-Long Beach, New York 지역에 이어서 4위를, job 증가 수에서는 시카고 지역 다음으로 2위를 차지하였다.

이 지역의 하이테크 산업의 성장을 반영하듯 많은 한인 엔지니어들이 뉴잉글랜드 지역으로 이주, 정착하여 왔다. 자료의 미비로 그들의 수를 파악할 수는 없으나 비공식 집계에 따르면 MA주의 경우 컴퓨터 및 군수 관련 산업이 붐을 이루던 1980년대 중반에는 200명 이상 그리고 현재는 150명 이상의 한인이 각종 전문분야 업체의 직원으로, 창업을 통한 기업주로 활동하고 있다. 이들 한인 엔지니어 및 과학자의 활동과 한인공동체 발전에의 기여는 제 5장에서 상술하고 있다.

Largest High-Tech Job Markets (1992-1997)

Rank	Metropolitan Area	High-Tech Job Growth	High-tech Jobs 1997	Total Jobs 1997
1	Chicago, IL	70,453	339,318	3,651,282
2	Los Angeles-Long Beach, CA	36,271	336,046	3,588,831
3	New York, NY	55,339	315,173	3,506,562
4	Boston-Worcester-Lawrence-Brockton, MA-NH	67,974	290,708	2,807,448
5	Washington, DC-MD-VA-WV	45,725	203,681	1,990,234
.	.	.	.	.
.	.	.	.	.
24	Orlando, FL	18,617	58,310	703,523
25	Austin-San Marcos, TX	23,034	53,780	452,550

자료: U.S. Department of Housing and Urban Development, "The State of the Cities 2000: Megaforces - Shaping the Future of the Nations Cities," p. 33.

1) 경제 분야 지원 단체의 활동

(1) 세탁인 협회

뉴잉글랜드 세탁인 협회는 1982년 5월에 7명의 세탁인이 모여 그 결성을 논의하였으며, 1983년 친목과 정보 교환을 목적으로 출범하였다. 초대 회장으로 선출된 정수일은 (비슷한 시기인 1982년에 조직된) 미주세탁인 총연합회에 참석하여 세탁기술 및 운영방법에 관한 정보를 모아 뉴잉글랜드 지역 회원들에게 전하여 주는 협

회의 역할을 주도하였다. 1985년 2대 회장직을 이우조가 맡을 당시는 협회원이 45명으로 늘어났으며, 세탁용품의 공동구매를 추진할 의도로 도매상들과 협상을 시도하였다. 한인의 세탁업계 진출이 급신장하면서 협회원의 수가 100여 명으로 늘어나던 1987년에는 3대회장인 김기석을 중심으로, 세탁기술 및 정보의 교환을 지향한 협회의 활동을 크게 확대하였다. 당시 로스앤젤레스에서 세탁소를 경영하면서 세탁용 Concentrated Soap를 개발한 화공학 박사 조태무를 초청하여 세미나를 갖은 것은 그 좋은 예이다. 오택근은 협회의 4대회장으로 세탁용품의 공동구매를 다시 추진했으나 각종 의견 조율의 어려움으로 성공을 거두지 못하였다.

1990년 미 의회가 Clean Air Act를 제정하고 곧 이어 각 주 정부가 그 시행을 준비할 당시 세탁협회가 주정부와 벌린 협상과정과 성과를 당시 세탁협회의 회장이었던 조봉준과의 인터뷰 자료를 통해 여기 소개한다.

"클로라인(Chlorine)이 Ozone층을 파괴한다고 하여 Clean Air Act의 시행이 MA주에도 1992년에 시작되었어요. 처음 규제를 받은 업종은 One-hour Photo 사업, 개스 스테이션, 그리고 드라이클리닝 사업이었지요. Clean Air Act의 시행에 앞서 Initial Notification 이라고 불리는 Preliminary Regulation이 연방정부에서 내려왔어요. 업계로 하여금 미리 훈련을 받도록 하는 것이었지요. 이에 대처하고자 협회의 주선으로 뉴욕의 김강선을 초빙해서 특강을 갖고 보고하는 방법을 배웠지요. 1993년에는 세탁협회가 주정부의 당국자와 대화를 시작했는데 그 반응이 아주 좋았어요. 세탁업자들이 사용하는 Chlorine은 극히 적은 양이어서 안전에 유의해서 사용하면 괜찮다는 결론이 났지요. 아주 큰 성과였습니다."

"1993년 주지사의 선거가 있을 때, 시민협회 (김은한 회장), 경제인협회 (오수택 회장), 세탁인협회 (조봉준 회장)가 연합하여 윌리엄 웰드(William Weld)를 후원하였지요. 이를 계기로 신임 웰드 주정부와 밀접한 관계를 맺게 되었지요. 1994년 MA주내 산업별 회의에 한인세탁업계가 참석할 것을 요청 받았어요. 우리 협회의 대표로 김기석과 노명호가 참석했어요. 그 회의에서 한인 세탁인협회의 조직과 운영을 소개해 달라는 요청도 받았지요. MA주 내의 다른 여러 소규모 사업체들에게 우리처럼 협회를 만들도록 권유하려는 의도였어요. 그만큼 주정부에서 우리 세탁인협회의 실체를 인식하고 있다는 이야기도 되고요. 그 후, 세탁인 협회는 주정부와 긴밀히 협조하여 ERP (Environmental Result Program)을 탄생시키는데 큰 역할을 했습니다. 현재 미국 전체 세탁소의 30-40%를 한인이 운영하고 있으며, MA주도 약 1500개 세탁소 중 500개 정도 즉 1/3이 한인 소유인 것으로 알고 있어요. 다른 주에서는 아직 우리처럼 주정부와 대화의 채널을 마련하지 못하고 있다고 합니다."

ERP의 규정 작성에 관여한 바 있는 노명호가 협회의 회장으로 활동하던 1996년 9월에는 뉴잉글랜드 지역의 한인 세탁업자 200여 명이 참석한 가운데, 연방환경청의 엔지니어와 MA주 환경국의 담당 관료를 초청, Perk의 규제에 관한 세미나를 주최하였다. 그 해부터 각 세탁업주는 Perk의 누출을 탐지하는 과정과 Perk의 구매량에 대한 일지를 구비하고 관련 장비의 운행 및 보수 관리 지침을 기록하여 보존하는 것이 의무화되었는데, 한인 세탁인들이 대비하는데 도움을 주도록 하였다. (주간 코리안보이스, 1996.9.22, 5면)

환경문제에 대하여 노명호는 그의 업계경험과 법규분석을 토대로 다음과 같이 논평한다. "MA주의 경우 현재 25% 정도가 물빨래, 75% 정도가 Perk로 Clean되고 있습니다. 이러한 그간의 노력으로 Toxic Waste가 지난 10년 간 80% 줄었다고 합니다. 앞으로도 Perk의 사용이 계속 감소하여야 하므로 한인 세탁인들도 그 방향으로 나아가야 합니다." 이러한 당위적 예측을 반영하여, Framingham에서 세탁소를 운영하는 김치풍은 각종 실험으로 Cleaning Chemical 조합의 적정비율을 찾아내어 Perk사용을 대치함으로써 세탁물량의 100%를 물빨래로 해결하는 성과를 올렸다. 이러한 정보 및 기술이 한인세탁소들 사이에 신속히 전파되기 위해서도 세탁협회의 활동이 보다 확대되기를 기대하고 있다.

(2) 경제인협회

"회원간의 친목, 정보교환, 복지향상 및 문화교육을 통하여 한인 사회 및 보스턴 지역 발전에 기여" 함을 목적으로 1992년에 출범한 뉴잉글랜드 경제인협회(초대회장: 인준식)는 신용조합의 설립을 비롯하여 세무, 융자,

보험 등에 관한 세미나를 여는 등, 각 분야 실업인간의 협조를 위한 여러 사업을 추진 중에 있다.

평가 및 결론

본 장에서는 뉴잉글랜드 지역의 한인 인구 상황 및 경제 사업 활동을 살펴보았다. 문헌과 자료가 극히 제한된 관계로 내용상에 연결이 되지 않는 부분이 많고 통계가 단면적일 수밖에 없었다. 특히 다음 몇 가지 사항은 향후 그 내용의 신빙성을 논하고 보완 수정함에 있어 고려하여야 할 점들이다.

한인공동체의 경제활동, 특히 소비생활을 논함에 있어 정확한 인구의 파악은 그 기본이 된다. 본 장에 집계된 Census 및 인구통계를 이용함에 있어, 다음 사항에 유의할 필요가 있다. 우선 한인인구의 통계에 학생의 수를 어떻게 포함시킬 것인가? 결혼이전의 대학(원)생의 경우는 대부분 부양가족이므로, 그들의 본고장 부모가 작성한 Census에 포함된다. 즉 뉴잉글랜드 지역 대학에 진학하는 이 지역 한인의 자녀들은 이미 Census에 포함되어 있다. 미국 내의 다른 지역 한인의 자녀들이 뉴잉글랜드의 대학으로 진학하듯이 이 지역 한인의 자녀들 또한 다른 지역의 대학으로 진학한다. 뉴잉글랜드 지역은 다른 지역에 비하여 대학의 수가 상대적으로 훨씬 많고 한인의 자녀들이 선호하는 대학이 많은 만큼, 다른 지역에서 뉴잉글랜드 지역으로 오는 학생이 뉴잉글랜드 지역에서 다른 지역으로 가는 학생보다 상당히 많다고 볼 수 있다. 따라서 한인인구 추계에 있어 대학(원)생을 고려하는 경우, MA주는 +1000명, RI주는 +300명 정도의 수정이 가능하며 여타 주는 상쇄효과로 특별한 조정이 필요하지 않을 것 같다. 가족이 있는 대학원생의 경우는 조금 다르다. 한국에서 온 유학생이건 다른 주에서 온 대학원생이건, Census에 그들의 가족과 함께 포함된다. 이들이 한인 수 통계에 미치는 Net 효과로 MA주는 +500명, CT주와 RI주는 +200명 정도의 고려할 수 있다. 최근 한국내의 조기유학 붐에 따른 초중고대 각 급 학교로의 유학과 그들의 가족은 뉴잉글랜드 지역에 중장기 거주민으로 한인 수에 포함시킬 수 있다. 예를 들어 MA주의 경우 +1000명은 될 것으로 보나 근거 자료가 있는 것은 아니다.

한인의 스몰 비즈니스 진출은 1980년 이후 그 수에서 크게 늘어왔으나 대형화나 기업화가 거의 이루어지지 못하고 있다. 미국의 이민역사에 여러 인종들이 보여 온 것처럼 한인사업체도 기업화를 통하여 경제 사회적으로 미국 주류 사회에 진입하기를 기대하고 있으나 여러 면에서 그 한계를 보이고 있다. 예를 들어 세탁업의 경우 지난 20년 간 이탈리아, 그리스, 인도인의 소유에서 한인 소유로 넘어오는 과정에서 체인점이 줄어드는 현상을 보이고 있다. 또한 세탁업에 종사하는 한인의 대부분이 그들의 사업을 자녀에게 전수하려는 계획이 없다. 이러한 상황은 그간의 한인소유 세탁업의 확대를 한인 사회의 장기적인 경제수준 향상으로 연결시키는데 어려운 요소가 되게 한다. 세탁협회 등 한인의 직능단체에서 논의해 볼 만한 사항이다.

본 장에서 다루지 못하여 가장 아쉬운 것은 한인 2세의 활동에 관한 부분이다. 그들의 경제 사회적 위치가 이미 미국의 주류사회에 한발을 들여놓은 것으로 느끼는 이유로는 (a)학력기반의 구축, (b)전문직에의 대거 진출, (c)창의적 직종에서의 두각, (d)2세 자신들에 의한 그들간의 연계노력 등을 들 수 있다. 보다 체계적인 조사와 논의를 통하여 본 장의 내용도 이들 2세에 의하여 보완 확충되기를 기대한다.

참고 문헌

뉴잉글랜드 한인회, '2000년, 2002년, 2003년 뉴잉글랜드 한인록'
뉴잉글랜드 한인통계자료연구소, '1994 종합한인록' (이상우 편집)
뉴잉글랜드 지평선 동우회, "지평선: NE 한인들의 삶 이야기" 1994 창간호 및 "지평선 월간생활정보"
  1994-1995: 백린, 안창수, 차승만 등의 글.

로드아일랜드 한인회, '2002년 로드아일랜드 한인록'
박요슈아, "감사하면서 은혜를 갚자," Unpublished.
북미 한인교수협의회, '2000년 북미교수총람'
주간한국, '업소 탐방'
주간 코리아보이스, '이 사람'
한인회보, "한인 유학생이 뉴잉글랜드 이민사에 미친 영향" (백린 연재)

Korea Development Institute (1975), "Korea' s Economy: Past and Present"
Merye C. Tharp (2001) "Marketing and Consumer Identity in Multicultural America."
Shehong Chen, "Reconstructing the Chinese American Experience in Lowell, Massachusetts,
        1870s–1970 (2003), Institute for Asian American Studies,
        University of Massachusetts Boston.
University of Massachusetts Boston, Institute for Asian American Studies (2003),
        "Asian Americans in Massachusetts: Community Profiles"
University of Massachusetts Lowell, The Massachusetts Toxics Use Reduction Institute
        Technical Report No. 35 (1996) "Utopia Cleaners: Garment Wet Cleaning'
U.S. Department of Commerce, "U.S. Census 1930–2000"
U.S. Department of Housing and Urban Development, "The State of the Cities 2000: Megaforces
        – Shaping the Future of the Nations Cities."
U.S. Department of Commerce, "Statistical Abstract of the United States," 1972–2002.

인터뷰를 통해 본 장의 내용에 도움을 주신 분들
        고인순, 권복태, 김창식, 김영호, 김정완, 김치풍, 노명호, 박경민, 박석만, 박대위, 배덕윤, 변화경,
손영희, 오윤환, 우규승, 이문봉, 이희규, 정수일, 조봉준 외 다수

제 7장 뉴잉글랜드 지역의 한인 의료계 | 박경민, 정정욱

1. 의사
   1) 역사적 배경
      (1) 뉴잉글랜드 지역 최초의 한인 미국 의과대학 출신들
      (2) 뉴잉글랜드를 거쳐간 한국 의학계의 개척자들 및
          뉴잉글랜드 지역 한인 의사들과 의학자
      (3) 뉴잉글랜드 지역 한인 의사 전성시대
   2) 진료과목 별 전문분야 한인 의사들
      (1) 각 주별
      (2) 뉴잉글랜드 전지역
   3) 한인 사회를 위한 봉사 활동
   4) 한국계 미국 의과대학 출신
   5) 재미 한인 의사회
   6) 뉴잉글랜드 최초의 의과대학 동창회
   7) 뉴잉글랜드 한인 의사회(NEKMA)
2. 치과의사
3. 간호사
4. 임상 병리사
5. 한의사
6. 수의사

제7장 뉴잉글랜드 지역의 한인 의료계

1. 의사

1) 역사적 배경

미 동북부에 위치한 뉴햄프셔(NH), 로드아일랜드(RI), 매사추세츠(MA), 메인(ME), 버몬트(VT), 코네티컷(CT) 등의 6개 주로 구성된 뉴잉글랜드 지역은 미국의 학술, 문화의 본고장으로서 기라성 같은 두뇌와 지성이 모여 있는 곳으로 현 미국의 정치, 사회, 경제, 문화, 예술, 과학 등의 모든 분야에 지대한 영향을 미치고 있다. 특히 하버드, 예일, 브라운, 다트머스 등의 아이비리그 대학교를 비롯해서 매사추세츠 공대(MIT), 보스턴 대학교, 터프스, 윌리엄스, 앰허스트, 웰즐리 등 각 주마다 크고 작은 사립 및 공, 주립대학교와 이의 부설기관 및 수많은 연구소 그리고 국방 및 과학, 의약산업에 따르는 각종 제조업체들이 즐비하게 자리잡고 있는 이 지역의 특성상 뉴잉글랜드는 미국 최신 과학 기술의 중심지일 뿐만 아니라 유명한 의과대학, 치과대학, 수의과대학 및 부속병원들이 모여 있어 명실공히 미국 전역에서 으뜸가는 의학의 메카로 자부하는 곳이다. 이런 연유로 명실공히 유명한 교수들이 많고 최첨단 연구와 진료가 진행되고 있는 이 지역의 각 의과대학과 병원에는 학생과 함께 미국 내의 세계 각국에서 지원해 온 우수한 의사 수련생(Intern, Resident 그리고 Fellowship)들과 미국 내 타 대학과 전세계 의료계에서 활약하고 있는 의사, 교수, 연구원 등이 의학정보 교환, 의학 연수, 연구 발표 등을 목적으로 장단기 방문, 교환 및 객원 교수로 많은 활동을 하고 있다. 우리 한국인 의사들의 미국 진출은 1945년 광복 이후 특히 한국전쟁을 계기로 미국 의학에 접할 기회가 많아짐으로서 선진 의학을 배워 조국의 의학 발전에 기여하고 후학 양성의 밑거름이 되고자 하는 꿈을 실현하는데 있었다고 본다.

(1) 뉴잉글랜드 지역 최초의 한인 미국 의과대학 출신들

역사적 자료에 의하면 하와이 초기 이민의 1.5세인 김계봉이 최초로 1918년 보스턴 의과 대학 졸업생으로 병리를 전공하였으며 Dr. Robert Kim(외과의사, Natick 거주, MA)의 부친이다. 두 번째로 1922년 역시 하와이 이민 1.5세인 양유찬도 보스턴 의대를 졸업하고 산부인과 의사로서 호놀룰루 하와이에서 1951년까지 의료에 종사하다가 1951-1960년에는 자유당 치하 대한민국 정부의 주미대사를 역임하였고 동시에 1951-1958년에는 유엔총회의 한국 수석대표를 겸하였다. 그후 1926년 세 번째로 이승신이 보스턴 의대를 졸업하였는데 기록이 없어 신상 행적은 미상이다. 이렇게 김, 양, 이 세 한인 의사가 1945년 해방이 되기까지 뉴잉글랜드 지역 미국 의과대학 출신이라고 생각된다. 다만 참고할 것은 최초의 한인 미국 의과대학 출신은 서재필(1864-1951)로 1893년 컬럼비아 의대 출신이다. 그는 대한제국 말 김옥균과 같은 개화파로서 갑신정변 실패 후 일본을 거쳐 미국에 망명하였으나 1896년 다시 귀국하여 독립신문을 유길준과 함께 간행하고 개혁운동을 펼쳤다. 그러나 1898년 다시 두 번째의 망명으로 미국에 영주하게 되었다. 1945년 해방 후 미 군정청 초청으로 1947년 귀국하였으나 여의치 않아 1948년 미국에 돌아와 1951년 별세하였다. Ester 김은 1895년 의학을 공부하기 위해 미국에 왔고 1899년 존스홉킨스 의과대학을 졸업하였다. 초대 재미 한인의사회장 최제창은 1935년 Medical College of Virginia를 졸업하였다.

(2) 뉴잉글랜드를 거쳐간 한국 의학계의 개척자들 및 뉴잉글랜드 지역 한인 의사들과 의학자

한국 전쟁 종전 후 1953년에 처음으로 뉴잉글랜드 지역에 한국 의과대학 출신 의사들이 정규적인 의사 훈련 과정을 받기 위해 들어왔는데 1960년까지 이 지역에서 수련(post-graduate training)을 받은 한국인 의사 수는 20명 미만이었다. 그들 대부분이 한국 의료계의 다양한 분야에서 개척자이며 지도자로서 한국 의학을 선진 발전시키는데 크게 공헌하였다. 그들의 명단을 도착 순서대로 수록하면 대략 아래와 같다.

박종무: 1953-54 Harvard Graduate School of Public Health, MPH. 1964-66 Research Associate, Children's Hospital. 귀국하여 한양대학 소아과장, 병원장 역임

송선규: 1953-54 인턴, Springfield Hospital. 뉴욕의 Mt. Sinai Hospital에서 Neuropathology Chief 역임

이호영: 서울 의대 졸. 1953-56 레지던트(병리학), Springfield Hospital. 귀국하여 연세 의대, 가톨릭 의대 병리 교수로 재직하다 1966년 Rhodes Island Hospital에서 Chief Pathologist로 근무. RI한인회 발기인으로 제 2대 회장 역임.

임의선: 1953-54 Harvard 의과대학과 School of Public Health에서 Maternity Health를 1년간 공부하고 귀국함. 세브란스 병원장 역임.

조정현: 1953-54 인턴, Malden Hospital 1956-58 레지던트(마취과), Mass General Hospital. 귀국하여 연세의대 교수와 세브란스 병원 마취과장 역임

황기석: 1953-54 인턴, Springfield Hospital. 뉴욕에서 내과 수련을 마치고 경북의대 내과 교수, 핵의학 과장 역임.

김은섭: 1954-56 레지던트(내과), Mass General Hospital. Quakertown, PA에서 개업.

민병철: 서울의대 졸. 1954-59 레지던트(외과), New England Medical Center. 고려대학 외과 교수, 부속 구로 병원장, 서울의대 외과 교수, 신영병원 원장, 울산의대 외과 교수, 서울 중앙병원 원장 역임.

김광심: 1955-58 레지던트(마취과), Boston City Hospital. Milwaukee, Wisconsin에서 개업

송요섭: 서울의대 졸 1956-60 병리학, State Health Dept.에서 수련. 1961년 이후 병리학과 과장, Mercy Hospital Medical Center, Des Moines, Iowa

고광욱: 서울의대 졸 1957-60 레지던트, Boston Children's Hospital. 서울대학 의과대학 교수 소아과장, 서울대학교 소아병원 원장 역임. 별세

김온자: 서울의대 졸 1957-59 레지던트(병리학), New England Medical Center. Cincinnati University와 서울의대 병리학 교실 교수 역임

김창신: 연세의대 졸. 1958-67 Staff, Worcester County Hospital, 1967년부터 30여년간 Worcester County Hospital에서 병원장 역임

박요수아: 서울의대 졸 1958-60 레지던트(가정의학), Woonsocket Hospital, RI. 1960년 이후 로드 아일랜드에서 가정의로 개업하여 어려운 처지의 초기 유학생 가족 교인들에게 무료로 의술을 베풀었으며 교회의 장로로서 로드아일랜드 주 최초 한인교회(제일교회)의 모체로서의 한인 예배부 지도자로, 후에 영생장로교회 창립자이며 신학교 졸업 후 목회자로서 교계에도 공헌을 남김. 로드아일랜드 한인회 4대 회장 역임.

서세모: 서울의대 미주 총동창회장 역임. 1958-61 Children's Hospital에서 수련. 하와이 호놀룰루
　　　　에서 개업.
박용휘: 1959-60 레지던트(방사선과), Boston City Hospital. 가톨릭 의대 방사선 과장
안창수: 경북의대 졸 1956-59 독일 Frankfurt 의과대학에 수학.
　　　　1959~60 BU Medical Center와 Boston City Hospital에서 내과 수련. 1960년 귀국하여 부
　　　　산의대에서 내분비학 강의를 맡았고 60년 말에 방사선 동위원소 교실을 설치하는 등 한국의
　　　　의학 발전에 공헌하였다. 1964년 다시 도미하여 70년까지 Boston City Hospital에서
　　　　Clinical Research Associate로 있으면서 갑상선에 대한 논문을 국내, 국제학회에 발표했으
　　　　며, 보스턴 의대에서 조교수 부교수 역임, 71년 Brockton VA Hospital로 옮겨 Nuclear
　　　　Medicine Service를 창설하였으며 하버드 조교수 발령을 받았다. 2대 뉴잉글랜드 한인 의사
　　　　협회장, 미주 한인의사회 회장을 역임했고 학계뿐만 아니라 한인 사회에도 많은 공헌을 남기
　　　　고 별세하였다.
도상희: 서울의대 졸업. 1953년 Cleveland Clinic에서 내과수련의 과정을 마치고 1957년 귀국하여 대
　　　　구 동산 기독병원의 내과과장을 역임. 1960년 한국에서 처음으로 갑상선 Grave's Disease를
　　　　방사선 동위원소 옥소로 치료한 결과를 대한의학협회지 1961년 2월호에 발표했으며 현대식
　　　　환자기록 중앙제도를 처음으로 대구동산병원에 도입했다. 그 후 뉴욕에서 2년간 내과 공부를
　　　　마친 후 1970년 로드아일랜드 주로 이주. VA Hospital에서 내분비학 내과의사로 재직하면서
　　　　뉴잉글랜드 한인의사회 초대회장, 로드아일랜드 한인회 발기 및 초대이사장을 역임하였으며
　　　　뉴잉글랜드 서울의과대학 동창회 발족 및 초대 회장으로 한인사회를 위해 헌신한 업적도 컸으
　　　　며, 현 제일한인교회의 모체인 프로비던스 미국장로교회 한인예배부 장로로 봉사하다 은퇴 후
　　　　캘리포니아로 이주, 별세하였다.
차승만: 연세의대 졸. 1959년 Univ of Wisconsin에서 약리학 전공, 1963년 Brown 의과대학에서 약
　　　　리학 Ph. D 받고 Assistant Professor로 시작하여 한인으로는 처음으로 브라운에서 tenure
　　　　교수가 되었으며 1992년까지 교수로 근무하고 1993년에 은퇴하여 명예교수로 봉사하고 있다.
　　　　학술논문 60여 편과 2건의 특허를 소지하고 브라운 대학에 오는 한인 학생, 대학원생들과 의
　　　　사, 객원 교수들을 위해 많은 편의를 제공하였으며 1975년 RI 한인회 창립을 위해 노력하고
　　　　80년에는 한인회장으로 봉사한 공적으로 해외동포 유공자로 인정 1991년에 대한민국 정부의
　　　　외교통상부장관상과 1999년엔 국무총리상을 수상한 바 있다.

그 밖에 1960년 초반에 뉴잉글랜드 지역에서 수련의나 Staff로 있던 한인 의사 중에는 조정현(연세의대 졸,
MGH 마취과 수련, 연세의대 병원 마취과장 역임)과 이회정(서울의대 졸, 서울의대 병리학 교실, RI 병원 병
리과, 서울 삼성병원 병리과 과장 역임), 이규원(경북의대 졸, 소아 정신과, Mass Mental Health Center), 한
수홍(서울의대 졸, Boston Children's Medical Center에서 수련), 이혜원(필라델피아 제퍼슨 의대교수, 간
질환 분야 연구). 그 외에 이배훈 (연세의대 졸, 병리), 이재두 (서울의대 졸), 이희자 등이 있다. 1964년 안창수
가 보스턴에 온 후 박창운, 이정원, 이종원, 오국상 등이 의사들의 모임을 만들면서 각자의 전공 분야를 토의
하는 계기를 마련하기도 했다.

(3) 뉴잉글랜드 지역 한인 의사 전성시대

뉴잉글랜드에 한국 의과대학 출신의사가 본격적으로 오게 된 시기는 60년도 초반이다. 월남전으로 인한 미국
의사 수의 부족으로 외국계 의사들에게도 취업의 문호가 개방되었을 때였다. 미국 병원의 수련의로 오기 위해

서는 ECFMG(미국 의사자격) 시험에 합격한 후 해당 병원과 계약이 되면 올 수 있었고 특히 65, 66년 졸업 해에는 한국 국방부에 Kim's plan이라는 특수제도가 있었다. 이는 전국 8개 의과대학 졸업생중 ECFMG 시험에 합격하고 종합병원에 인턴으로 채용된 자를 상대로 다시 시험을 치러 매년 30명을 선발하여 군복무 의무를 보류하고 우선 미국 유학 수련을 허락받는 제도였다. 이 혜택으로 뉴잉글랜드 지역에 수련의로 온 의사들은 김경세, 정정욱, 정상국, 최의웅, 허서룡 등이었다. 1960년도 중반에서 70년대까지 한인 의대 졸업생의 80%가 미국에 들어온 예도 있었다. 1965년에 린든 존슨 대통령의 이민법 (The Hart-Celler Act) 서명 이후 70년도 초 Nixon 대통령에 의해 의사를 비롯한 고급 인력 층의 이민 문호가 개방되자 영주할 생각 없이 왔던 대다수의 한인 의사들은 영주권을 받고 뉴잉글랜드 지역에 정착함에 따라 한인 의사수가 계속 늘어나게 되었다. 뉴잉글랜드 지역은 학문, 의학의 중심지로 의사 수의 밀도도 전국에서 높은 수준으로 비록 수련의 과정을 마쳤다 해도 이곳 의과대학 faculty나 개업의로의 정착이 용이하지 못함에도 불구하고 많은 한인 의사들이 이곳에 정착하여 좋은 직장과 직책으로 여러 부분에서 두각을 나타내며 한인사회와 미 주류 사회에서 의술로 기여하고 있다. 특히 이 무렵에는 한국 의과대학에서 하버드 의과대학을 비롯한 여러 의과대학이나 연구기관에 교환교수 또는 객원 교수로 많은 한인 의사들이 오기 시작하였다. 이때 온 사람 가운데 찾아볼 수 있는 사람은 다음과 같다.

장윤석 교수(서울의대 산부인과 불임시술 권위)

김진복 교수(일반외과 위암수술 권위, 백병원장. 보스턴 의대, 하버드 의대에서 연수)

김정룡 교수(내과, 간질환 권위, 하버드 의대 연수)

한만청 교수(방사선과 서울대 병원장, 하버드 의대 연수)

이외도 많은 장단기 연수자들이 뉴잉글랜드 각 의과대학과 연구기관에서 임상을 연구하였으며 특히 1980년 이후 보스턴에서 수학한 서울대 교수 중 하버드 의대를 비롯한 대학 병원이나 의료 기관에서 연수한 사람은 아래와 같다.

기초의학 분야

병리	박성희, 김철우
미생물학	최명식
예방의학과	안윤옥

임상의학 분야

내과	이홍규, 최강원, 조보연, 김성연
외과	박용현 (서울대 병원 원장), 박귀원 (소아외과), 윤여규
산부인과	최영민
소아과	윤용수, 서정기, 황용승, 이환종
신경과	노재규
피부과	윤재일
정형외과	정상문, 성상철 (서울대 병원장)
흉부외과	김주현, 김용진, 성숙환
신경외과	한대희, 김현집
비뇨기과	김시황
안과	정 흠
진단방사선과	연경모, 장기현, 박재형
치료방사선과	하성환

　이들은 한국 의학계를 세계 수준으로 이끄는데 견인차 역할을 하고 있으며 보스턴에서의 연수가 그 밑거름이 되고 있음을 자부하고 있다. 이외도 많은 의사들이 보스턴에서 연수나 시찰, 연구 발표를 하고 돌아간 것으로 나타나 있으나 자료의 부족으로 자세한 명단을 밝히지 못함을 유감으로 여긴다.

2) 진료과목 별 전문분야 한인 의사들

(1) 각 주별

(가) 매사추세츠

마취과	서석인 (은퇴), Tzay J. Chiu, 황소희, 유성자, 박태영(별세), 박한영, 박춘지 (은퇴), 김기일, 권철기, 박경민 (은퇴), 김은한, 심정섭, 김진우, 김천일, 권상혁, 최연일
방사선과	김덕수(U.Mass의대 교수), 탁원균 (은퇴, Radiation Oncology), 최송자 (Radiation Oncology), 최인섭 (Neuro Radiology), 최찬혁, 최수길 (Radiation Therapy), 최우명
병리과	안송희 (Song-hi Foraker), 정구명 (Frank K. Chung), Agnes 강, 이배훈
정신과	강경희, 주봉갑, 송남수, 이규원 (Child Psychiatry)
산부인과	김 일 (은퇴), 이은로, 강길원
이비인후과	김청하
내과	김진수 (별세, Braintree 재활병원에서 병동을 명명함), 전종훈 (Nuclear Medicine), Grace W. Kim (김원자, Family Practice), 김문령 (Harvard Vanguard Medical Associates), 안창수 (별세, Nuclear Medicine), 정태진(신장내과), 진진학 (Infectious Disease)
소아과	Kyung Lee Chang, 정상국
재활의학과 분야	김무광, 조항록, 김경애
외과	문형성 (흉부외과), 박종건 (성형외과). 이상원(혈관 외과)

(나) 메인

산부인과	채두경
재활의학과	김성열

(다) 버몬트

마취과	Stephan Kim

(라) 뉴햄프셔

정신과	손정호

(마) 로드아일랜드

가정과	이천각, 박찬훈
내과	안광원, 한서동
마취과	김상모, 김재흡, 배성환, 오제명, 지영선

산부인과   최의웅, 이길자
임상병리과   이용웅
병리과   정정욱
재활의학과   박기영
정신과   주창준
외과   이창권

(바) 코네티컷
외과   김창수
뇌병리학과   엄정환
소아과   이상원, 지광수
마취과   오태희, 정근상, 정헌택, 홍성칠
전공불명   정의균, 윤백현, 안병찬, 문원길, 박소희

<u>(2) 뉴잉글랜드 전지역</u>
마취과   서석인(은퇴), Tzay J. Chiu, 황소희, 유성자, 박태영(별세), 박한영,
                박춘지 (은퇴), 김기일,
                권철기, 박경민(은퇴), 김은한, 심정섭, 김진우, 김천일, 권상혁, 최연일,
                김상모, 김신형, 정근삼, 정헌택, 홍성칠, 오태희
방사선과   김덕수, 탁원균(은퇴), 최송자, 최인섭, 최찬혁, 최수길, 최우명
병리과   안송희 (Song-hi Foraker), 정구명 (Frank K. Chung), Agnes 강, 이배훈,
                이용웅, 정정욱
정신과   강경희, 주봉갑, 송남수, 이규원, 주창준, 장석주
산부인과   김 일(은퇴), 이은로, 강길원, 최의웅, 이길자, 최두경
이비인후과   김청하
내과   김진수 (작고), 전종훈, Grace W. Kim (김원자), 김문령, 안창수 (작고),
                정태진, 진진학, 안광원, 한서동, 김기흡, 배석환, 오기명, 지영신
소아과   Kyung Lee Chang, 정상국, 이상원, 지광수
재활의학과   김무광, 조항록, 김경애, 박기영, 이희종(작고), 김성열
외과   문형성, 박종건, 이상원, 이창권, 김창수, 박소희(은퇴)
미상   김규수
가정의학과   이천각, 박찬훈
뇌병리과   김정환

3) 한인 사회를 위한 봉사 활동

한국에서 의과 대학을 졸업하고 미국 의과대학 병원에서 전문의 수련을 마친 의사들이 미 주류 의료계에서 미
국인 의사들과 어깨를 나란히 당당하게 활약하는 가운데 우리 한인 사회를 위한 헌신의 참여에도 적극적으로
나서 활동하고 있다. 특히 한인들의 의료 서비스를 위해 많은 의사들이 헌신적으로 도와주고 있다.

(1) 보스턴을 중심으로

이영길 목사: 서울의대를 졸업하고 다시 신학을 공부한 후 목사 안수를 받고 현재 보스턴 한인 교회를 담임하고 있다.

강길원, 최연일: 장로의 직분으로 보스턴 한인 교회를 섬기고 있다.

정태진: 영생교회 장로로 시무하면서 형편이 어려운 한인들에게 무료 의료 봉사를 하고 있음. 대한민국 대통령 표창을 받기도 했다.

최찬혁: 하버드 의과대학 MGH 방사선과 교수로 재직하면서 성요한 교회 장로로 시무하고 있다.

송남수: 보스턴 장로교회 시무장로로 교회를 섬기면서 뉴잉글랜드 한인이민 100주년 사업회 부회장과 뉴잉글랜드 한인사 편찬위원장으로 수고하고 있다.

최인섭 : Interventional Neuroradiology의 권위자로 세계적으로 명성을 얻고 있으며 Tufts 의과대학 주임교수와 과장으로 재직하고 있다. 현 뉴잉글랜드 서울의대 동창회장이기도 하다.

장익경: 하버드 의대와 MGH에서 심장내과 교수로 재직하면서 많은 논문을 발표하고 있다.

김은한: 뉴잉글랜드 한인회 이사장과 뉴잉글랜드 의사회 회장, 평화통일 자문위원, 세탁인 협회고문, 한인회보 칼럼니스트로 활동하면서 뉴잉글랜드 이민 백주년 기념사업회 수석 부회장으로 수고하고 있다. 대한민국 국민포장을 받았다.

박경민: 서울의대에서 석사와 박사를 받고 서울의대 교수로 재직 중 도미 유학. 하버드 의과대학에서 수련을 마치고 한국과 미국의 마취과 전문의 자격을 취득하고 Metrowest Medical Center 마취과장과 Metrowest Anesthesiology Inc.의 대표이사, 보스턴 의대 임상교수를 역임한 후 은퇴. 뉴잉글랜드 한인회 이사장, 뉴잉글랜드 한인회관 건립위원장, 뉴잉글랜드 한인의사회 회장, 평화통일 자문위원, 뉴잉글랜드 지역 한인센서스 추진위원회 위원장, 뉴잉글랜드 서울대학교 동창회장을 역임하고 현재는 뉴잉글랜드 한인 이민 백주년 기념사업회장, 뉴잉글랜드 한인사 편찬 위원, 보스턴 한미 노인대학 학장으로 한인 사회의 실질적인 일꾼으로 봉사하고 있다. 대한민국 국무총리 표창과 국민포장을 받았다.

김천일: Boston Children's Hospital 소아과 전문의이며 뉴잉글랜드 의사회 회장, 뉴잉글랜드 서울대 동창회 총무로 수고하면서 보스턴 한인 천주교회에서 봉사하고 있다.

김문령: Harvard Vanguard Medical Associates의 내과 전문의로 재직하면서 봉사와 사랑의 정신으로 한인들을 돌보는데 열심을 다하고 있다. 독실한 신앙인으로 2세 청소년 교육에 남다른 관심과 지원을 펴면서 출석교회(새빛교회)를 섬기고 있다.

(2) 메인을 중심으로

채두경: 서울의대 출신 산부인과 전문의로서 Augusta 지역에서 진료에 종사하는 가운데 지역 한인 사회를 위해 여러 가지 일로 봉사하고 있다.

김성렬: 서울의대 출신 재활의학 전문의로 Augusta 지역에 소재한 재활 병원에서 진료 봉사하고 있다.

(3) 로드아일랜드를 중심으로

로드아일랜드는 미국에서 가장 작은 주인데도 위치적으로 북으로는 보스턴이 한 시간 거리 남으로 뉴욕은 3시간 거리에 위치한 문화와 자연이 어우러진 아름다운 해안의 주인 관계로 의사, 교수, 학생 등 전문 직종의 한인들이 비례적으로 절대 다수를 차지하는 분포 현상을 보이고 있다.

정정욱이 우스터, MA에서 외과와 병리 수련의 과정을 마치고 전문의 자격으로 RI주 Pawtucket Memorial 병원에 와서 Staff로, Brown 의과대학 Clinical faculty로 있을 당시 (1973년), 이미 이곳에는 개업의나 Staff로 자리잡은 의료인들이 많이 있었다. 그들은 박요수아, 도상희, 이호영, 차승만, 김병규, 이창권, 안광원, 백성한, 김재흡, 최의웅, 송영각, 이회정 등이었고 수련의 과정의사로 이용웅, 이천각, 설홍수, 정원필, 박찬훈, 한서동, 이영희, 서세옥, 임영찬 등이 있었으며 곧 후에 산부인과 이길자, 마취의사인 온기철, 김상모, 오세명, 지영신, 소아과 이동석, 내과 이은희, 정신과 주창준, 치과 윤선홍 등이 합류하였다.

1973년에 이미 로드아일랜드 주에는 자리잡은 의사들의 친교 모임이 있었는데 매달 돌아가며 Pot luck dinner로 만나 각자 전공분야에 관한 새로운 정보도 나누고 친목을 나누었다. 정정욱이 주선하여 매사추세츠의 Wrentham에 있는 King Phillip Inn에 dinner-dance를 예약하여 약 30명이 참여했다.

이러한 의사들의 모임에서 RI 한인회의 필요성이 거론되던 차에 1975년 3월 27일 이호영댁에서 모임이 있었는데 그 날 참석했던 26명 (강경식 Brown대 교수부부 포함)의 서명으로 RI 한인회가 발기되었다. 그 후 한인회 창립을 위하여 의사들이 적극 참여하였고 그 결과 한인회장 또는 이사장을 역임한 의사들이 상당수였다. 그 명단은 박요수아, 도상희, 이호영, 차승만, 정정욱, 이천각, 이동석, 온기철, 이길자 그리고 한인학교 이사장에 치과의사 윤선홍 등이 관여하였다.

2000년도에 산부인과 의사인 이길자 회장은 뉴잉글랜드에서는 최초인 여성한인 회장으로 취임하여 RI 한인회에서 여러 사업들을 펼쳐 나갔는데 처음으로 25주년 기념문집 "섭리(Providence)"를 창간하였으며 침체해가는 최근의 RI 한인회를 발전시키는데 크게 기여했다. 로드아일랜드 교계에서도 몇몇 의사들의 역할은 괄목할만한 것이었는데 우선 초기 한인교회의 모체가 된 프로비던스 제일 장로교회 내의 한인 예배부에서 두 핵의 역할을 한 박요수아 장로, 도상희 장로는 한인들의 지도자로서의 역할을 담당하였다.

1973년에 합세한 정정욱 장로 (미국 장로교 안수 집사였음)는 Steering Committee 제직 위원장직을 맡아 미 장로교와 한인 예배부 사이를 연결하는 다리 역할을 하였다. 1979년 유철옥 목사를 도와 한인이 미국교회에서 독립하여 첫 자체 교회인 제일 한인 교회를 만드는데 수고하여 계속 장로로서 봉사하였다. 정정욱은 RI 주 미연합교단 (UCC)의 실행이사로서 3 term(6년)을 하였으며 전 미국 연합교단 총회에 RI 주 대표로도 봉사하였다. 또 1996년 병리학회 회장, RI한인회장, NE 한인 의사회장을 역임했고 대한민국 국민포장을 수여받았다.

<u>(4) 코네티컷을 중심으로</u>

손금성: 작고, 펜실바니아의 Hahnemann 의대 졸, 조선적십자사 사무총장, 적십자병원장 대학의학협회 이사장 역임, 대한적십자사 인도장 제 1호, 재미 한인의사회에서 금메달 수상

장석주: 서울의대 졸, 정신과 전문의, 제 10대 한인회장

김창수: 서울의대 졸, 외과 전문의, 제 24대 한인회장

김정환: 뇌병리학 전문의, 현 Yale 의대 교수

이상원: 소아과 전문의, 제 37대 한인회장

지광수: 서울의대 졸, 소아과 전문의, Norwalk 병원 소아과 과장

오태희: 서울의대 졸, 마취과 전문의, 현 Yale 의대 교수, 제 22대 한인회장

이희종: 작고, 재활의학 전문의, 전 Bridgeport 병원과장

정근삼: 마취과 전문의, Yale 의대 교수, 지역사회에 많은 공헌, 현 한인회 이사

정헌택: 마취과 전문의, 현 Yale 의대 교수, 제 39대 한인회장

홍성칠: 마취과 전문의, 현 Hartford 병원 마취과, U.Conn 의대 교수, 한인회 이사

정의균: 전문의

윤백현: 전문의

안병찬: 전문의

문원걸: 전문의

박소희: 서울의대 졸, 외과전문의, 은퇴(Thompson Medical Center와 Day Kimball 병원외과)

4) 한국계 미국 의과대학 출신

이름	의과대학 명	졸업년도	전공	근무처
Kim, Robert	보스턴 의대	1960	외과	Metrowest Medical Center
Kim, Samuel	하버드 의대	1962	소아과	Mass General Hospital
Kim, Joseph (작고)	하버드 의대	1964	안과	Mass Eye Infirmary Malden Hospital
Koh, Howard	예일 의대	1977	내과, 혈액학, 종양학, 피부과	하버드 보건 대학원 부학장
Koh, David			심장내과	Beverly Hospital
Kim, Jean			일반외과	Metrowest Medical Center
Kim, Young B.			산부인과 (종양 전문)	Beth Israel Deaconess Medical Center
Cho, Landay Nancy			일반외과	
Choi, Dennis	하버드 의대	1978		
Kim, Paul	하버드 의대	1979		
Koh, Edward	하버드 의대	1981		
Ahn, James	보스턴 의대	1982		
이름	의과대학 명	졸업년도	전공	근무처
Kwon, Y. Sang	텍사스 의대	1985		
Pyun, Elise	보스턴 의대	1985		
Kim, John	노스웨스턴 의대	1985		
Lee, Susanna	예일 의대	1983		
Cha, Jan Ho	미시건 의대	1984		
박경원	UC (San Diego) 의대		마취과	Beth Israel Deaconess Medical Center 하버드 의대 교수
Shin, Yong Tack	코넬 의대	1990	소아 심장외과	BWH에서 수련
Hong, S. Charles	예일 의대	1998	심장내과	Harvard Medical School MGH)
Paik, Henry	보스턴 의대	1989	위장내과	

5) 재미 한인 의사회

각 대학 동창회가 점차 결성이 되고 한인 의사들이 늘어나자 1974년 뉴욕에서 최제창 현봉학 오창열 등이 중심이 되어 재미 한인 의사회를 결성했다. 설립 당시인 1984년에는 4500여 명의 회원을 포용하는 큰 단체가 되었으며 산하에 8개 지역 의사회 - 뉴욕, 워싱턴 D.C, 메릴랜드-버지니아, 시카고, 서던캘리포니아, 필라델피아, 노던오하이오, 미네소타 그리고 뉴잉글랜드 지부가 조직되었다.

재미 한인 의사회는 연말 총회와 학술대회를 개최하고 장학 사업과 본국 대한 의학 협회와 합동으로 학술대회를 개최하고 있다.

6) 뉴잉글랜드 최초의 의과대학 동창회

서울의대 뉴잉글랜드 지역 동창회: 1970년 12월 26일 보스턴 Children's Hospital에서 뉴잉글랜드 지역 서울 의대 동창회가 창립되었고 초대 회장에 도상희, 총무에 손영진이 선출되었다. 연회비는 2불이었으며 1971년 6월 6일 로드아일랜드 Goddard Park에서 동창회원 35명, 뉴욕에서 이규용 선생, 기타 가족 합하여 100명 이상 참석하였는데 이때 김진복, 한만청 회원의 귀국이 보고되고 동창회 회칙이 통과되었고 회장은 유임되고 새 총무에 지제근 회원이 선출되었다. 지제근과 이미나 부부는 하버드 의대 소아병원에서 신경병리와 소아과를 전공하고 모교로 돌아가 지제근은 모교 병리학교수와 과장을, 이미나는 삼성제일 병원 소아과 과장을 역임하였고 후학 양성에 심혈을 기울였다. 의사들이 계속 한국에서 들어와 연세, 고려, 경북, 전남, 카톨릭, 이화, 부산, 경희 의대 등의 각 대학 동창회가 활기를 가지고 발전하여 오다가 점점 새로 오는 수가 적어지면서 활기를 잃기 시작하였으나 1982년 뉴잉글랜드 한인 의사회가 발족한 이후로는 이를 중심으로 회원 상호간의 친선, 학술교류로 발전해 나갔다. 뉴잉글랜드 의사들이 한인을 위해 건강에 관한 세미나를 가졌는데 1973년 5월 25일 보스턴 대학에서 재미 한인 과학 기술자 협회 뉴잉글랜드 지부 주최 암에 관한 세미나에서 암에 관한 교육영화 상영 후 암 치료약의 개발(김영호), 암의 조기발견과 진단(안창수), 암의 화학 치료 개론(김병수), 암의 방사선 치료의 발전(최찬혁)의 강연과 질의 응답이 있었다. 김병수는 그 후 모교 연세 의대 교수와 연세대 의료부총장을 역임하였다.

7) 뉴잉글랜드 한인 의사회(NEKMA)

뉴잉글랜드 지역에 한인 수가 늘어나자 한인 의사들의 모임이 있어야겠다는 인식에서 1979년 가을 이홍범, 정구명, 심정섭, 김은한, 박경민 등이 주축이 되어 그해 12월 Weston Country Club에서 100여 명의 한인 의사들이 모인 가운데 송년회를 개최한 것이 계기가 되어 1981년 10월 Harvard Faculty Club에서 각 의과 대학 대표 12명이 모여 의사회 발기를 토의하고 1982년 3월 6일 탁원균씨 댁에 다시 모여 가칭 뉴잉글랜드 한인 의사회를 발족키로 하였다. 이어 3월 26일 조항록 자택에서 창립준비 위원회 구성과 함께 도상희를 위원장으로 선임하고 1982년 11월 27일 Weston Country Club에서 74명의 의사가 참석한 가운데 회칙을 통과시키고 초대 회장에 도상희씨를 정식으로 추대했다.

당시 발기 준비위원은 박경민, 김영수, 조항록, 최찬혁, 권정자, 김 일이었으며 연회 준비 위원은 이홍범, 이배훈, 정구명, 김진수, 황소희, 백성한 그리고 서기에 김성렬이 수고하였다.

1983년 3월 1일 도상희 회장 자택에서 뉴잉글랜드 한인 의사회 제 1차 정기 이사회를 개최하고 회장에 도상희를 연임하고 차기 회장에 안창수, 총무에 김영수, 회계 김성렬, 서기 조항록, 섭외 이배훈, 미국 의대출신 대표에 Joseph Kim이 선출되었다.

1983년 3월 23일 NEKMA 소식지 1호가 발행되었으며 7월 30일 로드아일랜드의 Colt State Park에서 100여 명의 회원 가족이 모여 야유회를 가졌다.

1983년 11월 5일에 제 2차 정기 이사회가 도상희 회장 댁에서 열렸고 11월 12일 Alexandria, VA에서 열린 KMAA의 10th House of Delegates and Executive Meeting에 김영수 총무가 참석하였다. 1984년 KMAA의 부회장 3명 중 NEKMA에서 한 분이 추대되기로 되었고 KMAA의 비영리 단체 번호를 사용할 수 있게 되었다. 1983년 12월 10일 제 2차 NEKMA 연말파티에 67명이 참석한 가운데 Weston Country Club에서 열렸고 회원명부 Directory와 회칙 배부가 있었다. 1984년 정기 제 1차 이사회가 3월 10일 제 2대 안창수 회장댁에서 열렸다. 차기 회장에 김창신이 추대되었다. 1984년 7월 27일에서 29일까지 학술대회 및 휴가가 Cape Cod에 있는 Wequassett Inn에서 29명 회원 가정이 참석하고 안창수 회장의 지도로 진행되었다. 1984년 제 2차 정기 이사회가 9월 29일 안창수 회장댁에서 열리고 Joseph Kim이 1986년 회장에 추대되었다. 회지 창간호 발간에 대한 토의가 있었고 안 회장이 고안한 Logo가 채택되었다. 1984년 정기총회 및 송년회 Dinner Dance가 12월 15일 Boston Westin Hotel에서 57명이 참석하여 성대히 열렸다.

(1) NE 한인의사회의 발전과 현재

1983년 도상희 초대 회장 후에 84년 안창수, 김창신, Joseph Kim, 박경민 전임 회장들의 열의와 회원들의 협조로 의사회는 초창기부터 꾸준히 발전하여 1990년도 초반까지 활발한 활동을 하였으며 회원수가 120명까지 늘어났으며 매년 오고가는 회원의 변동을 update하기 위해 회원 명부를 발행했고 의사 회지 창간호가 2대 안창수 회장때 창간된 이래 3회가 더 발행되었는데 제 2호 (박경민 회장), 제 3호 (탁원균 회장)을 거쳐 마지막 호가 된 것이 1994년 김청하 회장 때 제 4호가 발간되었다.

역대 의사회의 중요행사로는 (1) 회원간의 친목을 도모하기 위한 춘계 추계 골프 대회 (2) 여름에는 대개 2박 3일로 아름다운 경관이 있는 휴양지(케이프 코드, 버몬트, 메인 등)에서 Summer Convention을 하는데 회장의 계획에 따라 다양한 Program으로 회원들과 가족들을 즐겁게 하였는데 학술강연 부분은 의료, 건강은 물론 재정 관리에 이르기까지 다양하고 Golf 대회 시상, 가족을 위한 특별 Program, 소규모의 음악회로부터 Chamber Orchestra 연주회까지 마련되며 Dinner Dance로 회원과 가족들간에 즐거운 친교가 이루어진다. (3) 마지막 행사로 연말 파티 겸 총회는 여러 회원들에게 기다려지는 행사인데 Dance는 물론 가라오케로 노래를 부르며 때론 코미디언의 Entertainment로 폭소를 자아내는 경우도 있다. 매 회기 회장단과 임원들이 헌신적인 봉사를 하여 이러한 행사들을 유치해 갈 수 있음은 물론이지만 회기가 변하는 것에 관계없이 Golf 대회 행사는 김은한, 온기철, 김천일 회원들이, 음악과 여흥에 정구명, 학술관계는 최찬혁, 강길원, 안창수, 이범상 회원들이 많이 수고하였다. 또 박경민 회장은 창립 초기부터 20년이 지난 지금까지 의사회를 직접 간접으로 돕고 있다. NEKMA는 각 대학이 교대로 돌아가며 회장단을 맡도록 되어 있는데 수가 적은 대학은 어려울 수밖에 없고 자연히 수가 많은 서울 의대에 여러 차례 순번이 자주 돌아오는데 대부분이 봉사하는 것을 사양하기 때문에 점점 더 어려움을 겪으므로 뜻있는 회원들은 염려하고 있다. 앞으로는 젊은 회원과 새 세대를 많이 참여시켜 그들이 봉사하고 이 회를 이끌어 갈 수 있게 적극 후원을 해야 할 것이고 이 회의 존재가 상호 친목을 위한 것만이 아니고 한인사회에 도움을 주는데 없어서는 안될 NEKMA라는 사실을 회원들이 모두 재다짐해야 할 것이다. 지난 몇 년간 NE 한인회보에 박경민 전 회장과 정정욱은 의학 건강칼럼 고정 기고자로 수고하였고 또한 정정욱을 비롯해 김은한, 노인규, 이길자 회원들이 지난 몇 년간 뉴햄프셔 한인회에서 의학 건강강좌와 무료 진료 상담으로 봉사하고 있다. 교회를 통해서나 극빈한 제 3국에 의료 선교를 하거나 무료 진료를 한다거나 숨어서 봉사하는 회원이 많은 줄 알지만 앞으로 더욱 많은 회원들이 지역 사회 봉사를 하고 이곳에 없어서는 안될 NEKMA가 되어야하겠다.

(2) NEKMA 역대회장명단

1983 도상희, 1984 안창수, 1985 Thomas Kim (김창신), 1986 Joseph Kim (김 철), 1987 박경민, 1988 서인석, 1989 오원환, 1990 김 일, 1991 탁원균, 1992 박수자, 1993 최수길, 1994 김청하, 1995 최찬혁, 1996 박태영, 1997 이운로, 1998 Grace Kim (김원자), 1999 김은한, 2000 정정욱, 2001 정정욱, 2002 정정욱, 2003 김천일, 2004 김천일

2000년 NEKMA 회원 Mailing List에 의하면 총회원은 100명이며 각 대학 졸업별 통계는 다음과 같다.
카톨릭 의대 6, 이화 의대 14, 고려 의대 8, 경북 의대 12, 전남 의대2, 부산 의대 1, 서울 의대 31, 연세 의대 18, 미국 의과대학 8, 경희 의대 1
이외에도 등록되지 않은 의사와 수련 중인 의사가 상당수 있으리라 생각한다.

(4) 자랑스런 2세 의사

Howard Koh, M.D, MPH: 1977년 예일 의대를 졸업하고 Boston City Hospital과 Mass General Hospital에서 수련을 받고 내과, 혈액학 암치료와 피부과 4가지 전문의 자격과 보스턴 대학에서 예방의학 석사학위도 받았다. 매사추세츠 주 보건후생 장관을 역임했고, 1999년 미암학회로부터 Distinguished Service 상을 받았다. 2000년 클린턴 대통령으로부터 전국 암 자문의사의 한 사람으로 임명받았다. 보건후생 장관 시절 담배의 절제, 면역 결핍증의 치료와 예방, 습관성 약물 환자의 남용 치료, 암 진단과 예방, 집 없는 방랑자의 건강문제, 신생아 조기진단, 장기 이식, 생화학 테러 등 많은 부분에 공헌했다. 학술논문은 200개 이상 발표했다. 현재 하버드 보건 대학원 부학장으로 근무하고 있다.

(5) 뉴잉글랜드 거주 출신대학별 의사 명단 (NEKMA Medical Directory 참조)

카톨릭 의대　김진수, 서석인, 문원글, 전정현, 김덕수, Chiu Tzay J.

이화의대　권정자, 이 Grace, 황소희, 김원자, 이길자, 유성자, 이문자, 이군자, 김성옥, 김경애, 이창경, 장경이, 이덕자, 임효희, 이영희, 강경희, 김문영

고려대　손영숙, 안송희, 김 일, 박한영, 이운로, 조항록, 박춘기, 김기일

경북대　이규원, 김규수, 안창수, 최우명, 이용웅, 탁원균, 최연일, 최송자, 박찬훈, 이경철, 권철기, 최종의

전남대　김상모, 백성한

부산대　정구명

서울대　김영제, 이호영, 박소회, 문은희, 주봉갑, 김신형, 주창준, 안광원, 정태진, 손정호, 박경민, 지광수, 김재흡, 박종건, 최찬혁, 김청하, 박태영, 김진우, 채두경, 강길원, 문형성, 정상국, 정정욱, 김은한, 심정섭, 한서동, 김인귀, 김성열, 최인섭, 한일성, 김천일, 이상원, 장석주, 김창수, 오태희, 박소희

연세대　차승만, 류정출, 김병규, 이창권, 백순영, 정의균, 강 Agnes, 이 John, 이배훈, 이천각, 최의웅, 최수길, 우화자, 권상혁, 오세명, 송남수, 전진학, 김무광

2. 치과의사

매사추세츠에는 세 개의 치과대학이 있다. 하버드 치대, 터프스 치대, 그리고 보스턴 대학교 치대가 있다. 이 세 학교에서 졸업하는 한국 학생들은 많으나 대부분 자기 Home State로 돌아가는 경향이 많다. 특히 캘리포니아, 뉴욕, 플로리다 등의 주에서 많은 한인 치과대학 학생들이 매사추세츠로 와서 공부하고 있다. 현재 뉴잉글랜드에서 치과 개업하거나 치과병원에서 Associate로 일하고 있는 한인 치과의사의 숫자는 정확하게 파악

할 수 없지만 대충 열다섯 명 안팎으로 볼 수 있다: Weston에서 교정치과 병원 개업하고 있는 Dr. 김영호와 Associate로 일하는 Dr. 한은혜, Lawrence의 Dr. 김국진, Boston의 Dr. Frank Shin 신영묵, Cambridge 의 Dr. Carol Yun, Lexington의 Dr. Charles Hur, 그리고 Rhode Island 주에는 Dr. 윤선홍과 Dr. 우광대 가 있다. 코네티컷에는 Drs. 차용범, 김승자, 임경빈 등이 있으며, Dr. 차용범은 1.5세로서 제 46대 한인회 장, 현 한인회 상임이사로 청소년을 위한 봉사를 실천하고 있다.

Tufts 치대에는 한국인 치과 대학생들이 약 30~40명이다. 대부분이 1.5세나 2세 교포들인데, 앞으로 많은 한인 치과의사들이 배출되어 뉴잉글랜드 안팎으로 많이 봉사할 것으로 보고 있다. (신명묵 자료 일부 제공)

치과의사 김영호(1923년 출생)

Dr. 김의 부친은 일본에서 신학을 공부한 목사로 독립운동을 했고 1년 반 동안 옥살이를 하였다. 김교수는 1949년에 서울 치대를 졸업하고 한국전에 예비군 치과의사로 복무했다. 피난시 마산에서 교회와 학교 일을 돌보던 아버님이 미군 장교들을 교회와 집으로 초대하였다. 1951년 초에 예비군이 해체되어 집으로 돌아온 김교수는 그들과 만난 자리에서 미군에 한인들을 위한 치과의사가 필요한 것을 알고 그 이튿날 미해군 치과 군의관으로 임명받아 1년 3개월간 복무했다. 그 후 미국 보스턴에 이주, 소아치과를 이수하기 위해 해리스 중령의 추천을 받아 1952년에 하버드 치대에 오게 되었다. 1967년에 해리스 중령과 샌프란시스코에서 눈물의 재회를 하였을 때는 김교수는 보스턴 대학교의 부교수였다. 보스턴에 처음 왔을 때 10여 명의 한인들은 호머 김 (Hommer Kim, Dr. Samuel Kim의 부모)의 극진한 대접을 받고 있었다. 1953년 추수감사절 BU의 채플에 30여 명의 한인이 모여 예배를 드렸고 그 후 연대 총장이 된 박대선 목사가 시무했다. 1955년부터 3년간 로체스터에서 교정치과 수련을 받고 보스턴으로 돌아와 하버드에서 가르치기 시작했으며, 하와이에서 보스턴 BU 에 와서 종교교육 석사 과정을 밟던 부인과는 1956년에 BU 마쉬 채플에서 결혼했다. 김여사는 1904년에 하와이로 이민 온 아버지와 사진 중매로 만난 동래 출신 어머니 사이의 11남매 중 여덟째이다. 아들 둘을 두었으나 둘째는 대학시절 교통사고로 불행히도 타계했다. 첫째 아들 부부는 스탠포드 대학 미생물학 교수로 있다. 1967년 학회로 일본을 경유 서울을 방문했고 1973년에 다시 갔을 때는 조국의 발전에 놀랐다. 아버지의 소개로 이방자 여사를 만나 불구자를 위한 자선사업체인 '명휘원'을 돕는 기부금 모으는 일에 적극 참여하고 이여사가 미국에 왔을 때 1975년과 78년에 10여만 불의 모금을 하며 재단 이사장 일을 했다. 치과교정학이 전공인 김교수는 하버드와 보스턴 대학교에서 계속 가르쳤으며, 한편 1964년부터 지금의 자리 Weston Orthodontics Office에서 개업하고 있다. 2001년부터는 한은애 치과의사가 그 뒤를 이어 교정의의 일을 감당하고 있다. 아직도 김교수는 옛날 환자들이 문제 있으면 언제든지 가서 도움을 받을 수 있도록 자상히 배려하고 있다. 거의 매달 컨퍼런스를 통해 가르치는 일을 계속하고 있으며 많은 연구 논문과 함께 MEAW(Multi Edgewise Arch Wire)라는 특별한 교정기술을 발명하여 현재 세계 12개국에서 이 기술을 배우기 위한 단체를 형성하고 있다. 중국에서는 이 기술을 위한 책이 발간되어 배우고 있고 600여 명의 멤버들이 있다. 일본 500명, 한국 400명, 미국 200명, 대만, 필리핀, 남미, 유럽의 그리스, 오스트리아 등지에 foundation 등이 있다. 특별한 기술로서 수술하지 않고 교정하는 세계적으로 인정을 받고 있는 묘한 기술이다. 보스턴에서 52년을 살아오면서 10대 한인 회장도 역임하며 초기 한인 사회 활동에도 헌신했으며 지금도 계속 관심과 격려를 보내주고 있는 김교수는 앞으로도 계속 한국적인 전통을 이어가며 교육하는 일에도 힘써 주고 한국과 미국에 공헌하는 사람들이 많이 배출되기를 희망하는 보스턴에서 가장 오래 살아온 한인이다.

3. 간호사

이름이 개재되기를 원치 않는 연세대 출신 간호사 Y씨는 1970년 초에 이미 보스턴 근교 Faulkner 병원에서 ICU-CCU의 수간원으로 근무했고 1980년부터 현재까지 RI에 있는 병원에서 근무하며 특히 장기치료를 요하는 한인 노인들의 통역은 물론 개인 시간을 내어 환자들을 돌보고 있다.

학계에 업적을 이룬 김혜숙 박사는 서울대 간호학교 졸업 후 도미하여 인디아나 대학에서 간호학 석사를 받고 1970년대에 브라운 대학에서 사회학 석사, 박사학위를 받았다. 로드아일랜드 대학(URI)에서 교수와 간호대학장을 역임했으며 RI 한인회 창립에도 기여했다. 한국의 삼성 임상간호대학원 교수와 노르웨이 오슬로 대학교수로 재직하면서 많은 연구업적도 남겼다. 그가 저술한 간호학책은 3~5개 국어로 번역되어 한국은 물론 국제적으로 교과서로 쓰이고 있다.

서울대 간호학과 출신들의 친교모임에는 이영옥, 김동의, 김순희, 김계숙, 정해숙, 정선주, 홍지복, 박가순, 전태선, 차문희, 이향숙, 이찬영이 있으며 이들 대부분은 병원, 보건소, 요양원, 학교 등 전문 분야에 종사하면서 한인 사회 발전을 위해 많은 기여를 하고 있다. 이대 간호학과 출신으로는 이주연, 김민정, 백혜담이 보스턴 이화대학 동창회 명단에 있으며 이주연은 뉴잉글랜드지역 한인학교 협의회 회장을 역임하고 있다. 다른 대학 출신 간호사나 최근에 이주해온 간호사들이 더 있을 것으로 추측된다.

4. 임상 병리사

1966년 6월 부산 침례 병원 검사실의 홍갑룡 선생이 처음으로 박홍자(중앙의료원)와 같이 로드아일랜드 뉴포트 병원 검사실에 근무한 것이 한국에서 이곳으로 온 처음 병리사이다. 홍갑룡의 초청으로 6개월 후인 그 해 12월부터 이원중(세브란스 임상병리과)이 1968까지 근무하다 귀국하여 1970년에 다시 가족과 함께 정식 이민하여 뉴포트 병원에 온 것이 이민으로는 처음이다. 이원중은 1962년 처음으로 한국에 대한임상 병리사 협회 창설에 기여하여 2대와 3대 회장직을 맡아 1964년 한국에 첫 국가 시험을 치루게 하는 법제정에 관여했고 1964년 4월에 처음 국가 시험에 의해 892명에 면허를 부여하게 되었다. 이원중의 초청으로 계속 뉴포트 병원에 임상병리사들이 들어오기 시작했는데 1967년에 옥동석, 강순조, 양인숙, 정영원, 노철순, 고일석, 하종혁, 1972년에 남석철 등 대부분이 로드아일랜드에 또 일부가 매사추세츠에서 일을 했으며 고국으로 돌아간 정영원, 이철호, 김약수, 박홍자는 한국 임상병리사로서 중추적인 역할을 했다. 고일석은 현재 로드아일랜드에서 한의사로 개업중이며 임원구는 로드아일랜드 주 검사실에 근무중이다.

현재 대부분은 은퇴하고 장영호와 강순조가 뉴포트 병원에 계속 근무하고 있다. 뉴포트에 있는 미 해군대학에 매년 5~10명의 한국의 해군장교들이 1966년 이전부터 왔으며 이 뉴포트에 살고있는 한인 대부분 임상병리사들과 돈독한 관계를 맺어 모두 해군가족이 되었다. RI 뉴포트의 한인 임상병리사들은 한인회 창립과 그 발전에 많은 공헌을 했으며 이원중은 3대 회장직도 역임했고 위에 언급한 여러가지 공로로 2002년 대한민국 정부의 대통령상을 받았다.

홍갑용은 현재 예일의대 연구실 연구원으로 일하고 있으며 한인회 이사로도 봉사하고 있다.

5. 한의사

1973년 매사추세츠 애틀보로에 이민 온 한의사 부부인 우종경과 그의 부인 김호영은 처음에는 의사 사무실에 고용되어 침술을 했는데 1984년 매사추세스주에 한의사 자격 면허제가 생기고 1985년 면허 취득 후 독자적으로 부인과 함께 개업하여 한의원을 운영하고 있다. 의사인 전필현도 한의사로 일을 했다. 로드아일랜드에는 80년 초 한준길이 시작했고 근래 고일석, 백광현이 한의원을 개업했다. 그리고 보스턴에는 중국계 한의원 일선당 한의원과 광개토 한의원의 김명칠 한의사가 있다. 김명칠 한의사는 Samra University of Oriental Medicine에서 한의사 학위를 받고 3권의 영문 저서도 갖고 있다.

6. 수의사

1) 뉴잉글랜드의 한인 수의사

전 서울대 수의학과 조직학 교수 김상남 교수는 도미 후 코네티컷 주립대학 의대교수로 60년 말부터 가르치시다 지금은 은퇴하였다. 경북대 수의학과를 60년에 졸업한 구문장은 Belmont Animal Hospital, MA에서 약 2년간 임상수련하는 중 1970년 초 한인으로는 처음으로 매사추세츠 수의사 면허를 취득하였다.

2) 재미한인 수의사회

1965년도부터 활짝 열린 외국인 전문 직종 이민허가 문호 덕분에 의사, 간호사, 수의사들이 미국에 많이 이민 오게 되는 1972년에 한국의 8개 도립수의과 대학과 서울의 3개 수의과 대학 (건국대, 서울시립농대, 서울대학교)을 졸업한 우수한 한인 수의사들이 모여 재미 한인수의사회를 조직하게 되고 이 회를 통해 당면한 미국 수의사 면허를 받기 위한 정보 교환과 집중적 자체 연장교육을 실시하여 지난 32년 동안에 많은 한인 수의사들이 미국수의사 면허를 획득할 수 있고 정착하는 큰 혜택을 받았다.

이 재미한인 수의사회의 창립회원이며 1995년 이 회의 회장을 역임한 Dr. 김문소 (서울대 수의학과 65년 졸업)도 그 혜택을 받은 한 사람으로 1975년 1월에 매사추세츠 수의사 면허를 받고 1976년 4월에 Tewsksbury Animal Hopital을 개원, 1984년에 제 2의 병원 Dunstable Animal Hospital을 개원하여 지금까지 계속 운영하고 있으며 1981년부터 보스턴 한인교회 장로로 시무하고 있다. 시민협회 이사장, 한인회관 위원장, 뉴잉글랜드 한인회 이사장 등을 역임, 한인 사회 발전에 공헌한 바 크다.

서울대 수의학과 66년 졸업생인 Dr. 윤상래는 1977년 1월에 매사추세츠 수의사면허를 취득하고 4월에 Lager Animal Hospital에서 Associate Veterinarian으로 근무하다 1977년 11월에 Twin City Animal Hospital, Fitchburg, MA을 개원 지금까지 운영하고 있으며 Acton 한인교회 집사로 봉사하며 현재 서울대학교 뉴잉글랜드 지부 동창회 부회장을 맡아 수고하고 있다. 2003년에 U. Penn 수의과 대학을 졸업한 Dr. 김문소의 아들 James J. Kim V.M.D를 비롯한 2세 한인 수의사들의 진출에 기대와 격려를 보내며 앞으로 100주년은 미국주류 사회에 큰 역할을 담당하는 한인 2세, 3세, 수의사들이 계속 배출될 것을 기대하는 바이다. (김문소 제공)

제 8장 한인 단체의 활동 | 써니리

제 8장 한인 단체의 활동

1. 사회단체

뉴잉글랜드 한인 사회를 구성하는 단체들은 무엇보다 비영리를 목적으로 회원 상호간의 친목 도모와 봉사 활동을 통한 사회 참여의 확대에 주력하고 있다. 특히 언어와 문화의 장벽으로 고립되기 쉬운 이민 생활에 활력을 불어넣어 줄 뿐 아니라 한인 사회의 단결력을 증대시키며 상호협력에 주력한다는데 그 의의가 크다. 또한 한인으로서의 정체성과 자부심을 이어가는데 그 역할이 크다 하겠다.

1) 뉴잉글랜드 한인 부녀회
Korean-American Women's Society of New England

주소: 39 Pleasant St. Unit B-18, Northborough, Ma 01532, 연락처: 508-393-3677

　뉴잉글랜드 한인 부녀회는 회원들의 친목을 도모하며 불우이웃을 도와 한인 사회에 공헌하고자 설립되었다. 기존의 단체들과 달리 여성 회원들로 구성돼 사회봉사활동에 적극 참여하며 자신의 사회적 가치를 증대시킨다는 차원에서 더욱 의의가 있다 하겠다. 특히 미국 사회에서 언어와 문화의 차이로 고립되기 쉬운 여성들이 친목을 도모하고 있다.

　1993년 우정희 현 회장이 설립하고 재무에 박귀남과 간사에 조숙자, 구행이, 정정임, 정준, 서무영희, 김향순, 박순자, 오상임, 이명희, 권숙희, 손미라, 박혜란, 김진숙, 김진이, 박영남, 김경자 등을 선임하여 정식 사회단체로 출범했다.

　대표적인 활동으로는 1994년부터 수년에 걸쳐 기금모금 파티를 열어 수익금을 뉴잉글랜드 한국학교와 한국에 있는 고아원인 '청지기원'에 기부해 왔다. 또한 Shriners Hospitals for Children과 한국학교 협의회, 뉴잉글랜드 노인회 등에 기부하는 등 미국 기관과 한인 단체들을 위한 봉사활동을 확대해 오고 있다.

2) 뉴잉글랜드 공군 보라매회
New England R.O.K. Air Force Association

주소: 96 Taff Ave. Methuen, Ma 01844, 연락처: 978-902-8305

　대한민국 공군 전역 장병 및 군무원들의 순수 친목단체인 뉴잉글랜드 공군 보라매는 설립자인 이규선 박사외 예비역 공군장병들을 회원으로 1992년 출범했다. 특히 공군 보라매는 공군뿐 아니라 전역한 군인장병들까지 포함하여 한국 군인으로서 가졌던 기상을 미국 사회에서도 보존하려 한다. 이는 회원간의 친목 도모를 위시해 상부상조를 통해 미국 내의 이민 정착 생활을 좀 더 원활히 하기 위함이다.

　역대 회장단으로는 제1대 이규선과 부회장에 박흥식, 이사장에 김옥성을 비롯하여 현재 9대의 윤철호 회장과 백윤기 부회장 그리고 이봉호 이사장에 이르기까지 발전을 거듭하고 있다.

무엇보다 다양한 활동으로 매년 경로잔치와 6.25 참전용사 초청 행사와 체육대회, 야유회 등을 개최하고 있다. 매년 2-3회에 걸쳐 개최되는 세미나는 다양한 주제와 사회적 이슈들을 테마로 회원들의 지적 욕구를 충족시키고 있다.

3) 뉴잉글랜드 해병대 전우회
The Korean Marine Corp Veterans-Association of New England

주소: 7 Barn Park Lane #14, Burlington, Ma 01803, 연락처: 781-229-9049

1988년 설립된 해병대 전우회는 공군 보라매와 더불어 뉴잉글랜드 지역에서 대표적인 군인 출신의 친목단체로서의 역할을 하고 있다. 김창식, 이관옥, 조태준, 조승진, 최홍배, 한지동 등 당시 6명이 김창식 자택에서 뜻을 모아 비영리 단체로서 발족하여 회장에 조승진 총무에 최홍배를 선임했다.

2003년 현 유건우 회장과 조태준 사무총장에 이르기까지 등재된 회원은 42명이며 상호 친목을 도모하고 있다.

4) 이중문화 가정 목회 전국 연합회
National Association of Inter-Cultural Family Ministries(NAICFM)

주소: NAICFM, P.O. Box 52346, St. Louis, MO 63136-2346, 연락처: 314-426-5683
뉴잉글랜드 지부 연락처: 978-682-7676(김인숙)

이중문화 가정 목회 전국 협의회는 1987년 텍사스 킬린 연합 감리교회에서 이중문화 가정을 위해 목회하는 목사들과 평신도 모임에서 시작됐다. 회원들간의 친목을 도모하고 지도자를 육성하며 하나님의 선교사역에 동참하는 이 모임은 사회적으로 인종차별을 반대하며 가정 폭력을 규탄한다. 더불어 국제 결혼한 가정의 가족에 대한 편견과 고정관념을 타파하고 혼혈인들의 인간적인 권리를 주창하는 등 하나님의 창조물로서의 평등한 삶을 이 땅에 심는 일종의 선교 단체이다. 나아가 한미 양국간의 불평등을 배격하고 세계 평화에 이바지하고자 한다.

1989년 제1회 수련회를 콜로라도에서 시작한 것을 계기로 전국 수련회를 거치면서 미 전국에 23개의 지회를 두고 있으며 회원은 700여 명에 이른다.

중요활동 사항과 사업계획은 다음과 같다.

평신도 종합 수련회 매년 개최

'만명 회원 연결망 운동'을 전국적으로 확산하여 지회를 조직하고 이중문화 한인여성 및 그 가정을 위한 선교 종합 센터 건립

한국 혼혈아 돕기 선교회를 통해 1994년 서울에서 혼혈아를 위한 수련회 후 'Mission of Amerasian Children of Korea'가 결성되어 시카고를 중심으로 활동

'Ok Kum Burns 구명운동 위원회'는 이중문화 가정의 여성들이 당하는 부당한 처사에 대해 탄원과 구제 작업에 참가

협조 기관인 '뉴욕 무지개집'은 이중 문화 가정 여성을 위한 전문 셸터로 불우 여성들에게 새로운 삶을 인도

매년 불우한 가정을 방문하고 도움이 필요한 곳에 도움을 줌

전국적인 임원 확대를 위한 수련회

보석금 돕기 운동

한국 문화 알리기 운동

매년 모금 만찬

노인 위로 방문

위와 같은 사업계획들은 각 지회의 특성에 따라 유동적이며 각 지회는 독립적인 사업계획을 세우고 추진할 수 있다.

5) 입양아 기관 활동

1955년부터 첫 번째 한국 아이의 미국 입양이 시작되었다. 70년대에 이르러 뉴잉글랜드 지역에 여러 입양 agency가 활동을 하게 되었다. 그 중에 대표적으로 Wide Horizons for Children(Waltham 소재), Love the Children 그리고 Family and Children Agency 등이 있다. Wide Horizons의 경우는 현재 280여 코리안 패밀리가 회원으로 되어 있으며 정기적으로 친교 모임과 문화 활동 모임을 가지고 있다.

2. 뉴잉글랜드 한인 체육회

미국 내에서 가장 오랜 역사와 전통을 자랑하는 보스턴의 3가지 유명한 점은 첫째 음악이며 둘째 스포츠이며 셋째는 음식 문화라 한다. 그만큼 문화적으로 우수한 환경을 조성하고 학문적으로 뛰어난 보스턴 지역이 스포츠로도 유명한 것은 뉴잉글랜드 지역이 識와 德과 體를 겸하는 조화로운 기질 때문일 것이다.

뉴잉글랜드를 대표하는 한인 체육회 또한 상당히 활발한 활동을 벌이며 한인들의 친목 도모와 함께 신체적으로 건강하며 정신적으로 건전한 생활을 유도하고 있다.

1) 보스턴 대한 체육회

The Boston Korean-American Amateur Sports Association

주소: 1095 Turnpike St. #1B, Canton, Ma 02021, 연락처: 781-575-1777

보스턴 대한 체육회는 1994년 월드컵 축구대회 후 축구협회를 비롯한 7개 경기 단체와 한병철, 이형재, 이병철, 박동준, 허영수 등 23명이 발기인이 되어 6차례의 예비모임을 갖고 1995년 2월 13일 캠브리지의 신라 식당에서 창립총회를 개최했다.

역대 임원단은 1995년 초대 이형재 회장, 이병철 부회장, 박동준 이사장을 비롯하여 2003년 현재 이강원 회장에 이르기까지 발전을 거듭하고 있다.

보스턴 대한 체육회의 설립목적은 체육 운동을 통한 동포들의 체력 향상과 친선 도모 및 지역 동포 사회의 결속과 상호 유대이다. 또한 각종 스포츠 종목에서 우수 경기자를 양성하여 동포 사회의 선양에 이바지하고 한국 문화 창달에 기여케 한다.

주요 활동으로는 격주년으로 개최되는 전 미주 체전에 참가하여 다수의 우승자를 배출한 것이다. 1995년 워싱턴 D.C.에서 개최된 제8회 미주체전에는 15개 종목에서 145명이 참가했으며 시애틀에서 개최된 1997년의 제9회에는 14개 종목에 97명이 참가했다. 제10회는 1997년에 L.A.에서 개최되었는데 14개 종목에 95명이 참가하는 등 지속적인 참가를 통해 미주 한인 체육 육성의 현장을 체험했다.

특히 제5대 이강원 회장은 태권도 사범 출신으로 부회장으로 안남열, 박영학, 정재형, 정세익 등을 영입하여 미국 내에서 17년간 태권도 도장 운영을 통해 3000여 명의 제자를 배출한 것을 경험으로 뉴잉글랜드 지역에서의 한인 체육회 발전에 전력을 기울이고 있다.

2) 뉴잉글랜드 태권도 협회
NE Tae Kwon Do Association

주소: 1141 Mazu St. Worcester, Ma 01603, 연락처: 508-767-1717

태권도는 한국을 대표하는 국가 스포츠로 국위 선양에 이바지한 바가 상당히 크다.

뉴잉글랜드 태권도 협회는 뉴잉글랜드 5개 주에서 태권도장을 운영하는 모든 사범 및 관장들과의 친목을 바탕으로 결성되었다.

설립 목적은 한국 고유의 무술이며 국가 경기인 태권도를 미국 사회에 보급, 발전시키며 태권도 정신을 바탕으로 한인 2세들의 정신적, 육체적 건강을 증진시킴으로 미국 사회에 이바지하는 것이다.

1996년 이강원, 안남열, 이재선, 서효원, 김진일, 박영학, 홍진섭, 조재훈 등 6명의 발기인이 주축이 되어 발기인 대회를 갖은 후 1997년 제1대 회장으로는 이강원 부회장 박영학, 사무총장에 안남열이 선출되었다.

제 2대 김경원 회장을 비롯하여 현재 제 3대 정제형 회장에 이르기까지 뉴잉글랜드 지역 사범들과 관장들을 회원으로 다음과 같은 사업계획 및 중요활동을 실천하고 있다.

매년 뉴잉글랜드 태권도 선수권 대회 개최

2년마다 전 미주 체전에 선수들을 파견하여 우수한 성적을 거둠

한국 호돌이 시범단 초청 시범대회 개최

각종 태권도 세미나 개최

태권도 및 체육인의 밤 개최

한국의 날 행사에 태권도 시범

미국 태권도 대표팀 배출

용인대학교와 자매결연 및 하버드 대학에서 국제 태권도 대회 개최 추진 중

3) 뉴잉글랜드 한인 골프 협회
N.E. Korean Golf Association

주소: 41 Ford St. Methuen, Ma 01844, 연락처: 978-794-3871

뉴잉글랜드 한인 골프협회는 1984년 발족된 이래 한인들의 친목과 친선에 주력하고 있다.

제1대 회장이며 설립자인 남궁연 전 회장은 현재 골프 교실을 운영하며 골프에 관한 저술을 통해 골프 교육에 이바지하고 있다.

골프 협회는 각종 골프 대회를 통해 기금을 조성하여 한인 사회와 단체 등 여러 곳에 기부하는 등 사회봉사에도 기여하고 있다

주요 활동으로는 년 4회 정기 골프 대회와 년 2회 운영위원 대회를 개최하며, 현재 회원 수는 219명이다.

4) 2002년 월드컵 보스턴 지역 후원회
World Cup Korea 2002-Boston Area Supporting Committee

주소: P.O. Box 205, Dover, Ma 02030, 연락처: 508-785-1752

세계인의 스포츠로서 월드컵이 갖는 역사적인 의의와 역할은 상당히 크다. 이러한 월드컵이 한국에서 개최되자 뉴잉글랜드 한인 사회는 본국의 월드컵 개최의 성공을 기원하고 협조하는 차원에서 뉴잉글랜드 월드컵 후원회를 조직하였다. 월드컵의 종료와 함께 2002년 9월 7일에 해단식을 가진 한시적인 단체이다.

보스턴 총영사관의 부탁으로 1999년 9월 보스턴 대한 체육회와 한인회 및 각 지역단체장들이 모여 2002년 월드컵 보스턴 지역 후원회를 설립했다. 서울의 월드컵 조직 위원회의 모든 계획과 월드컵 축구경기의 운영을 돕고 지원함이 목적이었으며 또한 조국에서 개최되는 월드컵 대회가 성공적으로 치러질 수 있도록 동포들이 서로 협력하는 차원에서 모든 사업계획들이 진행되었다.

1999년 9월 설립 당시 임원단은 정상무 회장과 김성빈, 캐럴 윤 부회장이었다. 또한 강경식, 김은한, 노영석, 백린 등 12명의 고문단과 강재철, 박대위, Howard 고, Heide Schultz등 15명의 임원진을 구성하고 회원은 보스턴 지역 한인 동포 전원을 포함시켰다. 2002년 해단식까지 3년에 걸쳐 존속됐던 월드컵 후원회에 가장 큰 공헌을 한 정상무 초대 회장이 갑작스레 사망하자 김성빈 부회장이 새롭게 회장직을 수행하며 후원회를 성공적으로 이끌었다.

월드컵 후원회의 중요활동은 다음과 같다.

(1) 관광객 유치를 위한 홍보활동

2000-2002까지 보스턴 마라톤 행사를 통한 대대적인 한국 월드컵 대회 홍보

다민족 축구 대회를 통한 홍보

한국의 전통 문화 소개 활동을 통한 홍보

(2) 자원봉사자의 모집, 교육 및 본국 파송

자원봉사자로 이중 언어가 가능한 2세들을 모집하고 훈련시켜 월드컵 축구대회의 경기진행 및 안내를 담당케 함

자원봉사단 지원 기금 모금을 통해 자원봉사자들의 여행 경비를 지원

(3) 2세들을 위한 교육과 홍보

이민 2세들이 월드컵 축구를 널리 알려 조국에 대한 긍지와 자부심을 갖도록 하고 이를 위해 한인 사회와 종교, 교육, 체육 단체의 적극적인 협력을 이끌어 냈다. 이러한 사업 계획을 갖고 1999년 9월부터 2002년 9월까지 3년 동안 보스턴 지역 월드컵 후원회는 성공적으로 임무를 완수하여 본국의 월드컵 대회의 성공에 기여하였다.

3. 향우회

조국을 떠나오면서 한국에 대한 그리움은 동향의 사람들에게는 더욱 큰 친밀감으로 다가온다. 특히 한반도의 지역적 특성을 역사적으로 고향에 대한 애틋한 정서를 더욱더 짙게 한다. 이는 한반도의 국토가 작음에도 불구하고 어느 지역이나 특색을 갖추고 정겨움을 생산해내기 때문이다. 이러한 측면에서 뉴잉글랜드 지역의 향우회는 대표적으로 충청 향우회와 강원 도민회가 있는데 동향의 사람들의 모임으로서 그 역할을 다하고 있다.

1) 충청 향우회

Chung Chong Do Association

주소: 23 Andrew Circle, North Andover, Ma 01845, 연락처: 978-902-4896

충청 향우회는 2002년 11월 서해수 초대 회장이 회원 상호간의 친목과 화합을 기본 방향으로 하고 2세들과의 상호교류를 통해 그들과의 정보를 공유한다는 목적으로 설립하였다.

역대 회장단으로는 (2001-2002년) 초대 회장에 서해수, 부회장: 김창진, 총무: 서강석이며 현재 회장단으로 (2002-2003년) 회장: 이요섭, 부회장: 오광수, 총무: 서강석 등이며 충청도가 고향인 27명의 회원을 갖고 있다.

2) 강원도민회

Kang Won Province Association of 보스턴

주소: 1095 Turnpike St. Canton, Ma 02021

　1996년 박신일 보스턴 총영사와 강원도가 고향인 23명과 그의 가족들이 모여 설립된 강원도민회는 현재 회원이 62명에 이르는 등 향우회로서의 활동이 두드러진다.

　제 1대에 이운로 회장과 박수균 총무가 선출되어 1996-2002년까지 봉사한 이래 2003년 새로 선출된 임원단은 이강원 제2대 회장, 이태진, 안병학 부회장, 윤현권 총무등과 이운로, 최승훈 고문이다.

　강원도민회의 설립 목적은 뉴잉글랜드 지역의 강원 도민을 대표하며 모국의 강원도와 미주 각 지역 강원 향우회와의 긴밀한 협력을 바탕으로 강원도의 홍보는 물론 회원 상호간의 친목과 단합이다.

　추진사업은 다음과 같다.

　　2달에 한번 임원가족 모임

　　전체 회원 여름 야유회

　　회원들의 경조사 지원

　　도청 및 시, 군과의 교류와 협력

　　도민의 신규 이민자 정착 안내

　　도 출신 유학생 지원

　　재미 강원도민회와의 협력

3) 보스턴 지역 이북 5도민 연합회

Yi Buk 5 Do Association of Boston

주소: 107 Scotland at. Hingham, MA 02043, 연락처: 781-740-1286

　이북 5도민회는 북한 지역 출신으로 통일과 귀향의 날을 고대하며 뉴잉글랜드 지역에 거주하는 동포들이 모여 조직한 단체이다. 또한 회원들간의 화합과 상부상조를 기조로 애향 정신을 통해 향토의 민속 문화를 후손들에게 전함은 물론 조국의 평화 통일에 기여함을 목적으로 설립되었다. 본회는 로스앤젤레스 이북4도민 연합회가 주축으로 한국의 중앙 5도민 연합회 사업 취지를 해외 교민들과의 유대를 강화하는데 목적을 두고 미국 각 지역에 거주하는 5도민들의 결속을 강화하는 동시에 중앙 5도민회의 사업방향을 홍보함을 목적으로 활동한다. 매년 '재미 이북 5도민 고국 방문단' 행사를 개최하기로 합의함에 따라 1996년 6월 첫 행사에 보스턴 지역에서 김경모, 박윤진, 노영석이 초빙됨을 계기로 이 지역에 5도민 연합회가 발족되게 되었다.

　1996년 7월 10일 창립총회를 개최하고 1997년 2월 25일 연합회 발족에 관한 제반 업무와 수차에 걸쳐 보안, 수정된 회칙 초안이 정식으로 통과되어 '보스턴 이북 5도민 연합회'가 정식 출범되었다. 역대 회장단으로는 1997년 초대의 김경모 회장으로부터 2대 김옥성, 3대 노영석, 4대 주봉갑, 5대 강경신, 6대 박대위 그리고 2004년 7대 노영석 회장에 이르고 있다.

　주요 사업은 다음과 같다.

　　(1) 매년 2-3명의 중진 인사를 '고국방문단'으로 한국에 파송

　　(2) 탈북 난민 보호운동으로서 UN을 중심으로 탈북자 인권 향상 및 난민 지위 인정을 위한 운동에
　　　　지속적 참여

　　(3) 미주 이산가족 상봉 추진운동의 일환으로 미국 국회 상원 위원회에서 미국 거주 이북 5도민들이
　　　　북한 가족과 상봉할 수 있도록 하는 결의안을 통과하는데 일익을 담당했으며 자유로운 상봉을 위한

운동을 계속함.

(4) '보스턴 5도민지'를 년1회 이상 발간함. 2001년 4월 15일 창간호를 발간함.

(5) 9.11 테러 유가족을 위한 모금사업에 적극 참여하고 한글학교 글짓기 대회를 지원하는 등
뉴잉글랜드 지역 교민 사업에 적극 참여하고 협조할 것을 계획함.

4. 동창회

뉴잉글랜드 지역은 미국 내에서도 가장 교육 수준이 높기로 유명한 곳이다. 특히 보스턴은 미국 내 도시 중에서 교육과 벤처, 금융부분에서 상위권을 휩쓸며 질 높은 교육환경을 제공하고 있다.

이러한 지역적 특성에 걸맞게 뉴잉글랜드에 거주하는 한인들 또한 타 지역에 비해 교육 수준이 높다. 하버드, MIT, Tufts, BU 등에 많은 한인 교수들과 연구원들이 있으며 우수한 한인 의사들이 각종 종합병원에서 그 능력을 인정 받고 있다.

뉴잉글랜드 지역에 결성된 동창회는 미 주류사회에서 두각을 나타내며 활동하는 한인들의 구심점 역할을 하며 발전의 모티브가 되고 있다.

1) 서울대학교 동창회
Seoul National University Alumni Association

주소: 41 Laxfield Rd. Weston, MA 02493, 연락처: 781-899-5009

뉴잉글랜드 서울대학교 동창회는 1997년 9월 동창회원 상호간의 친목과 유대 강화, 모교와의 지속적인 연결로 모교의 발전을 돕고 지역한인 사회를 위한 선구자적인 기여를 목적으로 박경민(의53) 초대회장에 의해 창립되었다.

현재 250여 명의 동창회원으로 구성된 뉴잉글랜드 지역 서울대학교 동창회는 이 지역 최대의 대학 동창회로 모범적인 활동으로 지역 한인 사회에 공헌하고 있다.

동창회원의 구성을 보면 뉴잉글랜드 6개 주(메인, 뉴햄프셔, 버몬트, 매사추세츠, 로드아일랜드, 코네티컷)에 걸쳐 의대와 공대 출신이 각각 50여 명으로 가장 많은 수를 차지하고 있으며 다음으로 문리대, 음대, 상대, 간호대, 사범대, 치대, 농대, 법대, 수의대, 미술대 출신 동문들과 인문 사회 자연계 대학원 출신(유동이 잦은 객원방문 및 교수와 유학생은 제외) 동문들이 미 주류 사회 각 분야에서 두각을 나타내고 있다.

Harvard	윤충남(문리) 옌칭 도서관 한국부 책임자, 최찬혁(의), 김천일(의)
MIT	Laboratory 이의인(공), 장세중(공), 최홍균(공), 안병호(공)
Tufts	성낙호(화공), 최인섭(의), 정태진(의), 문형성(의)
U. Mass	윤은상(경제), 김병국(공), 성창모(공)
B.U.	김종성(경영), 박경민(의)
NEC	변화경(음), 황대진(음), 백혜선(음)
Brown	강경식(물리), 정정욱(의), 안광원(의),한서동(의)
Yale	오태희(의)
U. Conn	성종숙(공)
보스턴 심포니 오케스트라	황보엽(음)
유전공학	박영철
치과	김영호(치)

수의학   김문소(수), 윤상래(수)

약학   김선혁(약) 등 많은 동문들이 전문 분야에서 활발하게 활동하고 있다.

실업계에서는 박병준(공), 이재신(공), 인준식(사), 김재호(상), 김수환(공), 이희규(공) 동문들이 성공한 사업가로 알려져 있다.

그 밖에도 김은한(의), 김문소(수의), 최홍균(공), 신상철(공), 이의인(공), 최영훈(공), 고일석(보건), 정정욱(의), 백린(명예), 박경민(의) 동문 등은 한미 시민협회장과 고문, 임원 등으로 한인들의 법적 지위 향상과 권익 신장을 위해 활동하고 있으며 특히 김은한, 정정욱 동문은 이민 100주년 기념 사업회 수석부회장으로, 이의인 동문은 노인대학 부학장으로 수고하고 있다.

박경민 초대회장은 1953년 의대에 입학하여 모교대학원에서 의학박사 학위를 받고 서울의대 교수로 후학을 가르치다 70년 초 하버드 의과대학에서 수련의 과정을 마치고 미국 마취과 전문의로 Metrowest Medical Center의 마취과장, 보스턴 의대 임상교수 등을 역임하고 정년 은퇴하였다. 현재는 보스턴 한미노인대학장, 뉴잉글랜드 한인이민 100주년 기념 사업회장을 맡고 있다.

서울대학교 동창회는 분야별로 소위원회를 두어 활동하고 있다.

1) 지역사회 발전 위원회 – 노인회, 노인대학지원, 아시안 소수민족 및 Asian Task Force Against Domestic Violence

2) 2세 지원 위원회 – 한국학교 지원 기금 마련(음악회 개최)

3) 장학위원회 – 장학기금조성 및 선발, 장학금 지급

4) 친교위원회 – 동문자녀 짝짓기 운동과 동문가족간의 Friendship 연대

5) 인력 자원 위원회 – 인재 양성 및 발굴, Data Base 작성

역대회장

1997 – 1999   초대회장 박경민(의)

1999 – 2001   2대 강경식(문리)

2001 – 2003   3대 이재신(공)

2003 – 2005   4대 정정욱(의)

2005 –   5대(차기) 윤상래(수의)

2) 매사추세츠 주 경북대학교 동창회
Kyungpook National University Alumni Association of Mass(KAMA)

주소: 14 Gerry Road, Brookline, MA 02467, 연락처: 617-325-9834

2000년 8월 김광수, 윤호성 동문이 매사추세츠에 거주하는 경북대학교 동문 20명과 함께 동창회를 설립한다. 이는 많은 졸업생들이 매사추세츠 소재 명문대학에서 학위 과정을 밟거나 교환학생 혹은 객원교수로 활발히 연구 활동을 함으로써 모교의 위상을 드높이고 있다.

동창회의 필요성을 절감한 김광수(의학 80), 윤호성(생물학 85) 동문이 2000년 8월 창립모임을 갖고 회원 상호간의 상부상조, 친목도모, 정보교환을 목적으로 동창회를 구성했다.

모임은 격월로 가지며 온 가족이 모여 서로 친목을 도모한다. 향후 계획으로 매사추세츠에 이민 혹은 연구차 오는 동창들에게 정보와 편의를 제공하며 뉴잉글랜드 한인 단체들의 모임에도 적극 참여하여 활동하기로 결의했다.

역대 임원단 명단은 다음과 같다.

2000년 8월-2001년 6월   회장 김광수(의학 80), 총무 윤호성(생물학 85)

| 2001년 7월-2002년 6월 | 회장 김학상(전자공학 83), 총무 여창열(생물학 85) |
| 2002년 7월-2003년 6월 | 회장 김인겸(의학 80), 총무 권영환(고분자공학 85) |

3) 고려대학교 교우회 뉴잉글랜드지부

New England Korean University Alumni Association(NEKUAA)

http://www.nekuaa.org , 주소: 57 Waterhouse Road, Belmont, MA 02478

1971년 발족한 뉴잉글랜드 고대교우회는 현재 교우수가 100여 명에 이르고 있으며, 전 세계적으로 조직되어 있는 고대 총교우회의 산하지부로서 미국 동북부의 Massachusetts, New Hampshire, Rhode Island, Connecticut, Maine, 그리고 Vermont주에 거주하는 교우들로 구성되어 있다.

70년대 제2대 회장을 역임했던 조항록 의대(고대의대) 교우를 중심으로 의대교우회가 시작되었고, 우석의대가 본교와 통합하자 안중식(보성전문 출신) 교우를 초대회장으로 하는 고대교우회 뉴잉글랜드 지부가 탄생된다. 3대 회장을 역임한 김창덕(축산 64, 전 평통 보스턴 지역 협의회 회장) 교우와 4대 회장인 안길남 (경영 59, 본지부 상임고문) 교우 등이 본 지부 탄생과 발전에 많은 기여를 하였다. 현재 이 지역 대학에 재직하고 있는 김성우(화학77, Brigham and Women's Hospital - Harvard Medical School), 유지(James Yoo, 의학 79, Children's Hospital - Harvard Medical School), 이항(통계79, MGH - Harvard Medical School), 김종명(식공80, MIT), 이해근(재료82, MIT), 정철화(농화83, UMass Lowell), 홍영권(농화86, MGH - Harvard Medical School) 교우 등이 고대출신이다. 그 외에도 많은 동문들이 여러 대학, 종합병원, 연구소 등지에서 석박사 과정에 유학중이거나 Post-Doctoral Researcher 로서 연구하고 있다.

본 교우회는 고대 특유의 선후배간의 결속력을 바탕으로 안으로는 총교우회의 회칙과 이념을 준수하여 회원 개인의 부단한 자질 향상과 모교의 발전에 매진함을 기하고, 밖으로는 이 지역 발전에 공헌함을 모토로 삼고 있다. 나아가 타지부와 지역 단체들간의 횡적인 유대 관계, 교우들의 권익 보호와 고려대학교 총교우회로부터의 종적인 연계를 담당하고 있다. 교육도시인 보스턴의 특성상 다른 지부와 다르게 유학중인 동문들과 본국에서 연수나 교환교수로 1-2년간 방문하는 회원이 많으며 이는 교우들에게 항상 새로움을 유지하는 활력소가 되고 있다. 그 역사가 길어질수록 지부를 거친 동문의 수가 점증하고 있으며 이미 본국의 다방면의 요직 및 유수한 대학의 교수들을 배출한 지부중의 하나로 모교에 알려져 있다. 매년 여름 야유회, 가을 신입회원 환영회, 송년의 밤 행사를 열며 10월에는 정기총회가 열린다. 자체 웹사이트인 www.nekuaa.org는 홍보와 신입/전출회원 관리에 일익을 담당하고 있다.

4) 보스턴 이화여대 동창회

Ewha Womans Univ. Alumnae Association

주소: 22 Draper Rd. Dover, MA 02030, 연락처: 508-785-2641

한국 여자대학으로서 가장 오랜 역사와 전통을 자랑하는 이화여대는 수많은 여성지도자들과 인재들을 배출하여 한국 사회 발전에 기여한 바가 크다. 여성교육의 산실 역할을 한 이화여대 동문들은 21세기 세계화 시대와 더불어 세계로 뻗어 나가며 여성 교육의 참뜻을 실현하고 있다.

뉴잉글랜드 지역의 이화여대 동창회 또한 이 지역 유일의 여대 동문회로서 사회참여나 봉사활동에 있어 타의 모범이 되고 있다. 1974년 차진선 동문을 회장으로 임원진과 고문들이 회합하여 발족된 보스턴 이대 동창회는 서울에서 회칙을 가져와 사용하고 주소록을 만드는 등 활발히 활동하기 시작했다.

회장의 임기는 2년으로서 2대회장인 최영방 동문이 아시아 여성 기독교 대학 출신들의 모임에 참석하는 등 80년 4대 박영복 동문과 82년 5대 회장인 권정자 동문에 이르기까지 보스턴 한인교회를 중심으로 지속적인 모임과 교류를 가졌다.

그러나 80년대 초부터 조국의 경제발전과 함께 유학생들과 이민자들이 경제적으로 풍요로워지고 보스턴 근교에 많은 한인교회들이 생겨나자 정기적인 교회에서의 만남은 불가능하게 되었다. 1991년 가을 성요한 교회에서 총회를 개최함으로 이대 동창회는 재정비되고 다시금 활기를 띠기 시작했다. 노진순 동문이 6대 회장으로 선출되고 회칙이 개정되어 고문 대신 이사회를 조직하여 박영복 동문이 이사장으로 취임하고 7대 신미봉 회장은 2세들의 만남을 웨스틴 호텔에서 개최했다.

1996년 11월에는 김경애 8대 회장이 보스턴의 힐튼 호텔에서 열린 이화재단 총회를 호스트하며 미국 내 다른 지역에 있는 이대 동창회와 교류하게 되었다. 임영혁 5대 이사장은 자신의 저서 ‘죽도록 패주고 싶은 한국 비판자들’을 백 권 기증하여 2001년 이화 웹사이트를 개설하는데 밑받침이 됐다.

9대 이명숙 회장 때는 보스턴 International Fair에 참가하여 한국을 알리는 역할을 담당하게 했다. 10대 김종희 회장, 11대 이혜원 회장은 찬조금을 모금하여 한인회, 노인회, 한국학교, Asian Task Force등 각종 단체에 지원을 했다. 또한 많은 액수가 이화재단을 통해 본교 학생들의 장학금으로 전달되기도 하며 이 지역 동문 자녀들의 장학금으로 지급되기도 한다. 해외에는 에티오피아 선교사로 봉사하는 박은혜 동문에게 선교금이 보내지고 있다.

보스턴 이대 동창회의 동문들 중 강구미 4대 이사장이 심리학자로 활동하고 있으며 박영복 동문은 이화재단의 이사이며 재정 전문가로 동문들 뿐 아니라 한인들에게 많은 도움을 주고 있다. 현회장인 조수헌 동문과 로드아일랜드의 이길자 동문은 함께 보스턴 이민 100주년 기념음악회를 성공적으로 마치는데 기여하였다.

5) 중앙대학교 동창회 뉴잉글랜드 지부
Chung Ang University Alumni Association of New England

주소: 14 Sandy Brook Rd. Burlington, MA 01803, 연락처: 617-623-9107

중앙대학교 동창회 뉴잉글랜드 지부는 뉴잉글랜드 지역(MA, NH, ME, RI, VT, CT)에 거주하는 자로서 중앙대학교(중앙 보육, 중앙 전문, 서라벌 예대 포함)를 졸업하였거나 이에 준하는 자를 정회원으로 모교의 전, 현직 교수 및 교직원을 준회원으로, 정회원과 준회원의 배우자 및 가족을 특별회원으로 구성되었다.

1994년 한윤영(심리 55), 김원엽(교육 56), 이진주(화학 60), 김섭(사회사업 62), 김재숙(화학 64), 박성규(심리 64), 김유상(국어국문 64), 장승훈(건축공 70)동문이 발기인대회를 거쳐 설립한 중앙대학교 동창회는 설립목적으로 동문 상호간의 친목도모와 자질향상을 통하여 애교심과 단결심을 고취시키고자 한다. 더욱이 모교와 총동창회 발전에 협조하며 밖으로는 뉴잉글랜드 지역의 타 단체와 협력하여 지역사회 발전에 이바지하려 한다.

이러한 설립목적을 바탕으로 초대 한윤영 회장으로부터 현재 4대 회장인 이기환(광산공 65)동창에 이르기까지 모교의 대외 협력부, 총동창회, 북미주 동창회등과 유대관계를 가지며 모교와 총동창회의 발전을 지원하고 있다.

정기적인 모임은 봄, 가을에 있는데 가을모임을 정기총회로 한다. 또한 북미주 총동창회에도 참석해 왔는데 올해에는 시카고에서 개최된 제8차 북미주 총동창회에도 참석하는 등 총동창회의 유대에 힘쓰고 있다.

중앙대 동창회는 모교의 개교 100주년 준비사업의 일환인 정문 다시 세우기 운동에 지원하기 위한 모금 사업을 벌여 왔다. 중앙대학교의 총동창회에 이미 많은 액수의 장학금을 지급한 바 있고 뉴잉글랜드 지역에서도 노인회와 백주년 기념 사업회 등에 기부하는 등 동창회 회원들의 수는 많지 않으나 상당히 활발히 활동하고 있다.

6) 서울 신학대학교 보스턴 지역 동창회

주소: 285 Lake St. Waltham, MA 02454, 연락처: 617-484-4069

뉴잉글랜드 지역 유일의 신학 대학 동창회인 서울 신학대 동문회는 대다수 이 지역 목회자들로 구성돼 교회 발전에 기여해 왔다.

서울 신학 대학교 보스턴 지역 동문회는 교역자, 유학생 등의 신분을 갖은 동문 42명이 모여 활발히 활동하고 있다. 현재 회장으로는 서울 광성 성결교회 부목사와 러시아 선교사를 지낸 박찬수 보스턴 소망교회 담임 목사가 맡고 있으며 총무는 보스턴 성결교회 부목사이며 BU에서 박사과정을 밟고 있는 조성호 동문이다.

7) 뉴잉글랜드 이화여고 동창회
The Ewha Girls' High School Alumnae Association of NE

주소: 1 Haskell Rd. Andover, Ma 01810, 연락처: 978-474-0918

고교 동창회 중 활동이 가장 두드러진 이화여고 동창회는 1996년 백순례 동창의 자택에서 여러 동창들이 모여 첫모임을 가짐으로써 발족되었다. 이는 동창 회원들간의 친목을 도모하고 고국의 본교와 계속되는 유대관계를 유지하기 위함이다.

1996년 백순례 초대 동문회장에서 현재 김종례 동문에 이르기까지 뉴잉글랜드 지역 이화여고 동창회 회원은 50여 명에 이른다. 회장의 임기는 2년이며 1년에 정기적으로 2-3회 정도 부부동반 모임을 갖고 회원들의 경조사를 함께 한다.

주요 활동으로는 본교에서 이사장, 교장, 동창회 임원이나 선생님들이 이 지역을 방문하면 모임을 갖고 본교에 후원금과 찬조금 등을 보내기도 한다.

5. 신문 발행 역사와 언론

뉴잉글랜드 지역의 언론은 현재 대표적으로 한국일보 보스턴 판과 뉴잉글랜드 한인회보 그리고 주간 연예 스포츠 등이다. 그동안 몇몇 신문과 잡지들이 간행되다 재정난으로 폐간되었으나 위의 3개 언론은 동포사회의 꾸준한 관심을 받으며 언론의 정도를 걷고 있다.

1994년 곽주연 발행인에 의해 창간된 코리안 보이스와 1993년 장의성 발행인에 의해 창간된 월간 코리아는 초기에 이 지역 동포들의 호응을 얻으며 발간되다 시간이 흐를수록 내용의 취약성을 극복하지 못하고 재정난 등으로 중단된다. 또한 하버드 한국 학생회의 주간으로 발간되던 영문, 한글 문화잡지인 이세(二世)도 재정적인 뒷받침의 결여로 재발간이 불투명한 상태다.

1995년 워싱턴 투데이에 보스턴 판을 삽입한 보스턴 투데이를 서효원 발행인이 발간하면서 뉴잉글랜드 지역 신문으로 자리를 잡는 듯 했으나 중단된 상태다.

현재 뉴잉글랜드 지역 언론지로서는 한국일보 보스턴 판과 뉴잉글랜드 한인회보, 주간 연예 스포츠지가 맥을 이어가고 있다.

1) 한국일보 보스턴 지국

1985-1987년 동안 뉴욕 중앙일보의 보스턴 지국을 운영한 경험을 바탕으로 1996년 조성구 한국일보 보스턴 지국장이 뉴욕 한국일보의 보스턴 판을 발행하고 있다.

2003년 이민 백주년을 맞은 현재까지 근 7년 동안 한국일보 보스턴 판은 이곳 지역 동포들의 호응을 받아 발전하고 있다.

뉴잉글랜드 백주년 사업회와 관련된 기사는 미주 각 지역뿐 아니라 뉴잉글랜드 지역에서도 많은 호응을 받았다. 특히 보스턴 판을 통해 보도되는 백주년 사업회 기사는 뉴욕 지역의 한인 사회에까지 전달돼 좋은 호응을 받는 계기가 되었다.

2002년 뉴잉글랜드 백주년 사업회는 유길준 기념사업의 일환으로 그의 모교인 거버너 더머 아카데미를 방문하여 그의 기념비와 명예 졸업장 수여에 대한 사항들은 학교 측과 합의하게 되었다. 이러한 내용이 백주년 사업회의 박경민 회장과 송남수 이민사 편찬위원장과 학교 교장인 마틴 더켓과 스태프와 찍은 사진이 실리자 뉴욕뿐 아니라 각 지역의 한인동포들로부터 많은 관심을 받게 되었다.

유길준의 직계 증손자(유길준-유억겸, 유만겸-유병덕-유석재)인 유석재의 6촌 동생을 만나러 뉴욕을 방문한 5촌 당숙이 스크랩한 신문을 한국으로 갖고 갔다. 뉴잉글랜드 백주년 사업회가 유길준 가족을 찾는 과정에서 이러한 사실이 드러났고 증손자인 유석재는 신문을 통해 유길준 기념사업이 활기를 찾은데 감사를 전해왔다.

그 후 거버너 더머 아카데미에서 유길준 기념비 제막과 명예 졸업장 수여 그리고 Peabody 박물관에 유길준 기념관 오픈 등의 기사들이 계속적으로 한국일보를 통해 보도되었다.

또한 뉴잉글랜드 백주년 음악회에 뉴욕 한국일보사의 무료 전면광고와 음악회 준비 진행과정에 대한 기사들을 지속적으로 보도함으로써 음악회를 성황리에 마칠 수 있도록 후원하였다.

2) 뉴잉글랜드 한인회보

31대 이병철 전 한인회장은 이 지역동포들의 뜻을 전달하는 언론창간을 준비하다 1999년 1월부터 뉴잉글랜드 한인회보를 발간하기 시작했다.
이병철 한인회장을 발행인으로 시작된 한인회보는 장명술 편집인의 노력으로 뉴잉글랜드 지역을 대표하는 지역신문으로 발전하고 있다. 격주로 발행되는 32페이지 분량의 타블로이드판 한인회보는 시사, 건강, 법률, 교육 컬럼 등이 자리를 잡고 한인 사회의 소식과 교육, 문화, 미국 사회 등에 대한 다양한 정보와 영문 칼럼도 제공하고 있다.

3) 주간 연예 스포츠

2002년 3월 1일부터 매주 발간되고 있는 주간 연예 스포츠는 송병구가 발행인이다. 매주 3000부를 발행하는 주간 연예 스포츠는 뉴잉글랜드 6개 주에 배포된다. 국내 일간지와의 판권계약으로 국내외의 연예계와 스포츠계 소식 등을 전달해 주고 있다.

6. 보스턴 한미 노인회 연혁

1) 초기 노인들의 모임

보스턴 지역 한인 노인들의 첫 모임은 1965년이 시작이라고 한다. 일제 치하인 1930년경 이곳 보스턴에 유학생으로 왔다 정착한 호머 김, 김술근, 박돈욱과 1950년에 이주한 김원경(최할머니라고도 부름) 등이 노년의 외로움을 서로 달래기 위해 모였던 것이 보스턴 노인회의 시작이 된다. 초기 한인 노인들은 하버드 대학 인근에 동방양행이라는 작은 상점을 내고 그곳에 모여 서로를 위로하면서 이국 땅에서의 외로움을 달랬다.

이 같은 사실은 일제 때 경기여고에 재학 중 3.1 독립만세 운동에 가담하는 일로 인해 중국으로 망명, 상해 임시정부 산하 애국부인회 회장을 역임한 후 미국으로 이주한 김원경(최할머니)의 간증으로 밝혀진 노인들의 모임의 전말이다.

이후 한인 노인들의 작고와 타 주 이주 등으로 노인들의 모임이 침체되는 가운데 1970년 이후 이민 문호의 개방으로 한인들의 이주가 증가하면서 자연스럽게 노인 인구도 늘어나게 되었다. 이때 함께 설립된 것이 한인 교회의 늘어남이다.

노인 인구의 증가 추세와 함께 노인들끼리 함께 모여 즐겁게 노년을 보낼 수 있는 노인회 조직은 필연적인 일이었으며 이 일에 앞장서 활동한 분이 바로 김원경 할머니였다. 김원경을 비롯한 몇 분의 뜻있는 분들이 나서 각 교회를 방문하면서 노인들의 현황(인원)을 확인하면서 봄, 가을에는 서로 만나 야유회를 가졌던 일이 노인회 활동의 시작이 되었다.

2) 노인회 태동과 활동

노인 인구의 증가 추세와 함께 노인들만의 모임이 늘어나게 되자 노인회라는 명칭이 관심 있는 노인들에 의해 불리워 짐은 자연스런 일이었다. 당시 노인회가 몇 분들에 의해 운영은 되었지만 조직의 규약이나 운영 세칙이 마련되지 못함으로 인해 노인회는 단순한 친목 모임에 지나지 않았다.

이러한 노인회가 명실상부 노인들의 친목과 복지 향상을 위해 조직을 강화한 것은 1987년경이다. 당시 노인회장을 맡아 수고하셨던 장태인 회장께서 타 주 이주 관계로 노인회장을 사퇴하게 되자 후임 회장을 선임하게 된 것이 노인회 활성화의 계기가 되었다.

백린을 비롯한 뜻있는 분들이 당시 한빛교회 담임목사인 이상호 박사의 감수를 받아 제정한 보스턴 한미 노인회 정관(7장 20조)을 작성 영문본과 함께 총회에 상정 통과시켰다.

이날의 임시 총회는 뉴잉글랜드 지역 내 거주하는 40여 명의 한인 노인들이 참석한 가운데 임시 의장으로 백린이 선출되어 회의를 진행하였다. 총회에서 결정한 노인회의 명칭은 보스턴 한미 노인회로 정하고 영어 이름은 Korean Senior Citizen Association of Boston이라고 했다. 또한 노인회의 목적 가운데 "이 회는 하나님이 주신 자유, 평등, 사랑의 은혜를 바탕으로 입지, 지혜, 용기는 우리 한인의 바탕이며 조상 제례의 상부상조의 미덕을 확인하고 사명을 인식하여 신념과 긍지를 가지는 근면한 문화 민족으로 이 땅에 진실한 삶을 영위하고자" 라는 결의를 다짐하였다.

이날 임시 총회에서는 회장에 안준모(작고), 부회장에 백린, 여성부회장에 양배상 권사(작고)를 선출하였으며 각 교회를 대표하는 5명의 이사도 함께 선출하였다.

초대 안준모 회장은 노인 회관 건립을 구상하였으나 여러 가지 어려운 사정으로 실행에 옮기지 못하고 말았다.

당시의 노인회 행사 가운데는 Brookline에 소재한 보스턴 한인 교회와 Lexington의 성요한 한인 감리교회가 봄, 가을로 베푸는 노인들을 위한 잔치와 한인회에서 추석 명절에 개최하는 경로잔치에 참석하는 것이 유일한 행사였다. 이런 가운데 1995년 안준모 회장께서 돌아가시자 부회장인 백린이 회장직을 맡았으며 부회장엔 김옥석, 총무에 강성유가 선출되었으며 여성 부회장엔 성요한 교회 이기상 권사를 선출하는데 동의하였다. 안준모 노인회장 재직 시에는 이사회를 개최한 사실이 없어 어느 사람이 이사인지 알지 못해 당시 총무로 수고하셨던 박병덕과 상의, 노인회에 관심이 많았던 인사 중 10명을 이사로 추대키로 하고 1995년 10월 16일 Brighton에 소재한 한국의 집(다모아)에서 회의를 개최했다.

이날 회의에 참석한 분은 강성유, 김경모, 김옥성, 박병덕, 박기식, 한갑석, 백린 등 9명이 참석하였으며 참석한 전원을 새 이사로 선임키로 결정했다. 곧이어 개최된 이사회에서는 회장에 백린, 부회장에 김옥성, 총무에 강성유 씨가 각각 선출되었으며 여성 부회장엔 이기상 씨가 선임되었다.

안준모 회장의 갑작스런 타계로 노인회 관계 서류를 인계받지 못한 가운데 재무로 수고하셨던 성덕춘 씨마저 작고하시는 일로 인해 노인회 운영에 다소의 지장이 초래되었으나 안준모 회장의 아들인 안병곤 씨와 재무를 맡았던 성덕춘의 따님으로부터 보관하고 있던 서류를 인계 받을 수 있었다.

당시 인계 받은 노인회 기금은 $1,500이었다. 노인회가 명실상부 이사회를 조직하고 새 임원진을 선임하면서 조직의 정비를 강화하기 위해 노인 인구의 현황을 파악하는 일이 급선무였다. 각 교회 교인 명부를 중심으로 조사한 노인이 무려 300여 명에 이른다는데 놀라지 않을 수 없었다. 더욱 놀라운 것은 150여 명이 미 시민권자로 밝혀지는 자료에 근거하여 노인대학 설립과 노인 아파트 건립을 추진하게 되었다.

노인회는 1998년 성요한 교회에서 이사회를 개최하고 정관에 명시된 노인 아파트 건립을 위한 추진위원회를 구성하고 김인수 이사를 추진위원장으로 선임하였다. 김인수 이사의 노력으로 2001년 1월 주정부에 비영리 단체로 등록을 마친 가운데 기금 마련을 위한 별도의 사업과 계획을 세웠지만 노인 아파트 건립 자체가 워낙 방대한 사업이 되어 소요되는 자금 확보에도 문제가 있어 2001년 2월 10일 동광식당에서 개최된 임시 이사회에서 아파트 건립 추진을 잠정 보류키로 결정하였다. 한편 1998년 성요한 한인감리교회에서 노인대학 설립을 위한 준비와 함께 첫 번째 강의가 성대히 개최되었다. 노인회가 노인대학을 설립한 것은 노인들의 자기 발전을 위한 평생 교육이라는 취지에서 개최된 강좌였다. 노인회는 1998년 여름 ELKS에서 임시 총회를 개최하고 정관 제 10조 1항의 규정 중 노인학교 운영을 노인대학 설립과 운영으로 개정하고 서울대학교 동창회장인 박경민 의학박사를 학장으로 추대하였다. 뉴잉글랜드 노인회는 자체적으로 노인대학을 운영할 수 없는 재정 형편으로 지역 내 각 교회의 협조로 노인대학 강좌를 격월제로 개최해오고 있다.

3) 노인회의 발전기

1987년에 정식 출범한 노인회는 2001년 12월 Medford에 소재한 서울회관에서 정기 이사회를 개최하고 새 임원진을 선출하였다. 선출된 새 임원을 서울의대 출신으로 의학박사인 주봉갑 전 이북5도민 회장을 새 노인회장으로 추대하고 부회장엔 김경모 이사, 여성 부회장에는 성요한 한인감리교회 권정자 이사를 선임, 총회에 회부 2002년 정기 총회에서 정식으로 선출하였다. 한편 이날 회의에서는 감사에 박성만 이사, 강경신 이사, 총무에 이항열 이사를 선임하였다. 제 3대 노인회장으로 취임한 주봉갑 박사는 노인회를 재규합하는 일에 열의를 보이면서 노인회 활성화에 많은 계획과 실천을 했다. 노인회의 비영리 단체 주소 변경과 노인 회원들의 숙원 사업인 노인복지회관 건립을 위해 특별 기구를 구성하면서 회계 구좌를 따로 개설하면서 모금 운동에 박차를 가함으로써 2004년 2월 현재 $9,701의 기금을 확보하는 큰 업적을 남겼다. 2004년 1월 10일 정기 이사회에서는 4대 회장에 강성유 이사, 부회장에 강경신 이사, 여성부회장엔 민유선 이사를, 감사에는 서정섭 이사와 김경모 이사가 각각 선출되었다.

4) 보스턴 한미노인회 회장 및 부회장

회장

    1대 안준모 1987~1996
    2대 백 린 1996~2000
    3대 주봉갑 2001~2003
    4대 강성유 2004~

부회장

백　린	1987~1996
양배상	1987~1994
김옥성	1996~1998
이기상	1996~2000
강성유	1998~2000
김경모	2001~2003
권정자	2001~2003
강경신	2004~
민유선	2004~

제 9장 뉴잉글랜드 백주년 기념 사업회 활동 보고

제 9장 뉴잉글랜드 백주년 기념 사업회 활동 보고

1. 뉴잉글랜드 한인 이민 백주년 기념 사업회를 회고하며

2002년 4월 발기인 대회의 성공적인 개최로 뉴잉글랜드 한인 이민 백주년 기념 사업회가 정식 발족된 후 각종 기념행사와 백주년 관련 사업들을 이끌어오기까지 더 없는 감회가 가슴 깊이 밀려들어옴을 느끼지 않을 수 없습니다. 특히 뉴잉글랜드 지역은 미국에서 청교도 정신에 입각한 오랜 역사와 전통을 자랑하는 고장으로서 한국 근대사와의 인연은 더없이 깊다 하겠습니다. 결코 잊어서는 안될 구한말 노일전쟁 이후 미일간의 굴욕적인 '포츠머스 강화조약' 이 뉴햄프셔에서 있었습니다.

그러나 한인 최초의 유학생인 구당 유길준이 거버너 더머 아카데미에서 하버드 진학을 목표로 학업에 열중했고 이 역사적인 사실을 기리기 위해 뉴잉글랜드 사업회는 유길준 명예 졸업장 수여와 기념비 제막을 했습니다. 또한 한국 초대 이승만 대통령은 하버드 대에서 정치학 석사학위를 취득하며 조국의 광복을 위해 헌신할 것을 다짐했습니다. 현재에도 하버드, MIT, 터프스, 보스턴 대학교 등 미국 내 최고의 교육기관에서 많은 우수한 한인학자들이 연구성과를 인정 받으며 학문에 전념하고 있습니다.

학문적인 열기뿐 아니라 보스턴 마라톤 대회에서는 일제시대 서윤복, 함기용, 송기윤, 최윤칠에서 최근 이봉주 선수에 이르기까지 한국인의 드높은 기상을 세계에 떨쳤습니다. 이는 한민족이 지, 덕, 체를 겸비한 우수한 민족임을 다시 한번 확인하는 계기가 되었습니다.

이러한 한인들의 발자취를 더듬으며 그 업적을 기리기 위한 각종 행사를 추진함에 있어 무엇보다 백주년 사업회 임원단의 노고와 헌신에 감사하지 않을 수 없습니다. 뉴잉글랜드 백주년 기념 사업회는 이민 백주년을 맞이하여 마련된 기념사업들을 통해 그 참뜻이 200주년에 이르기까지 지속될 것을 믿어 의심치 않는 바입니다.

박경민

2. 뉴잉글랜드 백주년 사업회 발족

뉴잉글랜드 백주년 기념 사업회는 2002년 4월 발기인 대회에서 뉴잉글랜드 지역 사회에서 오랫동안 헌신해 온 박경민 공동위원장을 회장으로 선출하여 정식 발족되었다. 발기인 대회에서는 뉴잉글랜드 백주년 사업회에 관한 회칙이 만장일치로 통과되었으며 곧이어 임원진 구성에 들어갔으며 15개항에 걸친 사업 계획들을 완성하였다.

회장단을 비롯한 임원진은 한인 사회뿐 아니라 주류사회에서 모범이 되고 능력을 인정받은 한인으로서 추천에 의해 박경민 회장이 최종 선출하는 방식으로 하였다. 이러한 우수한 임원진들은 상호 협조하여 각 분과별로 백주년 사업의 프로젝트들을 효율적으로 수행하게 되었다.

각 주의 한인회장은 뉴잉글랜드 백주년 사업회의 운영위원으로 자동 영입되어 백주년 사업들을 적극 협조하게 되었다. 그러므로 뉴잉글랜드 5개 지역에 걸친 백주년 사업들 중 뉴잉글랜드 한인사 편찬은 더욱 큰 의미를 갖게 된 것이다.

2002년 발기인 대회 후 착수된 백주년 사업들은 2002년에 시작된 백주년 문학 콘테스트와 유길준 기념사업이 2003년 커다란 결실을 맺었고 또한 2년 반에 걸쳐 준비해 온 뉴잉글랜드 한인사 편찬은 2005년 3월 출판 예정이다.

이러한 백주년 사업회의 성과들은 보스턴 글로브 등 주류 언론의

*100주년 기념사업회
발기인대회*

관심 속에서 치러졌다. 특히 미주 한인 이민 백주년의 의의를 주류 사회에서 인정 받아 연방 의원들과 주정부에서는 적극적인 관심을 보였으며 축하 메시지를 전달함은 물론 미 전역에서 최초로 뉴햄프셔 주정부에서 미주 한인 이민 백주년의 해를 2002년 1월 공식 선포하게 되었다. 매사추세츠 주정부는 2004년 1월에 Korean-American Day로 선포하여 이 지역 한인들의 위상을 더욱 드높였다.

비록 백주년의 해가 2003년으로 한정되었으나 뉴잉글랜드 백주년 사업의 역사적 의의는 영원히 이어질 것이라 믿는다.

3. 임원 및 고문 명단

회장	박경민	수석 부회장	김은한, 정정욱
부회장	오수택, 송남수, 써니 리	대변인	김성군, 써니 리
사무총장	김성인	사무차장	이병철, 노명호
총무	이준형	재무	김한수
감사	강경신, 이강원, 윤용훈		

분과 위원회

재정	김기석, 우정희	여성	권정자, 김동희
한인사	백린, 송남수	종교	한상신, 이문봉
홍보, 출판	이의인, 박대위	섭외	조봉준, 이경해
학생	조수진	행사동원	감진동, 김종효
체육	안병학	문학, 예술	써니 리, 변화경
학술, 문화	윤상래, 신상철	법률	김성군, 한석훈
한미관계	박선우		
고문단	차승만, 이원중, 주봉갑, 사무엘 김, 전덕영, 김문소, 정수일, 김태환, 김용준,		

권진태, 김종선, 김영호, 노영석, 한윤영, 김섭, 박석만, 이영길, 고영복,
박승재, 로버트 김, 손정호, 안광원, 서정섭, 백린, 김회창, 정태진, 송기백,
인준식, 남궁연, 이주연, 조성구, 김성환

4. 중요 사업

1) 한국어 뮤지컬 '빨간머리 앤' 공연

2002년 6월 1일 토요일 오후 7시 Newton의 Oak Hill Middle
School에서 한국어 뮤지컬 "빨간머리 앤"이 어린이들과 학부모들의
찬사와 박수갈채를 받으며 성공리에 공연됐다. 한인들을 위한 공연문
화가 활성화되지 못한 보스턴 지역에서 이번 뮤지컬은 더욱 빛을 발
하며 많은 한인들의 관심 속에서 성황을 이루었다.

이 공연을 추진한 뉴잉글랜드 이민 백주년 기념 사업회의 박경민
회장은 인사말에서 2003년은 미주 한인 이민 백주년이 되는 해이므
로 우리 모두가 선조들의 얼과 정신을 이어받아 주류사회에서 자랑스
러운 한인으로서의 정체성을 확립하자고 당부했다.

뉴잉글랜드 이민 백주년 기념 사업회는 공연에 앞서 임원회의 겸 공연관계자들을 위한 저녁식사를 공연장
옆 식당에서 가졌다. 임원회의에서 박경민 회장은 15개 항목에 이르는 백주년 기념사업계획안에 대한 내용 보
고와 앞으로 이러한 기념 사업들을 추진하는데 있어 보다 적극적인 관심과 참여를 임원들에게 당부했다.

2) 문학 콘테스트 및 기념문집 발간

2003 뉴잉글랜드 이민 백주년 기념사업의 백주년 문학 콘테스트가
성황리에 개최되어 그 결실을 맺었다. 이는 대대적인 홍보와 열기로
문학인의 발굴에 중점을 두고 백주년의 역사적인 의의와 한인의 정체
성을 고무하는 차원에서 이루어졌다.

우선 한글뿐만 아니라 영문부분까지 포함. 시, 에세이, 단편소설 등
거의 전 분야를 망라한 이번 콘테스트는 초등학교에서 일반 성인에
이르기까지 각계각층의 관심과 참여를 유도한 미주 지역 최대 규모의
문학 콘테스트였다. 한글과 영문부문에 미국인까지 참여한 이례적인
문학 콘테스트라 할 수 있다. 또한 뉴잉글랜드 지역뿐 아니라 뉴욕과
코네티컷 등에서도 참여하여 지역적인 거리를 최소화한 성공적인 콘
테스트였다.

백주년 사업회는 2003년 1월 수상자들을 위한 시상식에 이어 3월
수상작품들로 구성된 288면의 '뉴잉글랜드 백주년 기념 문집'을 출판하였다. 출판 기념회를 통해 문학 콘테
스트에서 등단한 작가들은 자신의 수상작을 낭독하며 한인 문학인으로서의 긍지와 자부심을 확인하게 되었
다. 또한 백주년 기념 문집은 각 언론사 등에 기증되어 뉴잉글랜드 지역의 문학적 성과를 홍보하는데 일조했
다. 수상자와 작품명단은 다음과 같다.

<u>대상 / Grand Prize</u>

한글 시
　　임숙현/그 날
English Poetry
　　김서영(SeoYoung Kim)/Animals Are So Amazing
한글 수필
　　진혁일/한민족의 잠재력
English Essay
　　황소원(SoOne Hwang)/The Spirit of a Korean Face
한글소설
　　이창금/한 인디언의 선택
English Short Story
　　조앤 정(Joanne Chong)/Waiting for Father

<u>특별상/Special Award</u>

한글 시
　　김봉숙/아무도 보는 이 없어도
English Poetry
　　NamSoo Song/A Gift, YoungJin Nam/Immigration,
한글 수필
　　강경신/단군의 이산 가족들
　　차승만/아리랑 고개를 찾아서
　　Warren Maclaughlin/한국학교와 나
　　백린/보스턴 한미 노인 대학을 졸업하며
English Essay
　　Young Shin/The Father vs. Fathers
　　Beth Yi/Reflections on My Korean Journey
English Short Story
　　John Han/Doctor X

<u>우수상/Honorable Award</u>

한글 시
　　강명수/롱우드 애비뉴로 가자, 장재혁/차, 신동옥/가을 나무, 한별/사랑할 수 있다면,
　　빛고을 리/나무와 비 이야기, 유순나/기원, 유혜진/그립다 보고프면, 이정윤/연,
　　강천성/도마 뱀, 김문소/10월의 찬미
English Poetry
　　Silvia Lee/Who I Love,,,, Ellice YoungEun Park/Pink,
　　Danniel Shin/Epitaph of Simon Lones, JuYeon Kim/My Name,
　　Stephanie Chong/The Whistle of Spring, Jasmine Lee/The Sound of Season,
　　Joanne Chong/My Name, InHye Han/Stranger, JiWong Choi/My Name,
　　HoiChang Kim/My Native Country

한글 수필

　　배성조/유학생으로 느끼는 한국인의 자부심, 최정순/엠프티 네스트,

　　배성훈/자랑스런 한국인, 임영혁/9월 11일의 참사, 황규령/다르다는 것,

　　신좌경/어머님의 추억, 김일영/Peyton Place를 찾아서, 이훈희/한국어의 중요성,

　　박의진/코리언 어메리칸, 김하얀/Danielle 하얀 Kim, 엄명자/생일

English Essay

　　Arar Han/In The Korean American Context: Who are we and Where are we going?,

　　Kevin H. Kim/Honor, Courage, and Ingenuity: The Path of Korean Hero,

　　Sam Cho/My Memories about Hahlahbuji, Agnes Nam/Being a Korean-American,

　　Twana L. Yoon/Within the Bathroom, John Han/I Am A Cactus

English Short Story

　　Jamie Chong/Hana, SeoYoung Kim/The Best Birthday Ever, Stellar Yi/For Life

작품상

2002 뉴잉글랜드 한국학교 주최 백일장 수상작

　　도현지/한글, 정재호/월드컵, 김서영/무지개, 서현욱/내가 가지고 싶은 것, 이창휘/월드컵,

　　홍현지/내가 가장 아끼는 것, 김현지/가장 귀한 것, 장서원/내가 가장 아끼는 것, 장혜선/월드컵,

　　홍예진/월드컵, 서영주/첫눈, 김윤지/무지개, 안어진/내가 만일 선생님이라면, 민석기/한국 음식,

　　김은주/가장 귀한 것, 이효주/나의 꿈, 강지은/테러

3) 유길준 명예 졸업장 수여와 기념비 건립

위:
유길준 기념비
아래:
기념비 제막식 후.
박경민 회장, 유길준의
증손자인 유석재씨,
박재선 총영사 그리고
Martin Dogget 교장이
보인다 (오른쪽 아래에서
시계 방향으로)

한국 근대사의 여명기에 선각자이며 학자였을 뿐 아니라 정치가로서 구당 유길준 선생이 남긴 업적은 참으로 지대하다 하겠다. 더욱이 보빙사절단의 일원으로 민영익 전권대사를 수행하여 미국 방문길에 오른 그가 잔류하여 신학문을 배워 조국의 근대화에 기여하려던 정신은 후세의 유학생들에게 귀감이 되고 있다.

뉴잉글랜드 백주년 사업회는 최초의 한인유학생인 유길준을 기리기 위해 기념 사업을 착수하게 되었다. 그리고 2002년 7월 18일 수요일 박경민 회장을 비롯한 송남수 이민사 편찬 공동 위원장과 써니리 대변인 그리고 김성인 사무총장 등이 더머 아카데미를 방문하여 유길준 기념비 설치와 명예 졸업장 수여에 대해 학교 교장인 Martin Dogget와 디렉터인 Pat Petterman등과 적극 협의하였다. Martin Dogget 교장은 학교 측이 확보한 유길준 관련 문헌들을 제시하며 거버너 더머 아카데미에서 그의 학적을 인정함은 물론 한국인으로서의 그의 학문 성취 과정을 높이 인식했다.

드디어 2003년 4월 국립 중앙 박물관에서 '유길준과 개화의 꿈'을 전시를 협찬했던 한국의 조선일보와 유길준 가족, 보스턴 총영사관 그리고 뉴잉글랜드 백주년 사업회와 주류 언론 등, 한인 300여 명이 참석한 가운데 거버너 더머 아카데미에서 기념식이 거행되었다.

학교 측은 유길준 가족에게 명예졸업장을 수여했으며 백주년 사업회는

학교 도서관 입구에 기념비 제막을 했다. 이로써 역사속에 잠자던 유길준이 뉴잉글랜드 백주년 사업회의 기념 사업을 통해 살아 돌아와 한인들의 자부심이 된 것이다.

또한 유길준의 스승인 모스 교수가 관장으로 재직하던 피바디 엑세스 박물관은 유길준 유품들을 중심으로 '유 길준 기념관'을 2003년 9월에 오픈하여 누구나 유길준의 발자취를 경험할 수 있게 했다. 유길준 기념관 오픈 까지의 행사에 뉴잉글랜드 백주년 사업회가 적극 협조하였다.

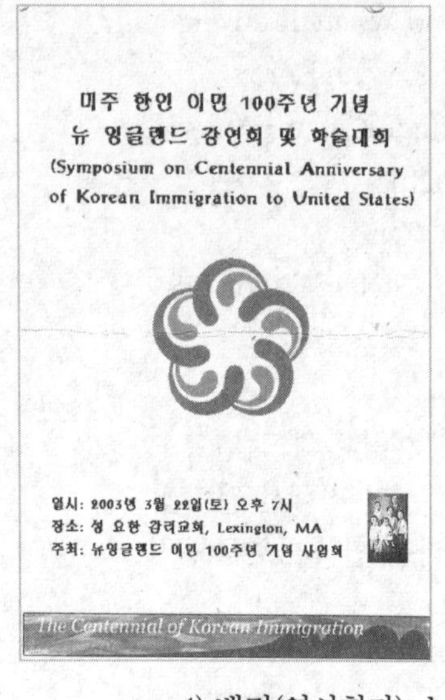

4) 학술대회

2003년 3월에 개최된 학술대회는 무엇보다 미주 한인 이민사 전체 속에서 뉴잉글랜드 이민 백주년의 역사를 밝혀보는데 그 의의가 있었다.

1부 주제 발표는 그러한 의미에서 이민사의 3대 요소인 한인 사회와 유학 생사와 교회사를 각 분야의 최고의 권위자이며 뉴잉글랜드 지역에 현존하 는 이민사의 산 증인들을 통해 개괄적으로 다뤄보았다.

그리고 2부 토론에서는 미주한인 사회 속에서 뉴잉글랜드 지역이 갖는 지 역적 특성을 살펴보고 앞으로 나아갈 방향을 제시하는 차원에서 이루어졌 다. 이에 토론은 관객들과의 상호 의견 교류의 차원에서 열린 토론회의 방 식을 취했다.

1부: 주제 발표

미주 한인 사회의 과거와 현재

    1) 백린(역사학자): 뉴잉글랜드 한인 유학생이 이민사에 미친 영향

    2) 권진태(뉴잉글랜드 교회 협의회 회장, 미주 감리교 백년사 편찬위원):

        뉴잉글랜드 한인교회와 이민사와의 관계

    3) 김용준(로드아일랜드 대학교 철학과 교수): 한인 교회의 위상과 미래의 역할

2부: 토론

뉴잉글랜드 한인 사회의 미래전망과 나아갈 방향

    토론자: 김일평(코네티컷 대 명예교수), 김봉진(일본 북구주 시립대학 교수),

        김용준(URI교수), 박경민(뉴잉글랜드 백주년 기념 사업회 회장)

    사회: 신상철, 윤상래

5) 뉴잉글랜드 이민 백주년 기념 음악회

뉴잉글랜드 한인 이민 백주년 기념음악회는 2003년 10월 13일 저녁 7시30분에 뉴잉글랜드 콘서바토리에 있 는 유서 깊은 조단홀에서 성황리에 개최되었다. 1000석이 넘는 좌석을 가득 메운 청중들은 한인 이민 백주년 을 축하하는 음악을 통해 생생히 전달된 감동에 전율했다.

이민 백주년 기념 음악회는 역사적인 한인 이민 100주년을 기념하기 위하여 뉴잉글랜드 백주년 기념 사업 회(회장 박경민)와 뉴잉글랜드 교회 협의회(회장 김태환)가 공동으로 주최하고 주 보스턴 총영사관과 뉴욕 한 국일보가 후원했다. 음악회는 뉴잉글랜드 지역에 뿌리를 두고 있는 한인 프로페셔널 연주자들과 60인조 뉴잉 글랜드 한인 심포니 오케스트라, 22인조 체임버 싱어스, 그리고 50인조 한인 페스티벌 코러스가 출연하여 어 디에 내어놓아도 손색이 없을 정도의 수준 높은 연주를 들려주었다.

음악회의 전반부는 솔로와 실내악의 순서들로 먼저 바이얼린의 데이비드 김(필라델피아 오케스트라 악장, 로드아일랜드주에서 성장), 첼로의 김이선(뉴잉글랜드 콘서바토리 교수, 보르메오 퀄텟 멤버), 이미혜(보스턴

체임버뮤직 소사이어티 피아니스트)이 완숙한 기량을 바탕으로 멘델스존의 피아노 트리오 1번 D minor를 들려주었다. 이어 뉴욕 시티 오페라를 비롯하여 미국과 남미, 아시아 곳곳에서 오페라 가수 맹활약 중인 소프라노 이윤아가 출연하여 변화경(NEC 피아노과 교수)씨의 반주로 푸치니, 마스네의 오페라 아리아 2곡과 김동진의 '가고파'를 놀라운 기량으로 열창해 관객들의 심금을 울렸다.

이어 드보르작의 피아노 5중주 A장조는 바이얼린의 줄리엣 강(보스턴 심포니 오케스트라 부악장), 엘리타 강(보스턴심포니 부악장), 비올라 데이비드 김(NEC대학원 학생), 첼로 김이선, 피아노 김정자(보스턴 콘서바토리 피아노과 교수)씨 등이 출연 잘 짜인 화음의 안정된 연주를 들려주었다. 한국이 일찍이 낳은 명 피아니스트 한동일 교수(보스턴 대 음대)는 슈베르트 작곡 즉흥곡 B플랫 장조를 연주하여 1부의 마지막 순서를 아름답게 장식하였다.

이어진 2부에서는 한인 체임버 싱어스가 이날 음악회의 음악감독이자 지휘자 김진(힝함 심포니 오케스트라 음악감독) 씨의 지휘로 하버드대 작곡과 교수였던 얼 김의 '키이츠와 콜올리지에 관한 단상들'을 음악적으로 잘 완성된 연주로 들려주었고 이어 등장한 60인조 한인 오케스트라는 베토벤의 서곡 '프로메테우스의 탄생'을 김진의 현란한 바톤 아래 웅장하게 연주해 분위기를 고조시켰다. 이어 등장한 바이얼리니스트 데이비드 김은 원숙한 테크닉으로 생상의 '서주와 론도 카프리치오소'를 협연, 관객들의 환호를 받았다. 도널드 서가 작곡한 교향시 '꿈돌이 탄생'은 한국적인 요소와 재즈적인 요소들이 결합된 곡으로 줄리엣 강의 바이올린과 오케스트라, 합창단이 환상적으로 어우러지는 연주였다.

김기영 편곡의 '한국민요 축전'은 이날의 하이라이트라고 하여도 될 정도로 큰 호응을 받았다. 민요 모음곡이 아리랑에 이르자 연주자와 관객들이 하나가 되어 한국인만이 느낄 수 있는 깊은 감동을 맛보았다. 이어서 관객들과 출연자 전원은 '애국가'와 'America the Beautiful'을 합창하며 한인으로서 미국에서 사는 의미를 되새기었고 순간 연주홀은 감동의 도가니로 변하였다. 이어지는 박수 가운데 출연자들은 나운영 작곡의 '여호와는 나의 목자'를 앵콜송으로 연주하여 깊은 감동의 여운을 남겼다.

(작성자: 조수헌)

6) 보스턴 마라톤 기념비 건립

뉴잉글랜드 백주년 기념 사업회는 합킨턴의 보스턴 마라톤 출발지역에 기념비를 보스턴 장로교회(담임목사 권덕영)의 전적 후원으로 건립하게 되었다. 이는 세계적인 마라톤 대회인 보스턴 마라톤 대회에서 우승한 한국의 서윤복, 함기용, 최윤칠, 이봉주 선수 등이 국위 선양한 것을 기리기 위한 것이다.

보스턴 마라톤 대회는 세계적으로 알려진 대회로서 매년 4월에 매사추세츠의 합킨턴을 출발하여 보스턴의 커플리 광장을 도착지점으로 한다. 이 대회의 국제적 명성과 권위는 매년 세계 최상위의 기록을 보유한 많은 마라톤 선수들을 출전하게 하였고 한국 또한 좋은 성과를 거두어 왔다.

이에 뉴잉글랜드 백주년 사업회는 보스턴 장로교회의 협조를 받아 한인들의 굳건한 기상을 세계에 알린 역대 우승자들인 서윤복, 함기용, 송기윤, 최윤칠, 이봉주 선수 등의 업적을 기리고 한인들의 자긍심을 고취시키기 위해 2004년 10월 3일 기념비를 건립하였다. 기념비 제작은 원덕수 건축사가 담당하였으며 건립을 위한 모든 일의 진행은 김성인 사무총장이 수고했다.

7) 미주한인 이민 백주년 기념 뉴잉글랜드 한인사 편찬보고

(1) 회의록 보고

오랜 기간 동안 계속되는 힘든 상황에서 사명감을 잃지 않고 한결같은 열정과, 화합과 헌신으로 수고한 편집 및 집필 위원들께 감사를 표하며 역사적 자료로써 한인사 회의록을 정리 보고한다.

5/4/02

제1차 편찬위원회 회의: 참석: 백린, 박경민(고문), 송남수, 이문수, 써니리

이민사 편찬위원회를 위와 같이 조직하고 우선 10 page의 '뉴잉글랜드이민사 ' 약사를 ' 미주한인이민백년사 ' 편찬을 맡고 있는 한미동포재단에 보내기로 함(집필: 백린, 편집:송남수, 써니리, 집필협조:차승만, 전좌근, 서일, 정세련)

이민사의 목차 초록을 작성 각 단체 기관에 원고청탁서를 보내기로 함.

필요한 자문위원을 확보키로 함. 총 350 page 한글, 50-70 page 영문으로 함.

3000부 인쇄하기로 함

이민사의 편찬 방향을 설정함:

    1. 지역적인 특성을 부각하며 전체 한인들의 다양한 삶의 양상을 제시함

    2. 조상들과 일세들의 역경과 성공의 역사를 체계화 함

    3. 모든 자료는 객관적이며 포괄적이며 공정하고 진실성이 있는 내용으로 정리해서

집필함

　　4. 후세에게 긍지와, 정체성과, 역사의식과 미래의 비전을 제시
　　5. 영문번역은 요약해서 포함키로 함

5/21/02

　　편집회의: 목차를 검토, 수정했으며 각 기관에 원고청탁서를 보내어 3개월 기간을 주어 원고 모집하기로 함. 뉴잉글랜드 각 주의 한인회/한인 사회를 쓸 집필자들을 확보하며 현 편찬위원들은 각 장을 맡아서 추진키로 함.

6/18/02

　　편찬회의: 원고청탁서와 자료제출서를 각 교회, 한국학교, 각 기관 단체 등 130여 개의 기관에 보냈음(원고마감 9/16일). 교회협의회에 협조를 구했음. 한인회보에 이민사 자료수집에 관한 광고를 나가도록 배려를 받고 각 주에도 편찬 자문과 협조를 의뢰해서 진행함 (RI: 차승만 박사, NH 서일씨, ME 정세련씨, VT 양철희 목사).

7/16/02

　　편찬회의: 들어온 원고가 없음. 나누어서 전화로 follow up 하기로 함. 각 분야별로 나누어서 필요한 사람들과 접촉, 자료 모으기로 함.

8/27/02

　　편찬회의: 교회협의회 협조로 자문위원과 각 교단자문위원 위촉 받음. 전담 typist를 구하기로 함. 원고마감은 10월 31일로 함(현 3군데 교회에서 10월중 2차 원고 청탁서 발부는 각 기관별로 정선하여 하기로 함. 청탁 후 7–10일 후에 전화로 follow up 하기로 함.

9/29/02

송위원장과 써니 리 씨가 이민사 자문을 위해 코네티컷 김일평 교수를 방문했음.

10/1/02

편찬회의: 원고 들어온 곳(11). 2차 원고 청탁서를 보내기로 하고 마감은 12월 31일까지 함.

11/5/02

편찬회의: 자료수집이 필요한 단체, 기관을 검토하고 집중적으로 접촉하기로 함. U. Mass의 김병훈 교수에게 Springfield/Amherst 지역자료수집위촉. 하버드의 비지팅 스콜라인 김봉진 교수(북구주대학)가 자문, 협조하기로 함.

12/3/02

편찬회의: 중요기관에 계속 전화로 원고 독촉중임. 목차를 리뷰하여 다시 구성했음. 인물편 심사기준 검토 수정했음.

1/30/03

편찬회의: 현재 당면한 문제를 전면적 검토했음. 원고가 들어오지 않고 진전이 없는 상태에서 외부에서 전문가의 도움을 구할 것인지 새로운 구성으로 효과적 추진을 할 수 있는 전문가를 이 지역에서 찾아서 할 것인지를 토의. 박대위 씨를 접촉해서 의논키로 함.

2/8/03

박대위 씨가 원고/자료수집 책임과 이민사 project manager를 맡기로 함.

2/13/03

편찬회의: 이민사 추진의 근본적인 전략을 검토하고 전면적 새로운 조직과 체제를 확정함. 목차를 재조정했으며 각 장에 세부적인 page 수와 전담 집필/편집인을 선정키로 함. 예산과 출판 time table을 재검토함.

3/8/03

박대위 씨와 계약 인준함. 3/10일부터 일을 시작키로 하고 실무팀을 구성해서 원고와 재료 수집을 전담하기로 함.

3/20/03

김태환 목사(교협자문위원)가 교협 산하 각 교회에 원고청탁서 발송함.

3/20/03

편찬회의: 각 장의 전담 집필자를 정하기로 하고 전에 있던 편찬/자문위원 체재를 해체시킴. 전담 집필자가 편집 방향에 맞추어 재량에 따라 창의적 연구해서 추진키로 함. 1장(송남수), 2&3장(백린), 4장(박원기), 5장(이문수), 6장(윤은상), 7장(정정욱), 8장(써니리)

4/22/03

편찬회의: 실무팀에서 130여 군데 다시 원고청탁서 보내고 전화번호 update해서 모두 전화하며 계속 원고 수집 중. 각 장 전담자가 실무팀과 개별 접촉해서 필요에 따라 전체 모임을 갖기로 하며 송위원장이 개별 접촉 상황 추적하기로 함.

7/11/03

이문수 씨가 편집/집필 위원직을 개인 사정으로 사임함.

7/11/03

송남수 위원장이 박대위 씨와 만나서 현재 상황 검토. 진전의 박차를 가하기로 하고 Project Meeting과 편집 회의를 구별해서 추진하며 각 장 진행 상황과 문제점을 보고하고 좀더 자주 회의를 하도록 함.

8/12/03

백린 위원장 댁에서 모임: 박경민 회장, 홍순영 씨, 신영각 씨와 송 위원장이 모여 이민사의 현재 처한 문제점과 효과적인 추진 방안에 대해서 구체적으로 토론했음. 이 자리에서 홍순영 씨과 신영각 씨가 이민사 편찬에 영입하기로 하여 새로운 전기가 됨. 홍순영 씨가 5장의 집필을 맡기로 함.

8/19/03

편찬회의: 참석: 백린, 박경민, 송남수, 홍순영, 신영각, 윤은상, 정정욱, 써니리, 박대위 이민사 편찬 작업 time table 재조정. 원고와 재료 모집의 난관과 대책에 대해서 의논. 편찬 조직을 정립함. 이민사를 '뉴잉글랜드 한인사' 로 책이름을 정함.

9/23/03

편찬회의: 각 장의 진전 상황 검토. 각 장마다 40%-80% 진전이 있으며 계속 자료 확보 중. 자료의 수집의 어려움과 문제점들의 대책 의논.

10/21/03

편찬회의: 1장 초고 완성, 2장 1주 후 완성, 3장 계속 집필 중, 4장 집필 중, 5장 완성했음—보충 자료 수집 중. 6장 자료 계속 수집 중, 7장 집필 중, 8장 1주에 완성. 영문번역팀 확보하기로 함.

11/2/03

편찬회의: 학계자료에 대해서 의논. 집필완성과 편집 및 인쇄의 time table 검토. 박경민 회장이 11월 한달 한국 체류 중 출판사를 주선하기로 함.

11/18/03

편찬회의: 괄목할 편찬 집필의 진전이 있음. 현재 1차 집필 완성된 장은 1, 2, 5, 8장이며 각 장마다 진행 중임. 12월 중순까지 집필 완성키로 하며(1차). 편집계획에 대해 의논.

12/2/03

편찬회의: 각장 집필진전 검토. 한인 150여 명이 거주하는 서부 Mass에 관한 자료 검토. Draft typing은 교정 되는대로 홍순영 위원이 종합 정리해서 실무팀에게 넘기기로 함. 사진에 관해서 의논. 각 주 한인회 원고 및 자료수집 검토.

12/28/03

편집 1차 회의: (참석: 송남수, 홍순영, 신영각, 써니리) – 1차 draft 편집교정을 했으며 전담 편집할 장을 정하여 추진하고 종합편집을 거치고 정리하여 실무팀에 넘기기로 함.

1/17/04

편찬예산회의: (참석: 박경민, 송남수, 박대위, 김한수)
한국에서의 출판을 위한 상세 예산 검토와 계획 세움.

2/13/04

편집회의: (참석: 박경민, 송남수, 홍순영, 신영각, 박원기)
영문번역에 대해서 토의함. 4장 기독교 편에 대해서 검토함.

2/24/04

편집회의 (참석: 백린, 박경민, 송남수, 홍순영, 신영각, 박대위)
7장(의료)이 들어오지 못하고 있으며, 4장(기독교편)에 대해 집중 상세 토론했음. 아직 원고가

안 들어온 몇 단체를 집중 접촉하여 원고 받기로 함. 코네티컷은 한인회 부분과 다른 분야에서 부분적으로 포함하기로 함.

3/1/04

편집회의 (참석: 백린, 송남수, 홍순영, 신영각)

기독교 편의 집필을 위해서 교협의 김태환 목사와 전덕영 목사와 모임을 주선하고 전담 집필을 부탁키로 함.

3/10/04

송위원장이 전덕영 목사와 기독교편 집필에 대해서 의논하고 집필을 의뢰하였으며 전목사가 쾌히 수락했음.

3/11/04

기독교 chapter를 위한 모임 (참석: 김태환 목사, 전덕영 목사, 박경민, 송남수, 홍순영, 신영각) 전덕영 목사가 기독교 장을 전담 집필하기로 함. (현재 40교회 재료가 있고 20여개 교회는 수집이 안 되는 상태이고, 13개 신설교회는 접촉 재료 모을 것이며 코네티컷 교회 정보를 수집하기로 함). 천주교와 불교의 원고는 있으나 개론이 없으므로 부탁하여 수집하기로 함.

3/23/04

편집회의: (참석: 백린, 박경민, 송남수, 홍순영, 신영각) – 편집과 사진구성에 대해서 작업함. 각 전담 편집인이 편집 교정과 사진 구성과 필요한 사진을 실무팀 통해서 구하기로 함. 최종 결정은 편집위원 전원이 같이 결정할 것임.

4/4/04

편집회의: 강경식 교수와 윤은상 교수를 초대하여 전체 학계의 인물편에 대해서 토의하기로 함. 입양아 부분에 대해서 자료 구하기로 함. 7장은 계속 접촉 독려하고 있음.

4/13/04

편집회의: 박경민, 송남수, 홍순영, 윤은상, 박대위.

윤은상 교수를 구성편집위원으로 내용의 구성과 분포에 대해서 편집의뢰하기로 하고 전체를 리뷰하기를 의뢰함. 5장의 학계(인문, 이공, 경제, 역사)편을 담당할 것을 수락하고 실무팀과 강경식 교수와 자문하여 자료를 구하여 집필키로 함. 또한 윤교수가 각장의 결언과 한인사의 서두에 박경민 회장이 포괄적인 서문을 쓰는 의견을 수용하여 쓰기로 함. 영문번역은 완성된 교정본을 갖고 시작하기로 함.

4/20/04

편집회의 (참석: 백린, 박경민, 송남수, 홍순영, 신영각)

윤교수 교정본을 전담 편집자 참조해서 반영키로 함.

5/4/04

편집회의 (참석: 백린, 박경민, 송남수, 홍순영, 신영각, 박대위)

윤교수 구성 교정을 각장 편집인이 검토해서 다음 회의 때 전체 검토해서 실무팀에 넘기기로 함. 각 주의 기독교 부문은 기독교편으로 포함시키기로 함.

5/13/04

편집회의; 목차와 numbering을 정함. 학계와 기독교편 원고와 의료부분에 대해서 상황검토 접촉하여 필요한 자료를 계속 구하기로 함.

5/20/04

편집회의: 일단 원고가 100% 들어온 후 전체 편집과 정밀 교정을 시작하는 단계를 위해서 박차를 가함. 백린 위원장이 초기 교회 역사를 써서 넘겼음.

6/1/04

편집회의: 3장의 교정을 끝내고 실무팀에 넘김. 목차수정 1, 2, 6장 교정 완결지음.
학계 부분을 위해 윤은상 교수와 강경식 교수를 6/8에 참석 부탁하기로 함. 일단 전체 교정본
이 나온 후 사진 편집을 시작할 수 있음. 송위원장이 문수사의 도범스님과 불교의 개관에 대해
서 대화함.

6/8/04

편집회의 (참석: 백린, 박경민, 송남수, 홍순영, 신영각, 박대위, 강경식, 윤은상)
학계부분에 대해 검토, 자료 모아서 윤교수가 집필키로 함.

7/6/04

편집회의 (참석: 박경민, 송남수, 홍순영, 신영각, 박대위)
박경민 회장이 백주년 사업회 본부의 후원금을 위해서 한국에서의 가계약 체결서를 본부에 보
냄. 현재 원고 미납된 장과 기관을 검토, 추진안 토의함.

7/20/04

편집회의: 백린 위원장의 3장 원고를 위해 보충자료를 더 수집하기로 함.

8/3/04

편집회의 (참석: 백린, 박경민, 송남수, 홍순영, 신영각, 박대위)
홍순영 위원의 교정본을 실무팀에 다 넘겼음. 미완성된 원고는 8/25까지 완성 deadline을 정
해서 모든 원고 수집하기로 함.

8/17/04

편집회의: NE 한인회 원고 교정 완료해서 실무팀에 넘기기로 함. 우선 모든 원고 100% 수집
에 역점을 두고 다음 편집회의 때 제2단계 전체 draft를 받고 9월 중에 전체 편집 및 교정, 사
진편집 완료하며 그 후에 copy editing과 layout, 책 장정 및 표지 등의 design을 끝내는
time table을 검토함.

8/20/04

편집회의: (참석: 백린, 박경민, 송남수, 홍순영, 신영각)
박대위 프로젝트 매니저가 장동근 교수(뉴욕주립대 Graphic Design과 교수)에게 한인사의
design과 장정 및 편집 실무를 전담해줄 것을 요청키로 함. 영문 번역 및 현재의 원고 상황의
문제점을 상세히 검토하고 계획 수립

8/31/04

편집회의: 100% 완성된 원고의 전체 draft를 위해서 총력을 기울이고 전체 draft가 만들어지
면 전체 편집과 사진 편집 단계에 들어갈 것임

9/4/04

장동근 씨와 만남 (참석: 박경민, 송남수, 박대위)
장교수가 한인사의 실무전담과 장정 및 디자인을 모두 맡기로 하고 박대위 매니저의 일도 전
수키로 함. 편집과 인쇄 일정 및 장정에 대해서 전면적 토론함. 한국의 출판사와 연락 담당을
두어서 인쇄 전반을 진행키로 함. 출판 목표일을 2005년 3월 초로 할 것을 계획함.

9/7/04

편집회의: 다음 주부터 정밀 편집에 들어갈 계획을 하고 draft를 준비키로 함. 편집을 전원이
같이 하며 홍순영 위원이 각 장마다 총정리해서 사진들과 함께 송위원장에게 주고 1차 정밀 총
편집을 시작함.

9/14/04

편집회의: 제1차 정밀 총편집을 시작함. 1장 끝냈고 사진도 수집됐음.

9/16/04

편집회의: 2장 편집 시작했고 사진도 다음 주까지 수집 완료됨. 색인에 들어갈 인명과 단체명
도 표시키로 함.

9/21/04과 9/23/04

편집회의: 2장과 6장 편집을 거의 끝냈음. 편집 완료 후 1,2,3차의 모든 교정은 편집 위원장이
전담하기로 함.

9/27/04

편집 및 집필 위원 전체 사진 찍음

9/30/04 , 10/3. 10/4, 10/7, 10/12, 10/21

편집회의: 마침내 한인사 전체 편집을 끝냈으며 이후 송위원장이 계속 장동근 씨와 매주 만나
면서 각 장마다 1.2차 교정과 마지막 3차 교정까지 전담해서 추진함. 영문 번역도 이효춘 씨가
2장을, 조현경 씨가 기독교 편을, 그 외의 장은 송위원장이 번역하고 조수진 씨의 번역도 부분
적으로 포함키로 함. 편집위원회는 필요에 따라 만나기로 함.

11/28/04

모든 장의 교정과 사진 편집 및 layout design을 끝내고 한국으로 보냄. 한국에서는 박경민
씨가 출판사 관계, 신문의 서평 및 홍보를 위해서 활동을 했음.

12월말/04

한인사의 film print와 preprint 및 proof reading을 끝냄.

1월말/2005

출판 및 책의 binding 끝냄.

2월초/2005

한국에서 미국으로 shipping함.

3월/2005

한인사 출판 기념회 열림

(작성자: 송남수)

<u>(2) 조직</u>

뉴잉글랜드 한인사 편찬 위원회 조직

편찬위원장　　송남수
공동위원장　　백린
고문　　　　　박경민
편집위원회

　　　편집위원장　　　송남수
　　　편집위원　　　　백린, 박경민, 홍순영, 신영각
　　　구성편집위원　　윤은상
　　　집필위원　　　　송남수, 백린, 전덕영, 홍순영, 윤은상, 박경민, 정정욱, 써니리
　　　영문번역　　　　송남수 (책을 펴내면서, 발간사, 1장 후반부, 3장, 4장 불교 부분, 5장,
　　　　　　　　　　　6장 사업부분, 7장, 9장), 이효춘 (2장), 조수진 (1장 전반부, 6장 인구
　　　　　　　　　　　부분), 조현경 (4장 기독교 부분)

감수위원   신영각
프로젝트 매니저 박대위
장정 및 디자인   장동근
교정   유미라
자문   이문수, 김은한, 김태환, 김봉진, 차승만, 강경식, 박원기, 전영철,
              김일평, 김종선
자료 제공   김병훈, 로버트 김, 윤충남, 조성구, 공병근, 최승훈, 이의인, 한상신,
              김회창, 신영묵, 김문소, 서일, 박선우, 김정완, 임순성, 전좌근,
              이길자, 강경식, 김용준, 차승만, 정세련, 양철희, 전영철, 정현용,
              김일평

(3) 편찬위원회 소개

송남수
연세 의대 졸업
터프스 의대와 하버드 의대 부속병원 정신과 수련
정신과 전문의, 정신 분석가
보스턴 장로교회 시무장로
Mt. Auburn Hospital 정신과 Attending Psychiatrist

백린
연세대학교 대학원 졸업
서울대학교 초대사서관 및 중앙도서관 사서과장 역임
단국대학교 교수 역임
하버드대학교 옌칭도서관 사서 및 뉴잉글랜드 한국학교장 역임
대한민국 국사편찬위원회 해외자료조사위원

박경민
서울 의대 졸업, 동대학 교수, 동대학원 의학박사
하버드 의대 수련, 마국 마취과 전문의
Metrowest 메디칼센터(MA)에서 은퇴, 보스톤 의대 임상교수
뉴잉글랜드 한인회 이사장, 뉴잉글랜드 한인의사회 회장 역임
현재 보스톤한미노인대학학장, 뉴잉글랜드 미주한인백주년기념사업회 회장

홍순영
고려대학교 졸업
미시간 한인사회 봉사회장 역임
미시간 한인주택공사 이사장 역임

신영각
중앙대학교 사회개발 대학원 졸업
Trade Korea 영문경제지 발행인 겸 편집인
한국 무역협회 뉴욕 주재이사, 국제 담당 이사 역임
Korea Herald, 내외경제신문 UN 주재 특파원, 뉴욕지사장
중앙일보 경제부장(편집부국장 대우) 역임

윤은상
서울대학교 경제학과 졸업 및 조지아대학교 M.B.A
국제경제연구원 책임연구원 역임
펜실바니아 주립대학교 Ph. D (경영과학 및 마케팅 경영학)
어번대학교 조교수
매사추세츠 주립대학교 (Lowell) 정교수

전덕영
연세대학교 및 대학원, 총신대학 대학원 졸업
국제 성서 대학 및 대학원 학감 및 교수 역임
뉴잉글랜드지역 교회협의회 회장
아세아연합신학교 선교대학원 이사 및 서울합동신학교 해외이사
보스턴 장로교회 담임목사(1985년 -)

정정욱
서울 의대 졸업, 세인트빈센트병원(MA)에서 외과와 병리과 수련
로드아일랜드 미국병리학회 회장 역임
로드아일랜드 제일 한인교회 시무장로, 로드아일랜드 미국연합교단 실행이사 및 전국총회 대표
로드아일랜드 한인회 발기인, 한인회장, 이사장 역임
브라운의과대학, 메모리얼병원 병리전문의 및 임상교수, 20여 편의 의학논문 발표

써니 리
한미정치발전연구소 소장
보스턴 퍼블릭스쿨 교육위원, 예산안 위원
한국통일정보센타 보스턴지부장
국제시인협회 상임회원

(4) 100주년기념사업회 기부자 명단

개인기부자

가

강경신 100	강길원 500	고광숙 100	구자삼 500	김기석 400
Dr. Robert Kim 100		김문소 200	김병곤 100	김병국 200

김선혁 50   김 섭 500   김성인 500   김성군 500   김양길 1000
김양일 200   김은한 4000   김재호 1000   김종효 300   김진동 500
김한수 200

나

남채문 300   라영복 목사 200 노영석 300

마

민경삼 100

바

박경민 14000   박기매 10   박동철 100   박병준 2000   박석희 50
백린 1300   Cathy Boskey   50

사

서남표 500   서해수 500   손정호 300   송남수 2000   신언동 목사 100

아

안광원 300   안병학 300   오웅철 20   유석재 1975   윤상래 200
윤철호 100   윤혜선 300   윤희경 100   이강원 100   이기용 100
이기환 100   이동익 100   이문봉 300   이운로 500   이원중 500
이의인 2000   이재신 200   인준식 300   OHS Lee 2

자

장영복 100   정상국 200   정수일 200   정정욱 4500   정태진 300
조봉준 300   조정현 250

차

최원길 100   최영훈 100   최인섭 500   최홍균 200   최승훈 100

카

Chung Wha Cathy 100

하

한병래 200   한우종 100   한태국 목사 100 홍순영 200

단체 및 업체 기부자

총영사관	1500	중대동창회	300
보성고동창회	200	NH한인회	600
평통협의회보스톤지회	1,000	경제인협회 (김성환)	500
NE 시민협회	2,500	Lowell 한국참전협회	100
이북5도민회	1,000	해외동포재단	10,000
NE과학자협회	100	한국여행사	100
Mystic Florist	150	이경해부동산	500
김영호치과	2000	뉴장수갈비	500
박석만 Auto Body Shop	400	한은애치과	200
신영묵치과	100	신라식당 (윤광현)	100
Sunny's Health (민유선)	100	Takesima Japanese Restaurant	500
Reliable Market (박동준)	1000		

교회 및 단체

NE교회협의회	3000	버클랜드 침례교회	1000
성요한교회	3000	보스턴 장로교회	5000
보스톤 산성교회	1000	보스톤 성결교회	750
보스톤 소망교회	500	북부 보스톤 감리교회	2000
퀸지 영생 교회	1000	케임브리지 한인교회	3000
구세군 보스톤 한인교회	200	그린랜드 연합감리교회	1000
보스톤 한인교회	2000	보스톤 열린교회	100
문수사	500	보스톤 한인 천주교회	500

음악회 기부자

Harvard Korea Institute	1000	이화여자대학교동창회	1000			장영복	100
우정식당	100	이효춘	1000	윤상래	50	한경란	100	김유경	300
김형철	100	정정욱	1000	김선자	500	데이브 호킨스	50
송남수	1000	박조미	200	성낙호	100	강경식	100	홍경엽	500
변화경	500	백린	100	중앙대학교동창회	100			형제떡집	50
안광원	50	로드아일랜드 천주교회	50			장익경	500	송크리너	100
이동익	100						

HISTORY OF KOREANS IN NEW ENGLAND

The New England Centennial Committee of
Korean Immigration to the United States

A History of Koreans in New England

Commentary

Kyung Min Park, M.D.

President

The New England Centennial Committee of

Korean Immigration to the United States

The year 2003 witnessed the historic celebrations among Koreans in the U.S. of the 100th year of Korean immigration to the United States, which began in 1903 with the first 102 Korean immigrants who took their first steps off the SS Gaelic in the port of Honolulu, Hawaii. The history of the Koreans in the U.S. originates from these pioneers whose dreams and hopes for happiness would soon be mingled with suffering, tears and sweat. Thus it is our responsibility as descendants of these first immigrants to illuminate the panoramic history of the often heartbreaking challenges they faced, but also of the frontier fortitude with which they faced them. In response to and as a reflection of the growing self-awareness and pride of Korean Americans in the U.S., we founded the New England Centennial Committee and held a variety of celebratory events throughout the year. The project of publishing the History of New England's Koreans has been at the center of all these events.

The first Korean who studied in the U.S. was Yu Kil-chun, the reformer, statesman, author and educator, who studied at Governor Dummer Academy in Byfield, Massachusetts. Given such an auspicious start, it was with chagrin that we realized no systematic compilation of historical records on the history of the early Koreans had ever been undertaken, and thus no history had ever been written. As we felt it had to be done, and done with a deep sense of commitment, the Centennial Committee launched the journey and organized the publication committee headed by Dr. Song, Nam Soo, physician, and Mr. Paik, Lin, historian. In this wilderness of immigration materials, it has been a daunting task to collect and compile a vast amount of sources to write a history book that links the past with the present for the future.

After two and a half years of travails and a wide range of challenges, we finally present to you our own history book of the Koreans in New England. The significance of this book, which, I hope, will be valued by our fellow contemporaries in this region, is in the heartfelt efforts poured into it by all the people involved in this work. I express my deepest gratitude to all who contributed to the making of this book, which itself, I dare say, is history.

Introduction

Nam Soo Song, M.D.

Chairman,

Publication Committee of the

History of Koreans in New England

It has been well over two years since I took on the challenging task of publishing the History of Koreans in New England at the ardent request of Dr. Kyung Min Park, president of the New England Centennial Committee.

It was as if, with the guidance of Mr. Lin Paik, an erudite historian and co-chairman of the publication committee, we were venturing out to excavate a variety of hidden treasures in the rocky land.

With the contents of the book laid out and request letters sent, all the efforts were focused on collecting the manuscripts and the time flew by without notable returns.

We then had to shift the approach and recruited a project manager to enhance efficiency and reorganized the editorial board with new assignments. The difficulties, however, persisted in obtaining manuscripts and a vast amount of materials. August of 2003 was a significant turning point. Two new members joined the board, which helped push progress forward. In the midst of the protracted process with numerous meetings, sincere discussions and challenges, all the editorial and authoring staff remained committed and devoted to the worthy cause of the project. Harmony and unity fostered in the process has been the solidifying force in carrying on the work.

The content of the book started to shape up slowly and the aspiration to publish the first history book of New England's Koreans remained steadfast in the face of ever mounting tasks. I am deeply grateful for the unwavering spirit and commitment of all the publication members.

The New England is where, at the birth of the nation, the pilgrims planted the seeds of vision, faith and freedom. We now call it home. Here, we humbly present this book as a compilation of valuable historical materials that reveals the unique fortitude and vision of the early Korean pioneers and imparts the struggles and prosperity of the current generations. We also offer this book as a historical record that contains the soul of the Koreans for future generations. Our hope is that this book will be a friendly companion for all the Koreans in New England and will offer valuable historical perspective and pride in our every day lives.

The region of New England includes the states of Maine, New Hampshire, Vermont, Massachusetts, Rhode Island, and Connecticut. The six New England states are located in the northeast portion of the United States.

New England extends from 42 to 47 degrees latitude north. The Appalachian Mountains lie to its west, the Green Mountains and White Mountains to its northwest, and Canada lies north of New England. The Atlantic Ocean borders New England's east coast while to the south are the valley and plains of Connecticut.

New England's current population of 13 million is very diverse. The first people to have inhabited New England were the Algonquin and Narragansett Native Americans. The Puritans of the 17th century and their 19th century descendants formed the underpinning of 'Yankee ingenuity' and it was the Puritans who were known for practicing these virtues.

New England in the 1840s witnessed large-scale immigration, and thus the beginnings of a more diverse society. Ireland's potato famine forced many Irish to leave their homeland and come to New England where they found work in textile factories. Italians immigrated en masse in the 1870s, and the late 19th century ushered in a period of French and Canadian immigration. Other immigrants continued to come to New England, including the Poles, Swedes, Russians, and Eastern Europeans, many of whom were Jewish. Recent Asian immigrants have grown considerably in number, the most prominent groups' being the Chinese, Koreans, Japanese, and South Asians.

The early history

The first British colony in North America was Jamestown in Virginia. This colony was established by the early settlers led by John Smith (1580−1631). But these settlers were faced with severe hardships due to rough climates and environs. During the early years, they were able to survive through aiding man powers dispatched from England and tobacco planting. In 1622, in the fierce battle with native Indians, over 300 early settlers were killed. In 1642, the colony came under the direct rule by the English Royal Government.

The second immigration ship

The Pilgrim Fathers voyaged to the new continent boarding the Mayflower which landed in

Plymouth on December 21, 1620. Their original destination was Virginia but they were pushed far adrift due to billowing waves. The Mayflower Contract that they declared before stepping down from the ship became the corner stone of the US constitution. The Contract is the covenant consecrated to God and the proclamation of freedom, equality, justice and democratic governance. However, they did not have the blue print to create a new society in the new continent. In 1640, this Plymouth colony became merged with Massachusetts Bay colony.

Puritanism

Puritanism is strict value system that the Puritans brought and upheld in all aspects of their lives in the new land. It was through descendants of the Puritans that founded the first 13 colonies before the Civil War. In fact, most of those frontiers in the Midwest and Ohio valley descended from Puritans and moved from New England. Even those Protestant missionaries who instigated the contract for pineapple plantations that eventually brought forth the influx of immigration of Chinese, Japanese and Korean laborers in 1820 mostly hailed from New England.

New England is the birthplace of American civilization and interspersed by most memorable historical events in the country. This is the region that witnessed the flowering of the visions by the Pilgrims. It was the hotbed of the American Independence War and heard the first shot and roar. It was in New England where the movement to abolish the slavery first germinated and education, arts, science, medicine, literature, politics and sports find their highest refinement. New England is the fountain of American mind.

Chapter Two: Establishment of early Korean Community in New England

1. The First Korean Delegation and Korean to the United States

In March of 1882, the Chosun dynasty signed a Treaty of Peace, Amity, Commerce and Navigation with the United States, soon followed by similar treaties with Britain and Germany, opening its doors for exchange in commerce. The following year, Lucius H. Foote, was appointed as official legate to Korea, and Emperor Kojong appointed Min YoungIk as the head of the eight member delegation to America with a mission of goodwill and to observe the Western culture and infrastructures. Yu Kil Chun, the first Korean American student to study in America was a member of this team and stayed behind in the States. Yu enrolled at the Governor Dummer Academy in Byfield, north of Salem in Massachusetts before deciding to return to Korea a year later. It should be noted that the first activity after the Chosun Dynasty signed the treaty with the United States was to send an official team of goodwill and a student to America. The American legate, Foote can claim partial credit to this act, but it is important to note that there was a special clause in the treaty that provides for academic exchange. Clause Eleven urges mutual cooperation in the process of learning one another's written and spoken language, law, academics, and arts, and to foster a friendly relationship between the two countries. This treaty was instrumental in Korean students in America to pursue their academic goals in a non-discriminatory atmosphere. Korean students, however, lacked a deep understandingb of the Christian doctrine, Western philosohpy, and science, and studying abroad was a little more than a recreational travel and observation.

1) Min Young Ik's Visit to America

The delegates crossed the Pacific Ocean on a commercial ship and arrived at the San Francisco Bay on September 2nd in 1883 after a brief stopover in Yokohama, accompanied by Min's assistant at the time, Percival Lowell and an interpreter. They made a quick stop in Chicago and arrived in Washington D.C. on September 13th, and left for New York to meet President Chester A. Arthur, who was visiting New York. They gained an audience with President Arthur and had a ceremonial presentation of the official documents of Korea, which was headlined by the daily newspapers of New York City. The delegation then came to Boston for a learning tour and observation, which was made more interesting by the fact that Min's assistant Lowell was born in Boston and had graduated from Harvard University. He had keen interest in all matters pertaining to Asia, particularly Japan and Korea. His younger brother, Abbott Lawrence Lowell was the 22nd

President of the Harvard University. They attended the Expo, which was held in Boston that year and toured Harvard, pharmaceutical companies and mills in the city of Lowell before returning to New York, from which they set out to return to Korea via Europe on November 16th of that year. A member of the delegation, Yu Kil Chun stayed behind in this area to start his American education.

2) Governor Dummer Academy and Yu Kil Chun

The Chosun Dynasty recognized the need to grow young minds with the new Western education and languages to promote the country's interest in the face of opening its doors to the West. It is likely that it saw such a person in Yu Kil Chun and planned for him to stay in America to learn English and the Western ideology. The specific order for Yu Kil Chun to be part of the delegation and to study in America came from Min Young Ik, the head of the goodwill delegation to the United States. It is probably safe to assume that Yu welcomed this rare opportunity, which was sponsored and financed by the two governments. The New York Times reported on the delegates' visit to the United States with a special feature article on November 8, detailing Yu's activities and outward appearance.

Yu Kil Chun stayed behind in Boston with an eye toward Harvard and put himself under the tutelage of Professor Edward Morse, with whom he had made prior acquaintance while a student in Japan. Morse was a professor of Biology at Tokyo University and had a deep interest in Asian Art. He had returned to the United States and was the director of Peabody Essex Museum at the time of Yu's official visit. Morse's tutelage was brief, lasting about ten months, but his influence on Yu should not be underestimated. Yu writes extensively about Morse and his advice, help, and guidance in his book, *Seo Yu Kyun Mun* (*A record of Personal Experience in the West*).

During his stay with Morse, Yu learned English and prepared to further his study at Harvard University by first enrolling at Governor Dummer Academy in September of 1884. With the difference in the educational system between Korea and America, Yu needed a high school diploma to enter Harvard and decided to get it from Governor Dummer Academy, which is located in Byfield, about 50 miles from Morse's house in Salem. Harvard University had been entered on Yu's official record at Governor Dummer Academy as his college choice, but Yu never attended Harvard or any other universities in Boston. Yu dropped out of the Academy in December of 1884 to return to Korea after hearing the news from a classmate that there was a oup d'etait in Korea. He left America in the Fall of 1885, taking a detour to Europe and arrived in Korea in that winter.

Scholars offer different opinions on the exact reason and timing of his return to Korea, but the hypothesis of the coup d'etait as the main reason does not offer a convincing argument because he was not at liberty to make his own decision of return technically without the direct order from the government since his international student status and expenses were being financed by the government.

Despite efforts by various officials including the Americans and Yu himself to ensure safe reentry, he was arrested upon his arrival for being associated with the coup. Yu was not a formal member of the reformist party although he was presumed to be one because of his proclivity and background of having studied in Japan and America. Under arrest and dire conditions, he started to write about his experience on the paper torn from the walls. Deeply sympathetic, the Security

Chief provided Yu with a quiet place and material to enable him to write. During those seven years, Yu wrote *Seo Yu Kyun Mun*, the first book written in Korean about one's experience in the Western culture.

2. The Dawn of Korean Students in America

1) Baek Sang Kyu, International Commerce Major at Brown University

With the declaration of the name change from Chosun to Taehan Cheguk (the Great Han Empire) in 1897, many students went abroad full of hope and ambition. There were 100 students in Japan and 60 students in America at that time. There were about 30 students in Maryland including King Euichin(brother of Emperor Sunjong), and nine of them had already graduated with excellent records. Among the Korean students in the United States, Baek Sang Kyu was at Brown University in New England at the time.

It had been more than ten years since Yu Kil Chun left the New England area before another Korean student came to the area. In 1902, Baek Sang Kyu enrolled at Brown University and majored in International Commerce, taking courses in international trade and banking. The reason for his choice of major has much to do with his father, who was an influential banking official in Korea but also can be attributed to the growing movement in Korea to modernize to which trade and banking were an integral part.

Overcoming four years of hardship of living here separated from his family and friends, Baek graduated with honors in June of 1905, becoming the first Korean to earn a bachelor's degree in Commercial Science and to have graduated from Brown University. He returned to Korea in 1907, two years after the signing of the Protectorate treaty with Japan. Due to the circumstances in Korea at that time, opportunities for Baek to utilize his academic training in Korea were not abundant. He held a few official posts but retired from all public offices when Japan officially annexed Korea in 1910. He taught English and Logic at Bosong School at the school's invitation but retired to his country home to flee from Japanese pressure to convert his surname to Japanese name. After the liberation, he became a pivotal member of the Red Cross, assisting with the founding of the organization in Korea and becoming eventually Vice President of Red Cross Korea. Ceding to urges by followers, he ran for parliament and won by landslide in May, 1950. A month later, the Korean War broke out, forcing the government to flee the capital city of Seoul. He did not follow the government and was kidnapped by the Communists of North Korea. He was believed to have been alive in Pyungyang until 1957, but it is not clear with what fate he was met after 1957.

2) Syngman Rhee in Graduate School at Harvard University

Emperor Kojong, at the recommendation of American Minister at the Korean legation, Dr. Allen, allowed immigration of laborers to Hawaii. This in essence marks the first government sanctioned immigration in Korean history. The ship carrying the first 102 Korean immigrants left Inchon in December of 1902, arriving in Hawaii on January 13th of 1903. The total number of immigrants in 1905 was 7226 including the students, who wanted American education. Syngman Rhee's pursuit of American Education is significant in regards to Japan-Russo war and the subsequent independent status of Korea. As we all know, Syngman Rhee was a revolutionary patriot, living abroad for 40 years, devoting most of his life fighting for his country's independence and also was the first President of the Republic of Korea. The written records for his efforts for Korea's freedom, his diplomatic maneuvers, his role as a leader of Korean societies in America, his school material, clear motive for his coming to America are less than adequate to lend a complete accounting of his trails in America.

Syngman Rhee (Seungman Yi) was a descendant of the Yi dynasty and was active in the enlightened reform movements, particularly with the establishment of the Independent Council in 1896. As the Chosun sovereignty was being challenged increasingly by foreign interests, the activities and protests of the Independent Council became more extreme and radical with Syngman Rhee in the leadership. The government issued arrest warrant for 17 members of the Council including Rhee. He initially fled and sought safety at an American missionary's residence but eventually was caught and placed under arrest. After a failure of an attempted escape, he was sentenced to death for treason, a charge predicated by his intense criticism of the government officials at the All Peoples General Assembly and also for proposing to elect a former reformist leader, Park Younghyo as president of the party. He made another unsuccessful attempt at escaping and was captured, and sentenced to life imprisonment. It was extraordinary that his sentence was anything less than death, exacerbated by two failed attempts of escape. This is attributable to Han Kyusul, who was then the chief law officer and did not want to be responsible for Rhee's death. Rhee was released from prison after serving six years and seven months. There are many hypotheses on the reason for his early release, one of which is that it was a result of lobbying on his behalf by the American missionaries. Rhee himself could not offer a clear explanation of his early release. Theories on the reason for his subsequent visit to the United States is equally divided. One among them contends that his central mission was not that of acquiring a higher education in the States, but was sent on a secret mission by Emperor Kojong possessing a letter from the Emperor to the President of the United States.

At that time it was impossible for lay Koreans to come to the United States without the help of American missionaries in Korea. Rhee was proficient in English and knew many missionaries from his role as an interpreter for them. One such missionary advised him to seek education in America and helped him with the emigration and application procedures. He graduated from George Washington University and applied at Harvard University for a master's program in 1907. His visa status was for three years at that time, and he soon had to return to Korea pending his acceptance to the academic institution and on the condition of fully paid tuition. The missionaries who were helping Rhee did not wish for him to enroll at Harvard but wanted him to become a minister and return to Korea. Rhee defied their pressure and pursued his choice of academic career at Harvard. It is likely that his persistence in this matter stems not so much from his desire to achieve a personal goal but more from his belief that Harvard education and connection will be tremendously helpful to him in his future diplomatic endeavors in the international political scene. His entrance to Harvard University made him the first Korean to study at that institution.

He had planned to remain in the States and attend Columbia University after the completion of his Master's program at Harvard. At the advice of another missionary, he changed his plans and took steps to enroll at Princeton University, a prestigious academic institution founded by the Presbyterian synod. There were other Koreans including several Korean Presbyterian ministers, who graduated from Princeton before Rhee. He wrote his thesis on *Neutrality as Influenced by The United States* and was awarded a Doctor of Philosophy degree in June of 1910 from Princeton University.

It was finally time for Rhee to go home to Korea, but the country he left was not the same as the one to which he was returning; Japan had announced unilateral annexation of Korea in August of 1910, two months before Rhee's return to Korea. He received an offer and accepted a position with YMCA Korea to lead the youth of Korea and for evangelical expansion in Korea.

Syngman Rhee then left Korea again to live in exile for the next 32 years but came home as President of the newly born Republic of Korea in 1945, position he held for 16 years. He was ousted by the 4.19 revolution and lived in Honolulu in exile until his death in 1965.

3) Feature Article on Emperor Kojong on the Boston Sunday Post

The Boston Sunday Post published a feature article titled *How the only American Empress was crowned*, a story about an American girl becoming an empress by marrying the Korean Emperor Kojong. This report introduces the girl as Emily Brown, who grew up in Ohio and followed her Presbyterian missionary father to Korea at the age of fifteen. She soon became acquainted with the Emperor, who became enchanted with her and made a proposal of marriage to her. After resisting his overtures for a respectable period, she accepted his proposal. The article described the extravagant wedding ceremony in detail and provided much intrigue and curiosity for its readers.

No such ceremony or marriage ever took place. There was no such person with the name of Emily Brown or her father in the registry of Americans in Korea at that time. This complete fabrication regenerated American's interest in Korea since the first publication on the Korean delegates some twenty years before this article appeared. The American Legation in Korea requested retraction of the article, but the Boston Sunday Post vigorously refused this justifiable request for inexplicable reasons. It is assumed that such erroneous fabrication was assessed to be a low risk for the newspaper considering Korea's declining international status and internal turmoil.

4) The Treaty of Portsmouth and the Conclusion of Russo-Japanese War

Portsmouth is a small port, located in the Southeastern part of New Hampshire. This port city was established in the 1630s by the first immigrants and is also called Strawberry Bank for its abundance of wild strawberries. This city also hosts a naval base called the Portsmouth Navy Yard, which maintains a submarine at the bottom of the Merrimack River and is prohibited to the public access. The reason for this small town's importance to Korea is that the Russo-Japanese talk that determined the course of Korean colonial fate took place here for twenty days in the months of August and September of 1905. This talk was mediated by American President, Theodore Roosevelt, who was in a powerful position and exerted his influence to facilitate peace between the two warring states and demanded that Japan follow the open door policy.

It should be remembered that Korea and the United States entered into an agreement by signing a treaty of Peace, Amity, and Commerce in 1882, which provides language of mutual aid in the event of third party aggression. Moreover, the sentiment toward America by both the Court and the people of Korea was more than abstract feeling of friendship. In this light, it was only natural that Emperor Kojong looked to the United States to be favorable to Korea. It should be noted that the materialization of Japanese annexation of Korea was first showcased at the Portsmouth Russo-Japanese talk.

3. Annexation and 'Shindo' Students

1) Medical Students at Boston University of the Generation 1.5 in the 1910s

The total number of Korean immigrants in Hawaii between January of 1903 and December of 1905 is 7,226, of which 6,048 were men, 647 women, and 541 children under the age of fourteen. The 541 children are so called the 1.5 generation of the immigration history. The conditions were dire for the first generation immigrants, who by law could not be naturalized. The 541 one point five generation children were permanent residents, who also could not acquire citizenship. The 107 children born on the United States soil to the parents of the first generation immigrants mark the beginning of the second generation. The second generation children of these immigrants automatically became lawful citizens of the United States. Of the 1.5 generation children, many went on to the mainland to pursue higher education, two of whom came to attend Boston University.

Yang Yoochan is a prime example of 1.5 generation immigrant. He enrolled in Boston University in 1916 for his undergraduate studies and went on to receive his medical degree from the same institution and became the first Korean gynecologist to open his private practice.

Yang used his education and status as an American citizen to serve under the Rhee administration particularly in cultivating relationship with the United States. He served as the Chief delegate in the bilateral talk between Korea and Japan from 1951–1953 and represented Korea at the UN General Assembly from 1951 to 1958 while serving as Ambassador to United States from 1951 to 1960. He left a book titled *Korea against Communism*.

Another person from the 1.5 immigration generation studying at Boston University at the same time as Yang Yoochan was Kim Kaybong, who was eight when he came to the United States with his father as part of the first wave of immigrants. He enrolled in the six year medical degree program and received his degree in 1920. He completed his internship in Philadelphia and research program at Johns Hopkins University. He became the Head of Pathology Department at St. Joseph Hospital in New York from which he retired in 1961. His name is in the records of a New York Korean Church member directory in the 1950s and is said to have been the only Korean to own a big mansion and drive a sedan in New Jersey at that time. He was a member of a committee in the Interim Government of Korea in 1942 before the liberation.

2) The Influence of Korean Students on New England Korean Community

Japan instituted a policy of complete obliteration of Korean culture and relentless suppression of opposition during its annexation of Korea since 1910. Many young intellectuals sought asylum abroad, mostly in the United States. They escaped the Japanese oppression by crossing the border into China and had to seek a route from China to the United States without a passport. The number of youths taking this route totals 541 between 1910 and 1918. These students arrived in the United States illegally and initially were afforded no legal rights or protection. This group of student/exiles are called 'Shindo' students meaning the new phase students. These students should be differentiated from the students, who came to the United States with Japanese passports after the massive Independence Movement in 1919.

3) Korean Students of the 1930s

Of the Korean students in America in the 1930s, many came with the sponsorship of the Christian organizations. Most of them possessed Japanese passports and were within a rigid legal requirement of student visa and on the condition to return upon completion of education. The ones with financial sponsorship from Christian organizations were able to finish without the concern of tuition and living expenses. The Korean students, who came to Boston after 1924 are as follows:

Name	Year of entry	Academic institutions	Major	Year of graduation
Kim, Whalan	1923	Boston University	Religious Philosophy	1926
Kim, Hyunglin	1923	Harvard University	Psychology	1936
Kim Soolkeun	1923	Harvard University	Psychology	1927
Kim Taesoo	1923	MIT	Electric Engineering	1928
Chu, Aekyung	1924	NEC	Psychology	1931
Kim, Taesun	1930	Boston University	–	1937
Bae, Eiwhan	1930	Northeastern Univ.	Business Administration	1935

The Korean students coming to America during this time frame mostly settled in the industrially developed and convenient places, such as Ohio, Chicago, and New York City. The economic hardship in America did not show any signs of improving since the beginning of the Great Depression in 1929, and it was extremely difficult for Koreans to find appropriate jobs during that time.

4) Tracing of the First Korean Students

The history of New England's Korean immigration begun with the Korean students. The definition of immigration is to go and settle in a country in which one was not born. In a strict sense, this means that immigration implies permanent residency in that county, not a temporary residency or prolonged stay. In this light, the guiding examples of immigration pioneers are Dr. Phillip Jaisohn (Suh Jaepil), who was the first Korean American to have been naturalized, Suh Kwangbum, and Byun Soo. The fourth person to have acquired the United States' citizenship is Professor Kang Younghill.

Kang came to the United States in 1921, entered Boston University for his undergraduate degree and received his graduate degree in English Literature from Harvard University. He was born in 1903 in Hamkyung province in the Northern part of Korea and came to America at the age of eighteen. In his autobiographical novel *The Grass Roof*, he describes his ordeal in prison after two failed attempts to cross the Korean border to come to America and his eventual release and arrival in America with the help of an American missionary. Kang studied Medicine at Boston University but changed to English Literature for his Master's degree at Harvard University. He chose scientific field in college hoping to serve the community but said to have changed to English Literature due to his inaptitude for science.

5) The Author of The Grass Roof, Kang Younghill

After receiving his graduate degree from Harvard, Kang went to New York in search for a job. It was nearly impossible to find one due not only to the economic landscape of the Great Depression but also to the general prejudicial attitudes toward Asians at the time. He secured a job at the Encyclopedia Britannica as editor, which not only gave him financial stability but also an opportunity to translate Asian and Korean classical poems to English. He possessed incredible natural literary acumen which allowed him to interchange both languages with flawless ease. Many who knew him including the famous novelist, Thomas Wolfe with him Kang taught at the New York University, attest to his prodigious knowledge and skills with the poetic meters. He published his first novel in English, *The Grass Roof* in 1931. According to Kang's own statement, the original title of this book was 'Death of an Exile.' This novel became a bestseller and was translated into seven languages including French and German. His fame gained his name an entry in some of the most prestigious American literary references, but omission of his name in the Korean personality encyclopedia is regrettable lack of insight. He died in Florida in 1972.

6) Ha Kyungduk, the First Korean to Have Received a Ph.D. from Harvard University

Ha Kyungduk was born in the Jeonla Province in the Southern part of Korea and is one of the 'Shindo' student, who came to the United States in 1916 at the age of eighteen. He came to Boston in 1921 and attended Harvard University to study Sociology and subsequently received his Ph.D. in 1928. He remained at Harvard to complete his post–doctorate research until 1929, at which time he returned to Korea to take a position at the Korean Christian Youth Assembly. In 1931, he was appointed as professor at the Yeonhee College and became the Head of Literature Department in 1943. He made considerable contributions in promoting Korean culture and cause in the international scene and also founded a Korean National Football League to promote sports and fitness. He died untimely at the age of 55 in 1951 after suffering an illness during the Korean War.

7) The World War II and the Trends of the Korean Society of Boston

There is not much known about the Korean society in Boston around the time of the WWII due to lack of oral and written records. It is believed that the first person to have settled in Boston is Donald Park, Park Dhonwook being his Korean name. He is presumed to have lived in Boston since 1920 and came from Hawaii. According to those who knew him, he was in his sixties in 1953 and worked as a student laborer in Indiana until 1920. It is likely that he moved to Boston in search for a better education.

Most of the Korean students coming to America after the Independence Movement of 1919 until

1940 were intellectual elites, who had already finished college in Korea. These students came to Boston around 1925 and remained in Boston even after the completion of their education in the States.

One such person was Kim Soolkeun, who came to the United States in 1921, attended Northwestern University in 1929, and received a graduate degree in Astronomy from Harvard University in 1932. At the age of 43, he volunteered to serve in the United States Military in 1942 after America declared war against Japan. He came back to Boston after the war in 1946 and returned to his former employment at the electric company. He never married and died in 1978.

4) Boston Korean Immigration Trend after 1945

There were only limited number of Koreans arriving in Boston after the Korean liberation in 1945, mostly consisting of government officials, visiting scholars, Korean ministers on evangelical missions, and students. The United States prohibited immigration by law except for the war brides, who were granted entry under a special amendment called the War Brides Act in 1947. According to the records of the American Embassy, visa was granted to 46 women in 1948 and 40 in 1949. This number subsequently increased to 6,423 in 1965, and considerable number of them came to the Boston area.

McCarran–Walter Act, which abolished the Immigration Act of 1924 prohibiting Asian entry into the United States, was passed in 1952, allowing limited number of entry and naturalization. This new Act enabled those Koreans, who have immigrated before 1940 to acquire naturalization, therefore becoming legal citizens of the United States. The number of immigrants increased to 15,049 in 1964 from 10 in 1950 according to the U.S. Immigration and Naturalization services' Annual Reports from 1950 – 1964.

(1) The First Korean Adoptees

Between 1955 when Harry S. Holt first adopted eight Korean war orphans and 1964, there were 5,348 Korean babies adopted by American families. According to the records of the Holt International Children's Services from 1975, Korean babies placed with America families numbered two in Vermont, eight in New Hampshire, fifteen in Maine, and 116 in Massachusetts, and ten in Rhode Island with a total of 151.

(2) Korean Students in New England after 1950

There was a significant progress in Korean immigration to the United States after the armistice in 1953, partly due to the availability of various scholarships in America. Faced with ravages of the Korean war and reconstruction of the country, not many could afford an America education except for a small minority of the affluent, unless there was financial aid by either the private institutions or the government. According to Lee Youngsoo, who came to the Connecticut Women's College with a full scholarship while she was a second year student at Seoul National University, most of the Korean students at that time were men. In 1953, Cho Jaryoung, who was studying architecture at Harvard University organized a Korean Students Association. In the same year, a Korean society was formed, and Dr. Suh Doosoo was elected its first president. The function of this organization came to a halt when Dr. Suh moved to Washington University in Seattle after concluding his lectures at Harvard. Subsequently, the Korean Society in practice was managed by the students. During his tenure, Dr. Suh assembled a Korean American directory in 1953, 1954, and 1955. This directory was updated by the Korean Student Association in 1956–1957. According to this directory, below is the number of Korean population in the Boston area.

Year	Population	Increased by
1953	50	
1954	120	70
1955	155	35
1956–1957	173	18

The development of Korean community in Boston after 1953 is largely attributable to Korean students and the visiting scholars at Yenching Institute. The Korean community at that time has been described as being very intimate, cooperative, and friendly, owing mostly to its small size.

(3) Korean Community in New England after 1965

According to the report generated by the Korean Department of Education, the total number of people pursuing higher academic degrees in the United States between 1945 and 1967 was 6,368. Of this number, only 6% returned to Korea with the rest remaining in this country. In addition to political and economic instability in the aftermath of the Korean war, the country was not able to absorb effectively the advanced intellectual and technical knowledge base acquired from the United States.

Immigration pattern to the United States changed after President Johnson signed the amendment to the Immigration and Nationality Act in 1965 which repealed the national origin quota system, resulting in drastic increase of Korean immigration to the United States; 2,676 in 1967, nearly 10,000 in 1968, 14,000 in 1972, 20,400 in 1973, and 28,000 in 1975. According to the Internal Revenue Services findings, total Korean population in 1980 was 354,600, fifth largest Asian immigration population behind India. Koreans living in New England in 1970 numbered 1,673; 57 in Maine, 56 in New Hampshire, 35 in Vermont, 119 in Rhode Island, 543 in Connecticut, and 863 in Massachusetts. This number represents only the people, who were admitted to the United States with immigration visas and does not include government and company officials posted in New England or people with student visas.

(4) Korean Immigration Growth after 1980

Korean immigration to the United States continue to surge upward totaling 1,228,427 in 2000. The New England area is no exception to this trend with 9,327 total number of Koreans in the same year. This increase in the Korean population in New England can be attributed to most of the students studying in this area acquiring permanent residency status and also Koreans of other areas moving to this area in search for better jobs and more active commerce.

Epilogue

As we commemorate the centennial of Korean Immigration to the United States, Korean population in the States continue to increase with the expectation of reaching three million overall and over 50, 000 just in New England by 2010. Although the anti-American sentiment all over the world has been intensifying in the aftermath of American invasion and occupation of Iraq, desire to migrate to America to fulfill the American Dream does not seem to be abated. It is imperative to think about what the current definition of American Dream is for the new generations of the immigrants and the new comers to this country. In addition to realizing one's personal goal of economic stability, attainment of academic degrees, or political freedom, we should challenge ourselves to think of it in the broader context of cultural and ethnic expansion. The Korean culture and our ethnic ethos should be firmly preserved while we learn and respect that of others, to live in harmony and mutual prosperity. We should recognize that the pattern of reverse immigration to one's native country with material goods is not in the spirit of true immigration. We should face the new era with a vision and the true meaning of immigration, fully embrace our civic obligations, and actively participate in the main stream of the new adoptive country for the betterment of our collective society.

Chapter 3. The Establishment and Growth of the Korean Community in New England (NE)

The Korean communities in the six states of New England forged their own unique and productive activities in the backdrop of outstanding natural beauty and Puritans' value and traditions. Before the 1970's the community was formed mainly around Korean students, which inevitably restricted the number of Koreans living in each states because most returned to Korea once they completed their study. However, the new immigration act heralded a huge influx of Korean immigrants to the U.S. starting from the mid 70's. There were also a large number of immigrants who came to the U.S. through interracial marriage, who then invited their relatives after they settled in the U.S.

The New England has been always well known for its outstanding traditions and excellence in education, culture, arts and science and has drawn many Koreans who had similar aspirations for themselves and their children. Each state in New England began establishing their own Korean Society with the increase of Korean populations in their states.

1. The Korean Society of New England (KSNE)

The Korean Society of New England was founded in 1953 with the Boston Korean Church taking a central role at its foundation. While the first Korean Society was mostly comprised of students, by the 1970's, the group was less student-centered and included more diverse professional population of Koreans. The KSNE has grown and expanded over the years and has become the main organization that represents Korean community in Massachusetts. There are approximately 26,000 Koreans living in this state.

2. The Korean Society of Maine

The Korean population in Maine is around 800, which includes students who came from Korea. Despite small number of Koreans, the Koreans in Maine had their first foundation meeting and elected its first president in 1978. Since then, the Maine Korean Society has performed various services including assisting new immigrants with language and health care.

3. The Korean Society of New Hampshire (KSNH)

There are about 1800 Koreans living in the state of New Hampshire. In the early 1970's, about 100

Korean families lived around the seacoast area in Portsmouth. New Hampshire is particularly noted as having Korean connection that is called 'The Treaty of Portsmouth' which impacted gravely on the history of Korea in the early 1900's. In 1998, KSNH was formed and since then has served Korean community vibrantly.

4. The Korean Society of Vermont

The early Koreans lived in Vermont right after the Korean War when Korean women who married American soldiers came to Vermont with their husbands and settled in the region. There are about 670 Koreans in this state. They are professionals, students and some visiting professors.

5. The Korean Society of Rhode Island (KSRI)

KSRI was founded on March 27, 1975 with 26 members. In 1980, first directory of RI Koreans was printed. The Korean community continues to grow in subsequent years, leading to the opening of a Korean language school for second generation Korean Americans. The population of Koreans in RI is approximately 2000 with general distributions as follows: college professors and staff are about 22, physicians are 24, and private businessmen are 30. There are 7 Korean organizations and 6 churches. RIKS is widely well known in New England as the Society devoted to dynamic activities to promote cultural and social enrichment for Koreans.

6. The Korean Society of Connecticut (KSC)

Like many other Korean communities in the U.S., Connecticut's Korean community also began with a mostly student population. In 1959, the Korean Students' Association changed its name to the New Haven Korean Society (which later changed its name to the The Korean Society of Connecticut in 1976) with Koh Kwang Lim as its president. In 1970, the Hartford Korean Society came into being. In 1989, the KSC began publishing news of the Korean community in a weekly newsletter.

KSC is also very active and serves its Korean community with various programs and events including music concerts. The Korean population is around 14,000.

7. Boston Korean Society (BKS)

BKS was founded in 2002 with a mission statement to offer expanded choices and additional activities for Koreans in the Boston area.

8. Western Massachusetts

There are about 600 Koreans living in the region of Springfield and Amherst. Main population components are: undergraduate and graduate students attending 5 colleges in the area, businessmen and college professors. There are about 300 students at University of Massachusetts, 60 for Smith College, 30 students at Amherst College, 40 at Mt. Holyoke College and 25 at Williams College.

9. Consulate General of the Republic of Korea in Boston (CGRKB)

CGRKB was first established in August of 1979. As part of the reorganization efforts, the Korean government closed Consulate General in Boston in 1982. Since its reopening in 1989, CGRKB has served Korean community to this date.

10. Advisory Council on Democratic and Peaceful Unification of Korea-Boston Area Council

The Boston area council was founded in 1981.

11. Korean American Citizens League of New England (KACL-NE)

KACLNE was established on August 18, 1990 to provide a coherent political voice within the Korean community. The goals of the League are to encourage active Korean-American participation in American politics, to educate Korean-American about their rights, duties, and responsibilities as American citizens, to enhance relations between Korea and America, and to contribute a uniquely Korean element to American society.

1. Christianity

New England can't be excluded concerning history of Christianity in America. It's the breeding ground for multitudinous history of Christianity. It was a starting point for the Puritans who were in the quest for freedom of religion; a place where Jonathan Edwards, who aroused the spirits of Americans, and his passionate faith could still be felt here. It was a birth place for Dwight L. Moody, a great Christian evangelist who led the hearts of Americans into spiritual furnace and for so many other Christian evangelists, who spread the waves of great spiritual awakening as well. New England had blossomed truly resplendent flowers of Christianity in America. In the midst of spiritual ambience in New England, first Korean church was established in 1953. Since then, fifty years later, there are about seventy Korean churches throughout New England area. Each church is actively involved in teaching Korean immigrants to live according to God's word and in guiding them to settle into the American society. Each church is fulfilling its role as a beacon to Korean immigrants.

On Thanksgiving Day, in 1953, the first Korean church, called 'Boston Korean Church' was established, led by Pastor Dae Sun Park. Boston Korean church is considered 'the mother church of New England,' boasting fifty years of tradition and history. This church alone had served as a comfort place and spiritual haven to many Koreans in Boston area and its vicinities for over twenty years. Finally in the 1970's, six more Korean churches had been organized.

The second Korean church was founded by Pastor Jin Tae Kwon in March 17, 1974 and it was called, 'St. John Methodist Church.' And two years later, in March 28, 1976, 'Boston Presbyterian Church' was assembled by Pastor Yang Sun Choi. In March of 1978, the fourth Korean church, 'Northern Boston Church,' was established in Andover area, led by Pastor Young Bok La. The fifth church, 'Cambridge Korean Church,' was formed in October of 1978, by Pastor Cheoul Ok Yoo. And in November 18, 1979, 'Boston Church of Assembly of God' was founded and that congregation was led by Pastor Kwon Chan Kim. Thereafter, many churches were formed within the regions where Koreans resided.

For many years, the Boston Korean Church didn't have any background of denominations. As the years passed, many Korean immigrants and the students studying abroad, felt reluctant as their religious background and the church's theological standpoints didn't conform to each other. That is why, Methodist Pastor, Jin Tae Kwon, who was attending the Boston Korean Church at that time, strongly felt that it was imperative for him to establish a church with Methodist denomination. Two years later, in 1976, Boston Presbyterian Church was organized by

Presbyterian Pastor, Yang Sun Choi.

By the 80s', fifteen more churches were orginized, making the total number of Korean Churches in the greater Boston area to twenty two. From that time on, after ten years, in the 1990s', twenty more churches were assembled.

Since churches in Connecticut are geographically too far away from Boston, they developed their union toward New Haven area as their focal point. And even some churches in Western Massachusetts, like Springfield and Amherst, have closer alliance with the churches in Connecticut.

As churches in New England region gradually expanded, even the Boston Korean Church went through epochal transition as they went under an affiliation with American Presbyterian denomination of PCUSA. All the churches located in this region are associated with reformed denominations: Presbyterian, Methodist, Baptist, Pentecost, C&MA and ten other denominations.

2. Catholic

There are three Catholic churches in New England. Among them, 'Boston Korean Catholic Church' was first to be founded.

In the early 1970's, Boston Korean Catholic Church was initiated by periodic meetings of a few immigrated Catholics. There were about six families at first. The meetings they held weren't just only for their faith, but it also served as social gatherings at the same time. As they eagerly desired for life of deeper faith, they felt the strong necessity for a Korean priest who could dedicate their mass and guide their spiritual lives. Just then, they met a Priest named Pil Ho Won, from St. Agatha Church in Milton. And with Priest Won, the discussion of establishing Korean Catholic Church was initiated. On July 18, 1976, in the basement of Monastic order in Milton, this project was concretized and received formal permission from Cardinal Medeiros of the Boston Archdiocese. On the historic day of July 25, 1976, at 3:00 P.M., families gathered at the St. Francis Church in Milton and dedicated their first mass.

In January of 1994, another Catholic church was organized in Providence, Rhode Island. A Catholic church in Maine is visited by a priest in Boston Catholic Church who gets dispatched once a month to direct the mass service.

Fifty years had passed since the first Korean Church was established in 1953. While various events to commemorate the Centennial of Korean Immigration to the U.S. flourished from New England to California, it is a welcome opportunity to reflect Korean churches in the New England area. If all of seventy Korean churches were to take active part in concerted activities and participate in Korean society meetings, significant contributions can be made for Korean society in this region. There are two events that are held each year: the Easter morning service and fall revival service. It is hoped that these meetings will be more fully attended each year.

From the standpoint of missionary activities, proactive evangelical approach to those Korean students who come to this area to study abroad, and to those Korean scholars who stay in this region for research is strongly encouraged.

When Jesus was here on this earth, he fulfilled his mission by teaching, spreading of gospel, and healing those who were ill and weak. That is why, churches on this earth should all have that same purpose, and should endeavor to achieve the missions of Jesus Christ. May God work through Korean churches in New England to ignite the flames of great awakening across America.

3. Buddhist Temples

1. Mun Su Sa Buddhist Temple

Mun Su Sa was founded in 1992 by master Dobum and is located in Wakefield, Ma.

The foundation of the Mun Su Sa was made possible through valuable contributions by many devout Buddhists.

Mun Su Sa also actively participates in Korean community activities. Mun Su Sa choir represented Korean Buddhism by participating in the joint ceremony in Boston area to celebrate the birth of Buddha in 2003 and 2004.

Mun Su Sa has been also in the forefront to help with the aid for the famine in North Korea.

Buddhist mass is held every Sunday at 11 am and Zen meditation is held every Saturday at 4 PM.

2. Sounsa Buddhist Temple

The Sounsa was founded by Master Seogwang in 1995 and is located in Paxton, Ma.

There are about 50 members in Korea and 30 members in the U.S. affiliated with the Sounsa.

Master Seogwang conducts individual counseling every Saturday and Sunday and also mass and meditations regularly.

3. Shimgwang Sa

Master Kim, Chang Shik founded Shim Gum Do in 1971, the Zen martial art and then came to the U.S. in 1974. Shimgwang Sa is located in Brighton, Ma and it is a temple for training, education and meditation. He is also a Zen poet and wrote 6 poetry books (He wrote about 8,000 Zen poems) and 2 books about Shim Gum Do.

4. Dahn Center

Dahn Center was founded by Chun, Sung Bae in 1996 and the Center is located in Somerville, Ma

Chapter 5: Education, Academics, Sciences, Literature and Arts

1. The Vision of New Korea in New England

It is desirable for us to have a deeper sense of life's direction enriched by our Korean heritage as Korean Americans living in the United States.

We ponder upon the question of how we shall build our dreams and values for New Korea at this juncture that illuminate the rays of Korean history in New England. This is the New England where the Puritans planted their dreams, visions and faith that blossomed over the generations to come. Through the course of 100 years, the Koreans, who witnessed its very humble beginning of 7,200 pioneer immigrants from 1903 to 1905 to toil in the sugar plantation in Hawaii, astoundingly swelled to over 2 millions with 4,000 churches. The work of building the foundation of our Koreans' dreams, hope and soul linking the past, present and future would be to cultivate the fertile ground for the blossoms to flourish for generations to come.

2. Background of Korean Students in Boston

In 1913, the first Association of Korean Students was organized in Nebraska by Park, Yong Man. Thereafter, major other cities, i.e. Honolulu, San Francisco, Chicago, New York, Los Angeles saw the burgeoning organizations of Korean students. It soon became necessary to develop a centralizing entity that networks variant groups. In 1921, The Associations of Korean Students in North America was formed to represent the whole Korean students in the U.S. Lee, Yong Jik was elected as president and Cho, Byung Ok as vice president for the Association.

It is noteworthy that Korean students living in the Boston area in the 1920's also actively pursued movements to protest against the Japanese government as in other cities, enlisting support from leaders in Academia and elite social figures. These movements were spearheaded by leaders like Yang, Yu Chan, Kim, Kay Bong and Ha, Kung Duk.

The first student in the 1900's was Baek, Sang Kyu who graduated from Brown University in 1905, majoring in International Commerce. In the ensuing years from 1911–1926, there were about 30 students studying mainly in the Boston area.

3. New England, the Center of Education

The Puritans had a particularly keen vision about education for their children and future generations. They founded outstanding schools, i.e. Harvard University, Boston Latin School and Roxbury Latin School, heralding the auspicious future for the region and the nation. New England is the cradle for numerous prestigious colleges, including Ivy League Universities of Harvard, Yale, Dartmouth and Brown and renowned secondary schools, i.e. Philips Academy.

Dr. Rhee, Syngman, the first president of the Republic of Korea was the first graduate student at Harvard and Kang, Yong Hul, the author of a famed novel, "Grass Roof" studied also at Harvard. There were numerous Koreans who studied at Yale, Brown, MIT or other prestigious universities in New England who later became leaders in Korea.

Also, New England has outstanding public school system, which is one of many strong points that attract Korean parents in the U.S. and from Korea. Koreans are well known for having a fervent zeal for education.

4. Korean Language Schools (Hangul Hakyo) in New England.

There are about 30 schools, mostly affiliated with churches and some are independent schools. The oldest and most well established school is New England Korean School (NEKS) located in Newton, Ma.

The NEKS was founded in September of 1975. The NEKS has grown at least 10 % in students past 10 years. The school has now well over 300 students with 26 classes in the morning period and 9 classes in the afternoon period, which include classes for adults. The school is well recognized as the flagship Korean school in this region that provides high quality education in language, history, literature, arts, music and Korean cultures.

5. Prominent Korean Scholars in New England

There are about 100 Korean professors at about 40 colleges in this region. Some are nationally and internationally recognized scholars who, along with their brilliant accomplishments, also contributed significantly to Korean communities in their states. Some of them played leadership roles and actively participated in founding Korean schools and providing guidance for Korean study abroad students.

The Korean text provides descriptions of 23 renowned scholars

6. Sciences

Modern science in Korea developed in full swing with the introduction of the advanced western science.

The stages of the advancement are as follows:

1) The first period (from 17th century to 1882): Indirect introduction of western science via China

2) The second period (from 1883 to 1994): Direct exposure via Korean Observatory Delegations to the U.S.

3) The third period (1905 – 1945): From the Japanese occupation period to Liberation in 1945 via

WW II

 4) The fourth period (1945 – present): U.S.–centered interchange and advancement

7. Korean–American Scientists and Engineers Association – New England

The Association was founded in 1972 with 15 members. At present, there are about 400
members listed on the directory. The association is hoping to fully mobilize inactive member as
well as second–generation young scientists and engineers.

8. MIT Lincoln Laboratory

MIT Lincoln Lab was founded as an affiliate of MIT with federal aid to research in the area of air
defense system to strengthen the security of the U.S. In this Lab, there are several Korean
scientists actively involved in various researches.

9. Literature

New England is the land of literary brilliance that has evolved in the backdrop of natural beauty
and rich traditions. To name just a few: It is the birthplace of Nathaniel Hawthorne and Edgar
Allan Poe. Nathaniel Hawthorne grew up in the seaside town of Salem and he reflected deeper
shades of ethics, internal struggles and transformation. Poe is well known for his beloved poems
influenced by his upbringing on the rocky seashore in New England.
Herman Melville is another New England novelist whose novel, Moby Dick is a powerful portrayal
of the human spirits in the setting of the billowing sea.

The New England Korean literary tradition can be traced back to Kang, Yong Hul who
established his fame from the novel Grass Roof(1931) and East goes West: The Making of an
Oriental Yankee(1937). Kang graduated from Boston University Medical College but entered the
Harvard graduate school to study English Literature. He was one of the most promising novelists
in the U.S. in his time.

Kim, Eun Kook is another highly accomplished novelist who instantly gained prominence with
his novel, Martyred(1964). It was a novel that depicted human tragedy in the Korean War viewed
through the Christian/existential angle.

Lee, Chang Rae, a Yale graduate and tenured professor at the Princeton, displayed his brilliant
talent in his novels, Native Speaker and *A Gesture of Life*. Arguably he is the most accomplished
novelist in recent years among Korean Americans.

10. Harvard's Korea Institute

Suh, Doo Soo, Ph.D. was a pioneer in Korean culture and Korean language education in New
England. He came to the U.S. in 1949 and obtained a Ph.D. at Columbia University in Educational
Administration. It was around that time the U.S. began taking interest in Korea during the

Korean War. The first Korea Institute was opened at Columbia University.

In 1952, Dr. Suh began teaching Korean Language to the students at Harvard. One of his students was Prof. Edward Wagner who became a pioneer scholar in Korean studies in the U.S. with outstanding academic achievements and helped numerous aspiring students in this area.

The Korea Institute under the directorship of Prof. Carter Eckert, who took the post in 1993, has flourished in every level. Mr. Yoon, Chung Nam, head of Korean Section at Yenching Library has made a remarkable progress including expansion of books and rare books. The Korean section of Yenching Library has 22,651 volumes and the UC. Berkley has 13,680.

11. Music

The Korean Centennial Gala Concert held in October of 2003 was a grand music festival in New England that moved and exhilarated the hearts of Koreans in this region.

There are a great number of highly accomplished Korean musicians in New England.
To name a few:

Earl Kim (1920–1998), composer, pianist and conductor

Harvard distinguished professor in music. He was a son of two early pioneer immigrants to Hawaii and was born and grew up in California. He studied under Arnold Schoenberg and Roger Sessions. He became a professor at UC. Berkley and then taught at Princeton for 15 years. In 1967, he came to Harvard as James E. Ditson Professor and he was the first Korean professor at Harvard. In addition to being active as a conductor and ensemble pianist, he received numerous grants and awards for his work as a composer, including commissions from the Fromm, Guggenheim, Koussevitzky, and Naumberg foundations, the University of Chicago, the Hartford Symphony and Boston University. When the Seiji Ozawa and the Boston Symphony performed and recorded his Violin Concerto with soloist Itzhak Perlman, the orchestra bestowed on him the Horblit Award, given from time to time to an American composer in recognition of lifetime achievement.

Donald Sur (1935–1999), composer

Born in Honolulu to Korean parents and studied at two branches of UCLA (LA and Berkley) and Princeton University. His composition teachers included Roger Sessions and Earl Kim. He spent most of his career in Boston. Among his works, Slavery Documents for solo voices, chorus, organ and large orchestra that was commissioned by Cantata Singers in 1989 attracted the most attention. At the time of his death, he was working on the second part.

Tong–Il Han, pianist

He was already a musical prodigy when he came to the U.S. in 1954. At the age of 12, he was accepted to the Juilliard School of Music. In 1962, he was invited to perform at the White House for President John F. Kennedy and international dignitaries. Prof. Han performed in over twenty–six countries around the world and was soloist with the New York Philharmonic, Chicago Symphony,

Los Angeles Symphony and Cleveland Orchestra among others. He has been a professor at the Boston University since 1987.

Wha Kyung Byun, pianist and educator

Prof. Byun was born and educated in Korea, where she won several competitions and was chosen by Seoul's leading newspaper as the most talented young artist in the country. She has appeared as soloist with many major orchestras in Korea, including National Symphony Orchestra.

Prof. Byun received the Lesser Award given to the most distinguished faculty at the New England Conservatory.

1. Population Trends

The reasons for Korean migration to the U.S. have varied over time. As we can see from the late 19th century when Yu Kil Chun came as an exchange student to the Byfield, Massachusetts and also the diplomatic mission of Koreans to the U.S. in 1883, the primary motivation of these early sojourners was education, in particular learning the ways of the West. The twentieth century then saw an influx of exchange students, especially in the 1950s. The 1960s witnessed the immigration of white-collar professionals with the 1965 Immigration Act and also the beginnings of chain immigration. The ideal of the American Dream continued to lure many Koreans to immigrate to the U.S. on through the 1970s and 1980s, thus making economic success and educational achievement paramount in the minds of new immigrants.

We shall examine the population trends within the Korean community in New England, thus putting a quantitative face on the general trends described above.

Trends in the Korean population in New England (source: U.S. Census)

	MA	CT	NH	RI	ME	VT	NE total	U.S. total
1930							9	1, 860
1940							15	1, 711
1970	1,318	656	138	195	134	57	2,498	69,130
1980	4,655	2,116	515	592	481	288	8,647	354,593
1990	11,744	5,126	1,501	1,294	858	563	21,086	798,849
2000	17,369	7,064	1,800	1,560	875	669	29,337	1,076,872

However, as with any Census, there are inaccuracies, many of which stem from those who are not included in the Census such as illegal immigrants as well as legal immigrants who did not participate in the Census. Thus there are discrepancies between the latest 2000 Census report and the current New England Korean Society's compilation (published in 2003) of Koreans residing in New England states. For example, according to the New England Korean Society's compilation, the U.S. Census figure of 17,369 Koreans in Massachusetts falls short of the Korean Society's figure by 38%.

To get a better sense of who these Koreans in Massachusetts are, let us look at their citizenship status.

Citizenship of Koreans residing in Massachusetts (Source: 2000 U.S. Census)

Country of Citizenship	Place of Birth	Numbers	(%)
U.S.A.		10,766	(61.9)
	U.S.A.	4,421	(25.4)
	Korea	6,345	(36.5)
Korea		6,634	(38.1)

The following data allows us to further examine the Korean population of Massachusetts based on gender (source: 2000 U.S. Census):

	Total	Male	(%)	Female	(%)
Population	17,369	7,687	(44.3)	9,682	(55.7)
Age Distribution					
0–4	1,153	612	(53.1)	541	(46.9)
5–12	1,671	848	(50.7)	823	(49.3)
13–17	1,321	609	(46.1)	722	(53.9)
18–24	3,792	1,531	(40.4)	2,261	(59.6)
25–34	4,659	2,147	(46.8)	2,512	(53.2)
35–44	2,166	927	(42.8)	1,239	(57.2)
45–54	1,287	479	(37.2)	808	(62.8)
55–64	803	355	(44.2)	448	(55.8)
65–74	322	132	(41.0)	190	(59.0)
75–84	137	36	(26.3)	101	(73.9)
85–	48	11	(22.9)	37	(77.1)

According to the 2000 U.S. Census, the geographic distribution of Koreans in Massachusetts (i.e. in the most populated towns and cities) is as follows from most to least populated:

City/Town	Population	%
Boston	2,564	14.8
Cambridge	1,901	10.9
Brookline	861	5.0
Newton	530	3.1
Somerville	462	2.7
Amherst	448	2.6
Lexington	431	2.5

Waltham	355	2.0
Andover	286	1.6
Wellesley	266	1.5
Other	9,265	53.3
Total	17,369	100.0

As one can see from the chart above, there is a noticeable concentration of Koreans in areas that have a strong college or university presence. For instance, Boston proper, the location of Boston University, the New England Conservatory, and Cambridge's Harvard University account for the high numbers of Koreans present in those cities. Amherst and Wellesley are also prominent college towns that often attract students and faculty that are of Korean heritage.

Knowing the economic status of Koreans in Massachusetts is also important in understanding the Korean community. Below is a chart that shows the income and other economic factors related to the Massachusetts' Korean community, and also a comparison to other ethnic and racial groups:

Group	Average household income	Per capita income	Poverty rate
Korean	$40,056	$19,827	14.2%
Chinese	$51,708	$23,203	9.9%
Indian	$51,708	$31,702	5.4%
Vietnamese	$38,033	$13,522	21.2%
Cambodian	$37,058	$10,306	24.6%
Japanese	$42,570	$23,302	12.5%
Caucasian	$52,455	$27,808	4.6%
African Amer.	$33,727	$16,011	18.3%
Latino	$27,300	$11,963	28.5%

(Source: 2000 U.S. Census)

2. Small Business

Overview

The notable increase of family immigrations in the 1970's brought a remarkable leap in small businesses among Koreans.

According to the New England Korean Statistics Institute in 1993, the total number of business is 517 and the breakdown for each state is as follows:

MA: 326 (62%), CT: 115(22%), RI: 49 (9.5), NH: 23(4.5%), ME: 3(0.6%) and VT: 1 (.2%).

In terms of business compositions in MA, there were 95 dry cleaners, 27 restaurants, 14 grocery stores, and 13 fish markets. The past 10 years have seen a prominent increase in numbers and compositions of Korean businesses. In 2003, there were 315 dry cleaners, 64 restaurants, 19 grocery stores and 10 fish markets. Meanwhile, there were 23 Takwondo institutes, 12 hair salons, barbershops and automotive shops, 9 learning institutes, and 8 travel agencies.

In Rhode Island, according to 2002 RI Korean directory, there were 33 businesses that included 4 dry cleaners and 3 restaurants.

3. Activities and Advancement in Professional Arena

Various professional fields among Koreans in New England have steadily expanded since 1950's, heralded by medical and academic professionals. Of note is that, since 1990, a large number of second generation young Koreans have made a strong headway into the mainstream American society by becoming physicians and lawyers. It reflects the fruition of educational fervor, devoted efforts and socioeconomic advancement among Koreans.

The New England, widely known as the academic center of not just the U.S. but also the world has always drawn a great number of Korean study abroad students and academicians. According to the 2000 Directory of Professors in North America; there are 105 Korean professors at 39 colleges. The breakdowns for each state are: 59 for MA, 20 for CT, 19 for RI, 4 for NH, 3 for VT and 1 for ME. It is to be noted that a good number of professors were omitted in this directory.

1) Medicine

(1) Brief Historical Background

It was after the Korean War that the desire among Korean physicians to learn advanced western medicine to contribute to the betterment of medicine and medical education of the mother land was kindled. Meanwhile, there were already three physicians in this region in the early 1920' s.

Kay Bong Kim, MD was the first physician in New England who graduated from Boston University College of Medicine in 1918. He became a pathologist and he was a son of early immigrants in Hawaii. The second physician was Yu Chan Yang, MD, who was also a son of Hawaiian immigrants. He also graduated from Boston University College of Medicine and practiced as an obstetrician and gynecologist in Honolulu till 1951. He served as Korean ambassador to the United States from 1951–1960. The third physician is Sung Shin Lee, MD and he also graduated from the same medical college and details about him are unknown.

The first physician in the United States was Jae Pil Suh, MD (1864–1951) who graduated from Columbia University Medical College and he was also a prominent reformer for the burgeoning modern Korea in the late 1800' s. He died in 1951 in the U.S.. Ester Kim, MD came to the U.S. in 1895 and studied medicine at Johns Hopkins Medical College. Je Chang Choi, MD, the first president of Korean America Medical Association graduated from Medical College of Virginia in 1935.

(2) Medical Pioneers who had Connections with New England

From 1953 after the Korean War till 1960, there were about 20 Korean physicians who came to New England to receive postgraduate training. After their return to Korea, most of them became forerunners and leaders in their respective fields.

Meanwhile, there were several physicians who settled in this region and made prominent contributions to medicine and Korean community. They are; Thomas Kim, MD, Chang Soo Ahn, MD, Sang Hee Toh, MD and Sung Man Cha, MD.

(3) The Golden Decades of Immigration of Korean Physicians to NE

It was during the decade from mid 1960' s to mid 1970' s that initial surge and continuous increase of Korean physician immigration to the U.S. took place. This change was triggered by the passage of Immigration act signed by President Lyndon Johnson in 1965 which was boosted by President Nixon's policy to widely open the gate for the educated professionals, including physicians. In some year during this time, as much as 80 % of the Korean medical graduates immigrated to the U.S.

(4) Current Activities

At present, Korean American physicians represent wide ranges of medical fields across the New England region. Some take prominent roles in their specialty with research and teaching at various teaching hospitals. Some physicians contribute to the betterment of Korean society and serve churches as leaders.

(5) The first Medical School Alumni Association in New England

Seoul National University Medical College Alumni Association: On December 26 of 1970, the alumni association was founded. As more physicians who graduated from other medical schools settled in this region, other alumni associations followed afterwards. This confluence of physicians and alumni associations led to eventual formation of the New England Korean Medical Association (NEKMA) on November 11, 1982. The NEKMA held its first foundation meeting with 74 physicians attended at Weston Country Club and elected Dr. Toh, Sang Hee as its first president.

(6) New England Korean Medical Association (NEKMA)

After Dr. Toh, the next presidents during the early phase of NEKMA were as follows:
1984: Ahn Chang Soo, M.D., 1985: Thomas Kim, M.D., 1986: Joseph Kim, M.D. and 1987: Kyung Min Park, M.D.

Through concerted efforts and enthusiasm of the leaders and members of the NEKMA, the Association had flourished to have about 120 physician members in the early 1990's and actively engaged in various annual activities. In the mid to late 90's, NEKMA made attempts to invite younger generation physicians and medical students which, however, did not come to fruition.

(7) Distinguished Second-Generation Physician: Howard Koh, M.D.

Dr. Koh graduated from Yale Medical College and trained at Boston City Hospital and Mass General Hospital. He holds four specialty boards in Internal Medicine, Hematology, Oncology and Dermatology along with M.PH. He served as commissioner of Department of Public Health under Governor Paul Celluci administration and made outstanding contributions in the areas; health prevention, substance abuse, diagnostic tests and prevention of cancer, health issues for the homeless and early detection of infantile diseases, transplantation, and biochemical war. He received a distinguished award from American Cancer Society and in 2000, he was appointed as health advisor for cancer prevention by President Clinton.

He wrote over 200 academic papers and currently works as associate dean of Harvard School of Public Health.

2) Dentistry

There are about 15 practicing dentists in various specialties in New England. In Tufts Dental School, there are about 30-40 Korean Dental students and they are mostly 1.5 or second generation students.

Dentist; Professor Kim, Young Ho:

Professor Kim has lived in Boston since 1952 (except for three years from 1955-58 for dental subspecialty fellowship training) and still remains active with teaching and part time dental practicing and traveling. He came to Harvard Dental School after having served as US army dentist during the war. His wife, Mrs. Kim was a daughter of the early immigrant to Hawaii in 1904 who married a 'photo bride'. She came to Boston as a graduate student at Boston University. In 1956, Dr. Kim was married to her at the Marsh Chapel. He was a founding member of Boston Korean Church in Brookline in 1953 and actively involved in church activities and Korean communities throughout 50's and 60's. He remained very active in teaching and research in orthodontics at Tufts and Harvard. He developed a specialty corrective technique called MEAW (Multiedgewise Arch Wire), which was internationally recognized and has foundations in 12 countries including China, Japan, U.S., South America, Philippines, Taiwan, Greece and Austria.

3) Korean Nurses in New England

There are several Korean nurses working in NE region including Providence and Boston areas.

Hye Sook Kim, Ph.D., after having graduated from Seoul University Nursing College, came to Indiana University where she received MS in nursing and then received Ph.D. in sociology at Brown. She was professor and dean of Nursing College at University of Rhode Island in the 70's and also contributed to the foundation of the RI Korean Society. Her book on nursing was widely recognized and translated in 3-5 languages and used as nursing textbook in Korea and other countries as well.

4) Laboratory technicians

In 1966, Ms. Park, Hung Ja came to Newport (RI) Hospital Clinical Laboratory and she was the first Korean lab technician. Since then during the late 60's and the 70's, 12 or 13 technicians immigrated to the U.S and worked in RI or Massachusetts. Among them, Mr. Lee, Won Jung made significant contributions to RI Korean community and served as the third president for RI Korean Society.

5) Oriental Medicine in New England

There are several oriental medical doctors in Providence and Boston.

6) Veterinary Medicine

(1) Korean Veterinarians in New England

Dr. Kim, Sang Nam taught veterinary medicine at University Connecticut Medical School in the 1960's. Dr. Koo, Moon Jang was the first Korean veterinarian who practiced in Belmont in the early 1970's.

Currently, there are two veterinarians in New England region.

Dr. Kim, Moon So, received his license in 1975 and currently has two practice offices. He has contributed for the betterment of Korean community.

Dr, Yoon, Sang Rae, had his license to practice in 1977 and has been practicing in Fitchburg since 1977.

Dr. James Kim, son of Dr. Kim, Moon So is a second-generation veterinarian.

Chapter 8. **Various Korean Organizations**

1. General Organizations

1) Korean-American Women's Society of New England
2) New England Republic of Korean Air Force Association- Borame
3) The Korean Marine Corp Veterans Association of New England
4) National Association of Inter-Cultural Family Ministries (NAICFM), New England Chapter

2. Athletic Associations

1) Boston Korean-American Athletic Association
2) New England Taekwondo Association
3) New England Korean Golf Association
4) Boston Area Supporting Committee for World Cup Korea 2002

3. Native Place Associations from Regions of Korea

1) Chung-Chong Do Province Association
2) Kang-Won Province Association

4. Alumni Associations

1) Seoul National University Alumni Association
2) Kyung-Book National University Alumni Association of Massachusetts
3) Korea University Alumni Association
4) Ewha Womans University Alumnae Association
5) ChungAng University Alumni Association of New England
6) Seoul Theological Seminary Alumni Association
7) Ewha Girls' High School Alumnae Association of NE
8) KyungGi Girls' High School Alumnae Association in Boston

5. Newspaper Organizations

1) HanKook Ilbo Boston   Korea News Daily Paper
2) Han In Hoebo – New England Korean News

Chapter 9. **Reports on Commemorative Events by the New England (NE) Centennial Committee**

The NE Centennial Committee was formally organized in April of 2002 by electing Kyung Min Park, M.D. as its president. The Centennial Committee organized various commemorative events starting from the musical, "Anne of Avonlea" on June 1st, 2002.

Here are the brief descriptions of those celebratory events that sparked cultural fervor and pride in Korean heritage.

1. Performance of the Korean musical, "Anne of Avonlea"

The musical was successfully performed on June 1st, 2002 at 7pm at Oak Hill Middle School, Newton, MA. It received enthusiastic applause and praise from both the children and parents. "Pan," newly formed Korean Performing Arts, produced it and it was performed with a big success in New York. This musical, performed in Korean language, significantly contributed in bonding Korean parents with their children and in recognizing the cultural identity as Korean Americans.

2. New England Literary Contest and Publication of Commemorative Literary Anthology

The contest was the first literary event in New England and received a large number of high quality works in comprehensive categories: Korean poetry, English poetry, Korean essay, English essay, Korean short story and English short story. There were three levels of awards, which were grand prize, honorable award and special award.

Of note was that there was significant number of second generation students who showed very promising literary talent.

The anthology was published in March of 2003 and has 285 pages.

3. Ceremony to Present Honorary Diploma and Monument Dedication in Honor of Yu Kil-chun

Yu Kil-chun was a social reformer, statesman, educator and author who was a student from the fall to December of 1884 at the Governor Dummer Academy in Byfield, MA. He was the first Korean student in the United States. The ceremony was made possible through joint efforts initiated by the NE Centennial Committee, with the Academy and Peabody Essex Museum. His grandson and offsprings attended the ceremony, which took place on April 19, 2003.

This ceremony signified a special place that Yu Kil-chun holds in Korean modern history and its New England connection. The Peabody Essex museum received $850,000 from the Korea Foundation to establish the Yu Kil-chun Gallery of Korean Art and Culture in the museum's expanded gallery complex. The museum's collection includes many examples of Korean arts, from fans to finely panted screens, from silver inlaid brush pots to fine porcelain. Photographs of Korea taken by Felix Beato in 1871 are also included.

4. Commemorative Academic Symposium

The significance of the symposium was in shedding light on the history of Korean immigration in New England in the broader context of Korean immigration to the U.S. The topics included: The impact of the Korean study abroad students in New England on the history of immigration, The relationship between Korean churches in NE and immigration history and The past and present of Korean community in the US. The presentation was followed by panel discussion. The speakers included Mr. Paik, Lin, Rev. Kwon, Jin Tae, Professor Kim, Yong Joon, Dr. Park, Kyung Min and Professor Kim, Bong Jin.

5. Korean Immigration Centennial Gala Concert

The gala concert was held on October 13, 2003 at Jordan Hall and transported the whole audience into sheer joy and enthusiasm trough exquisite performances by many virtuoso Korean musicians. The performance featured artists with strong ties to New England who performed diverse repertoire of solo, chamber, choral and orchestral music. It also featured compositions of two major Korean American composers, Earl Kim and Donald Suh, who have made lasting contributions to the artistic community.

The concert was presented by the New England Korean Centennial Committee and the Council of Korean Churches of New England.

6. Dedication of Commemorative Monument for
   Outstanding Korean Marathoners in the Boston Marathon

The dedication ceremony took place at the Korean Presbyterian Church in Hopkinton, the starting point of the marathon on October 3, 2004 by the joint efforts of the New England Centennial Committee and KPCGB. The monument has inscription of the names of past Korean marathon champions. The town and Boston Marathon Association officials and Korean Consul General attended the ceremony.

7. Publication of the History of Koreans in New England

This last commemorative project has been a most demanding project given the vast amount of historical records, materials and manuscripts to be obtained and compiled. Owing to the steadfast commitment and dedication of the editorial members and chapter writers and continued support from many people, the book finally was published.

It is hoped that the book will provide enriching historical perspective and identity, cultural heritage and pride for current and future generation Koreans.

History of Korean Immigration

1882   Korea and the United States sign their first treaty, The Treaty of Friendship and Commerce.

1883   Yu Kil-Chun, the first Korean international student, enrolls at Governor Dummer Academy.

1903   Arrival of the first 102 Korean immigrants on SS Gaelic at Honolulu.

1905   The First Korean Methodist Church is established in Honolulu. Korean population in Hawaii is 7,000. Japan declares Korea its virtual protectorate.

1910   Japan annexes Korea as its colony; last emperor Sunjong abdicates.

1911   The Korean Youth Corp offering military training is established in Hastings, Nebraska under theleadership of Park Yong-man.

1919   President Wilson's 14 points speech of national self-deter mination. Non-violent nationwide demonstration is launched on March 1 for Korean Independence in Korea. Korean Interim Government is established in Shanghai.

1924   The Immigration Act denies entry to virtually all Asians.

1936   Korean composer Ahn Ik-Tae completes the Korean national anthem.

1941   Korean National Association and North America Korean National Association established.

1943   Military order No. 45 is issued, exempting Koreans in the United States from enemy alien status.

1944   United States Post Office issues stamps to commemorate the Korean flag.

1945   Korea is liberated from Japan. The U.S. War Department sets the 38th parallel in Korea, dividing North and South Korea. Rhee Syngman and Kim Ku return to Korea from exile.

1948   The Republic of Korea is inaugurated with Rhee Syngman as its first President.

1950   The Korean War begins on June 25 when North Korea invades the south. U.S. and United Nation troops are deployed to fight the war.

1952   McCarran-Walter Act is passed, granting a small immigration quota and the right of naturalization to Asians and empowering the government to deport immigrants and naturalized citizens suspected of subversive activities.

1953   The armistice is signed, ending the Korean War. Korean immigration 50th anniversary celebrations commence in Honolulu.

1960   '4.19' student uprising results in President Rhee's exile to Hawaii.

1965   Amendments to the 1952 Immigration and Nationality Act (INA) repeal the national origin quota system. Asian countries are now on equal footing. President Nixon appoints Judge Herbert Choy, a Korean American, to the U.S. Court of Appeals for the Ninth Circuit, the first Asian Pacific American to be named to a federal court.

1971   Korean Air begins its trans-Pacific service to the U.S.

1976   U.S. celebrates its Bicentennial. Census reports 249,000 Korean Americans in
       residency.

1988   The XXIV Olympics is held in Seoul. Wendy Lee Gramm, Korean wife of Senator Phil
       Gramm, is appointed Chairman of the Commodity Future Trading Commission by
       Ronald Reagan.

1989   Ronald Tae Yang Moon is appointed Chief Justice in Hawaii.

1992   The Korean community in Los Angeles suffers losses of 2,500 businesses destroyed
       during four days of rioting in response to the Rodney King verdict. Jay Kim of
       California becomes the first Korean American U.S. Congressmen.

1996   Petition signing is launched to permit dual citizenship status for Korean Americans.
       Student representatives from universities in North and South Korea meet for the
       first time in San Francisco.

1998   Paull Shin is elected as State Senator in Washington State. President Kim Dae Jung
       is inaugurated.

1999   South Korean government passes a special law regarding the status of overseas
       Koreans, granting dual citizenship to select groups of overseas Koreans including
       Korean Americans.

2000   United States Census reports Korean American population of 1,076,000.

2001   Korean Immigration Centennial committees from all over the United States meet in
       Hawaii.

2002   FIFA World Cup is held jointly in Korea and Japan. Korea makes it to quarterfinals.

2003   President George W. Bush proclaims Jan 13 as the Centennial of Korean
       immigration to the United States. President Kim declares the centennial year for
       Korean immigration to the United States. Honolulu kicks of the celebrations, to be
       repeated in other major American cities.

최시원 187
최양선 105, 93, 97, 98
최영하 69
최영호 111, 127
최영훈 240
최원선 85
최인섭 221
최재원 204
최제창 223
최종식 116
최찬혁 221
최창섭 110
최치규 103, 104
최한길 150
최형락 104
최홍균 154, 172, 240, 89
최홍석 101, 99
최효섭 130
추수감사절 7
추애경 47, 55

(ㅋ)
카터 에커트 177
코리아나식당 204

(ㅌ)
탁원균 224
태프트 40, 41

(ㅍ)
포츠머스 강화회담 39
폴 김 114
푸트 167
퓨리탄 7
플리머스 6
피바디박물관 27, 28
필그림 7
필그림파더스 6,7

(ㅎ)
하경덕 138, 176, 51, 53

하종혁 228
한국종합식품 204
한국친구회 51
한규설 29
한동일 182, 257
한명우 103
한무영 171
한병철 235
한상신 101, 111, 121, 123
한성국 112
한승희 170
한윤영 242, 75
한은혜 227
한준길 173, 229
한진환 113
한태국 120
함성국 95, 115, 128
함인영 171
함태영 70
함태혁 85
함혜란 150, 155, 156
해리스중령 200
허병렬 156
허영수 235
현대 207
현봉학 223
현성스님 132
현영우 97
현철우 97
호머 벤자민 허버트 127
홍갑룡 228
홍근수 112
홍석환 99, 100, 111, 127
홍성국 103
홍성철 103
홍순성 172
홍영식 25, 167
홍원철 108
홍진섭 236
황문영 107
황보엽 187

황성미 152, 154
황소원 254
황소희 224
황재영 69
효성 207
후트 25
희성 207

함께 모인 편집 위원들
왼쪽 위부터 시계 방향으로 송남수, 정정욱, 윤은상, 전덕영, 홍순영, 박경민, 백린, 신영각

뉴잉글랜드 한인사

초판 1쇄 인쇄 | 2004년 12월 25일
초판 1쇄 발행 | 2004년 12월 31일

지은이 | 뉴잉글랜드 미주 한인이민 백주년기념사업회
펴낸이 | 이찬규
펴낸곳 | 선학사

주소 | 서울시 마포구 공덕 2동 173-51
전화 | 02-704-7840
팩스 | 02-7047848

ⓒ 뉴잉글랜드 미주 한인이민 백주년기념사업회, 2004
ISBN 89-8072-161-7(03900)